SEM MÁSCARA

GUILHERME AMADO

Sem máscara
O governo Bolsonaro e a aposta pelo caos

Copyright © 2022 by Guilherme Amado

*Grafia atualizada segundo o Acordo Ortográfico da Língua Portuguesa de 1990,
que entrou em vigor no Brasil em 2009.*

Capa
Alceu Chiesorin Nunes

Foto de capa
Pablo Jacob/ Agência O Globo

Assessoria jurídica
Maria Luiza Freitas Valle Egea

Preparação
Maria Emilia Bender

Checagem
Érico Melo

Assistente de pesquisa
Sandro Aurélio
Luciano Ferreira

Revisão
Ana Maria Barbosa
Carmen T. S. Costa

Dados Internacionais de Catalogação na Publicação (CIP)
(Câmara Brasileira do Livro, SP, Brasil)

Amado, Guilherme
  Sem máscara : O governo Bolsonaro e a aposta pelo caos/
Guilherme Amado. — 1ª ed. — São Paulo : Companhia das Letras,
2022.

  Bibliografia.
  ISBN 978-65-5921-191-3

  1. Bolsonaro, Jair Messias, 1955- 2. Brasil – Política e governo
3. Política – Aspectos morais e éticos I. Título.

22-108029   CDD-320.981

Índice para catálogo sistemático:
1. Brasil : Política e governo   320.981

Eliete Marques da Silva – Bibliotecária – CRB-8/9380

[2022]
Todos os direitos desta edição reservados à
EDITORA SCHWARCZ S.A.
Rua Bandeira Paulista, 702, cj. 32
04532-002 — São Paulo — SP
Telefone: (11) 3707-3500
www.companhiadasletras.com.br
www.blogdacompanhia.com.br
facebook.com/companhiadasletras
instagram.com/companhiadasletras
twitter.com/cialetras

Sumário

Prólogo 9

Mandetta e o pacato Ministério da Saúde 14
A comitiva da covid 35
O médico e o monstro 54
Tchau, querido 85
Onze horas, na rampa 109
Sem máscara 134
Os encrencados amigos do Zero Um 166
Aquele abraço 199
Pazuello, pesadelo 227
"Estado de emergência do bem" 266
Pária com orgulho 289
"Biografia é o caralho". 309
Batalhas perdidas 330
O bafo do povo. 368

Epílogo 415

Lista de siglas 419
Agradecimentos 424
Sobre esta obra 425
Referências bibliográficas. 426

Aos jornalistas brasileiros, que seguem em
frente e seguram o rojão.

Prólogo

Luiz Fux vivia um dos momentos mais tensos de sua carreira naquele 6 de setembro de 2021. Sabia que as próximas horas poderiam ser decisivas não só para o êxito de sua atuação na presidência no Supremo Tribunal Federal (STF), como, dependendo do que ocorresse, para sua biografia. Fizera questão de comandar sozinho as decisões a respeito da segurança da corte naquela noite. Dias antes, irritara-se com um telefonema de Gilmar Mendes sugerindo que ele conversasse com Alexandre de Moraes sobre o esquema de segurança em torno das manifestações do Sete de Setembro. Ao que tudo indicava, Bolsonaro as armara com o intuito de, no mínimo, testar o clima para uma possível ruptura institucional. Como havia sido secretário de Segurança de São Paulo e ministro da Justiça, Moraes tinha ligações com as polícias e poderia ajudar, disse Gilmar. Fux agradeceu a sugestão, mas a recusou. Suspeitou que o gesto do colega, menos que uma tentativa sincera de ajudá-lo, pudesse insinuar uma eventual fragilidade sua no comando do Supremo e, portanto, a necessidade de um socorro.

Medo, o presidente do STF sem dúvida sentia. A escalada de agressividade de Jair Bolsonaro nas semanas anteriores, mobilizando seus apoiadores contra o Supremo e, em especial, contra os ministros Alexandre de Moraes e Luís Roberto Barroso, deixara o tribunal numa inédita situação de vulnerabilidade. Manifestantes bolsonaristas vinham ameaçando atacar o prédio no feriado da Independência e retirar os ministros à força, no que poderia ser o desfecho trágico de uma guerra que a corte e Bolsonaro travavam desde 2020, quando o Supremo passou a ser invocado para dirimir conflitos criados pelo presidente e decidir quais seriam os nortes no combate à pandemia de covid-19, ante o vazio de comando a quem cabia a missão.

Na noite de 6 de setembro, o STF estava preparado para uma guerra. Homens de uma unidade de elite da PF, o Comando de Operações Táticas, faziam a segurança do prédio, com metralhadoras e uniformes de camuflagem, dividindo a proteção do tribunal com os seguranças do Supremo. Ao todo, eram setenta homens do lado de dentro e duzentos do lado de fora. Drones acompanhavam a movimentação na Esplanada e, em meio aos manifestantes, agentes infiltrados transmitiam o que ocorria a Fux. O ministro passaria boa parte da noite dentro do Supremo, acompanhando tudo.

Além da urgência de garantir a integridade do edifício, a Secretaria de Segurança do Supremo também desenhara um esquema reforçado para proteger cada um dos dez ministros — uma vaga estava em aberto, após a aposentadoria de Marco Aurélio Mello. Nos anos anteriores, todos já haviam recebido reforços em suas equipes de segurança, mas o temor de ataques imprevistos e em massa fizera com que, dessa vez, cenários ainda mais radicais fossem cogitados. O STF traçou planos de evacuação para todos os ministros, considerando onde estavam e as vulnerabilidades de seus endereços. A maioria seguia em Brasília, com algumas exceções, como Cármen Lúcia, que estava em Belo Horizonte, e Alexandre de Moraes, em São Paulo.

O plano para a segurança de Moraes era um dos mais elaborados. Num dos piores cenários, no caso de invasão do prédio em que morava, em São Paulo, o ministro seria resgatado de helicóptero. Havia também uma preocupação com a localização da casa de Luís Roberto Barroso, à beira do lago Paranoá, suscetível a um ataque por água. O paradeiro desconhecido de Edson Fachin provocou certo susto, só aplacado quando se descobriu que ele estava em um sítio isolado no interior do Paraná, cuja segurança também foi reforçada.

Enquanto recebia informações dos agentes infiltrados na manifestação, Fux decidiu telefonar para o presidente e fazer um último apelo. Pediu expressamente que ele não insuflasse os caminhoneiros a invadir o STF. Não, não faria isso, o ex-capitão prometeu. Apenas criticaria o Supremo por atuar fora de seu escopo; dentre todos os ministros, o único alvo seria Alexandre de Moraes.

O dia seguinte era estratégico para Bolsonaro. Desde o começo da pandemia, mesmo municiado de todas as informações disponíveis sobre a seriedade do momento, fizera apostas contra todas as recomendações da ciência para enfrentar o vírus. Isolamento social, máscaras, vacina, todos os instrumentos contra a covid-19 haviam sido em algum momento sabotados, um a um. Como se os milhares de mortes não bastassem, o presidente também engendrara uma permanente crise institucional, com atitudes e palavras que tinham como único objetivo incendiar o país. O cenário de caos lhe parecia não só aprazível, mas também necessário para o sucesso de seu projeto de poder. Se durante a campanha ou o início do mandato havia quem defendesse que os traços autoritários ou francamente regressivos de Bolsonaro — racistas, misóginos, homofóbicos — ficariam em segundo plano ou seriam domados, dando lugar a um governo sobretudo liberalizante em matéria econômica, agora ficava muito mais difícil sustentar essa tese. A aposta dobrada pela radicalização ideológica e pelo caos como método* era evidente. De resto, o "sonho liberal" havia se perdido na bruma do tempo.

Naquela noite, Fux ainda deu dois outros telefonemas. Primeiro, ligou para o comandante militar do Planalto, o general Rui Yutaka Matsuda. Disse que, se os manifestantes se aproximassem e ameaçassem a sede do STF, pediria a Bolsonaro o envio do Exército e a instalação de uma operação de Garantia da Lei e da Ordem (GLO). Embora o chefe de qualquer um dos Três Poderes pudesse solicitar o uso das Forças Armadas em situações como aquela, de risco institucional, o comando para a execução da operação deveria partir do presidente. Na conversa, o general avisou que havia uma equipe de cavalaria no subsolo do Palácio do Planalto de prontidão para, se fosse o caso, atuar na defesa do Supremo, mas que qualquer movimento do Comando Militar do Planalto dependia do aval do Ministério da Defesa e, consequentemente, da Presidência. Não muito depois daquele telefonema, Bolsonaro soube que Fux cogitava acionar a GLO.

Em seguida o ministro fez outra ligação, dessa vez para o comandante da tropa de choque da Polícia Militar do DF. Avisou que, se a polícia não fosse capaz de conter os caminhões dos manifestantes na terceira e última barreira e eles se aproximassem do STF, os homens de prontidão no tribunal iriam agir. "Minha diretiva, comandante, será para que se preservem as vidas dos manifestantes, mas não os caminhões. Farei o necessário para resguardar o Supremo."

---

* Devemos esse termo ao professor Marcos Nobre, da Unicamp, que o cunhou em artigo para a revista *piauí* em 2019.

O temor de Fux era que Bolsonaro não cumprisse sua promessa e incitasse os motoristas a lançar algum caminhão contra o tribunal, para danificar a estrutura do prédio ou, em última instância, pôr o STF abaixo. Seria o caos perfeito.

Mandetta e o pacato Ministério da Saúde

O mundo ainda tentava entender as primeiras notícias sobre um vírus que surgira na China quando Luiz Henrique Mandetta chegou ao Palácio do Alvorada naquele fim de tarde de janeiro. O assunto com o presidente nada tinha a ver com o coronavírus. Ainda.

O ministro da Saúde atravessava um momento-chave à frente da pasta. Por pressão de Flávio Bolsonaro, tinha chegado do Planalto a ordem para que ele substituísse quatro pessoas da cúpula do ministério em Brasília. Os técnicos que Mandetta levara ao montar sua equipe deveriam ser afastados e em seu lugar deveriam assumir nomes indicados pelo primogênito de Bolsonaro. Todos do Rio de Janeiro, estado do presidente (e de Flávio Bolsonaro), e sem experiência na gestão do SUS. Se nomeados, iriam gerir 80% do orçamento do Ministério da Saúde. Caso não conseguisse dissuadir Bolsonaro da ideia, Mandetta já havia decidido que pediria demissão.

A bomba já se anunciara às vésperas do Ano-Novo, quando o ministro passava uns dias em Búzios, litoral do Rio de Janeiro, onde alugara uma casa com filhos e primos. Havia chegado ao Rio na última semana de 2019, de férias, mas com a missão de tirar a cidade de mais uma crise na saúde pública. O prefeito Marcelo Crivella não tinha dinheiro em caixa para pagar salários de médicos e enfermeiros da rede municipal, no limiar de uma das semanas mais cheias no calendário turístico da cidade. A perspectiva de hospitais de portas fechadas no réveillon fez Mandetta adiantar a liberação de recursos para o Rio poder honrar os salários. Mas essa crise não era nada perto da que estava por vir.

Foi o chefe de gabinete de Mandetta, Robson Santos Silva, um coronel do Exército, quem recebeu da Presidência a ordem de demitir os quatro integrantes do ministério: João Gabbardo dos Reis, secretário-executivo do Ministério da Saúde; o secretário de Atenção Primária à Saúde, Erno Harzheim; o secretário de Atenção Especializada em Saúde, Francisco de Assis Figueiredo; e o diretor do Departamento de Informática do SUS, Jacson Barros. Amigo pessoal do general Luiz Eduardo Ramos, ministro da Secretaria-Geral da Presidência, o coronel Silva tinha se tornado um dos principais canais de comunicação do ministro da Saúde com o Planalto. Por isso Mandetta resolveu que ele o acompanharia naquele despacho com o presidente. O ministro estava tenso.

Silva e Mandetta se conheciam havia muito, desde o tempo em que o então capitão tinha comandado o tenente-médico Mandetta no Hospital Geral do Exército, no Rio de Janeiro, nos anos 1980. Haviam se reencontrado no começo do governo, em 2019, quando por acaso se esbarraram numa caminhada no Parque da Cidade, o principal de Brasília. Voltaram a conversar, e Mandetta teve a ideia de chamá-lo para trabalhar com ele, inicialmente num departamento — Determinantes Ambientais em Saúde Indígena, responsável por ações de saneamento básico e ambiental em terras indígenas —; mais tarde, ainda no primeiro ano de governo, como seu chefe de gabinete. A boa relação de Silva com o Planalto iria ajudá-lo. O coronel, eleitor entusiasmado do presidente, era um dos poucos de sua equipe que o ministro considerava de fato bolsonarista.

A conversa ocorreu na biblioteca do Alvorada. O presidente foi direto: os nomes a serem demitidos não eram gente de confiança do Planalto e, diante das sucessivas reclamações da Superintendência do Rio relativas às negativas de Brasília, ele acataria a sugestão do filho. Seria mais um avanço de Flávio sobre os cargos na Saúde. O senador já havia indicado o superintendente do Ministério da Saúde no Rio e, consequentemente, tivera poder de influência nas nomeações de diretores gerais e administrativos dos hospitais e institutos do governo no estado, detentor da maior rede de saúde federal do país. Ainda assim, a Superintendência reclamava de pouca autonomia: suas indicações volta e meia emperradas vinham gerando atritos com Brasília. Em resumo, o Zero Um estava incomodado.

Mandetta lançou uma contraproposta. Argumentando que os cargos eram muito estratégicos para se correr o risco de ocupá-los com gente inexperiente, sugeriu que o Ministério da Saúde no Rio de Janeiro tivesse seu organograma todo refeito, de modo a contar com mais autonomia na gestão do orçamento. Assim, os pleitos que vinham sendo apresentados pela superintendência seriam atendidos, e os problemas poderiam ser solucionados. Bolsonaro topou. Só faltava alinhavar tudo com o Ministério da Economia. O Rio teria liberdade para indicar quem quisesse, como era o desejo de Flávio Bolsonaro.

Mandetta se comprometeu a tomar todas as providências quando voltasse da viagem que havia programado para aquela semana. "Presidente, estou indo à Suíça, para o Fórum de Davos. Vou conversar com a Organização Mundial da Saúde, porque tem a história desse vírus, e a oms vai ter que se posicionar para a gente saber se é um problema local da China ou um problema global."

O presidente concordou com um aceno de cabeça. Não perguntou nada.

A falta de interesse de Bolsonaro por temas da administração pública, saúde em especial, nunca surpreendeu Mandetta. Os agora presidente e ministro haviam sido quase vizinhos de gabinete quando deputados, nas legislaturas dos mandatos de Dilma Rousseff e de Michel Temer. No começo, Bolsonaro era do governista PP, mas, por ser pessoalmente de oposição, recorria com frequência a Mandetta para especular como o partido dele, o DEM, adversário ferrenho ao PT, iria votar. Então ele decidia se naquela ocasião ele seria governista como o seu PP ou de oposição, como o DEM...

Nunca foram íntimos, sequer amigos, mas a proximidade física se estendia ao plenário, onde Bolsonaro em geral sentava perto dos deputados do DEM. Mandetta percebia o colega da mesma maneira caricatural como a maioria: uma viúva da ditadura que se servia das aparições no *Pânico na TV* e no *CQC*, programas populares de humor, para soltar frases de impacto, aparecer e se projetar politicamente.

Mandetta chegou à Câmara em 2011, aos 46 anos. Antes de decidir concorrer a deputado federal — foi eleito na primeira tentativa —, havia sido secretário de Saúde de Campo Grande. Caçula de cinco filhos, pertence a uma linhagem política de Mato Grosso do Sul, com parentes que passaram por Senado, Câmara e a prefeitura da capital. Seu pai, Hélio Mandetta, pioneiro na ortopedia pediátrica da capital do estado e um dos fundadores do hospital da Universidade Federal, também trafegara entre a medicina e a política, ao menos em parte da carreira.

Em 1966, Mandetta pai foi eleito vice-prefeito de Campo Grande, numa eleição em que entrou por acaso. Primo de Nelson Trad, então vice-prefeito, cassado pela ditadura militar, foi o nome da família na disputa. Já havia participado da fundação do

MDB na cidade, e sua escolha para preencher o vazio deixado pela cassação de Trad era uma consequência natural.

O histórico na política fez com que os filhos recebessem uma educação conservadora, como eram Hélio e a mulher, Maria Olga. Ela trabalhava com obras filantrópicas voltadas para órfãos e portadores de hanseníase, algumas delas ligadas à Igreja católica. Não por acaso, seria religiosa a formação dos filhos no salesiano Colégio Dom Bosco, liderado por padres e clérigos que, ministrando um ensino confessional e erudito, ajudariam a definir traços da personalidade do caçula.

Mandetta decidiu estudar medicina. Seria natural que um dos filhos seguisse a profissão e o campo de atuação do pai. Outro irmão também havia cursado medicina, mas não a exercia. Quanto às irmãs, uma era bióloga; outra, enfermeira; a terceira, professora. Aos dezessete anos, Mandetta mudou-se para o Rio de Janeiro para estudar na Gama Filho, então uma das melhores universidades particulares da cidade. Depois voltaria ao Mato Grosso do Sul, onde faria pós-graduação em ortopedia pediátrica. Trabalhou no Hospital Militar do estado, requisitado para o serviço obrigatório, e na Santa Casa. Em 2001, aos 37 anos, assumiu a presidência da Unimed Campo Grande. O presidente mais jovem na história da cooperativa, posição que manteve até 2004 e que foi o vetor de seu ingresso na política.

Entrou para a política em 2005, como secretário de Saúde de Campo Grande, na gestão de seu primo Nelsinho Trad, filho do vice-prefeito que fora cassado pela ditadura — anos mais tarde, Nelsinho seria um dos principais apoiadores de Jair Bolsonaro no Senado. No cargo, filiado ao PMDB, Mandetta foi investigado por fraude em licitação, tráfico de influência e caixa dois devido a um processo de implementação do serviço de prontuário eletrônico da capital. Não chegou a se tornar réu pela denúncia feita pelo Ministério Público. Ele nega as acusações até hoje e diz que a denúncia partiu de um opositor. A suspeita é que Mandetta tivesse recebido dinheiro para sua campanha a deputado, em 2010, em troca do favorecimento das duas empresas que implantariam o prontuário eletrônico. Ele foi inocentado na esfera cível em 2020.

Se culpado, Mandetta teria traído o conselho que o padre Marinoni, do Dom Bosco, lhe dera anos antes. Ao procurá-lo, em dúvida sobre entrar ou não para a política, viu o padre pegar uma cédula de dinheiro e dizer, em tom teatral, ao ex-aluno: "Agora diz pro dinheiro: 'Eu mando em você, e não você em mim'". Mandetta costuma repetir a história ao discorrer sobre suas referências de ética.

Cinco anos depois de ser empossado como secretário de Saúde, o médico abandonou o MDB e elegeu-se deputado federal pelo DEM. Na Câmara, notabilizou-se por ser um dos mais ferrenhos opositores do programa Mais Médicos, segundo ele "muito eleitoreiro" e "peça de marketing" do governo Dilma Rousseff. Comparou a chegada de médicos cubanos ao Brasil a um "navio negreiro do século XXI". As frases de efeito lhe faziam cada dia mais popular nos conselhos e sindicatos médicos país afora.

Mas nunca chegou a ser de fato um nome nacional. Em 2016, seu voto a favor do impeachment de Dilma provou que era um deputado voltado para questões regionais: "Nós temos um país para construir, por causa das famílias, por causa de Campo Grande, a morena mais linda do Brasil, pelo meu Mato Grosso do Sul, voto 'sim'". Quem via aquele voto não imaginava que décadas antes o deputado havia flertado com a esquerda.

Quando morava no Rio, nos anos 1980, Mandetta fora brizolista. Integrava o diretório acadêmico da Gama Filho e protestou na frente da TV Globo em 1982, no caso Proconsult, quando a emissora foi acusada de divulgar dados errados da apuração para o governo do estado, com o objetivo de favorecer o então candidato Moreira Franco contra Leonel Brizola. Depois, nas Diretas

Já, participou do protesto fechando o trânsito em frente à universidade e convocando estudantes para manifestações maiores na Candelária. Mas a fase durou pouco. Como eleitor, votou na direita ou centro-direita em todas as eleições seguintes, de Fernando Collor aos tucanos Fernando Henrique, José Serra, Geraldo Alckmin e Aécio Neves. E então desaguou em Bolsonaro.

Em 2017, de olho nas pesquisas, Mandetta defendia a candidatura de Ronaldo Caiado à Presidência, seu amigo e um dos quadros mais à direita no partido. ACM Neto, presidente do DEM, Rodrigo Maia, presidente da Câmara, e Mendonça Filho, então ministro da Educação, eram contrários ao nome do senador, alegando que um perfil como o dele não vingaria no Nordeste. O gaúcho Onyx Lorenzoni também rechaçava o nome de Caiado e se entusiasmava com outro radical da direita, um quadro de fora do DEM, mas que crescia em popularidade nas redes sociais.

Onyx foi o primeiro no DEM a realmente se empolgar com Jair Bolsonaro. No fim de 2017, começou a se aproximar dos filhos do então deputado e a assumir para si a missão de organizar o projeto Bolsonaro em diferentes áreas. Ele foi, por exemplo, um dos que insistiu no nome de Paulo Guedes como possível ministro da Economia, ao se inteirar da recepção favorável do economista junto ao pessoal da Faria Lima. Como não havia ninguém da área de educação disposto a sentar com Bolsonaro, o deputado teve a ideia de promover uma viagem em missão oficial ao Japão, à Coreia do Sul e a Taiwan, para sinalizar o modelo de ensino a ser adotado pela campanha do PSL. Assim, no começo de 2018, os quatro políticos da família Bolsonaro embarcaram para a Ásia, acompanhados de Onyx, outros deputados e dois irmãos ainda desconhecidos, Abraham e Arthur Weintraub. A viagem acabou se reduzindo a uma proposta de marketing, sem nenhum resultado consistente. Para a segurança pública, Bolsonaro já tinha uma narrativa pronta, reproduzindo o discurso pró-armas e a regra olho por olho. Saúde continuava sendo um calcanhar de aquiles.

"Pô, me põe fora dessa", disse Mandetta, tentando se desvencilhar da sondagem do amigo para ser "o cara" de saúde da campanha de Bolsonaro. Onyx ponderou que Mandetta fizera o mesmo para Aécio Neves e até para Eduardo Campos, da esquerda. Que mal havia em repetir o script para Bolsonaro?

Essa primeira conversa ocorreu no Salão Negro da Câmara, espaço cheio de sofás, destinado a recepções oficiais. Mandetta deveria, no entender de Onyx, explicar em vinte minutos os problemas de saúde pública no Brasil para Jair e Eduardo Bolsonaro.

Bolsonaro tirou daquele TEDX ligeiramente mais alongado subsídios para ter o que dizer em programas de rádio e tevê. Quando lhe perguntavam sobre saúde, começava: "Inclusive, eu já conversei com o deputado Mandetta e ele…". Percebia que, entre os médicos, o nome do colega, um dos principais adversários do programa Mais Médicos, era bem recebido. Quis saber do deputado se estava o.k. usar seu nome nos programas.

"Tudo bem, eu não vou ser candidato", disse Mandetta, ao dar o aval.

"Não vai?", espantou-se Bolsonaro.

"Não, não vou. A convenção já passou, estou só assistindo."

Em 2018, Mandetta justificava a decisão de não participar do pleito dizendo que, depois de oito anos, estava cansado da vida de parlamentar. Entre políticos do Mato Grosso do Sul, entretanto, a percepção era outra: teria desistido por medo de não se reeleger. Ele nega.

Bolsonaro aproveitou: "Então você podia ajudar a me preparar para o debate".

Mandetta estava acostumado a esse tipo de trabalho. Em 2014, treinara Aécio Neves para lidar com as fichas que os apresentadores sorteiam para escolher o tema das perguntas que um candidato faz ao outro num debate. Preparar o candidato para essas fichas envolve um trabalho que vai desde esgotar a possibilidade de perguntas que podem ser feitas dentro daquele tema até criar questões capciosas, sempre no âmbito do tema, para cada um dos outros adversários. Naquele começo de setembro, já haviam começado os debates, e Bolsonaro percebia que teria dificuldade.

"Tudo bem, isso aí eu posso fazer. Não estou trabalhando para ninguém, não vou fazer para o Alckmin, nem me chamaram. Eu faço para você. Quando é?", perguntou Mandetta.

"Eu vou a Minas, vou fazer campanha em Juiz de Fora na quinta-feira e vou parar no sábado em São Paulo para definir a participação nos debates. Podemos nos reunir depois", propôs Bolsonaro.

O encontro nunca aconteceria porque naquela quinta-feira em Juiz de Fora Bolsonaro sofreu o ataque que quase o mataria, e sua recuperação seria o pretexto para não ir a nenhum debate, nem do primeiro, nem do segundo turno.

Àquela altura, Mandetta já planejava se mudar para o Rio, para ficar mais perto da filha, que vive na cidade. Mário Heringer, deputado federal e dono de um punhado de hospitais, queria que ele desse uma consultoria de gestão para o grupo de Heringer. Foi do Rio, portanto, que ele viu a vitória de Bolsonaro, e também foi no Rio que recebeu um telefonema do então deputado Alberto Fraga, seu colega de DEM e um dos parlamentares mais próximos do novo presidente: "Vi sua foto na praia. Como é que você está?".

"Tô bem, no Rio."

"Estamos indo ao Rio amanhã, um grupo grande de deputados, para visitar Bolsonaro. Vai lá com a gente", convidou.

O encontro na casa de Bolsonaro no condomínio Vivendas da Barra, em 20 de novembro, foi mais para festa e fotos do que para a formação de governo, mas Mandetta sabia que havia gente trabalhando para ele encabeçar a Saúde. A ideia não o desagradava, ao contrário. O tema ressurgiria dez dias depois, numa conversa com Onyx. Paulo Guedes indicara o oncologista Nelson Teich para ser ministro, mas Onyx queria Mandetta. "O Bolsonaro está preocupado porque o Teich é da parte de quimioterapia de uma empresa, e ele está resistindo porque acha que esse negócio pode pegar mal. Fica frio", prometeu Onyx ao amigo.

Em novembro, Caiado, eleito governador de Goiás, estava na capital para se reunir com Bolsonaro no escritório de transição, no Centro Cultural Banco do Brasil. Mandetta também estava em Brasília e foi com ele.

Na sala de Bolsonaro estavam o filho Eduardo, Caiado e Wilson Witzel, governador eleito do Rio de Janeiro. O presidente comia um sanduíche do McDonald's.

"Pronto para assumir o Ministério da Saúde?", perguntou Bolsonaro para um sorridente Mandetta.

"Não, vamos ver. Vamos conversar, presidente…"

A segunda conversa seria na segunda-feira seguinte, na casa de Bolsonaro. Mandetta temia a repercussão quando circulasse que ele respondia a inquérito por suspeita de fraude na licitação do prontuário eletrônico em Campo Grande. Chegou para a visita com uma cópia da investigação e uma carta em que detalhava por que era inocente.

"Olha, se o senhor tem algum problema com isso daqui, não ponha o meu nome. Porque na hora que o senhor puser o meu nome, vamos apanhar. E se passar uma semana e o senhor falar que eu não posso ser ministro por causa disso, aí o senhor vai me enterrar para sempre. Então o senhor fique totalmente à vontade", pediu.

"Não, se você não é réu, isso aqui não tem nada."

"Então o senhor veja tudo que o senhor quer ver, pergunta para o Moro…", sugeriu Mandetta, achando que Sergio Moro, escolhido como futuro ministro da Justiça, tinha algum papel na seleção dos nomes.

Mandetta também perguntou que liberdade teria para montar a equipe do ministério. Teria de atender partidos? Bolsonaro deu carta branca: Mandetta poderia montar uma equipe técnica. Na primeira entrevista depois da reunião, o presidente já citaria o nome dele como o próximo ministro da Saúde.

Bolsonaro de fato lhe deu carta branca. Mandetta formou um Ministério da Saúde com uma composição de nomes técnicos, nomes indicados do mundo político e nomes do bolsonarismo. As escolhas em cada uma das três vertentes teriam consequências diretas, para o bem e para o mal, no curso do combate à pandemia.

Dentre os técnicos, além do pediatra João Gabbardo dos Reis, escolhido para ser secretário-executivo, ou seja, o número dois do ministério, constavam o pesquisador da Fiocruz Wanderson de Oliveira, secretário de Vigilância em Saúde, e o médico de família Erno Harzheim, secretário de Atenção Primária à Saúde.

Dos três, o principal era Gabbardo, sugestão do deputado Osmar Terra, um dos políticos de quem Mandetta era mais próximo e a quem pedira um nome técnico para a secretária-executiva. Gabbardo demorou a topar. Havia passado por Brasília nos dois mandatos de Fernando Henrique, em secretarias do Ministério da Saúde, igualmente indicado por Terra. No fim de 2018, estava com a vida organizada em Porto Alegre: presidia o Instituto de Assistência à Saúde dos Servidores Públicos do Rio Grande do Sul e tinha um salário razoável. Ultramaratonista, churrasqueiro convicto, passou a cogitar a volta à capital porque gostou da ideia de ser o ministro substituto e dispor da prometida liberdade para montar a equipe. E havia um detalhe nada desprezível: eleitor de Bolsonaro, estava entusiasmado com o futuro governo. Acreditava que o ex-capitão criaria as condições para o avanço da Lava Jato e do combate à corrupção.

Wanderson de Oliveira se tornaria um dos principais estrategistas do combate inicial à covid-19 no Brasil. Elaborou as chamadas "medidas não farmacológicas", como as regras de distanciamento social, o uso de álcool em gel e de máscaras. Era expert em encrencas: com passagens pelo Ministério da Saúde, atuara nas epidemias de H1N1 e zika. Entre as atribuições da Secretaria de Vigilância em Saúde, constam campanhas de vacinação e de prevenção a quase todas as doenças.

A escolha de Erno Harzheim foi de certa maneira a razão que levou Mandetta a oferecer cargos a bolsonaristas. Secretário municipal de Saúde, Harzheim chegou ao ministério pelas mãos de Gabbardo. Quando correu que Harzheim assumiria a Atenção Primária, responsável por todo o atendimento direto do sus, a direita bolsonarista descobriu que ele havia colaborado com políticas de saúde de partidos de esquerda e chegara a coordenar um estudo no âmbito do famigerado Mais Médicos. Logo nos primeiros meses no ministério, Herzheim e Gabbardo foram alvo de ataques nas redes sociais — seriam comunistas, estariam ligados ao psol, queriam emplacar interesses privados na área de telemedicina. Era, no fundo, uma guerra política liderada por aqueles que estavam de olho nos cargos de ambos. Foi por isso que Mandetta sacou da cartola dois nomes que sabia seriam do agrado dos bolsonaristas: Allan Garcês e Mayra Correia Pinheiro.

Militar da reserva da Aeronáutica, ortopedista pediátrico como Mandetta, em 2016 o médico Allan Garcês havia liderado no Maranhão o movimento Nas Ruas, formado durante os protestos pelo impeachment de Dilma. Foi naquele ano que Garcês se aproximou do então deputado Jair Bolsonaro. Na campanha de 2018, embora derrotado como candidato a deputado federal pelo psl do Maranhão, ganhou mais pontos com os Bolsonaro ao dar palpites na formulação de um futuro programa de governo. Mandetta o nomearia para uma diretoria.

A cearense Mayra Correia Pinheiro, candidata derrotada ao Senado pelo PSDB do Ceará em 2018, pediatra e intensivista conhecida pelo jeito impetuoso, alguns diriam audacioso, de capitanear bandeiras que lhe eram caras, seria contemplada com a Secretaria de Gestão do Trabalho e Educação em Saúde, que responde pela formação dos profissionais do SUS. Era tucana por acidente. Presidira o Sindicato dos Médicos do Ceará e era formada pelo movimento de renovação política RenovaBR, com uma breve passagem pelo PSL. O cacife junto aos Bolsonaro veio com os 11% dos votos que teve para o Senado e a oposição ao Mais Médicos e aos irmãos Ciro e Cid Gomes. Ao atacar a vinda dos cubanos e a abertura de escolas de medicina no interior, ela conheceu Mandetta e Bolsonaro na Câmara. O contato se intensificaria em 2018 e culminaria com sua indicação.

Formado o núcleo técnico, entremeado de nomes palatáveis ao bolsonarismo, Mandetta também abriu um posto no ministério para um amigo e ex-deputado do DEM, José Carlos Aleluia. Convidou o colega por sua experiência política, fruto de algumas décadas de brigas na trincheira carlista na Bahia e de outras tantas de oposição ao PT na Câmara. Seu papel seria antever problemas e ajudar o ministro no relacionamento com o Congresso, aconselhando-o a se desvencilhar das cascas de banana que Brasília costuma jogar pelo caminho dos neófitos (e de não tão neófitos...). Foi Aleluia, por exemplo, já em 2019, com o governo Bolsonaro em pleno voo, um dos primeiros a perceber que Osmar Terra, então ministro da Cidadania, teria problemas para continuar no cargo. Com o objetivo de se cacifar dentro do governo, Terra vinha convidando a primeira-dama para eventos ligados a áreas sociais. Michelle Bolsonaro estava à frente do Pátria Voluntária, programa do ministério de arrecadação solidária de doações para pessoas pobres, e Terra emulava o que fizera no governo anterior com a ex-primeira-dama Marcela Temer, quando ocupara a mesma pasta. Aleluia previu o que ocorreria. "Osmar Terra acaba de assinar sua própria carta de demissão. Não se tira proveito político de uma primeira-dama sem incomodar o presidente", vaticinou a Mandetta. Terra seria defenestrado no começo de 2020, e o Pátria Voluntária passaria para a Casa Civil.

Habilidoso, Aleluia ainda conseguiria outro cargo federal, este como conselheiro da Itaipu Binacional. Acumularia as duas funções ao longo do tempo em que permaneceu no governo, mas a de conselheiro era especialmente proveitosa: na hidrelétrica recebia 27 mil reais mensais, mais que o dobro dos 13 mil reais do salário como assessor especial no Ministério da Saúde.

Além da amizade, Mandetta sentia-se devedor de Aleluia. Em 2016, quando Temer assumiu depois do impeachment de Dilma Rousseff, a bancada do DEM na Câmara precisara fazer uma escolha: aceitar o Ministério da Educação para o então deputado Mendonça Filho, ou o Ministério de Minas e Energia para Aleluia. Mandetta desempatou o racha a favor de Mendonça.

O time inicial do Ministério da Saúde seria completado com a chegada de técnicos indicados pelo Centrão, o grupo de partidos que gostam de se apresentar como de centro, mas cuja bússola se inclina mais por cargos e emendas do que por colorações à esquerda ou à direita.

A Esplanada dos Ministérios de qualquer um dos últimos governos ficou lotada de técnicos indicados por políticos do Centrão. Competentes e diligentes servidores públicos, corruptos contumazes, eles compõem um bloco que tem de tudo um pouco. Ou seja: não é por ter sido indicado por um deputado ou senador corrupto que determinado técnico vai participar de alguma negociação ilícita. Pode estar ali para preencher um pedido de emprego do político, por ser seu amigo ou para atender a favores clientelistas, como sempre chamar o político que o indicou para acompanhá-lo a inaugurações e lançamentos. Se, pesquisado o currículo do indicado, nada o desabonar, ele mostrar qualificação mínima para a função (o "mínimo" às vezes pode ser bem menos do que o aceitável) e, o mais importante, se seu padrinho tiver força para emplacá-lo, ele está feito. Foi assim, em vestes de técnico qualificado, que o ex-controlador de voo Roberto Ferreira Dias foi apresentado ao ministro, segundo relata o próprio Mandetta. Comandaria o poderoso Departamento de Logística da pasta, responsável por todas as compras do ministério. Todo ano a Saúde gasta cerca de 10 bilhões de reais em remédios e outros insumos, orçamento que iria triplicar com a pandemia de covid-19.

Paranaense, Dias foi controlador de voo até 2009, quando optou pelo ramo de investimentos financeiros numa corretora de Curitiba. Em 2011, fundou sua própria corretora, mas o negócio não foi para a frente. Em 2012, foi aprovado em concurso para a Companhia de Habitação do Paraná, onde, três anos mais tarde, conheceria o deputado federal Abelardo Lupion, do DEM, então recém-nomeado para presidir o órgão de políticas habitacionais do governo paranaense.

O estado era governado pelo tucano Beto Richa e por sua vice, Cida Borghetti, do PP, casada com um deputado cada vez mais poderoso no partido e na Câmara, Ricardo Barros. Em 2018, quando Richa se candidatou ao Senado e Borghetti assumiu o governo do estado, Lupion foi convidado para encabeçar a Secretaria de Infraestrutura e Logística. Ferreira Dias foi designado seu chefe de gabinete. E foi Lupion quem o indicou a Mandetta para dirigir as compras do ministério.

O primeiro ano no ministério havia sido praticamente apagado, o que não constituiria necessariamente um problema num governo com ministros afeitos a polêmicas. Mandetta se concentrou em temas técnicos da pasta, ficando à margem das crises em torno de temas como porte de armas, guerra cultural e despetização. Enquanto esses assuntos tomavam a Esplanada, sua agenda era tirar do papel uma política para controlar o sarampo (o Brasil perdera o certificado de país livre da doença), combater as quedas nas taxas de vacinação e reestruturar o ministério. Aconselhado por Aleluia, mantinha a agenda sempre aberta para receber políticos do Centrão e do bolsonarismo.

O segundo ano de governo prometia ser uma repetição do anterior. Do Alvorada, de onde naquele janeiro de 2020 saiu acertado com Bolsonaro que iria planejar um orçamento robusto para o Ministério da Saúde no Rio de Janeiro, Mandetta seguiu para casa. Precisava se preparar para sua viagem ao Fórum Econômico Mundial de Davos, dali a poucos dias. Fora nomeado para presidir um grupo mundial de erradicação da tuberculose e teria encontros com gente da Organização Mundial da Saúde. Numa dobradinha com o Itamaraty, vinha tentando inserir o Brasil na política de saúde global da oms.

Cerca de uma semana depois, quando o evento em Davos estava no fim, chegou a notícia de que a China decidira isolar Wuhan, uma metrópole de 12 milhões de habitantes e considerada então o epicentro de um novo tipo de coronavírus. Em poucas semanas, os casos estavam na casa das centenas, e havia muito os contaminados não eram apenas trabalhadores do mercado de peixes da cidade, como no começo. A ordem agora era isolar a cidade do restante do país, que passou a lutar a jato contra a pandemia.

Só naquele fim de janeiro a China despertava de fato para a nova doença. Nas últimas semanas de 2019, médicos de Wuhan tinham sido perseguidos ao publicar nas redes sociais relatos sobre o novo tipo de pneumonia que vinham diagnosticando. Apenas em 20 de janeiro o presidente chinês Xi Jinping reconheceu publicamente o surto de coronavírus e decretou que havia uma epidemia. Naquele momento, o vírus já tinha se espalhado para outras regiões da China e ultrapassara ao menos três fronteiras: Tailândia, Japão e Coreia do Sul.

No Brasil, o primeiro alerta tinha chegado por meio de um sistema de comunicação de casos de interesse global, em 3 de janeiro. Ao tomar conhecimento do vírus, Wanderson de Oliveira, o secretário de Vigilância em Saúde, notificou a Organização Pan-Americana da Saúde (Opas), ponto focal da OMS nas Américas, pedindo mais informações sobre a "pneumonia de causa desconhecida" em Wuhan. Assim, o Brasil se tornou o primeiro país a se dirigir à OMS para se informar sobre a doença.

Com o agravamento da epidemia em Wuhan, brasileiros que moravam na cidade contataram autoridades brasileiras e pediram para ser retirados do país, acreditando que estariam a salvo longe dali. Naquele momento, o coronavírus ainda parecia uma ameaça capaz de se circunscrever à China.

Mandetta foi chamado ao Palácio da Alvorada para conversar com Bolsonaro. Chegou lá e encontrou o chanceler Ernesto Araújo e o ministro da Defesa, general Fernando Azevedo e Silva. Explicou ao presidente que ele precisaria redigir um projeto de lei que desse fundamentação jurídica para que, ao chegar ao país, todos os brasileiros vindos de Wuhan cumprissem a quarentena que deveria ser imposta. Sem o embasamento legal, os resgatados poderiam alegar que o isolamento infringia a liberdade de ir e vir. Do Alvorada, os três ministros e o presidente deram uma entrevista lado a lado. Bolsonaro, ainda que timidamente, sinalizou pelo resgate e repatriação dos brasileiros em Wuhan.

No início, o presidente não queria fazer o resgate, dizendo-se preocupado com o alastramento da doença no Brasil. Lembrou que em Wuhan havia só algumas dezenas de brasileiros, enquanto aqui existiam 210 milhões. Só começou a mudar de opinião quando o governo de Donald Trump resgatou todos os cidadãos americanos de Wuhan. E só decidiu de fato retirá-los quando os brasileiros na cidade passaram a publicar nas redes sociais pedidos para que o governo os resgatasse. Deixá-los lá começou a ser visto, mesmo por bolsonaristas, como um ato antipatriótico.

Enquanto o texto do projeto de lei era redigido às pressas no Ministério da Saúde, um grupo de ministros passou a se ocupar da viagem, do frete do avião aos detalhes da quarentena. Coube a Mandetta a comunicação à imprensa, com a cautela de confiar o protagonismo aos militares: tinha percebido que, para Azevedo e Silva, era importante que as Forças Armadas aparecessem à frente do resgate.

Em menos de 24 horas o Congresso aprovava a lei que estabelecia regras para a quarentena dos repatriados. Por definição do Ministério da Defesa, eles ficariam na principal base de operações da Aeronáutica, em Anápolis, a 150 quilômetros de Brasília. Mandetta chamou a atenção de Azevedo e Silva para a proximidade com a capital, com o risco de infecção de membros essenciais para as operações da Força Aérea. Recomendou isolar os brasileiros em uma base desativada em Florianópolis, mas o general alegou que a proximidade era importante para, caso necessário, levar os doentes ao Hospital das Forças Armadas, em Brasília.

Do nome escolhido para batizar a operação de resgate — "Retorno à Pátria Amada Brasil" — ao dia a dia do confinamento, cada detalhe do planejamento reforçava a percepção de Mandetta de que o resgate procurava passar uma imagem heroica das Forças Armadas. A operação envolveu quatro aviões, sendo dois tipo Embraer 190, para transportar os resgatados, e dois Embraer 135 Legacy 600 para levar a tripulação de apoio ao resgate. A rota foi mantida em sigilo porque países vizinhos começaram a sondar a possibilidade de também resgatar seus cidadãos. No total, os militares embarcaram 120 pessoas para auxiliar, ao todo, 34 brasileiros que moravam em Wuhan, além de diplomatas e alguns poloneses que, graças a um acordo entre Brasil e Polônia, foram transportados em troca da autorização para se abastecer naquele país.

Na chegada, a Defesa optou por não impor a quarentena à tripulação que participara do resgate e tivera contato com os brasileiros transportados, decisão que, em tese, poderia espalhar o vírus por um país que ainda não tinha nenhum caso de covid. Para susto geral, um dos pilotos que foi a Wuhan se queixou de febre e mal-estar no segundo dia depois do desembarque. Os militares exigiram sigilo enquanto o teste era feito. Se confirmado, o piloto seria a primeira ocorrência no país, mas o resultado não apontou contaminação.

Os 34 brasileiros ficaram entre 9 e 23 de fevereiro isolados em Anápolis com protocolos de segurança elaborados pelos militares, sem participação do Ministério da Saúde. Os exames feitos no embarque, na China, não apontaram nenhum contaminado, mas era necessário esperar o tempo indicado para a incubação do vírus: catorze dias. A Aeronáutica montou uma área de convivência e recreação, na qual os quarentenados poderiam se encontrar e conversar, usar internet, ver filmes e até assistir a uma apresentação de uma dupla sertaneja. Se algo desse errado e os cantores testassem positivo para a covid-19, o confinamento, abrangendo todos, incluindo os músicos, seria estendido. A dupla entrou e saiu sem o vírus.

Quando os confinados deixaram o isolamento, a situação mundial já tinha se agravado. Em 11 de fevereiro, a oms decretara que a doença provocada pelo patógeno Sars-CoV-2 seria conhecida a partir de então como covid-19. O vírus se espalhara ainda mais pela Ásia, infectando cidadãos de Camboja, Cingapura, Japão, Tailândia, Vietnã e as Coreias do Norte e do Sul. Na China, a doença continuava a fazer vítimas e se espalhava para além do epicentro, longe de Wuhan.

A partir do decreto da oms, o governo brasileiro determinou que seria considerado um potencial infectado qualquer um que chegasse ao país de algum desses locais e apresentasse sintomas de gripe ou só tivesse entrado em contato com alguém com sintomas.

Na Europa, a preocupação crescia. A Itália teve seu primeiro paciente confirmado em 14 de fevereiro. Dez dias depois, eram 229 testes positivos desde a descoberta do paciente zero. Um brasileiro que viajara por Milão e arredores, na região mais afetada pela covid-19 até então, voltou na sexta-feira, véspera do feriado de Carnaval, e fez um churrasco com familiares no domingo, convidando pelo menos quarenta pessoas. Na terça-feira de Carnaval procurou um hospital da rede Albert Einstein, em São Paulo. O homem, de 61 anos, se queixou de dor no corpo e febre, e apresentava tosse seca — sintoma característico de pacientes infectados pelo novo coronavírus. Seria ele o primeiro paciente.

Enquanto isso, o Ministério da Saúde dava entrevistas coletivas diárias para conscientizar a população a respeito da nova doença. Até o dia em que houve a confirmação do primeiro paciente, foram 22 entrevistas. Embora a maioria tenha sido liderada por Gabbardo, o segundo no ministério, e Wanderson de Oliveira, secretário de Vigilância em Saúde, aos poucos Mandetta despontava como personagem nacional. Devido à recorrência das coletivas, a estratégia de comunicação do ministério passou a ser elogiada pela imprensa. O espaço dado à cobertura da epidemia aumentava, bem como o incômodo de Jair Bolsonaro.

Março chegou e o Palácio do Planalto ainda não tinha adotado medidas de prevenção contra o vírus. No dia 4 daquele mês, a atriz Regina Duarte tomou posse como secretária da Cultura. A cerimônia, que teve lugar no segundo andar do Planalto, evidenciou como o governo ainda não entendera o que estava acontecendo. O presidente não usava máscara, nem os demais convidados. O palácio não oferecia álcool em gel. Celebridades eram assediadas para fotos em grupo, abraços, beijos e cumprimentos — ninguém obedecia ao protocolo ensinado e seguido por Mandetta e sua equipe técnica nas coletivas. Tampouco o presidente era exemplo de conduta de bom senso sanitário: fazia selfies, distribuía abraços e falava no ouvido das pessoas. Alguns deputados faziam piadinhas com os protocolos e se cumprimentavam com os pés, moda que pegou por um tempo.

Naquele começo de março, a sala do presidente tinha acesso irrestrito e um grande fluxo de visitantes. Mandetta chegou a alertar o ministro do Gabinete de Segurança Institucional, general Augusto Heleno: era necessário adotar medidas mais severas para evitar o contágio do primeiro escalão do governo. Heleno minimizou — o vírus estava longe...

Era hora de se fazer qualquer coisa, menos viajar para perto de onde o vírus estava.

A comitiva da covid

A exemplo de grande parte do mundo, Miami ainda não havia despertado para a ameaça da covid quando o presidente e sua comitiva lá desembarcaram em 7 de março. Jair Bolsonaro teria um encontro reservado com Donald Trump. No aeroporto, nenhuma restrição ou orientação a quem chegava. O comércio funcionava normalmente — o governo da Flórida só determinaria o fechamento de restaurantes e bares em 17 de março. Os quase quatro dias que Bolsonaro passou por lá e o saldo de mais da metade de sua comitiva contaminada na volta foram determinantes para que o governo brasileiro se conscientizasse da existência da pandemia na cidade e nos Estados Unidos em geral.

Devido ao risco do coronavírus, dois dias antes de ir a Miami Bolsonaro havia cancelado uma viagem à Hungria e à Polônia que faria no fim de abril. O Brasil tinha apenas dezenove casos confirmados quando o presidente embarcou. Os registros nos Estados Unidos estavam em plena ascensão, com 435 confirmações e dezenove mortes registradas, duas delas na Flórida. Mas o presidente nunca cogitou a hipótese de cancelar aquela viagem, malgrado os conselhos de Mandetta. O ministro também fora convidado, mas sabia que visitar um dos principais destinos turísticos do mundo significava trazer na bagagem mais contaminação para o país. Declinou, alegando que não podia deixar o ministério.

Acompanhado de uma comitiva de 39 pessoas, Bolsonaro teria uma agenda curta mas intensa, cujo ponto alto consistia na assinatura de um acordo militar que daria a empresas brasileiras acesso a um fundo americano de quase 100 bilhões de dólares anuais para o desenvolvimento de produtos na vanguarda tecnológica da indústria militar. Porém, mais que isso, a visita tinha como objetivo responder às críticas de que o Brasil havia se alinhado de maneira subserviente aos Estados Unidos, sem contrapartida.

Em quatro dias, haveria também encontros com políticos e empresários americanos, assinatura de acordos e uma visita às instalações do Comando Sul, unidade responsável pela cooperação militar entre países das Américas Central e do Sul. O evento mais importante do ponto de vista midiático seria um jantar entre Bolsonaro e Trump, no resort de Mar-a-Lago, de propriedade do presidente americano.

Ainda não se sabia do grau de seriedade da covid, mas a doença era um assunto na comitiva de Bolsonaro. O embaixador do Brasil em Washington, Nestor Forster, embora adepto da cartilha antiglobalista da política externa brasileira, parecia incomodado em cumprimentar suas interlocutoras com beijinhos. Até topava encostar a bochecha, mas antes brincava, talvez com certo deboche, talvez para constranger a interlocutora e tentar escapar do cumprimento: "É o beijinho do coronavírus, né?".

A maioria, entretanto, reclamava: pra que tanta frescura? O diplomata Alan Coêlho de Séllos, chefe do cerimonial do Itamaraty, monarquista e católico atento aos ditames do Vaticano, resmungava contra a decisão de fechar Roma e cancelar uma missa do papa. "É um absurdo, um exagero", protestava junto aos integrantes da comitiva.

Ninguém usava máscara, o que não configurava uma exclusividade da comitiva brasileira. O acessório ainda era raro, e quem usava era olhado de banda.

A comitiva presidencial transitava pelas ruas de Miami e Palm Beach acomodada em quatro veículos; o carro de Bolsonaro ia à frente, seguido de três vans com doze pessoas cada, sentadas em torno de uma mesinha e dividindo o mesmo ar-condicionado. Além do ar, compartilhavam baterias e carregadores de celular, não só dentro da van, mas ao longo da viagem. Nenhuma máscara, nenhum frasco de álcool em gel, nenhum distanciamento físico.

Bolsonaro voou de FAB. Abatido pela viagem, descansou por algumas horas no Hilton Miami Downtown, destino com frequência escolhido por autoridades e artistas pelo fluxo de entradas e saídas, ideal para que os hóspedes possam transitar sem chamar a atenção de repórteres. Barack e Michelle Obama, por exemplo, hospedaram-se algumas vezes ali. Depois do rápido descanso, Bolsonaro seguiu, sem Michelle, para Mar-a-Lago.

Os dois presidentes haviam se conhecido em março de 2019 em Washington; conversaram em junho daquele ano no Japão, no encontro do G-20, e tiveram uma breve interação em setembro do mesmo ano, na Assembleia Geral da ONU, em Nova York. Sempre com a ajuda de intérpretes, naturalmente. Nunca tinham dividido a mesma mesa.

Com cerca de 6 mil metros quadrados, oito hectares de jardins, três abrigos antiaéreos e uma praia particular, Mar-a-Lago tem 126 quartos — contando com a área privativa da família Trump —, quadras de tênis, campo de golfe, salão de beleza, spa, piscina à beira-mar, restaurantes, salões e mais salões com tetos e detalhes decorados com folhas de ouro, bustos do século

XVI em estilo romano e grandes candelabros de cristais. Alguns banheiros das suítes também ostentam lavatórios banhados a ouro.

Mar-a-Lago foi construída na década de 1920 pela socialite americana Marjorie Merriweather Post, herdeira da gigante multinacional General Foods. Quando ela morreu, em 1973, a família doou a propriedade ao governo americano. Sem conseguir arcar com os custos, em 1981 o governo devolveu o imóvel à Fundação Marjorie Merriweather Post, que o pôs à venda por 25 milhões de dólares. Donald Trump negociou o preço, oferecendo vários milhões abaixo do valor real. Diante das negativas, apelou para um estratagema típico de sua personalidade: comprou uma propriedade bem em frente a Mar-a-Lago e bloqueou a vista da mansão para a praia. Com isso o valor do imóvel foi baixando, e em 1985 Trump finalmente comprou a propriedade por 10 milhões de dólares, menos da metade do valor original. Em 2018, a *Forbes* avaliou o imóvel em cerca de 160 milhões de dólares.

Em 1995, Trump fez de Mar-a-Lago um clube privativo. Em janeiro de 2005, adicionou à propriedade um salão de baile de 1,8 mil metros quadrados. E lá se casou com Melania Trump, no mesmo mês, em evento que recebeu Hillary e Bill Clinton.

Nos anos de sua Presidência, Trump intensificou as visitas ao resort. As sucessivas reuniões diplomáticas contribuíram para valorizar o passe de acesso ao local. Antes de Trump ser presidente, o valor inicial para se associar ao clube era de 100 mil dólares. Depois da eleição de 2016, a taxa dobrou: 200 mil dólares. Os negócios prosperaram ainda mais. Só em 2016 o clube registrou uma receita de 29 milhões de dólares, 25% a mais do que em 2015. A revista *Forbes* estimou que, com Trump na Presidência, ao valor do imóvel somaram-se 10 milhões de dólares.

Mar-a-Lago também se transformou no cenário ideal para fazer lobby junto ao presidente. A taxa de 200 mil dólares brindava o novo associado com o privilégio de volta e meia encontrar Trump no jantar, cumprimentando os sócios pessoalmente, quase sempre cercado das *trumpettes*, mulheres de um fã-clube homônimo do então presidente, cuja fundadora, Toni Kramer, já havia sido tietada em 2019 pela família Bolsonaro. À época com 81 anos, camuflados por cabelos perfeitamente louros, maquiagem pesada com longos cílios postiços, Kramer chamava a atenção. Figura presente em Mar-a-Lago toda vez que o então presidente estava no resort, foi uma das integrantes da entourage de Trump apresentadas a Eduardo Bolsonaro numa das vezes em que o deputado esteve no hotel. Em 2019, quando tentava se cacifar para ser embaixador em Washington, o Zero Três hospedou-se em Mar-a-Lago para fazer contato com integrantes do Partido Republicano.

Mais do que para sua nomeação como embaixador — desistiria ainda em 2019 ao perceber que não teria votos para ser aprovado no Senado —, os contatos foram úteis para, no fim de 2020, reunir aliados na criação do Instituto Conservador-Liberal, braço de formação da extrema direita bolsonarista.

Naquele fim de semana, a presença de Trump em Mar-a-Lago não se devia apenas ao encontro com Bolsonaro. O presidente americano também seria a estrela de outro evento no sábado, concomitante ao jantar com a comitiva brasileira: a festa de Kimberly Guilfoyle, a namorada de Donald Trump Jr., que também ocorria no resort. No domingo, ainda haveria um brunch de arrecadação para a campanha presidencial de 2020.

O convite para o jantar não era extensivo a toda a comitiva; limitava-se aos mais próximos de Bolsonaro, como Eduardo, Augusto Heleno, Ernesto Araújo, Fernando Azevedo e Silva, Nestor Forster e Fabio Wajngarten, entre poucos outros. Pelo lado americano, foram convidados o vice Mike Pence; o advogado de Trump e ex-prefeito de Nova York, Rudolph Giuliani;

o apresentador da trumpista Fox News, Tucker Carlson, e alguns senadores republicanos. Sem contar a família presidencial, claro, ali representada por Ivanka Trump e Jared Kushner, Eric Trump e a mulher, Lara Trump, e Tiffany Trump, a caçula da família. Melania ficara em Washington. Ou seja: apesar da exclusividade, o Donald J. Trump Grand Ballroom de Mar-a-Lago estava lotado.

Naquele dia, havia sido registrado o primeiro caso de covid na capital americana. Não à toa o tema surgiu na rápida coletiva que ele e Bolsonaro deram aos repórteres, brasileiros e americanos, na porta de entrada do resort, com as bandeiras americana e brasileira ao fundo. "*Brazil loves him. The USA loves him.* [*He is doing*] *a great job*", começou Trump, com o dedo indicador apontado para Bolsonaro, e encerrando a declaração com um aperto de mão pouco aconselhável naquelas circunstâncias sanitárias.

Duas semanas antes, quando a Itália somava 79 casos de covid, escolas, bares, restaurantes, teatros e museus do país já haviam sido fechados. O carnaval de Veneza fora cancelado. Já se falava de um eventual lockdown nas cidades mais afetadas. Nas ruas da Lombardia, a primeira região italiana que a pandemia devastou, não se via vivalma. As prateleiras dos supermercados de Milão estavam vazias. As medidas de higiene a serem adotadas ainda estavam sendo difundidas em todo o mundo, mas qualquer um que lesse os jornais ou ouvisse os noticiários na tevê sabia que máscaras deveriam ser usadas e apertos de mão e aglomerações deveriam ser evitados. Tanto Trump quanto Bolsonaro não ignoravam, portanto, o que não convinha fazer.

Na coletiva, antes de tratar da epidemia e perguntar a Trump a respeito do primeiro caso registrado naquele dia em Washington, os repórteres americanos estavam mais interessados na recente sobretaxa incidente no aço e no alumínio brasileiros, ressuscitada pelos Estados Unidos — a medida só reforçara a impressão de que o Brasil cedia muito mais do que recebia. O presidente americano foi claro ao dizer que não prometia nada.

Já o presidente brasileiro não abriu a boca em momento algum da coletiva, que dispensou intérpretes. Bolsonaro não queria responder às perguntas de seus conterrâneos, e não entendia absolutamente nada das perguntas em inglês dirigidas a Trump. Visivelmente desconfortável, mantinha o olhar fixo ora no autor da pergunta, ora num ponto perdido, de modo a não precisar encarar ninguém. Em silêncio e ereto, parecia um ajudante de ordens do anfitrião.

Por sorte do ex-capitão, ele não precisou fazer cara de paisagem durante o jantar. Numa mesa de doze pessoas, Bolsonaro e Trump eram ladeados por seus respectivos intérpretes, além de Eduardo Bolsonaro e Ivanka Trump e os ministros brasileiros. O tema coronavírus não tomou nem cinco minutos da noite, quando os dois presidentes avaliaram que até abril daquele ano tudo estaria nos trilhos. Não havia razão para pânico.

A comitiva brasileira voltou cedo para o hotel. Wajngarten estava especialmente cansado e com dor no corpo. Atribuiu ao excesso de trabalho.

O segundo dia da viagem também começou com aglomeração, com uma visita ao Comando Sul. Mas a despeito do encontro com Trump na véspera e a iminência da assinatura de um acordo de defesa, o que de fato mobilizava o noticiário brasileiro era um evento da véspera, ou melhor, um não evento: a exclusão de uma repórter da *Folha de S.Paulo* da cobertura do jantar em Mar-a-Lago.

O Planalto havia selecionado quinze jornalistas para ir ao resort, mas o governo americano previra apenas treze credenciais. Então a Secom escolheu treze veículos: as emissoras Globo, Record, Band, EBC e SBT, as agências de notícia Bloomberg, Reuters e AFP, a rádio Jovem Pan, os portais BBC Brasil e Metrópoles, e os jornais

O Globo e *O Estado de S. Paulo*, sendo que a Record e a EBC tiveram direito a levar dois jornalistas cada, contrariando as informações de que cada veículo poderia indicar um só profissional.

A decisão de excluir a repórter Marina Dias, segundo os assessores de imprensa disseram a alguns repórteres no dia, foi de Fabio Wajngarten, que semanas antes havia protagonizado uma série de reportagens do jornal, revelando que ele continuava a receber de uma de suas empresas cujos clientes eram emissoras de tevê e agências pagas pelo governo federal. Se comprovado, seria um conflito de interesses flagrante. Wajngarten negou atuar na empresa, e meses depois diria não ter nada a ver com o boicote à *Folha*.

A exclusão da repórter da *Folha*, que Wajngarten negaria ter sido obra sua, repercutiu muito mal. Em solidariedade, os demais jornalistas combinaram perguntar reiteradamente, sempre que viam Bolsonaro, por que a *Folha* havia sido eliminada da cobertura. A Secom orientou Bolsonaro a não dar nenhuma entrevista e não responder a nenhuma pergunta. A ida aos Estados Unidos passaria quase sem nenhuma fala do presidente à imprensa, exceto uma breve interação na véspera da viagem de volta.

A Secom tampouco queria que alguma autoridade brasileira se pronunciasse. No domingo chegaram a orientar o ministro da Defesa, Fernando Azevedo e Silva, a não se manifestar depois de Bolsonaro ter assinado um acordo de defesa com o almirante americano Craig Faller, chefe do Comando Sul. Seria embaraçoso se o ministro fosse confrontado com alguma pergunta sobre a exclusão da *Folha* da cobertura do jantar da véspera. Mas o general ponderou que seria pior perder a oportunidade de divulgar o acordo e decidiu falar, sem abrir para perguntas. Deu certo: as aspas do ministro eram das poucas linhas positivas para o Brasil nas notícias sobre a viagem.

Nos demais dias, a comitiva repetiria o comportamento pró-

-covid. As infrações já começavam no café da manhã. Bolsonaro sempre descia ao restaurante sem Michelle e sentava-se numa sala separada por portas de vidro. No buffet, ele e o restante da comitiva compartilhavam os talheres de serviço. Nem sombra de luva ou álcool em gel.

Na tarde de domingo, a comitiva em peso, cerca de quarenta pessoas, foi confraternizar numa churrascaria com pastores evangélicos brasileiros e conterrâneos famosos que moram na Flórida, como Emerson Fittipaldi e a ex-BBB Juliana Leite. Bolsonaro foi aplaudido e tietado pelos clientes, a maioria brasileiros. A viagem ainda previa encontros com os senadores republicanos Rick Scott e Marco Rubio, e com o prefeito de Miami, Francis Suarez. Em certo momento o presidente deu uma escapadela para tomar milk-shake num shopping e visitar Romero Britto em seu estúdio — o pintor presenteou o ilustre visitante com um quadro em sua homenagem e deu a primeira pincelada num retrato de Michelle. Todos sem máscara, inclusive Wajngarten, àquela altura exausto. O mal-estar era devido ao frio, sem dúvida, ele pensava.

O presidente tratou publicamente da pandemia em dois momentos da viagem. Em um encontro de pastores, disse que a covid estava sendo "superdimensionada". Após a fala de meia hora, desceu do pequeno palco e se juntou a uma pequena multidão para selfies. Depois, num evento com empresários, dessa vez sem aglomeração — havia mais cadeiras vazias que ocupadas —, defendeu que a "questão do coronavírus" era fantasiosa: "Muito do que tem ali é mais fantasia, a questão do coronavírus, que não é isso tudo que a grande mídia propaga", disse.

Em 6 de março, a Bovespa registrara uma queda de 4%, e a Petrobras perderia 90 bilhões de reais de valor de mercado no dia 9, mesmo dia em que o dólar saltaria de 4,64 reais para 4,73 reais. Esse era o clima no Brasil quando Bolsonaro e parte da comitiva decolaram no avião presidencial de volta. No voo, vieram praticamente os mesmos passageiros da ida: além de Bolsonaro, Michelle e Eduardo, ministros, senadores, um governador, alguns diplomatas e dois secretários, entre eles Fabio Wajngarten, que passou boa parte do voo batendo os dentes. O presidente tem uma ala reservada no avião, com um escritório privado, uma suíte, uma sala de reuniões e um escritório. Atrás dessa área vem a primeira classe, geralmente destinada a ministros e parlamentares. E um terceiro segmento se assemelha à área econômica de um voo comercial, com três poltronas de cada lado.

A comitiva contava com um médico particular do presidente, então sentado na frente de Wajngarten. O secretário lhe disse que sentia calafrios e tremedeiras. O termômetro acusou 38 graus. Wajngarten ingeriu vários copos de suco de acerola e tomou um antitérmico ainda no avião.

A comitiva desembarcou na capital federal por volta das três horas da manhã. Wajngarten se sentia tão mal que queria procurar um médico de imediato. Sinusite, pensava. Às oito horas pegou um voo da FAB para São Paulo. De Congonhas, foi levado diretamente para o Hospital Albert Einstein, onde o pai, Mauricio Wajngarten, é um conceituado cardiologista, e para onde, por seu intermédio, Bolsonaro foi transferido em 2018, quando foi esfaqueado em Juiz de Fora.

Ainda no hospital, Wajngarten tuitou irritado contra as primeiras suspeitas de que tinha contraído o coronavírus. Sua família estava de prova, ele sempre costumava voltar prostrado de viagens longas. Pura maledicência.

"Em que pese a banda podre da imprensa já ter falado absurdos sobre a minha religião, minha família e minha empresa, agora falam da minha saúde. Mas estou bem, não precisarei de abraços do Drauzio Varella", escreveu, em referência ao episódio em que o médico abraçou uma presa que havia matado uma criança, em reportagem do *Fantástico*, da TV Globo.

Enquanto isso, a publicitária Sophie Wajngarten, mulher de Fabio, mandou as filhas do casal para o endereço de sua mãe e, por precaução, se isolou em casa, aguardando o resultado do teste. O laudo saiu às duas da manhã. Mauricio Wajngarten deu a notícia no grupo da família. De manhã, Sophie, com o objetivo de alertar a escola de uma das filhas, postou em um grupo de Whats-App de pais que o marido havia testado positivo. Disse que as meninas não haviam tido contato com ele e que a família seguira todo o protocolo.

Wajngarten começou a alertar em privado pessoas com quem tivera contato.

"Testei positivo, é bom você testar também porque eu vim atrás de você", disse o secretário ao senador Nelsinho Trad, o primo de Mandetta, que viajara na poltrona à frente do secretário. Trad também testou positivo. O almirante Flávio Rocha, secretário de Assuntos Estratégicos, e o senador Jorginho Melo, do MDB de Santa Catarina, eram os outros vizinhos.

Preocupado, Mandetta telefonou para o chefe da Casa Civil, Walter Braga Netto. Queria saber detalhes sobre a localização do secretário no voo e quem tivera contato com ele. Braga Netto disse que o secretário não tinha nada.

"É fofoca da imprensa, Mandetta", disse o ministro.

Porém o print das mensagens de Sophie alertando a escola logo vazou. A notícia da contaminação de Wajngarten espalhou medo em todos da comitiva, mas não só. Aventou-se que ele pudesse ter se contaminado antes de partir para Miami. Na quinta-feira anterior à viagem, o secretário estivera na sede da Fiesp, em São Paulo, acompanhando Bolsonaro num encontro com 38 CEOs de grandes empresas.

Internado, o secretário telefonou novamente para o senador Trad, com a voz preocupada: "Eu li aqui que você pegou. Como é que você está? Eu estou aqui no Einstein".

"Olha, eu estou bem, mas se meus sintomas piorarem, o médico falou para eu ir para o hospital. E você?", perguntou Trad.

"Rapaz, eu estou com um peso na consciência porque acho que eu passei para o presidente. O pessoal aqui comentou que é bem provável que eu tenha passado para ele." Wajngarten não estava sozinho em sua suspeita. Todos no Planalto desconfiavam que Bolsonaro testaria positivo.

O medo também alcançou os Estados Unidos. Trump, que apertou a mão e posou para fotos com Wajngarten, fez o teste: negativo. Além do secretário, o americano também tivera contato com o embaixador Nestor Forster, que sentara à mesa do jantar. O prefeito de Miami, Francis Suarez, não teve a mesma sorte e testou positivo. Mar-a-Lago foi fechado e passou por uma desinfecção total.

Enquanto no Brasil se esperava o resultado do exame do presidente, a emissora americana Fox News publicou que ele estava com covid, creditando a informação a Eduardo Bolsonaro. Em instantes, a notícia da emissora, espaço preferencial não só de Donald Trump, mas também de aliados internacionais, como os Bolsonaro, foi reproduzida no Brasil e na Europa.

Horas depois, o Planalto informou oficialmente que o presidente não testara positivo. Eduardo disse que nunca havia confirmado nada para a Fox News — a emissora não só manteve a informação como ainda disse que, em contato com o filho de Bolsonaro, ele "aparentou confirmar" que o resultado de um primeiro teste do pai tinha dado positivo e que um segundo exame seria feito.

Era uma crise na parceria que os Bolsonaro vinham construindo com o canal mais alinhado a Trump.

Em novembro de 2018, quando viajou aos Estados Unidos semanas após a eleição do pai, Eduardo Bolsonaro dera uma entrevista ao vivo para Lou Dobbs, da Fox News. O apresentador era um dos principais apoiadores de Trump no canal, desde os tempos em que abraçou e ajudou a difundir a teoria da conspiração de que Barack Obama não nascera nos Estados Unidos. Na entrevista, que se tornaria uma peça de propaganda recorrentemente compartilhada nos primeiros meses do governo Bolsonaro, Eduardo afirmou num inglês todo particular que o Brasil "não seria mais um país socialista" e anunciou, para total desinteresse de Dobbs, que o ministro da Justiça seria "o juiz Sergio Moro, da Operação Lava Jato" e o "ministro da Economia seria Paulo Guedes, graduado em Chicago", que promoveria "*a lot of privatizations*".

Com a negativa do Planalto, a Fox News se irritou, entendendo que o informante tinha mudado sua versão. Eduardo entrou ao vivo via Skype na programação da emissora para se explicar. "Eu acabei de ter a notícia de que o teste do presidente Bolsonaro deu resultado negativo", ele disse à apresentadora do *America's Newsroom*, novamente num inglês meio errático.

A jornalista perguntou o que de fato acontecera, já que ele mesmo havia dito mais cedo que um primeiro teste dera positivo. "Eu não tenho essa informação. Eu nunca soube que teria dado positivo em um primeiro exame. Eu não sei, mas tudo está bem agora", afirmou Eduardo. A apresentadora insistiu, perguntando se Jair Bolsonaro fizera apenas um teste. Eduardo disse que sim e que o presidente não apresentava nenhum sintoma.

Nas redes sociais, desde o momento em que Bolsonaro publicara no Facebook e no Twitter que não estava com covid, os filhos do presidente passaram a atacar não a Fox News, mas a imprensa brasileira: "A IMPRENSA MENTE PRA DESTRUIR O NOVO BRASIL", escreveu Eduardo em letras maiúsculas no Twitter.

Fora das redes, no mundo real, começara o *strike*. A cada dia, mais um integrante da comitiva dizia estar com covid. A advogada de Bolsonaro, o embaixador Nelson Forster, os ministros

Augusto Heleno e Bento Albuquerque, o ajudante de ordens de Bolsonaro, major Mauro Cid, o influenciador digital e assessor internacional da Presidência, Filipe Martins, o marqueteiro Sérgio Lima, além de secretários, industriais e diplomatas. O presidente fez mais um teste: não reagente. Até 23 de março, eram 23 contaminados.

Eram tantos os infectados que mesmo integrantes da comitiva começaram a suspeitar que Bolsonaro estivesse escondendo que se contaminara. A coisa esquentou quando a *Folha de S.Paulo* noticiou que o Hospital das Forças Armadas, onde o presidente fizera dois de seus exames, omitira os nomes de exatos dois resultados positivos para coronavírus de integrantes da comitiva.

Foram negados pedidos de acesso aos laudos à assessoria de imprensa do Planalto. O mesmo ocorria via Lei de Acesso à Informação, sempre sob a alegação de que tal informação violaria a intimidade, a vida privada, a honra e a imagem do presidente.

Quando um segurança do Planalto, que não esteve com Bolsonaro em Miami, mas tinha contato diário com ele, foi contaminado, a pressão para que o presidente mostrasse seus laudos aumentou. Ele continuava sustentando os resultados negativos dos testes, decidido a não mostrar nada. Ministros tentavam convencê-lo, pairava no ar a dúvida se ele estaria falando a verdade tanto no Congresso quanto nas redes sociais, termômetro regulador de muitas das decisões do presidente. Diante das sucessivas recusas de Bolsonaro, o jornal *O Estado de S. Paulo* entrou na Justiça contra a União.

E mais uma vez Bolsonaro rompia a tradição de transparência e clareza na comunicação sobre a saúde de presidentes, governadores, prefeitos e demais autoridades. Dilma e Lula haviam tratado assim seus cânceres, bem como Bruno Covas, prefeito de São Paulo morto em 2021, que descobrira um câncer no trato digestivo em 2019 e informava os paulistanos sobre cada passo de seu tratamento, mesmo em meio à pandemia e às vésperas de uma campanha eleitoral em que se candidataria à reeleição. Era, portanto, plausível a hipótese de que Bolsonaro não quisesse divulgar seus exames porque faltara com a verdade.

Nesse caso, a mentira não era só mais uma das várias que o presidente dizia em discursos ou postava nas redes. Se, sabendo estar com covid, Bolsonaro mesmo assim decidira continuar indo ao Palácio do Planalto e ter contato com a população, em agendas e manifestações a seu favor, ele possivelmente estaria configurando crime contra a saúde pública. Não seria a primeira acusação dessa natureza contra o presidente durante a pandemia. No STF, parlamentares de oposição pediam abertura de inquérito também para investigar se ele atentara contra a saúde coletiva ao incentivar o descumprimento das medidas de isolamento recomendadas pela OMS e pelo Ministério da Saúde.

O *Estadão* venceu a primeira parada. "Os mandantes do poder têm o direito de serem informados quanto ao real estado de saúde do representante eleito", escreveu a juíza na decisão que dava 48 horas a Bolsonaro para entregar os laudos, dizendo ser "ilegítima" a recusa. O governo recorreu à segunda instância da Justiça Federal e também foi derrotado. Nesse meio-tempo, a Câmara havia aprovado um requerimento para que o presidente entregasse os exames aos deputados, pedido que o Planalto, concentrado na briga judicial, deixou de lado.

"Você sabe que, se nós dois estivermos com uma doença grave, nós não somos obrigados a divulgar o laudo. Isso é uma lei. E a lei vale pra todo mundo, tá o.k.? A AGU deve ter recorrido, e, se nós perdermos o recurso, daí vai ser apresentado. E vou me sentir violentado. A lei vale para o presidente e para o mais humilde cidadão brasileiro", reclamou Bolsonaro a um de seus simpatizantes, à porta do Alvorada.

Abril já acabava, e o prazo se encerrou sem que a Presidência divulgasse os exames. E por isso o *Estadão* entrou com pedido de apuração sobre descumprimento da ordem judicial. Àquela altura, o governo havia encaminhado à Justiça um relatório médico de 18 de março atestando que o presidente se encontrava "assintomático" e tivera resultado negativo. O documento, que tratava dos exames de covid, era assinado por um ortopedista e por um urologista. A explicação não demoveu a Justiça de cobrar os laudos.

O governo decidiu ir ao STJ e apresentou um pedido de suspensão da decisão provisória dada pelas outras duas instâncias. A lei determina que a decisão sobre esse tipo de recurso cabe à presidência do STJ. O Planalto agora tinha tudo para ganhar; afinal, o presidente do tribunal, João Otávio de Noronha, era um dos integrantes da cúpula do Judiciário com quem Bolsonaro tinha melhor relação.

A aproximação entre Bolsonaro e Noronha começara ainda na transição de governo, em 2018, quando ele foi uma das primeiras autoridades que o presidente eleito visitou. Em 2019 e nos primeiros meses de 2020, Noronha tratara de cultivar a proximidade que poderia ser a porta para realizar o maior de seus sonhos: uma indicação para o STF.

Pelo menos desde 2011, quando Luiz Fux foi o escolhido, era essa sua pretensão. Naquele momento, estava já havia um bocado de tempo no STJ, aonde chegara em 2002, aos 46 anos, indicado por Fernando Henrique Cardoso. Mineiro de Três Corações, Noronha entrou no STJ numa das vagas destinadas a advogados. Antes do tribunal, atuava em Brasília, como diretor jurídico do Banco do Brasil, cargo cuja nomeação teve o apoio do então poderoso presidente da Câmara, Aécio Neves, mineiro como ele.

Nos anos petistas, Noronha tentou se aproximar do partido, mas era sempre olhado com desconfiança por ter chegado ao STJ por mãos tucanas. Sob Michel Temer, também naufragou. Bolsonaro era sua última chance: com as aposentadorias de Celso de Mello, em 2020, e de Marco Aurélio Mello, em julho de 2021, haveria duas vagas a ser preenchidas. Em agosto de 2021, Noronha completaria 65 anos, idade máxima para alguém ser indicado ao STF. Ou era com Bolsonaro ou nunca mais.

Com uma relação conturbada com a maioria do STF desde o começo do governo, Bolsonaro soube usar a expectativa — de chegar ao Supremo — de Noronha e de outros ministros do STJ como um estratagema de ter ao menos um dos dois tribunais superiores a seu lado. A aliança com Noronha vinha sendo astuciosa, e agora, esperava o Planalto, funcionaria novamente para impedir a divulgação dos exames.

Tal qual no STF, o poder no STJ também é dividido entre os ministros, sem uma hierarquia evidente. Mas, também como no STF, o ministro que for o presidente da vez tem poderes especiais, como receber todos os pedidos urgentes nas férias do Judiciário, gerir administrativamente o tribunal e, entre outros, definir a pauta da Corte Especial, a instância do STJ em que correm os processos contra governadores, desembargadores e outras autoridades com foro privilegiado. E Bolsonaro soube alimentar até publicamente a expectativa de Noronha de chegar ao STJ. No fim de abril, três dias após a primeira instância da Justiça Federal mandá-lo entregar os exames e, portanto, antes de o recurso chegar ao STJ, o presidente dirigiu-se a Noronha durante o discurso que fez na posse do ministro da Justiça, no Palácio do Planalto. "Confesso que a primeira vez que o vi foi um amor à primeira vista. Me simpatizei com Vossa Excelência. Nós temos conversado com não muita persistência, mas, nas poucas conversas que temos, o senhor ajuda a me moldar um pouco mais para as questões do Judiciário. Muito obrigado a Vossa Excelência." Noronha vibrou.

Não à toa, até o mais inexperiente dos inexperientes da equipe jurídica que cercava Bolsonaro sabia que o presidente do STJ livraria a cara do presidente. Dito e feito. Passados oito dias da apresentação do recurso, o ministro decidiu a favor do Planalto e contra a primeira e a segunda instância da Justiça Federal. "Agente público ou não, a todo e qualquer indivíduo garante-se a proteção à sua intimidade e privacidade, direitos civis sem os quais não haveria estrutura mínima sobre a qual se fundar o Estado Democrático de Direito", escreveu na decisão. Bolsonaro havia ganhado uma das batalhas.

O *Estadão* levou o caso ao STF três dias depois, e o recurso foi sorteado para Ricardo Lewandowski, tido no Planalto como um dos mais petistas do tribunal, por ter sido indicado por Lula. Embora Lewandowski tenha decidido diversas vezes contra o PT, a interpretação corrente na Presidência era que ele mandaria Bolsonaro entregar os laudos. E Lewandowski de fato estava disposto a decidir assim.

Mas um medo maior se instalara no Planalto. Jorge Oliveira, um dos ministros de maior confiança de Bolsonaro e que acumulava a Secretaria-Geral com a atrapalhada chefia de Assuntos Jurídicos, temia que a recusa do presidente em entregar os exames pudesse levar a um pedido de impeachment. A Constituição prevê que se negar a responder a questionamentos oficiais do Congresso ou prestar informações falsas constituem crime de responsabilidade. A estratégia adotada até ali, de se furtar a prestar a informação com o argumento de que a saúde do presidente da República é assunto sigiloso, amparado na Lei de Segurança Nacional, podia não ser suficiente.

Com a perspectiva de uma ordem de Lewandowski cobrando do presidente os laudos e a aproximação do fim do prazo dado pela Câmara, Bolsonaro cedeu. No dia 12 de maio à noite, o Planalto entregou ao STF dois dos três exames. No dia seguinte de manhã, o terceiro exame chegaria ao tribunal. Negativos, todos.

Dois deles haviam sido feitos no laboratório Sabin, o maior

de Brasília, em nome de outras pessoas. No campo que identificava o paciente, constava "Airton Guedes" e "Rafael Augusto Alves da Costa Ferraz", com o CPF e o RG do próprio Bolsonaro. O terceiro exame, feito pela Fiocruz, não trazia informação alguma sobre o paciente, chamado genericamente de "paciente 05". A Fiocruz optara por não incluir o nome, pois as amostras haviam sido enviadas pelo Planalto sem identificação. Não quis, portanto, afiançar a procedência do material sem o adequado reconhecimento. Os três exames foram feitos em março, mês em que a comitiva da covid desembarcara em Miami.

Bolsonaro disse que havia inventado os nomes nos exames por força de um hábito antigo: ele tinha o costume, fazia anos, de apresentar nomes falsos em farmácias de manipulação quando encomendava um remédio. Temia que, ao verem que o destinatário do medicamento era Jair Messias Bolsonaro, misturassem veneno. A explicação não parava em pé: o paciente não iria ingerir nada, eram meros exames. Confrontado, Bolsonaro respondeu que temia a adulteração dos laudos.

Em que pesem as dúvidas que ainda pairariam mesmo depois da divulgação dos resultados, a versão de que Bolsonaro não teve covid, agora autorizada por documentos, foi uma vitória para a retórica de negação da gravidade da doença e da pandemia que o presidente cuidadosamente vinha desenvolvendo desde os primeiros dias da covid-19.

O médico e o monstro

A covid ainda estava em suas primeiras semanas no Brasil, com uma única morte, quando o STF decidiu que suas sessões seriam virtuais, acompanhando o que todo o país começava a fazer. A Esplanada já estava vazia. As sessões presenciais do Congresso haviam sido suspensas. A OMS decretara dias antes que o mundo enfrentava oficialmente uma pandemia. A incerteza sobre o desenrolar dos acontecimentos levara o presidente do STF, José Dias Toffoli, então o chefe de Poder com melhor relação com Bolsonaro, a convocar uma reunião de emergência com Luiz Henrique Mandetta, os presidentes do Senado e da Câmara, Davi Alcolumbre, Rodrigo Maia, o procurador-geral da República, Augusto Aras, e os outros ministros do STF. O objetivo era ouvir de Mandetta as diretivas sobre como o país deveria se preparar, e o STF, em especial, para o que estava por vir. Quase todos os ministros estavam presentes, virtual ou presencialmente, no Salão Nobre do STF, num raro encontro dos mais poderosos da República. Bolsonaro não havia sido convidado.

Com os microfones desligados, por ordem de Toffoli, Mandetta expôs os números da covid no mundo e as previsões de que aquela poderia ser a pior pandemia da história. A mais severa das últimas décadas, com certeza. Explicou a importância do isolamento social, da higienização das mãos e do uso de máscaras. Poucos interrompiam com perguntas técnicas. Queriam saber as medidas a serem tomadas do ponto de vista da saúde pública. Mandetta falou sobre como a covid, ao que tudo indicava, matava mais os idosos — a faixa etária da maioria dos integrantes do tribunal. Perto do fim, o ministro foi direto. "Vocês são grupo de risco. Todos. Uma das coisas que eu recomendo, que recomendei pro senador Davi, porque o Senado também é uma casa de risco, é que vocês se protejam", disse em tom grave, passando a encarar Toffoli: "Deus me livre, mas se pega um surto de corona aqui dentro da Corte, ministro, o senhor sabe que morrem três, quatro ministros do Supremo, né? Na faixa etária de vocês, se dez pegarem, quatro morrem".

A decisão de Toffoli de não convidar Bolsonaro sobrou para Mandetta, aumentando a crescente irritação do presidente com o ministro. A relação entre os dois deteriorava-se numa velocidade não muito diferente do alastramento da covid. As duas figuras mais importantes do governo naquele momento, o presidente e o ministro a quem cabia enfrentar a pandemia, caminhavam cada vez mais em sentidos opostos. Os últimos dias haviam contribuído muito para o distanciamento.

Desde que chegara de Miami, Bolsonaro cumpria o isolamento a que se submeteu pelo contato que tivera com os contaminados durante a viagem. Isolamento nem sempre seguido ao que se saiba, furado pelo menos uma vez, quando o mandatário saiu do Palácio da Alvorada para cumprimentar apoiadores que participaram da manifestação do domingo, 15 de março, em defesa de seu governo e contra o Congresso e o Supremo.

Dias antes, na tarde da quinta-feira, 12 de março, Mandetta

recebeu um chamado do Planalto para participar da live semanal de Bolsonaro, transmitida nas redes sociais sempre às quintas, desde o início do mandato. Era uma oportunidade de o presidente falar livremente, sem ser interrompido com perguntas de repórteres. Era quando ele se dirigia essencialmente para sua bolha e, por isso, dali costumavam sair as palavras de ordem da vez para manter sua tropa digital permanentemente mobilizada.

Havia semanas Bolsonaro vinha encorajando a população a participar das manifestações do dia 15, embora o mundo tivesse plena consciência de viver um dos maiores desafios da saúde pública da história, e os órgãos e empresas no Brasil estivessem interrompendo o trabalho presencial e adotando o regime de trabalho em home office. A ideia da transmissão ao vivo, imaginava Mandetta, seria reforçar os cuidados básicos que os interessados em comparecer aos atos deveriam adotar.

O assunto era de fato a covid-19, e tanto Bolsonaro quanto Mandetta estavam protegidos com máscara. O ministro chegara ao palácio munido de um frasco de álcool em gel, artigo que supunha ausente da mesa presidencial. Pouco antes das sete da noite, horário de começo da live, Mandetta sinalizou que a intérprete de libras estava sem máscara. Bolsonaro ignorou: queria começar a transmissão daquele jeito mesmo. O ministro insistiu, observando que era um erro ambos estarem protegidos e ela não. A comunicação por libras é comum nas lives do presidente, e ele teimava em deixar a intérprete com a boca à vista, pois a leitura labial facilita a interpretação do espectador. Mandetta deu uma sugestão: que se usasse um letreiro. O presidente rebateu: a intérprete era uma exigência da primeira-dama, apoiadora de projetos sociais em prol de deficientes auditivos. Por pouco a discordância não descambou para uma discussão. No fim, a live foi ao ar sem a tradutora. A animosidade entre os dois era palpável.

A conversa ao vivo entre Mandetta e Bolsonaro durou exatos dezesseis minutos e 26 segundos, intervalo de tempo em que ambos conseguiram confinar aos bastidores o clima de confronto. Numa mudança de postura, Bolsonaro concordou que a manifestação do dia 15 era equivocada. Embora legítima politicamente, defendeu, representava um risco à saúde pública. "O que devemos fazer agora é evitar que haja uma explosão das infecções, porque senão os hospitais não dão conta", disse o presidente. Mandetta concordou com entusiasmo: "Exatamente". O ministro saiu dali com a sensação de que o presidente entendera a gravidade do momento, impressão reforçada quando ele assistiu a um pronunciamento de Bolsonaro no rádio e na tevê, no mesmo dia da live, enfatizando que o "bom senso" deveria prevalecer e os "movimentos espontâneos e legítimos" marcados para o dia 15 de março deveriam ser "repensados". Era a segunda vez naquele mês que Bolsonaro fazia um pronunciamento em cadeia nacional. No dia 6, havia gravado uma mensagem para anunciar que o coronavírus já estava em todos os continentes e pedira à população que seguisse "rigorosamente" os especialistas.

Bastaram 24 horas para a animosidade voltar. Dados do boletim epidemiológico do governo constataram que a transmissão por covid-19 no Brasil havia se tornado comunitária, ou seja, não tinha mais como rastrear o contágio paciente por paciente, até chegar ao paciente zero. Numa pandemia, isso significa que não há mais controle sobre a transmissão da doença. Naquela sexta-feira, a dois dias dos protestos, o Brasil registrava 151 casos confirmados. Com a finalidade de acalmar a população, o governador de São Paulo, João Doria, convidara Mandetta para uma entrevista coletiva conjunta, na qual informariam que, pelo número de casos e potencial de alastramento do vírus, São Paulo se convertera no epicentro da pandemia no país.

A entrevista foi transmitida pelos canais fechados de notícia. De Brasília, Bolsonaro assistia. E se incomodou ao ver seu ministro ao lado de Doria, tido como infiel desde que passara a ser crítico ao governo, já em 2019, e que se movimentava como potencial adversário na eleição de 2022. Bolsonaro reclamou com assessores que a presença de Mandetta ali fazia parecer que o governo federal não estava acertando no combate à doença. Irritado, sacou o celular e telefonou para o ministro. A tevê mostrou Mandetta pegando o telefone no bolso do paletó, olhando para a tela e voltando a guardá-lo, dando prosseguimento à entrevista. Bolsonaro explodiu de raiva.

O presidente então ligou para Onyx Lorenzoni, que um mês antes havia sido rebaixado da Casa Civil para o Ministério da Cidadania, e lhe deu a missão de tirar Mandetta da coletiva a qualquer custo. Onyx telefonou, mas tampouco foi bem-sucedido. O ministro nem tirou o celular do bolso. Onyx tentou falar com João Gabbardo, mas o secretário-executivo estava numa entrevista na GloboNews, no estúdio da emissora, em Brasília, e não ouviu o telefone tocar. Só retornou as chamadas horas depois.

Sem graça, Onyx ligou para o presidente e disse que não pudera falar nem com Mandetta nem com Gabbardo. Bolsonaro esbravejou. Era um absurdo que o interlocutor não conseguira se comunicar nem com o número dois da pasta. Não economizou xingamentos ao ministro gaúcho, com o qual não voltou a falar naquele dia.

Domingo era dia do protesto. O presidente iniciou o fim de semana numa postura dúbia. Na live, desaconselhara os manifestantes a ir às ruas, ainda que dias antes o perfil da Secom no Twitter tivesse publicado uma mensagem encorajadora: "As manifestações do dia 15 de março não são contra o Congresso, nem contra o Judiciário. São a favor do Brasil". Essa postura era a mesma que o presidente vinha adotando antes de viajar para Miami. Ainda em fevereiro, compartilhara com um grupo de WhatsApp — amigos, ministros e apoiadores — mensagens de ataques ao

STF e ao Congresso, e incentivos à saída às ruas. Na escala que fez em Roraima na viagem aos Estados Unidos, Bolsonaro também discursou convocando a população a participar das manifestações em seu apoio.

Em privado, um dos ministros que mais envenenava o presidente era Augusto Heleno, o chefe do Gabinete de Segurança Institucional. Cada vez mais radical, o militar vinha aconselhando Bolsonaro a não ceder às "chantagens" do Congresso e defendia que o mandatário deveria "convocar o povo às ruas". O aconselhamento veio a público por acaso, durante uma transmissão ao vivo do hasteamento da bandeira no canal da Presidência da República no Facebook. Quando Heleno se aproximou do presidente, parte do que disse foi inadvertidamente transmitido: "Nós não podemos aceitar esses caras chantagearem a gente o tempo todo. Foda-se". Era Heleno na veia.

Chegada a data, várias capitais registraram manifestações a favor do presidente e contra os outros poderes. Alguns apoiadores pediam o fechamento do Congresso e do STF, bem como a intervenção das Forças Armadas. Naquele dia de manhã, um ajudante de ordens de Bolsonaro, Mauro Cesar Cid, o Major Cid, telefonou a Mandetta e o aconselhou a acompanhar o presidente na saudação aos manifestantes. O ministro se recusou: "Se ele decidiu, que arque com as consequências. Você quer que eu faça o quê? Eu sou o ministro da Saúde, não tenho o que fazer ali". Bolsonaro soube, mas estava em outra sintonia. Precisava daquela manifestação para mostrar força.

Vestiu uma camisa branca da seleção brasileira e, rompendo o isolamento que ainda deveria cumprir, foi ao encontro dos manifestantes na porta do Palácio do Planalto. Comportava-se na contramão do que dissera na live de três dias antes. E se fez acompanhar do presidente da Anvisa, o contra-almirante Antonio Barra Torres, indicado ao cargo meses antes. A presença do chefe da agência sanitária servia como chancela à participação do presidente no evento, a despeito da desobediência às recomendações sanitárias. Frente às críticas por ter rompido o confinamento, Bolsonaro se defenderia dizendo que o combate ao coronavírus não deveria se armar de "histeria". "Com toda certeza, muitos pegarão isso, independentemente dos cuidados que tomem. Isso vai acontecer mais cedo ou mais tarde." E avaliou que a covid não teria no Brasil a força que naquele momento tinha nos Estados Unidos. "Eu acho que não vai chegar a esse ponto [como nos Estados Unidos], até porque o brasileiro tem que ser estudado. Ele não pega nada. Você vê o cara pulando em esgoto ali, sai, mergulha, tá certo? E não acontece nada com ele. Eu acho até que muita gente já foi infectada no Brasil, há poucas semanas ou meses, e ele já tem anticorpos que ajuda a não proliferar isso daí."

Em paralelo à atitude do presidente, governadores decretavam o fechamento do comércio e a interrupção do trabalho presencial. Começaria o que ficou conhecido no país, de maneira equivocada, como período das quarentenas, a que Bolsonaro também erroneamente se referiu como lockdown. Na verdade, nunca chegou a ocorrer um fechamento total, nem no começo da pandemia. Existia um isolamento social parcial. Todos podiam sair às ruas livremente, não havia toques de recolher ou restrições de horários, como aconteceu em muitos países. Ainda assim, era claro que ocorreria um baque forte na atividade econômica. Lojas fechadas, fábricas paradas, dinheiro sem circular. Bolsonaro logo enxergou o impacto que aquilo teria na economia e, por tabela, em sua popularidade. A partir daquele momento, o Planalto intensificaria a defesa do fim do isolamento social como forma de combate ao vírus. Para tanto, era importante que se voltasse a um clima de normalidade e a população não tivesse medo de sair de casa.

Mandetta ia na direção oposta. Defendia o isolamento, alertava sobre o risco de se fazer necessário um lockdown, este sim, severo, e mostrava dados sobre o risco de colapso do sistema de saúde, que talvez não desse conta do número de internados por covid. Poderiam faltar respiradores, insumos médicos, leitos, profissionais. Bolsonaro estava enfurecido e decidiu desmentir o ministro. Em entrevista, disse que Mandetta exagerara e que não havia perigo de colapso. Era "alarmismo". O ministro percebeu o incômodo do presidente e tentou remediar no mesmo dia, na fala diária que fazia no ministério. Defendeu a questão econômica e disse que a pasta estava atenta a ela. As especulações sobre sua possível saída já começavam a circular.

A essa altura, todos os estados brasileiros registravam casos da doença. Bolsonaro convocou novo pronunciamento em cadeia de rádio e tevê, o terceiro desde o início da pandemia. Atacaria os governadores e defenderia o fim do isolamento. Com a mesma gravata azul-marinho com listras amarelas, verdes e brancas, e terno e camisa iguais aos que usou na posse, começou elogiando o governo e a gestão do "dr. Henrique Mandetta" no combate à pandemia. Sem acertar a entonação, robótica, brigando com o teleprompter, disse que o ministro tinha preparado o SUS, desde o resgate dos brasileiros em Wuhan, para atender possíveis infectados no país. Não havia, pois, razão para pânico. "Mas o que tínhamos que conter, naquele momento, era o pânico, a histeria e, ao mesmo tempo, traçar a estratégia para salvar vidas e evitar o desemprego em massa. Assim fizemos, quase contra tudo e contra todos. Grande parte dos meios de comunicação foram na contramão. Espalharam exatamente a sensação de pavor [...]. Contudo, percebe-se que de ontem para hoje parte da imprensa mudou seu editorial: pede calma e tranquilidade. Isso é muito bom. Parabéns, imprensa brasileira!", ironizou.

Parecia descrever uma realidade paralela. "O vírus chegou, está sendo enfrentado por nós e brevemente passará. Nossa vida tem que continuar. Os empregos devem ser mantidos. O sustento das famílias deve ser preservado. Devemos, sim, voltar à normalidade. Algumas poucas autoridades estaduais e municipais devem abandonar o conceito de terra arrasada, a proibição de transportes, o fechamento do comércio e o confinamento em massa. O que se passa no mundo tem mostrado que o grupo de risco é o das pessoas acima dos sessenta anos", disse, iniciando uma narrativa que ele repetiria durante muito tempo: a covid seria perigosa apenas para os mais idosos.

Continuou: "Então, por que fechar escolas? Raros são os casos fatais de pessoas sãs com menos de quarenta anos. Noventa por cento de nós não teremos qualquer manifestação, caso se contamine. Devemos, sim, é ter extrema preocupação em não transmitir o vírus para os outros, em especial aos nossos queridos pais e avós, respeitando as orientações do Ministério da Saúde. No meu caso particular, pelo meu histórico de atleta, caso fosse contaminado pelo vírus, não precisaria me preocupar, nada sentiria ou seria, quando muito, acometido de uma gripezinha ou resfriadinho, como bem disse aquele conhecido médico daquela conhecida televisão".

Era uma alusão a Drauzio Varella, que, em janeiro de 2020, ao abordar a pandemia em um de seus vídeos, havia minimizado a doença, baseado nos dados então disponíveis. O médico veio a público posteriormente e reconheceu o erro, apagando a gravação de seu canal do YouTube. Mesmo assim o vídeo foi usado por bolsonaristas para minimizar a doença, seus efeitos e sintomas, e os impactos da pandemia.

Eram raras as vezes que os discursos de Bolsonaro não visavam à comunicação direta com sua bolha. No começo do governo, os primeiros rascunhos eram escritos por Filipe G. Martins, influenciador digital e discípulo do polemista Olavo de Carvalho. Martins era o assessor internacional, ocupando um cargo que em outras presidências já fora de diplomatas e intelectuais. A primeira versão costumava ser lida e ajustada pelo general Heleno e pelo economista Arthur Weintraub, assessor especial no Planalto e irmão do ministro da Educação, Abraham Weintraub. Bolsonaro recebia os discursos impressos e, à caneta, assinalava as modificações que julgava necessárias. Naquele segundo ano de governo, Arthur Weintraub manteve a ascendência sobre os discursos; Heleno tentava influir, mas era cada vez menos ouvido. Ao menos na televisão e em seus discursos oficiais, Bolsonaro também ouvia os conselhos do almirante de esquadra Flávio Rocha, o secretário de Assuntos Estratégicos que havia assumido em fevereiro, poucas semanas antes do começo da pandemia. Rocha, militar da ativa e de perfil conciliador, exercia uma influência crescente sobre o presidente, que ao nomeá-lo mudou o status da Secretaria de Assuntos Estratégicos e a vinculou diretamente a seu gabinete, desligando-a da subordinação ao ministro da Secretaria-Geral, Jorge Oliveira.

Mas nesse discurso do dia 24 de março o espírito moderado de Rocha foi vencido. Bolsonaro, sob a intermediação de Arthur Weintraub, vinha sendo aconselhado por alguns médicos que não viam a pandemia de covid-19 com gravidade e acreditavam já existir uma solução. E foram esses médicos, entre os quais a imunologista Nise Yamaguchi, que incentivaram o presidente a já naquele discurso anunciar o remédio à população.

Na última parte de sua fala, Bolsonaro apresentou ao país a cloroquina, exaltando suas possíveis virtudes para a cura da covid-19. Lembrou que o Brasil tinha a droga em abundância, uma vez que ela já era usada para tratar de outras doenças, e ainda mencionou que o Hospital Albert Einstein e a Food and Drug Administration, a Anvisa dos Estados Unidos, estavam estudando a eficácia do medicamento. Talvez por nem ter sido informado, o presidente não aludiu aos possíveis efeitos colaterais graves, tampouco detalhou a fragilidade dos estudos em curso.

Desenvolvida na Alemanha na década de 1930, a cloroquina se prestava para tratar da malária. Anos mais tarde, surgiu uma versão menos tóxica, a hidroxicloroquina, recomendada a pacientes com lúpus e artrite reumatoide. Os primeiros testes de sua eficácia para combater a infecção causada pelo coronavírus foram feitos na China, em Wuhan, no fim de 2019. E os resultados iniciais vieram a público como sendo "animadores". O microbiologista francês Didier Raoult conduziu uma pesquisa em que o remédio era administrado a pacientes com covid-19, em associação com o antibiótico azitromicina. Raoult divulgaria, ainda em março, poucos dias após a oms decretar a existência de uma pandemia, que 100% dos pacientes haviam se curado com o tratamento.

O microbiologista não incluiu nessa conta os participantes que abandonaram os testes por náuseas, nem aqueles que precisaram ser transferidos para utis, tampouco um que morreu. A divulgação enviesada dessa pesquisa ganhou força, principalmente nos Estados Unidos, onde o remédio passou a ser defendido por Trump. Só em 2021 Raoult admitiria que o estudo tinha problemas e que a cloroquina era ineficaz. Naquelas primeiras semanas de pandemia, Bolsonaro preferiu ignorar a cautela e, imitando Trump, se transformou em garoto-propaganda do medicamento. Dias antes do pronunciamento, havia anunciado que os laboratórios químicos do Exército ampliariam a produção do remédio, cuja embalagem ele já mostrara durante uma videoconferência do G20. A divulgação dos supostos benefícios da cloroquina e da hidroxicloroquina, nas redes sociais e agora na tevê, gerou uma onda de procura por esses medicamentos nas farmácias, que chegaram a ficar desabastecidas, para prejuízo de pacientes de malária, lúpus e artrite.

Mas nem todos eram seguidores do presidente naquele março de 2020, pelo contrário. Cidades de todo o país explodiram em panelaços contra Bolsonaro durante o pronunciamento. Os protestos haviam começado oito dias antes, sempre às oito e meia, impulsionados pela forma como o presidente estava lidando com a pandemia, e naquele dia pareciam ter chegado à sua força máxima. Virariam uma tradição naqueles últimos dias de março e ao longo de abril, geralmente quando o *Jornal Nacional* começava e o país assistia à agonia dos hospitais cada dia mais cheios, ao número crescente de mortos e ao presidente, tal qual naquele discurso da TV, minimizando a pandemia e às vezes debochando de quem se preocupava com ela.

Aquelas primeiras semanas de pandemia traziam rotinas inéditas a toda população, que ainda se acostumava com as novas medidas sanitárias. O afastamento obrigatório de famílias de seus idosos, a solidão dos que moravam sozinhos, a proibição de se fazer velórios ou de enterros coletivos, tudo era novo e angustiante. Bolsonaro parecia alheio a tudo isso. No fim de março, após voltar de um passeio por Brasília, debochou de quem sentia medo da doença. "Essa é uma realidade, o vírus tá aí. Vamos ter que enfrentá-lo, mas enfrentar como homem, porra. Não como um moleque. Vamos enfrentar o vírus com a realidade. É a vida. Todos nós iremos morrer um dia." Semanas depois, quando perguntado sobre quantas mortes estimava que haveria, também fez troça, irritadiço: "Não sou coveiro, tá?".

No Ministério da Saúde, assessores e técnicos estavam em choque. O presidente contradissera na tevê tudo o que vinha sendo pregado nas entrevistas coletivas da pasta: banalizou a covid, tratando-a como uma "gripezinha", criticou o isolamento social defendido pelos técnicos, incentivou o uso da cloroquina. Mandetta e sua equipe tinham a sensação de que estavam fazendo papel de bobos. Para que dar orientações corretas, se o presidente insistia em pregar o contrário?

O pronunciamento traria consequências ruins para Bolsonaro também fora dos limites da Esplanada. O governador de Goiás, o médico Ronaldo Caiado, aliado de primeira hora, convocou uma entrevista coletiva no dia seguinte e mostrou-se indignado. "Tanto na política como na vida, a ignorância não é uma virtude", disse, emulando a referência de Barack Obama a Donald Trump em 2016. Anunciou que iria ignorar o pedido de Bolsonaro para a reabertura das escolas e o fim das restrições aos meios de transportes. "Com tranquilidade, mas com a autoridade de governador e de médico, eu afirmo que as declarações do presidente não alcançam o estado de Goiás. As decisões em Goiás serão tomadas por mim, com base no trabalho de técnicos e especialistas", afirmou. Também se incomodara com a tentativa de Bolsonaro de jogar no colo dos governadores a culpa pela crise econômica. "Não posso admitir [...] que venha agora um presidente da República lavar as mãos e responsabilizar outras pessoas pelo colapso econômico e pela falência de empregos que amanhã venham a acontecer. Não faz parte da postura de um governante."

A insistência de Bolsonaro na eficácia não comprovada da cloroquina seria, a partir daquele momento, o estopim para uma série de desavenças entre ele e Mandetta. Tinha início um processo de fritura do ministro. O desgaste se tornou público no fim do mês, quando circulou a informação de que Bolsonaro teria admitido estar "de saco cheio de Mandetta". Por ordem do presidente, não haveria mais as entrevistas diárias do ministro para atualizar a situação do vírus no país. Bolsonaro estava mordido com a popularidade de Mandetta. Uma pesquisa Datafolha apontara que 55% dos brasileiros aprovavam a conduta do ministro no combate à pandemia, enquanto era de 35% a porcentagem dos que concordavam com as medidas tomadas pelo presidente no enfrentamento da covid-19.

Em 25 de março, no dia seguinte ao pronunciamento, o Palácio do Planalto ensaiou lançar a campanha "O Brasil não pode parar", uma defesa da tese de que o isolamento social seria pior do que a pandemia em si. Produziu-se um vídeo que, à guisa de experimentação, foi inicialmente distribuído no perfil da Secretaria de Comunicação no Instagram e em perfis bolsonaristas. O texto repetia a mensagem de Bolsonaro na televisão na véspera e dizia que a covid só era perigosa para idosos. "No mundo todo, são raros os casos de vítimas fatais do #coronavírus entre jovens e adultos. A quase totalidade dos óbitos se deu com idosos. Portanto, é preciso proteger estas pessoas e todos os integrantes dos grupos de risco, com todo cuidado, carinho e respeito. Para estes, o isolamento. Para todos os demais, distanciamento, atenção redobrada e muita responsabilidade. Vamos, com cuidado e consciência, voltar à normalidade. #oBrasilNãoPodeParar." Dois dias depois, diante da reação à divulgação dos custos de uma campanha que ia na contramão da ciência, a Secom apagou as postagens.

A semana fora exaustiva para Mandetta e sua equipe. A corrida para aprovar medidas sanitárias, comprar insumos, assinar contratos de fornecimento havia sugado o ministro, os secretários e os servidores. O ministério também vinha sendo muito mais demandado. O boom da popularidade de Mandetta aumentou o interesse nas ações da pasta e na pandemia. Num determinado dia, o Datasus, plataforma de microdados e big data do ministério para contabilizar informações sobre doenças, casos e óbitos, chegou a receber 35 milhões de acessos únicos. Todo esse interesse também aumentava a responsabilidade de Mandetta e do ministério frente ao desserviço de Bolsonaro.

O ministro passou a conjecturar várias alternativas, até sua saída do governo. Um dos cenários seria pedir demissão, assumir a Secretaria de Saúde de Goiás e de lá fazer um bunker nacional contra a covid, em associação com os estados, e ignorar o governo federal. Outra seria recorrer a Rodrigo Maia e Davi Alcolumbre, ambos do DEM, e pedir que eles enquadrassem o presidente e o obrigassem a apoiar as medidas propostas pelo Ministério da Saúde. Só que nenhuma das duas opções parecia ter chance de dar certo.

Na noite do dia 27 de março, Mandetta convocou uma reunião com o alto-comando do Ministério da Saúde e da equipe técnica contra a covid. Pouco antes, haviam comunicado que o país totalizara 92 mortos. Mandetta foi direto. "Quero aproveitar que está todo mundo aqui e agradecer o trabalho dos últimos meses. Amanhã eu vou ser demitido", disse, para perplexidade de todos os presentes. "Pedi ao presidente para me receber e vou dizer a ele um monte de coisa que ninguém jamais deveria dizer a um chefe. Vou pedir pra ele se desculpar publicamente pelo pronunciamento de terça-feira, para dizer que quem manda no combate à epidemia é o ministro da Saúde, que os governadores e prefeitos estão certos em decretar o isolamento e que daqui por diante só quem está autorizado a falar no assunto é o ministro da Saúde. E mais: vou dizer que, se ele não fizer isso, vou passar a desmenti-lo em público toda vez que ele falar alguma coisa que esteja errada do ponto de vista da ciência e da medicina." As fisionomias, antes perplexas, agora eram sorridentes, manifestando apoio. "Não tem outro jeito, ministro?", perguntou um assessor.

Mandetta contou ter recorrido ao pai para tomar a decisão. "Conversei muito com meu pai. Médico não abandona paciente. Então eu não posso, eu não devo pedir demissão. Porque isso seria muito ruim para o SUS, vai parecer que eu abandonei a luta. Então só tem um jeito: eu vou dar uma de louco. E dando uma de louco, vou ser demitido. É a única resposta que eu posso dar ao movimento do presidente", explicou. A maioria apoiou. "Somos exemplo para o mundo e o cara está estragando", completou Wanderson de Oliveira, que havia dias só dormia com calmantes.

Mandetta recorreu ao repertório aprendido no Dom Bosco com um dos padres e começou a declamar "Versos íntimos", de Augusto dos Anjos: "O homem, que, nesta terra miserável,/ Mora, entre feras, sente inevitável/ Necessidade de também ser fera". Foi aplaudido e emendou um sermão do padre Antônio Vieira: "Se servistes à pátria que vos foi ingrata, vós fizestes o que devíeis, ela o que costuma". Parecia clima de despedida, e os assessores pediram para tirar fotos com o chefe. Ficou combinado que, após a reunião no dia seguinte, um sábado, no Alvorada, em que ele tinha certeza da demissão, Mandetta voltaria para o ministério e daria uma entrevista coletiva.

Quando Mandetta chegou no dia seguinte ao Alvorada, Bolsonaro ainda não estava na biblioteca, onde seria a reunião, mas já havia uma penca de ministros: os generais (Augusto Heleno, Braga Netto, Ramos, Fernando Azevedo e Silva); Jorge Oliveira (na época ministro da Secretaria-Geral); Rogério Marinho, do Desenvolvimento Regional; Tarcísio de Freitas, da Infraestrutura; André Mendonça, da Advocacia-Geral da União; e Sergio Moro, da Justiça. O presidente da Anvisa, Antonio Barra Torres, também estava lá. Mandetta chamou sua assessora e pediu que ela entrasse. Queria uma testemunha.

Quando Bolsonaro chegou, Mandetta seguiu à risca o script desenhado na véspera. Exigiu que ele fosse a público dizer que quem controlava o combate à pandemia era o Ministério da Saúde. Disse que o presidente estava errado em ir cumprimentar apoiadores e louvar falsas esperanças como a cloroquina, e que deveria reafirmar a autoridade dos governadores e prefeitos. João Doria incluído. Nesse momento, foi interrompido por um Bolsonaro irritado, que se levantou e saiu da sala, reclamando: "Aí não, pô, aquele Doria quer me foder, aquilo é um filho da puta!". O clima entre os ministros ficou pesado, e todos tentaram arrumar outros assuntos na ausência do presidente.

Bolsonaro voltou, e Mandetta disse que sua iniciativa de mandar o povo ir às ruas e romper o isolamento aceleraria a doença.

"Nós vamos bater 180 mil mortes este ano, presidente. O senhor vai aguentar todo dia passando na tevê caminhão do Exército transportando cadáver morto de corona, como estava lá na Itália?", perguntou.

"Aguento."

"O senhor não aguenta, não, presidente", rebateu Mandetta, tentando apelar para a empatia de Bolsonaro. "O senhor já viu alguém morrer por falta de ar? A gente vai ter cena assim aos montes, presidente. A pessoa vai ficando roxa na sua frente, ela não tem como botar o oxigênio para dentro, é como morrer com uma mão apertando o pescoço."

Bolsonaro olhava fixamente para ele, sem comoção, mas Mandetta insistiu na estratégia: "E tem mais, presidente. Todo o sistema de saúde vai ser atingido. Se alguém levar uma facada, como a que o senhor recebeu, e precisar de um leito de UTI para salvar a vida da pessoa, não vai ter. Essa pessoa vai morrer, presidente".

Bolsonaro permaneceu calado, sem expressar emoção. Mas o presidente de certa maneira fixou a explicação. Ao longo da pandemia, para defender o uso de cloroquina como um remédio preventivo contra a covid, Bolsonaro imitaria de maneira jocosa pessoas sem ar, asfixiando-se, e diria que era aquilo que Mandetta defendia.

Os ministros se entreolhavam. Pairava no ar a certeza de que a conversa terminaria com a demissão de Mandetta. Embora falasse de maneira respeitosa, o ministro criticava cada vírgula da conduta de Bolsonaro nos dias anteriores.

"O senhor deve ir a público falar tudo isso. Senão, infelizmente, com todo o respeito, terei de começar a dizer o que é o certo. Toda vez que o senhor falar alguma coisa, eu chamo a imprensa e digo o contrário", ameaçou.

"Aí eu vou ter que te demitir, pô!"

"Aí o senhor coloca o contra-almirante como ministro", disse, referindo-se a Barra Torres, que, de imediato, fez um gesto com as mãos, declinando.

O chefe da Casa Civil pediu que ele apresentasse um plano que incluísse o relaxamento das medidas de distanciamento social dos governadores e prefeitos. Desse modo, o presidente aceitaria os pontos levantados pelo ministro. Mandetta topou. "Mas antes o presidente vem a público e fala o que eu pedi." Bolsonaro concordou. O ministro completou dizendo que não tinha ambição política, não capitalizaria em cima do sucesso da estratégia e não se oporia a ser descontado nele o eventual fracasso. Percebeu que Bolsonaro gostou de ouvir que ele não se candidataria a presidente, como já se especulava. A reunião terminou bem mais tranquila do que começara.

"Que é isso, Mandettão, você é meu guerreiro", disse Bolsonaro, batendo nas costas do ministro.

Naquela semana, Bolsonaro convocou novo pronunciamento em cadeia nacional, o quarto do mês, para o dia 31 de março. Disse que o Brasil estava "diante do maior desafio da nossa geração". Ressaltou sua preocupação com as vidas perdidas pela doença e as atingidas pelas consequências da crise econômica, e citou uma fala do diretor-geral da OMS, Tedros Adhanom, para dar a entender que ele, como Bolsonaro, criticava as restrições ao comércio e aos meios de transporte. Era uma deturpação do que Adhanom dissera. O biólogo e acadêmico etíope, à frente da OMS desde 2017, apenas reconhecera que os países não podiam ignorar a gravidade dos prejuízos econômicos e deveriam criar meios para garantir o bem-estar de quem estava perdendo renda. Bolsonaro prosseguiu: "O que será do camelô, do ambulante, do vendedor de churrasquinho, da diarista, do ajudante de pedreiro, do caminhoneiro e dos outros autônomos com quem venho mantendo contato durante toda minha vida pública?". Atenuou um pouco a defesa da cloroquina, limitando-se a dizer que a hi-

71

droxicloroquina parecia ser "bastante eficaz" e ensaiou uma empatia, numa resposta às críticas que apontavam sua frieza e às vezes sarcasmo diante das mortes por covid: "Me coloco no lugar das pessoas e entendo suas angústias".

A pandemia ganhou musculatura no começo de abril. O país já registrava mais de 8 mil casos e trezentas mortes pela covid-19. O Ministério da Saúde estava se empenhando em agilizar a compra de insumos e havia assinado uma portaria convocando cerca de quinze categorias de profissionais para capacitação emergencial, com o objetivo de reforçar o SUS. Bolsonaro seguia enciumado com as aparições de Mandetta e acentuou o processo de fritura. Certa manhã, ao sair do Alvorada, disse a apoiadores que estava "faltando humildade" a seu ministro da Saúde. "A gente está se bicando há algum tempo." Mandetta sentia o mesmo e evitava ao máximo ir ao Planalto.

Manaus estava à beira do colapso, com a UTI dos hospitais privados apresentando 100% de lotação e hospitais de referência públicos com muitas pessoas entubadas. Mandetta considerava pedir para apertar a quarentena na capital amazonense. Conseguiu enviar do Rio respiradores da Rede D'Or, a maior cadeia de hospitais privados do Brasil. A pronta resposta nesses casos dava segurança à população: a despeito de Bolsonaro, o combate à pandemia estava sob controle. Nova pesquisa Datafolha apontou que a aprovação do ministro da Saúde na gestão da pandemia era de 76%. A de seu superior era apenas de 33% entre entrevistados.

Nos outros poderes, o clima era de choque com as atitudes de Bolsonaro. Os ministros do STF haviam decidido que não deixariam o presidente agir sem freios. Toffoli e outros ministros mantinham contato frequente com Mandetta. Davi Alcolumbre fez a ponte com Gilmar Mendes, que queria ouvir o ministro para saber como votaria numa ação apresentada pelo PDT, para que o

Supremo definisse as competências da União, dos estados e dos municípios no enfrentamento da pandemia.

Levado por Alcolumbre à casa de Gilmar no Setor de Mansões, em Brasília, à beira do lago Paranoá, numa conversa que se estendeu por toda a tarde, Mandetta dividiu com o ministro os bastidores do governo e a dificuldade do trato com Bolsonaro acerca de qualquer tema relacionado à pandemia. O presidente se opunha a ouvir todo raciocínio minimamente mais elaborado. Nunca teve curiosidade de perguntar sobre a doença ou as medidas que o Ministério da Saúde vinha tomando para mitigar os efeitos da pandemia. Mandetta acrescentava detalhes a um Gilmar Mendes que não se espantava. Tendo estado dias antes com o presidente no Alvorada para aconselhá-lo a tentar fazer um pacto nacional, reunindo autoridades dos Três Poderes e governadores, o ministro percebera seu pouco interesse pelo assunto. "Eu já tentei, estou tentando ajudar. Agora, ele só faz marmelada. Já está chegando a hora que tem que pôr limite, porque não dá mais", analisou Gilmar.

O encontro se estendeu até as sete da noite. Gilmar falou da ocupação da região de Mato Grosso, da questão indígena e da Guerra do Paraguai, mas o assunto predominante foi Bolsonaro. "Você tem que pôr um freio nesse psicopata, Gilmar!", disse Guiomar Mendes, advogada casada com o ministro do STF, referindo-se a Bolsonaro. Dali a alguns dias, o STF definiria, com o voto de Gilmar, que estados e municípios tinham competência para determinar políticas de enfrentamento da pandemia, como restrições aos transportes, ao comércio e até lockdown, se avaliassem necessário. "O presidente da República dispõe de poderes inclusive para exonerar o seu ministro da Saúde, mas não dispõe de poder para uma política de caráter genocida. Isso a Constituição veda de maneira cabal", disse o ministro. A decisão do STF seria usada por Bolsonaro como uma de suas principais desculpas para se isentar de erros na condução do combate à covid.

Naquele fim de semana, em conversa com apoiadores, Bolsonaro disse que um integrante do seu governo estaria "se achando" e "falando pelos cotovelos". Não citou nomes. Completou dizendo que poderia usar a caneta para trocar a pessoa. "A hora dele não chegou ainda, não. Vai chegar a hora dele. Que a minha caneta funciona. Não tenho medo de usar a caneta, nem pavor, e ela vai ser usada para o bem do Brasil." Ao tomar conhecimento disso, Mandetta ficou furioso e telefonou para Luiz Eduardo Ramos, que estava ao lado do presidente quando ele dera a declaração.

"Foi a gota d'água, Ramos. Até agora, medi as palavras, protegi o presidente, venho tentando fazer o meu trabalho da melhor maneira. Amanhã vou chutar o balde na coletiva", ameaçou. O general tentou pôr panos quentes e concordou que o presidente extrapolara. Pediu que o interlocutor relevasse as palavras de Bolsonaro, que estava sob tensão.

Brasília começou a semana com a certeza da demissão de Mandetta. Ele despachava no ministério quando foi informado de que o presidente dava uma entrevista coletiva no Palácio do Planalto, ao lado do deputado federal Osmar Terra, ex-ministro da Cidadania e médico. Terra era defensor do chamado isolamento vertical, em que apenas os grupos de risco, como idosos, são isolados, e era um dos mentores do discurso de Bolsonaro de negação da gravidade da pandemia. Dizia que o Brasil logo chegaria à imunidade de rebanho — quando a cadeia de transmissão de uma doença é interrompida por já ter atingido um percentual grande de pessoas imunizadas contra o vírus — e que era desnecessário o isolamento nos moldes como vinha sendo feito. Naturalmente, pela proximidade que vinha demonstrando com Bolsonaro, sempre era citado pela imprensa como um possível nome para substituir Mandetta.

A especulação sobre a demissão de Mandetta dominou a segunda-feira. Bolsonaro convocou uma reunião ministerial de emergência para as cinco da tarde, coincidentemente no mesmo horário da coletiva diária para divulgar o boletim epidemiológico. O ministro da Saúde pediu que seus pertences pessoais fossem recolhidos, e uma assessora começou a encaixotar tudo.

Quase todos os ministros estavam na sala quando Mandetta entrou. Augusto Heleno sugeriu que o presidente o ouvisse. André Mendonça, a seu modo, também. "O senhor sabe que eu sou um homem de Deus. Sei que o senhor é um homem crente, vai entender o que eu estou falando", disse, dirigindo-se a Bolsonaro. "Eu tive uma revelação, na voz do Senhor, e ele me disse que, neste momento, o senhor deve seguir todas as orientações do ministro Mandetta." Bolsonaro ficou calado.

O general Azevedo e Silva discorreu sobre o que significava ser um líder e um comandante, sobre os rumos que o Brasil tomava e qual era o melhor caminho a ser trilhado. Mandetta aproveitou a deixa e reclamou que Bolsonaro agia em público de maneira diferente daquela combinada em privado. Criticou a convocação de médicos favoráveis à cloroquina e ao "tratamento precoce", e pôs em dúvida as razões de Bolsonaro por trás dessa defesa. "Não faz isso por causa de saúde, mas por causa da economia. O senhor está usando um pretexto de saúde, mas está pensando na economia." E subiu um decibel, mantendo só o tom de voz respeitoso: "Não adianta o senhor me mandar ficar e fazer tudo ao contrário do que o Ministério da Saúde orienta. Eu não sei mais o que fazer. Estou sendo leal. O senhor tem que me demitir. Seria mais leal de sua parte. O senhor quer cobrar lealdade, mas lealdade é uma via de mão dupla. Não se pode ser leal unilateralmente. O senhor está sendo desleal". Bolsonaro ouvia calado.

O presidente vinha se irritando com aquelas descomposturas públicas. Segundo dividira com um interlocutor, sentia que Mandetta fazia questão de, na frente dos demais ministros, rebatê-lo, e achava que ele queria humilhá-lo, posar de defensor da ciência e colar nele a imagem de ignorante.

"Não é porque o cidadão um dia vestiu uma farda que ele é mais patriota ou menos patriota. A minha noção de pátria, eu sei de onde vem. Vem da educação do meu pai, da minha mãe, vem dos imigrantes tanto quanto de qualquer um que está aqui dentro. Então está todo mundo aqui preocupado com o Brasil? Eu também estou. Não é possível que o senhor me veja como um opositor ao seu governo dentro do Ministério da Saúde. Isso não tem cabimento", reclamou, lembrando da frase do presidente na véspera. "Na minha terra, presidente, quando alguém fala que 'sua hora vai chegar', isso significa uma ameaça de morte." Braga Netto interveio e encerrou a reunião, lembrando o horário.

Quando saía da sala, Mandetta foi cercado pelos cinco ministros militares — Braga Netto, Augusto Heleno, Luiz Eduardo Ramos, Fernando e Bento Albuquerque. Hamilton Mourão se juntou ao grupo. Todos insistiram em sua permanência no governo, disseram que a haviam defendido junto a Bolsonaro. O ministro encarou Mourão: "Ficar no governo vai contra meus princípios. Porque está tudo justo e perfeito em ambas as colunas", respondeu, citando uma saudação dos maçons que os dois conheciam muito bem. A expressão é usada quando ocorre uma injustiça, alguma coisa que vai contra os valores do grupo. Luiz Eduardo Ramos puxou o ministro num canto. "O 'sua hora vai chegar' era para o Moro, não para você", confidenciou. Não era só Mandetta que vinha acumulando problemas com o presidente.

Braga Netto insistiu que o ministro ficasse e conversasse com Bolsonaro. Levou-o para outra sala, onde os médicos Nise Yamaguchi e Luciano Dias Azevedo, ministros e os presidentes da Anvisa e da Agência Nacional de Saúde Suplementar (ANS) se reuniam com o presidente. A pauta era a possibilidade de alterar a bula da cloroquina para incluir a covid-19 como uma doença a ser tratada pelo remédio. Já existia um texto-base para um decreto que Bolsonaro baixaria recomendando o remédio. Yamaguchi explicou que cabia à Anvisa alterar a bula para que Bolsonaro pudesse assinar o texto. Mandetta não acreditava no que ouvia e pediu a palavra. Qual era a formação dos médicos?, ele perguntou. Yamaguchi respondeu ser oncologista e imunologista, e Azevedo, anestesista. Então o ministro disse que os dois deveriam iniciar essa conversa via Sociedade Brasileira de Imunologia e Sociedade Brasileira de Anestesiologia. Depois se ofereceu para conversar com o Conselho Federal de Medicina sobre a cloroquina, para que fosse emitida uma nota técnica. O presidente da Anvisa praticamente pôs fim à reunião dizendo que a agência não poderia fazer nenhuma mudança sem embasamento científico. Bolsonaro não gostou. Naquele dia, Mandetta havia ganhado a parada. O ministro voltou para o ministério e deu uma entrevista coletiva, sinalizando que ficaria no governo.

Ele tinha apoio entre os ministros, como ficou evidente no dia seguinte, no almoço no Ministério da Defesa, com Bento Albuquerque, ministro de Minas e Energia, e o general Azevedo da Silveira, o anfitrião. Os dois procuraram justificar a preocupação de Bolsonaro a respeito da economia. Albuquerque disse que o consumo de energia tinha despencado desde o começo da pandemia, reflexo de uma crescente paralisação da atividade econômica. O general aconselhou Mandetta a melhorar sua comunicação com Bolsonaro e tentar evitar ruídos. O ministro da Defesa, que conhecia Bolsonaro desde que este entrara no Exército, tentou explicar as razões da dificuldade do presidente. Sua inaptidão para o comando era própria de quem encerrou a carreira militar como capitão: "Quando uma posição de comando é dada a um capitão, geralmente é sua primeira experiência como líder, para que ele aprenda a dar ordens. Bolsonaro pulou essa fase, não é bom nisso".

Em 8 de abril, o presidente convocou mais um pronunciamento, o quinto em 33 dias. Começou em tom de empatia, solidarizando-se com as famílias das vítimas, e repetiu a importância de preservar a economia. A defesa da hidroxicloroquina voltou com força. Bolsonaro citou uma conversa que tivera havia pouco com o médico Roberto Kalil, que lhe confessara ter usado o remédio e o prescrito para dezenas de pacientes, supostamente salvando a vida de todos. E ainda contou que havia conversado diretamente com o primeiro-ministro da Índia e conseguira o envio de matéria-prima para seguir produzindo o remédio. A razão principal daquele dia, porém, era outra.

O presidente anunciou que no dia seguinte começaria a pagar os seiscentos reais do auxílio emergencial que garantiria uma renda mínima aos brasileiros em situação mais vulnerável durante a pandemia. Num primeiro momento o governo havia sido refratário, com o ministro da Economia, Paulo Guedes, em forte oposição, mas o Congresso decidiu tocar o projeto. Guedes cedeu à pressão e concordou em propor um auxílio de duzentos reais. O ministro pensou no valor por ser o que era pago no Bolsa Família, e este foi o número inicial que Bolsonaro sugeriu. Rodrigo Maia e outras lideranças articularam um novo valor e acordaram aprovar quinhentos reais para qualquer trabalhador sem carteira assinada. Na última hora, ao perceber que os louros do novo benefício cairiam no colo de Maia, Bolsonaro pediu a seus líderes que propusessem seiscentos reais.

Abril entrava na segunda semana, e Mandetta estava gostando da fama adquirida. Na mesma noite, a convite de Marília Mendonça, gravara um vídeo para uma live da cantora, a maior até então feita por um artista brasileiro no YouTube, agradecendo por ela, ao optar pela live, não estar fazendo um show e evitando aglomerar pessoas. A artista agradeceu ao ministro o "trabalho incrível" e reforçou o pedido para que as pessoas ficassem em casa. Mandetta se tornara um personagem nacional. E sucesso incomoda.

Na tarde seguinte, o jornalista Caio Junqueira, da CNN Brasil, telefonou para Osmar Terra para apurar os bastidores da crise política. Terra atendeu, mas não respondeu. O jornalista continuou na linha — o deputado conversava com alguém, e Junqueira supôs que ele estivesse se despedindo para só então começar a falar com ele. O interlocutor era Onyx Lorenzoni. Ao perceber do que se tratava, Junqueira continuou na linha e ouviu o gaúcho, amigo e correligionário de Mandetta, dizer que o teria demitido depois da reunião de dias atrás, quando o colega rebateu Bolsonaro diante de todos os ministros. Terra se ofereceu para ajudar na substituição de Mandetta, mesmo que o escolhido não fosse ele. Junqueira gravou a conversa, que de tão surreal parecia encenada, e reproduziu o trecho na tevê. O processo de fritura por que Mandetta passava ficou alguns graus mais quente.

Mandetta não assistiu ao vivo e soube da matéria pelo próprio Onyx, que ligou para se explicar assim que a CNN deu a notícia. "Olha, eu estava conversando com o Osmar quando um cara gravou a nossa conversa. Eu queria dizer que eu gosto muito de você", tentou Onyx.

"Nem vi nada, Onyx. Vou ver, mas fica tranquilo."

Porém Mandetta ficou magoado, em especial porque meses antes se esforçara para manter o colega no governo. Em 2019, Bolsonaro estava decidido a mandar o ministro de volta para a Câmara, após um primeiro ano inexpressivo na Casa Civil. Onyx perdera a articulação política para o general Luiz Eduardo Ramos, nomeado secretário de Governo. Tampouco comandava o Programa de Parcerias de Investimentos, de concessões e privatizações, inicialmente com a Casa Civil, e desde janeiro com o Ministério da Economia. Isolado e fraco, o gaúcho pediu a ajuda de Mandetta. Quase chorava ao falar da possibilidade de deixar o governo. Mandetta reuniu em sua casa os principais nomes do DEM, que fecharam apoio a Onyx, o qual já vinha suplicando ao presidente para ser mantido. A ideia do partido era emplacar Onyx na Educação, tirando Abraham Weintraub, ministro avaliado até por seus pares como um dos piores da Esplanada. Acabou que Bolsonaro não mexeu em Weintraub e pôs Onyx no Ministério da Cidadania, no lugar de Terra.

A demissão de Mandetta era questão de tempo. No meio do expediente, Bolsonaro saiu naquele dia 9 de abril para passear e parou numa padaria próxima à casa do ministro para comer um sonho. Mandetta leu o gesto como uma tentativa de intimidá-lo. Ele temia que o presidente, talvez municiado pelo serviço de inteligência, vazasse uma foto sua na padaria, furando o isolamento social. E mais, pensou, era também uma sinalização de que sabia de seus passos. De noite, na tradicional live das quintas-feiras, viria mais um recado para Mandetta. "O médico não abandona paciente, mas o paciente pode trocar de médico sem problema nenhum", Bolsonaro disse em tom de provocação, ao lado do presidente da Caixa Econômica, Pedro Guimarães, seu convidado daquele dia.

Era feriado da Semana Santa. O presidente e Mandetta se encontrariam no sábado em Goiás, na visita de Bolsonaro às obras de um hospital de campanha que vinha sendo construído com dinheiro federal. Seria ainda o primeiro evento a reunir Ronaldo Caiado e o presidente desde o rompimento, e o governador foi protocolar. Mandetta soube do evento por Tarcísio de Freitas, com quem, dias antes, havia trabalhado para que a obra saísse do papel.

Caiado convidou Mandetta para passar o feriado da Páscoa em sua fazenda. Os casais eram amigos, e o ministro se planejou para, depois de visitar o hospital, ir até a propriedade de Caiado. Mandetta foi ao Alvorada e de lá seguiu para Goiás de helicóptero, com Bolsonaro. O clima entre os dois foi gélido durante os quinze minutos de trajeto. O silêncio só foi cortado quando Bolsonaro avistou a multidão que viera recebê-lo. Desapertou o cinto de segurança antes de o helicóptero pousar e anunciou que a comitiva faria uma pausa para ele cumprimentar o pessoal. Mandetta havia alertado Freitas a respeito de aglomerações e advertiu Bolsonaro mais uma vez sobre a imprudência. O presidente ignorou.

Ao descer, Bolsonaro foi direto ao encontro dos apoiadores, sem máscara. Em seguida dirigiu-se a Caiado, que o aguardava com um frasco de álcool em gel na mão. Bolsonaro ignorou o protocolo e forçou um abraço no governador. "Vamos infectar todo mundo logo de uma vez!", disse, rindo. Afastou-se, subiu num barranco e acenou novamente aos apoiadores.

Mandetta ficou furioso. Era mais uma afronta a tudo o que havia sido combinado. Como se quisesse provocar, Bolsonaro o chamou para cumprimentar as pessoas. Mandetta recusou. "Eu não participo de aglomeração, presidente."

Naquela noite, Mandetta e Caiado analisaram a situação do ponto de vista político e concluíram que o presidente estava forçando a demissão do primeiro, induzindo-o a tomar a iniciativa. O desgaste recairia nos ombros do demissionário. Só que permanecer no governo teria outra consequência: a sabotagem diária de Bolsonaro impossibilitava o combate eficiente à pandemia. E a pecha de incompetente recairia sobre Mandetta. Naquele dia o ministro decidiu sair. Só não sabia como. Caiado deu a receita: "Isso aí é igual a abscesso. Chega uma hora que você tem que pegar o bisturi e dar uma lancetada para o pus sair".

O pus sairia no dia seguinte, numa entrevista para o *Fantástico*, da TV Globo. Mandetta defendeu a urgência de unidade no governo para combater o vírus e admitiu que o país vivia uma situação dúbia, sem saber se escutava o ministro ou o presidente, e defendeu mais uma vez o isolamento social como medida de proteção. Os ministros militares consideraram a entrevista uma afronta a Bolsonaro, mais ainda por ter sido dada à Globo, crítica ao presidente. Para a maioria do governo, entrevista boa era para emissora amiga, com perguntas levantadas na medida exata para serem cortadas. Mourão disse que o ministro havia cometido "falta grave", mas defendeu sua permanência. O próprio Mandetta avaliou que errara do ponto de vista estratégico e prometeu silêncio. A sensação de outros colegas do Esplanada é que o ministro jogava a toalha por amor ao juramento médico ou para, politicamente, deixar claro que havia sido demitido. A percepção de alguns era também que ele não queria abrir mão do poder que ser ministro da Saúde naquele momento representava. Poder e oportunidade de catapultar uma carreira política. Numa pesquisa do Instituto de Pesquisas Sociais, Políticas e Econômicas (Ipespe) feita em abril de 2020, Mandetta apareceu como possível terceiro colocado na eleição presidencial de 2022, com 14% das intenções de voto, atrás apenas de Bolsonaro (22%) e de Lula (21%), que estava com os direitos políticos cassados devido às condenações da Lava Jato.

Na terça-feira, 15 de abril, na saída do Palácio da Alvorada, quando perguntado se Mandetta seria demitido, Bolsonaro sorriu e mandou um beijinho na direção dos jornalistas. No fim da tarde, na entrevista diária, Mandetta reconheceu as divergências com o presidente e disse que recusara o pedido de demissão de Wanderson de Oliveira. O secretário tinha pedido para sair, exaurido, e Mandetta disse que ambos sairiam juntos do ministério. Toda a equipe de Mandetta estava muito mal. Secretários adoeciam pelo cansaço e pela insônia. O estresse começava a afetar o dia a dia do trabalho. Wanderson de Oliveira insistiu que queria sair, era um pedido de sua mulher. A sensação era de remar contra a sabotagem promovida por Bolsonaro. Naquele dia, em conversa com Abelardo Lupion, o ex-deputado que chamara para ser seu assessor, Mandetta analisou a situação. "O presidente é bom, é bem-intencionado. O problema é aqueles filhos dele, que ficam o dia inteiro xingando nas redes sociais. Minha vontade é pegar um trezoitão e cravar neles. Pelo menos passava a minha raiva", ele disse. Ugo Braga, o diretor de comunicação do ministério, se aproximava para falar da demanda de um jornalista, mas, ao perceber a tensão do momento, preferiu nem abordá-lo. Meses mais tarde, Braga registraria aqueles momentos em um livro sobre os bastidores daquele período.

Na quinta-feira, 16 de abril, o chefe de gabinete interrompeu uma live de Mandetta com clientes da xp Investimentos e cochichou: "Presidência, dezesseis horas". Bolsonaro o convocara para uma reunião dali a uma hora. Mandetta sabia que seria demitido. Dirigiu-se ao Planalto, deixando com uma assessora seu celular e o acesso a seu Twitter. Já havia preparado uma mensagem para anunciar a demissão. A conversa com Bolsonaro foi rápida. Além dos dois, na sala só estava Augusto Heleno. O presidente começou elogiando o ministro, mas dizendo que a troca era inevitável, visto que a situação econômica era o que mais o preocupava. "O senhor me nomeou por prerrogativa sua. O senhor me exonera por prerrogativa sua também. Está tudo certo", respondeu Mandetta.

Bolsonaro ofereceu que ele dissesse que a demissão havia sido um pedido dele. "Não, senhor, eu falei que médico não abandona paciente. O senhor exerça o seu papel de me demitir e tudo bem." O presidente concordou e disse que a exoneração sairia no *Diário Oficial* no dia seguinte. Temeroso de uma explosão do vírus nas favelas do Rio de Janeiro, Mandetta ainda recomendou especial atenção à cidade. E também aconselhou ao presidente que a relação com a China fosse retomada em bons termos. Eduardo Bolsonaro vinha atacando o embaixador chinês nas redes sociais, mas o Brasil necessitaria de insumos chineses para enfrentar a pandemia. "Isso não é uma gripezinha. Não diminua a importância dessa pandemia. Esse é um acontecimento que vai marcar uma era. Como foi a Segunda Guerra Mundial, a quebra da Bolsa de Nova York. Esse período vai ser destaque dos livros de história e cada um de nós será retratado pelo papel que desempenhou nesta crise. Cuide do seu governo e da sua biografia", disse, dando o recado. Logo depois, uma mensagem em seu Twitter anunciava a demissão.

Mandetta voltou ao ministério e entrou pela garagem. Pegou o elevador de serviço e, antes de se dirigir ao gabinete que não era mais seu, deu uma passadinha na sala das secretárias. Foi recebido com uma salva de palmas. Uma servidora, Teresa Lopes, cantora e compositora de samba, tinha sido convocada pelas colegas. Teresa levantou os braços na direção de Mandetta e puxou a música de Gonzaguinha: "Viver/ E não ter a vergonha de ser feliz/ Cantar e cantar e cantar/ A beleza de ser um eterno aprendiz". Todos acompanharam, até Mandetta. Emendaram outra de Paulinho da Viola, e o ex-ministro pediu a palavra. Agradeceu e disse ir embora sem a sensação de dever cumprido, mas lembrando que todos ali ainda teriam muito trabalho pela frente. Saiu da sala para uma coletiva em que apresentaria as razões da demissão. Enquanto sua entrevista ainda estava em curso, Bolsonaro começava outra no Palácio do Planalto, ao lado do novo ministro. Explicou que a saída de Mandetta havia sido um "divórcio consensual" e "cordial", e anunciou o substituto: o oncologista Nelson Teich, com quem o presidente já se reunira de manhã.

No dia seguinte Bolsonaro sinalizou mais uma vez que não queria briga, fora um acerto político. O índice de popularidade de Mandetta estava bem superior ao dele — uma pesquisa Datafolha naquela semana indicou que 64% da população desaprovava a demissão. O médico conseguira, apesar do presidente, transmitir a segurança de que havia controle no combate à pandemia, sensação que o país não voltaria a ter.

Tchau, querido

Desde o começo do governo, Bolsonaro havia criado a rotina de a cada quinze dias reunir todos os ministros presentes em Brasília. Cada um reportava ao presidente e à Casa Civil as questões urgentes das respectivas pastas, os desafios a médio e longo prazo e as possíveis soluções para resolvê-los. Era uma das poucas formalidades num governo com pouco ou nenhum processo protocolar de gestão. Nessas reuniões, que praticamente nunca eram tão organizadas como a descrição pode fazer parecer, os ministros tinham por costume falar por cerca de dez minutos, e então a pauta trazida, se necessário, era comentada por Bolsonaro, pelos ministros da cúpula do governo ou pelos demais que tinham a ver com o tema em questão. Mas o encontro do dia 22 de abril tinha uma pauta adicional: a Casa Civil apresentaria um novo plano de obras e investimentos, o Pró-Brasil, que visava estimular a retomada econômica depois do baque da pandemia. O registro em vídeo desse encontro, semanas depois, se tornaria público, o que permitiu, pela primeira vez, ver em detalhes como era uma reunião do governo do ex-capitão.

Em geral os encontros ocorriam num clima descontraído. Bolsonaro fazia suas piadas, e ministros como Luiz Eduardo Ramos, da Secretaria de Governo, e Walter Braga Netto, da Casa Civil, disputavam quem ria mais. Naquela reunião, o clima era outro. Antes mesmo de começar, aliás. Muitos estavam tensos, por razões diferentes. Os ministros Paulo Guedes e Rogério Marinho já haviam discutido na antessala, numa desavença que se desdobraria ao longo de meses. O recém-nomeado Nelson Teich, nervoso, participaria de sua primeira reunião de governo. Bolsonaro também estava visivelmente mais travado que o habitual. Um ministro chegou a pensar que talvez a tensão do presidente se devesse ao crescente número de mortos — na véspera, o Brasil chegara a 2741 — e à apreensão generalizada da sociedade com o ritmo cada vez mais veloz da covid. Mas o presidente logo mostraria que as razões de sua irritação nada tinham a ver com as mortes.

Na manhã daquele dia, ele enviara a Moro uma mensagem expressando mais uma vez insatisfação com o diretor da Polícia Federal, Maurício Valeixo, escolhido e subordinado a Moro. Mas a irritação do presidente com o ministro da Justiça, porém, ia além da PF, como ficaria evidente na reunião. Após Braga Netto fazer uma breve apresentação do novo plano, Bolsonaro deu início a uma série de insinuações contra Moro, ou reclamações que, ao menos em parte, eram nominalmente endereçadas ao ministro.

O presidente começou criticando as detenções provocadas pelo descumprimento de medidas restritivas, principalmente em cidades do interior. Eram casos isolados, como o ocorrido numa praça de Araraquara, no interior paulista, numa ação filmada que viralizou como mais um exemplo da alegada supressão da liberdade que o presidente via nas medidas sanitárias. Bolsonaro foi direto ao cobrar a neutralidade de Moro. "Tem que a Justiça se posicionar sobre isso, porra", disse, em tom exaltado. "Senhor ministro da Justiça, por favor. Foi decidido há pouco tempo que não podia botar algema em quase ninguém. Por que tão botando algema em cidadão que tá trabalhando, ou mulher que tá em praça pública, e a Justiça não fala nada?", continuou. A cada palavra, dava pequenos socos na mesa que ecoavam por seu microfone. Em momento algum olhou para Moro, sentado a uma cadeira de distância.

Logo depois o ministro assumiu a palavra. Ignorando as reclamações do chefe, ateve-se a pedir que o programa Pró-Brasil incluísse a segurança pública e o combate à corrupção. Nada falou das detenções de quem desrespeitou o protocolo de contenção ao vírus. Mais tarde, o presidente contou a um ministro que a indiferença de Moro o irritou em especial. Havia feito a crítica na expectativa de que ele se explicasse perante os colegas. Mas o ministro não só ignorou o assunto como, nos quase três minutos em que falou, manteve sua habitual voz monocórdica, oposta ao tom forte do chefe.

Já havia passado mais de uma hora desde que Moro falara quando Bolsonaro reclamou do "sistema de informação" oficial, numa referência aos serviços de inteligência que lhe prestam informações. Disse que os canais oficiais da Presidência o desinformam, ao contrário de seu "sistema de informações" particular. Era mais uma referência à estrutura paralela de inteligência, como, depois de ter deixado o governo, o ex-ministro da Secretaria-Geral Gustavo Bebianno afirmara que se tentara instalar no governo, uma espécie de Agência Brasileira de Inteligência (Abin) paralela. Em 2019, quando Bebianno fez a acusação, o governo negou. Dessa vez, quando se deixou escapar a existência desse serviço de inteligência extraoficial, portanto clandestino, o presidente argumentaria que sua fala se referia a mensagens diversas que eram recebidas por agentes de sua segurança e ajudantes de ordens. Mas não deixou claro como isso acontecia e muito menos quem eram as pessoas que lhe enviavam essas informações.

Na ótica de Bolsonaro, tudo se devia a uma suposta perseguição à sua família: "Prefiro não ter informação do que ser desinformado pelo sistema de informações que eu tenho. [...] Não quero sair e ver a minha irmã de Eldorado, outra de Cajati, o coitado do meu irmão capitão do Exército de Miracatu se foder, porra! Como é perseguido o tempo todo! [...] É putaria o tempo todo pra me atingir, mexendo com a minha família". Na sequência, disse que para evitar isso estaria disposto a fazer trocas na "Segurança", na "ponta da linha", no "chefe" ou no "ministro". "Já tentei trocar gente da Segurança nossa no Rio de Janeiro, oficialmente, e não consegui! E isso acabou. Eu não vou esperar foder a minha família toda, de sacanagem, ou amigos meus, porque eu não posso trocar alguém da segurança na ponta da linha que pertence à estrutura nossa. Vai trocar! Se não puder trocar, troca o chefe dele! Não pode trocar o chefe dele? Troca o ministro! E ponto final!", concluiu irritado, com gestos inquietos diante do copo d'água já vazio.

A ameaça a Moro subia um tom. O recado entendido por todos estava dado com clareza: se fosse necessário demitir Moro para interferir na PF, Bolsonaro não hesitaria.

O ministro deixou a reunião três minutos depois da fala do presidente, alegando outros compromissos. Embora supérfluo, o presidente parecia querer deixar ainda mais evidente o alvo de suas críticas. Voltou a defender o armamento para a população e criticou a popularidade de alguns ministros. Naquela ocasião, o titular da Justiça era o ministro mais popular do governo, com 53% de aprovação, segundo uma pesquisa do Datafolha de dezembro de 2019. Era 23% mais alta que a avaliação feita à gestão do presidente. "Aqui eu já falei: perde o ministério quem for elogiado pela *Folha de S.Paulo* ou pelo *Globo*, pelo Antagonista. Tem certos blogs aí que só têm notícia boa de ministro. Eu não sei como! O presidente leva porrada, mas o ministro é elogiado", disse, em tom cansado. E reclamou: por que os acertos eram creditados a outros e não a ele? "A gente vê por aí, 'o ministério está indo bem, apesar do presidente'. Ah, vai para a puta que o pariu, porra! Fui eu que escalei o time, pô!" E, no melhor estilo Bolsonaro, capaz de fazer associações escatológicas, sexuais e ideológicas como se se tratasse do mesmo assunto, concluiu: "O que os caras querem é a nossa hemorroida! É a nossa liberdade!". Todos pareciam atônitos, mas ninguém perguntou o que ele quis dizer com aquela imagem. A impressão era de que, ao menos para os ministros de Bolsonaro, o vínculo entre hemorroidas e liberdade parecia fazer sentido.

Os problemas de Moro com Bolsonaro haviam começado bem antes. O primeiro deles foi no segundo mês de governo, com a nomeação da cientista política Ilona Szabó como membro suplente do Conselho Nacional de Política Criminal e Penitenciária, um órgão colegiado de interlocução do Ministério da Justiça com a sociedade civil. Szabó seria uma suplente não remunerada. A base de apoio bolsonarista foi para as redes sociais protestar contra a nomeação, por Ilona ter se manifestado contra o presidente nas eleições de 2018 e por ter uma visão liberal da política de drogas. Na ocasião, convocado por Bolsonaro, Moro explicou que a cientista política era uma das principais especialistas em segurança pública no Brasil, uma das fundadoras do Igarapé, instituto respeitado na área. "Ô Moro, você tá comendo essa Ilona? Se for isso, a gente segura ela", riu Bolsonaro, para constrangimento do interlocutor. O ministro abaixou a cabeça e topou desfazer o convite. O ministério soltou uma nota pública elogiando-a e anunciando o recuo.

O episódio feria de morte a promessa que o então juiz ouvira do candidato Bolsonaro ao ser formalmente convidado para integrar seu ministério. Em outubro de 2018, entre o primeiro e o segundo turno, um amigo pessoal de Moro disse a ele que Paulo

Guedes gostaria de agendar uma conversa reservada. O juiz, mesmo tendo sob seu controle diversas ações relacionadas ao PT, não viu problema em receber Guedes, que já fora anunciado futuro ministro caso Bolsonaro saísse vencedor. A conversa aconteceu em Curitiba, na noite do dia 23 de outubro, quando os dois futuros colegas de governo se regalaram com um churrasco na casa de um amigo do juiz.

O economista, que estava acompanhado do futuro secretário de Comércio Exterior do Ministério da Economia, Marcos Troyjo, foi direto ao ponto: se ganhasse a eleição, o ex-capitão convidaria Moro para a pasta da Justiça e Segurança Pública. Falou dos planos para um eventual governo Bolsonaro. A diretriz principal seria o fim do patrimonialismo e do loteamento político de cargos, o toma lá dá cá. O juiz teria todo apoio para avançar no combate à corrupção, com todo o poder que o Executivo federal tem para tanto. Moro, visivelmente seduzido, perguntou ao amigo anfitrião o que deveria fazer. Recebeu como resposta um efusivo "sim" e, ainda naquele jantar, aceitou o cargo. Mas combinou que o anúncio seria efetuado depois de uma eventual vitória de Bolsonaro. Não queria que sua aceitação do cargo fosse usada para justificar que sua decisão de prender Lula, meses antes, havia sido parcial só porque agora iria trabalhar para o principal adversário de seu réu. Só por isso…

Quando Bolsonaro venceu a eleição, Moro e sua mulher, a advogada Rosangela Moro, telefonaram para cumprimentá-lo. No primeiro dia de novembro de 2018, o juiz viajou ao Rio de Janeiro e foi ao Vivendas da Barra. Bolsonaro prometeu-lhe carta branca para montar o ministério que bem entendesse. Disse que passaria parte do controle do Coaf para a pasta e até cogitava subordinar à Justiça a Controladoria-Geral da União, ministério encarregado de fiscalizar os gastos do governo e investigar fraudes — o que nunca chegaria a fazer.

Moro afirmou que a principal condição para ele assumir seria a reunificação das pastas da Justiça e da Segurança Pública. Bolsonaro concordou. Perguntou como o presidente reagiria se casos de corrupção em seu governo fossem comprovados. Não protegeria ninguém, disse o recém-eleito. Coincidência ou não, acabada a reunião Flávio Bolsonaro se juntou aos dois, e os três celebraram o aceite.

Para montar sua equipe, o juiz recorreu principalmente a quadros da Lava Jato. Maurício Valeixo, que assumiu a PF, era superintendente da PF no Paraná e havia atuado como delegado em diversas fases da Lava Jato, como a operação que prendeu o ex-presidente Lula. Mas a saída de Moro da magistratura foi em geral malvista pelos integrantes da operação. Entre os procuradores de Curitiba, a maioria reprovou a ideia: o gesto mais enfraquecia do que ajudava o combate à corrupção. Como explicar que o juiz que prendera o líder das pesquisas ia trabalhar no governo de seu opositor? Sabia-se que aquilo macularia para sempre tudo o que fora feito até então. E ninguém imaginava o que ainda viria pela frente.

A intenção inicial de Moro era aprovar ainda em fevereiro um pacote "anticrime" com mudanças legislativas que ele julgava importantes para combater a corrupção e o crime organizado. No entanto, diversos pontos do texto foram considerados polêmicos. Um deles era a alteração do artigo 23 do Código Penal, que criaria o chamado excludente de ilicitude e mudaria o entendimento da lei sobre a legítima defesa. Policiais e agentes de segurança que causassem mortes em serviço poderiam ter a pena reduzida pela metade ou nem mesmo aplicada, caso, ao matar, estivessem prevenindo "injusta e iminente agressão" contra si ou terceiros, ou se o homicídio tivesse ocorrido por "decorrência de escusável medo, surpresa ou violenta emoção". Mais tarde Moro argumentaria que Bolsonaro queria um texto ainda mais condescendente, que praticamente inocentava qualquer policial que matasse e alegasse legítima defesa. O Congresso não aprovou a alteração, defendida até o fim pelo ex-juiz.

Mas Moro foi mais flexível em alguns trechos do pacote, retirando a criminalização de caixa dois, como a princípio propusera. A pedido de Onyx Lorenzoni, à época ministro da Casa Civil e que havia confessado ter recebido dinheiro ilegal quando se candidatou, ele decidiu retirar a medida do pacote principal. O tema já vinha exigindo um contorcionismo de sua parte. Na ocasião, ao ser questionado se a prática de caixa dois não seria um tipo de corrupção, respondeu que não era corrupção, ainda que em sua visão também fosse crime. Em 2017, em palestra nos Estados Unidos, o ex-juiz havia sido mais categórico. "Caixa dois nas eleições é trapaça, é um crime contra a democracia. [...] Para mim, a corrupção para financiamento de campanha é pior do que para enriquecimento ilícito." O pacote, esvaziado, só seria aprovado no segundo semestre de 2019, sem grande mobilização do Palácio do Planalto.

Outra batalha perdida foi o controle do Coaf. Em maio de 2019, uma comissão do Congresso tampouco aprovou a lei que passaria para o Ministério da Justiça o comando do órgão, alocado na pasta da Economia. O próprio Planalto atuou para fazer Moro desistir da mudança. Afinal, o Coaf fora o órgão que trouxera ao governo a maior dor de cabeça em matéria de corrupção: o caso Queiroz. Tema do qual, aliás, Moro também se esquivou o quanto pôde. O primeiro constrangimento se deu ainda em 2019, no Fórum Econômico Mundial, em Davos, na Suíça, em que Moro participou de um painel sobre crime globalizado. Questionado ao fim do evento sobre as rachadinhas, tirou o corpo fora. "Não me cabe comentar sobre isso, mas as instituições estão funcionando."

A perda do Coaf foi um banho de realidade para o grupo de Moro: ficou palpável a diferença entre o que idealizavam a partir de Curitiba e o que era o centro do poder. Delegados, técnicos e servidores que haviam topado se mudar acreditando no canto da sereia de Moro e seu superior viram que o tal superministério nunca seria de fato "super".

Até meados de 2019, nenhum desses incidentes impedia o ministro de seguir entusiasmado no governo, a ponto de em maio de 2019 elogiar no Twitter uma manifestação a favor de Bolsonaro ocorrida naquele dia: "Povo na rua é democracia. Com povo e Congresso, avançaremos. Gratidão. #Brasil". Dias antes, o presidente repetira numa entrevista que o ministro seria sua primeira indicação ao Supremo Tribunal Federal.

Moro precisou se escorar no governo quando foi a sua vez de dar explicações. Em 9 de junho, o site The Intercept divulgou trechos de mensagens trocadas entre ele e procuradores da Lava Jato, extraídas do aplicativo Telegram. Lia-se com clareza o então juiz orientando ações e cobrando novas operações dos procuradores, numa evidente demonstração da falta de isenção como magistrado.

Três dias após o vazamento, Bolsonaro fez questão de aparecer em público ao lado de Moro, até o levou a um jogo do Flamengo no estádio Mané Garrincha, em Brasília. O ex-juiz se defendeu dizendo ter sido vítima de hackers e que não via ilegalidade nos diálogos. Também afirmou que era normal conversar com advogados e delegados por aplicativos de mensagens. Não teria havido conluio, disse; a divulgação daquelas mensagens em nada alteraria algum processo da Operação Lava Jato. No STF, havia quem pensasse diferente. "O chefe da Lava Jato não era ninguém mais, ninguém menos do que Moro. O Dallagnol, está provado, é um bobinho. É um bobinho. Quem operava a Lava Jato era o Moro", disse na mesma semana em uma entrevista o ministro do STF Gilmar Mendes, a essa altura salivando, ao perceber a possibilidade de revés de um de seus principais adversários.

Gilmar havia capitaneado dentro do STF a maioria das batalhas contra a Lava Jato. Fora um dos primeiros a apontar o que considerava excessos, como as prisões preventivas alongadas, ou as conduções coercitivas, quando o investigado era conduzido à força para depor, mesmo sem ter sido chamado previamente. Críticos diriam que Gilmar só se insurgiu quando a Lava Jato se aproximou do PSDB, partido de cujo governo ele fora advogado-geral da União. O ministro sempre negou e provou que suas críticas eram anteriores, lembrando seu histórico de decisões a favor da preservação de direitos do preso, como a proibição de algemas em quem não representava perigo.

O fato é que Gilmar se tornara o principal inimigo da operação no Supremo, dando diversos habeas corpus para indivíduos presos em primeira instância, em caráter preventivo, pela Lava Jato no Rio de Janeiro, da qual se tornou relator. Travou diversos embates com Marcelo Bretas, juiz da operação no Rio. Havia saboreado também a derrocada do ex-procurador-geral Rodrigo Janot, com quem rivalizara em diversos momentos da Lava Jato. Janot viu a polícia bater à sua porta para apreender-lhe a arma após ele ter dito em uma entrevista que já pensara em atirar em Gilmar. Agora, em sua lista de inimizades, faltava riscar os nomes de Moro e Deltan Dallagnol, o procurador que lhe fizera críticas públicas e, pelas mensagens vazadas pelo Intercept, chegou a planejar pedir seu impeachment. Seria Gilmar Mendes, em 2021, quem jogaria a pá de cal sobre o caso Lula, maior orgulho da carreira de Moro como juiz.

A base bolsonarista defendeu o ministro. Nas redes sociais, foi possível ver robôs postando mensagens de apoio a Moro a partir de vários pontos do planeta, até do Oriente Médio. Movimentos de direita em defesa do ex-juiz saíram às ruas de 88 cidades brasileiras três semanas após as reportagens iniciais. Em Brasília, inflou-se um enorme boneco do Super-Homem com o rosto do ministro, que foi novamente às redes agradecer. "Eu vejo, eu ouço. Lava Jato, projeto anticrime, previdência, reforma, mudança, futuro." Uma pesquisa Datafolha feita um mês depois da publicação da Vaza Jato mostrou que ele continuava sendo o ministro mais conhecido e com melhor aprovação entre todos do governo Bolsonaro: 52% julgavam ótimo ou bom o seu trabalho.

Sem contar a mão estendida no jogo do Flamengo, quando a bomba estourou, Bolsonaro não fez mais nada para defender o ex-juiz. Entre os filhos, era crescente o incômodo com o protagonismo de quem deveria ser coadjuvante. Já em 2019, mais de uma vez Carlos Bolsonaro chegou a sugerir ao pai que demitisse Moro, que, na visão dele, se movimentava mais como quem planejava disputar a Presidência do que como alguém interessado no Supremo. O tal boneco do Super-Moro também incomodara o presidente. Nunca o haviam homenageado naqueles moldes. Os filhos e o pai concordavam que a Vaza Jato era, pois, boa para eles, pois mantinha Moro preocupado em se explicar sobre eventuais erros cometidos na Lava Jato. A família que elegera o patriarca usando a imagem da Lava Jato percebera que o bisturi da operação tinha se voltado contra seu criador.

Em agosto, Bolsonaro anunciou, de surpresa, a troca no comando da Superintendência da PF no Rio. O delegado Ricardo Saadi seria substituído por Alexandre Saraiva, que chefiava a corporação no Amazonas. A intromissão de um presidente na escolha de um cargo dentro da PF era uma decisão atípica e inédita nas últimas décadas. Bolsonaro de início alegou que a mudança era devida à baixa produtividade. No dia seguinte, o diretor-geral da PF, Maurício Valeixo, publicou uma nota oficial afirmando que a troca já estava sendo planejada havia alguns meses e o motivo seria o desejo do próprio policial de atuar em Brasília. Dizia ainda que o novo chefe no Rio seria o delegado Carlos Henrique Oliveira, então superintendente de Pernambuco. A nota, por fim, ainda apresentava os indicadores da gestão de Saadi, todos positivos. Na prática, o diretor da PF estava desmentindo o presidente.

Bolsonaro, furioso, disse a Moro que demitiria Valeixo. Seria um erro, a demissão desencadearia uma crise na PF, rebateu Moro. Publicamente, também mandou um recado: se Moro quisesse mudar a indicação para a PF no Rio, teria que falar com ele primeiro. "Eu dou liberdade para os ministros todos, mas quem manda sou eu." Horas depois, amenizou o tom: "Tanto faz, se vier o de Pernambuco, não tem problema, não". Mas a crise ainda não estava estancada. Na semana seguinte, à pergunta se estava interferindo na PF, Bolsonaro respondeu que havia sido eleito "para interferir mesmo". "Até a Receita Federal tem problemas. E queremos resolver esse problema. Como? Trocando gente. O Estado todo tá aparelhado." E continuou aumentando o tom: "Se eu não posso trocar o superintendente, eu vou trocar o diretor-geral".

Bolsonaro já se queixava havia meses da atuação de Ricardo Saadi, em quem nunca havia confiado. Delegados adversários de Saadi no Rio fizeram chegar a Flávio Bolsonaro que haveria uma investigação da PF contra o deputado Hélio Lopes, o Hélio Negão, espécie de papagaio de pirata de Bolsonaro. Ele estaria sendo investigado por, antes de se eleger parlamentar, ter aplicado golpes em pessoas que estavam na fila de aposentados do INSS. A denúncia de fato chegara à PF, mas havia sido ignorada por falta de elementos para se abrir um inquérito. Porém o caso fez o radar de paranoia de Bolsonaro apitar contra Saadi. Com Flávio permanentemente exposto devido ao caso Queiroz, ele entendeu ali a importância de ter no Rio alguém sob seu controle. Ou ter no comando da PF alguém que controlasse o Rio. Ou ter no ministério alguém que controlasse toda a PF.

No começo de setembro, Moro teve outra demonstração de falta de prestígio junto ao chefe ao ser ignorado no processo de escolha do procurador-geral da República. Não participou de nenhuma conversa com Augusto Aras, que não era o seu candidato: ele defendia o respeito à lista tríplice do Ministério Público Federal, negligenciada por Bolsonaro. Já que não poderia participar da seleção, Moro esperava ao menos poder vetar algum nome mais polêmico. Soube da escolha de Aras pela imprensa.

Poucos meses antes, em julho de 2019, uma crise entre o presidente e o ministro havia passado despercebida de toda a imprensa e mesmo da maioria dos integrantes do governo. Um boato de que Sergio Moro estava montando dossiês contra ele e seus filhos circulou no Palácio do Planalto e chegou aos ouvidos do presidente. A permanente suspeita de que é alvo de conspirações e está sempre perto de ser traído fez com que Bolsonaro pensasse pela primeira vez em demitir o ex-juiz. O governo ainda estava longe de completar seu primeiro ano, e o presidente foi aconselhado por Augusto Heleno a não fazê-lo. O general observou que o presidente não tinha provas consistentes que robustecessem a suspeita, e Bolsonaro foi convencido. Mas já ali ele não tinha mais plena confiança no ministro.

Publicamente, entretanto, Bolsonaro e Moro se esforçavam para mostrar harmonia. Em entrevista, o ministro declarou que seu candidato em 2022 seria Bolsonaro e, como sempre, negou interesse em concorrer a cargos públicos. "Vim para uma missão técnica. [...] O candidato para 2022 será o presidente Jair Bolsonaro. É impróprio pensar algo diferente." Dias depois Bolsonaro retribuiu e, num evento no Planalto, disse que Moro era "um patrimônio nacional". Dias depois os casais Moro e Bolsonaro posariam para uma foto, tomada por ocasião de uma visita dos Moro ao hospital onde Bolsonaro fora internado em São Paulo para uma cirurgia em decorrência da facada.

O esforço do casal Moro deu certo. A relação voltou a ficar boa entre o fim de 2019 e o começo de 2020, a ponto de Bolsonaro dizer em uma entrevista em dezembro que queria Moro como seu vice em 2022. Rosangela Moro via uma simbiose entre o marido e o chefe. "Sou pró-governo federal. Eu não vejo o Bolsonaro, o Sergio Moro. Eu vejo o Sergio Moro no governo do presidente Jair Bolsonaro, eu vejo uma coisa só." Nesse meio-tempo, o ministro vinha tentando aproximar o presidente de Valeixo, na expectativa de evitar sua demissão. Em mais de uma ocasião, Moro levou o diretor da PF para despachar com Bolsonaro, até mesmo no Palácio da Alvorada e fora da agenda oficial, alimentando um tipo de relação naturalmente imprópria. Deu o número do celular do delegado para o presidente, que passou a telefonar diretamente para ele, passando por cima de Moro. Estimulou o diretor a se reunir com Bolsonaro sozinho, sugestão aceita em pelo menos uma ocasião, no Planalto. Aos olhos do delegado, que, reservado, nunca se sentiu confortável em ter relação direta com o presidente, Bolsonaro jamais fez nenhum pedido impróprio.

Em janeiro de 2020, Bolsonaro contatou o diretor e foi direto: queria trocá-lo, queria alguém com quem tivesse "maior afinidade", e ofereceu-lhe um cargo de adido no exterior. Valeixo telefonou para Moro, então em viagem ao Canadá, e disse que estava exausto das pressões e aceitaria a proposta (quase forçada) do presidente. Quando voltou ao Brasil, Moro se reuniu com Bolsonaro e com o general Heleno, e nessa reunião o presidente e o ministro listaram três nomes para a substituição de Valeixo: os delegados Anderson Torres, então secretário de Segurança do Distrito Federal; Alfredo Carrijo, do Comando de Operações Táticas, o grupo de elite da PF; e Alexandre Ramagem, diretor-geral da Abin. Os três tinham proximidade de amizade com diferentes integrantes da família Bolsonaro. Moro aceitou que demitissem Valeixo e nomeassem Ramagem. Depois recuou e continuou insistindo na manutenção de Valeixo. Prevendo derrota, lançou outros dois nomes, que Bolsonaro ficou de analisar: o então superintendente de São Paulo, Disney Rosseti, e o diretor do Departamento Penitenciário Nacional, Fabiano Bordignon, ambos delegados da PF.

Não foi o único episódio daquele janeiro que deixou o ministro insatisfeito. No dia 22, o ministro da Secretaria-Geral, Jorge Oliveira, organizou um encontro no Planalto com Bolsonaro e secretários de Segurança Pública dos estados e do Distrito Federal, ou seja, o mesmo Anderson Torres que dias antes Bolsonaro havia citado como um possível diretor-geral da Polícia Federal. Moro, embora titular da pasta responsável pela segurança pública, não só não estava em Brasília como sequer fora avisado sobre o encontro. Só soube quando, em dado momento da reunião, alguns secretários solicitaram ao presidente que fosse recriado o Ministério da Segurança Pública, como no governo Temer, e Bolsonaro ficou de estudar o pedido. Logo após o presidente dizer isso, o celular de Moro começou a pipocar com mensagens perguntando o que ele faria.

Moro decidiu que sairia do governo se o desmembramento realmente acontecesse: havia aceitado o cargo, entre outras razões, porque ele incluía a segurança pública. Mas não precisou mexer nenhum dedo, porque a reação nas redes bolsonaristas foi terrível. Em menos de 48 horas Bolsonaro foi obrigado a ir às redes e disse que a chance de separar os ministérios naquele momento era zero. Mas o episódio e o ensaio de cindir a pasta ligaram o sinal de alerta em Moro — Bolsonaro não o queria mais no governo. Embora o presidente tenha negado que houvesse incentivado a recriação do ministério, Moro soube que o presidente participara da articulação para que os secretários fizessem o pedido.

O sentimento no entorno de Moro era que o presidente queria enfraquecê-lo, não necessariamente tirá-lo do governo. O ministro continuava sendo útil a Bolsonaro, mas não era seguro, a dois anos e meio da eleição, ter alguém tão popular que pudesse ofuscá-lo.

Em dezembro de 2019, numa pesquisa Datafolha, Moro era conhecido por 93% dos brasileiros, o ministro com maior taxa de todo o governo e o mais bem avaliado: 53% dos entrevistados julgavam seu trabalho bom ou ótimo. Um indicador a léguas de distância do alcançado por Bolsonaro, em que só 30% dos entrevistados avaliavam seu governo como ótimo ou bom.

Com esses indicadores, crescia na família do presidente o incômodo com o que consideravam a "pré-campanha do Moro". Tudo era visto como um movimento do ministro rumo a uma candidatura contra Bolsonaro em 2022. O presidente ficou irritado, por exemplo, quando o ministro foi ao programa *Roda Viva*, na primeira edição desde que a jornalista Vera Magalhães, alvo frequente de ataques bolsonaristas, assumira o posto. No programa, Moro defendeu o presidente, mas mesmo assim Bolsonaro ficou enfurecido com os holofotes voltados ao seu ministro, num programa ancorado por uma jornalista crítica a seu governo. Também despertou a ira da família uma capa da revista *Época*, revelando que, a despeito das negativas públicas, Moro já tinha interesse, naquele momento, numa candidatura ao Planalto em 2022. A reportagem, do autor deste livro, mostrou que, enquanto dizia em público que Bolsonaro devia ser o candidato à reeleição, no recôndito de seu gabinete o ministro acompanhava com lupa as pesquisas eleitorais que alguns institutos faziam testando seu nome para concorrer ao Planalto. Moro recebia com frequência os resultados colhidos pela Paraná Pesquisas e pelo Ipespe, e solicitava recortes demográficos para ver em quais faixas da população era mais ou menos popular. Certa vez, ao detectar que era pouco conhecido entre o eleitorado mais jovem, decidiu abrir uma conta no Instagram, o que não passou despercebido à família presidencial. Ao ver a conta do ministro, Carlos Bolsonaro confrontou o pai e perguntou até quando o governo ainda daria palanque a um provável adversário.

A pandemia aprofundou o distanciamento entre os dois. Moro vinha sendo cobrado a se manifestar a respeito das medidas de contenção do coronavírus defendidas por Mandetta. E, em parceria com Guedes, vinha tentando influenciar Bolsonaro a seguir ao menos parte das medidas. Em vão. Rosangela Moro seguia defendendo o isolamento social em suas redes sociais e apoiando publicamente Mandetta, atitude que, naquele momento, equivalia a criticar Bolsonaro. Quando a OMS decretou que o coronavírus era oficialmente uma pandemia, Moro determinou que fossem cancelados todos os eventos do ministério, inclusive no Salão Negro, em geral palco para o anúncio de medidas de governo. No Planalto, tudo funcionava normalmente.

A diferença de posturas irritou profundamente Bolsonaro. Moro agia de "forma egoísta", como se não jogasse no time. O presidente via naquelas atitudes uma estratégia do ministro para aumentar seu capital político e aproveitava a presença de outros ministros para demonstrar seu desagrado com Moro. Na reunião de 28 de março, na qual Mandetta perguntou a Bolsonaro se ele estava pronto para lidar com caminhões diários de corpos, o presidente citou um encontro que tivera mais cedo naquele dia com Gilmar Mendes, também no Alvorada, e elogiou o principal algoz de seu ministro. "O Moro que me perdoe, mas são ministros como o Gilmar que resolvem as coisas."

Havia ainda uma preocupação nova para Bolsonaro. Não paravam de sair notícias sobre investigações da Polícia Federal acerca do chamado gabinete do ódio, como ficara conhecido um grupo de assessores seus. Os três assessores, Tércio Arnaud Tomaz, José Matheus Sales Gomes e Mateus Matos Diniz, eram acusados de comandar a milícia digital que apoiava o presidente nas redes sociais e perseguia e destruía reputações de adversários. Os investigadores responsáveis pelo inquérito das fake news tinham cada vez mais indícios de que os três obedeciam a um coordenador, alguém que dava a palavra final sobre alvos, conteúdo das mensagens e o aval do presidente para agir numa ou outra direção: Carlos Bolsonaro. O filho do presidente era, na visão dos responsáveis pelo inquérito, a peça-chave para entender o funcionamento e a hierarquia do grupo. Portanto, ter na PF alguém com quem tivesse "afinidade", como ele disse a Valeixo no telefonema em que ofereceu a adidância no exterior, talvez fosse fundamental não só para que ele não fosse surpreendido com investigações contra "a irmã de Eldorado", "outra de Cajati" ou "o coitado do irmão capitão do Exército de Miracatu", como ele enumeraria na reunião de 22 de abril. Bolsonaro temia que, ao investigar o gabinete do ódio, a PF trouxesse problemas para um de seus filhos.

No começo de março, o presidente decidiu que escolheria ao menos o chefe da PF no Rio. Ter um nome seu no estado era agora uma questão pessoal. Não tinha nada contra o delegado Oliveira, o atual superintendente, trocado em 2019 quando ele tentou emplacar um nome para o lugar do então chefe da PF no Rio, Ricardo Saadi. Escreveu então para Moro, naquele momento na embaixada do Brasil em Washington, para onde havia viajado com Valeixo numa missão em que tentava aproximar as forças de segurança americanas das brasileiras. Foi direto: "Você tem 27 superintendências, eu quero apenas uma". Moro chamou Valeixo num canto e contou sobre o que acabara de ler no WhatsApp (Moro não usava mais Telegram desde que o aplicativo fora hackeado).

Talvez fosse melhor aceitar que o presidente escolhesse um delegado técnico, assim se evitaria uma nova crise... Valeixo bateu pé: não poderia permanecer no cargo num cenário em que ele não pudesse mais escolher seus subordinados. O delegado não estava disposto a se curvar.

Em meados de março, Moro disse numa entrevista que, se pessoas infectadas não estivessem respeitando o isolamento, elas poderiam, sim, ser presas. A base bolsonarista pirou. A frase feria no coração o discurso que Bolsonaro e os filhos estavam tentando fazer colar. No dia 2 de abril, Moro deu uma entrevista a uma rádio gaúcha em que se mostrou favorável ao isolamento social. No mesmo dia, sua mulher postou a seguinte mensagem no Instagram: "In Mandetta We Trust". Era uma provocação direta a Bolsonaro. Moro pediu a ela para apagar a publicação, da mesma maneira que vinha tentando, em casa, segurar a crescente insistência da cônjuge para que ele deixasse o governo, rompesse com Bolsonaro e preparasse sua campanha para concorrer a presidente em 2022.

No começo de abril, o presidente voltou à carga em seus esforços para trocar o superintendente da PF no Rio de Janeiro e o diretor-geral da PF. Reuniu-se com Heleno e Moro em 9 de abril e manifestou sua intenção: Valeixo seria demitido e substituído por Alexandre Ramagem. Moro mais uma vez contra-argumentou que pegaria mal, pois o gesto seria claramente interpretado como uma interferência na Polícia Federal. Bolsonaro deu a entender que adiaria a discussão, mas não foi o que ocorreu. Assim que saiu da reunião, Heleno ligou para Moro informando que Valeixo seria substituído na semana seguinte.

Entre os deputados bolsonaristas, a sensação era que, sem Moro, o governo derreteria. Muitos temiam o efeito que uma eventual saída do ministro poderia causar na base do presidente. A deputada Carla Zambelli, de São Paulo, era uma das mais agoniadas. Moro havia sido seu padrinho de casamento no ano anterior, e na Câmara ela era uma das mais próximas do ministro. Em 23 de abril, escreveu a Moro, preocupada.

"Ministro, como usual, vou usar de 100% de sinceridade. O doutor Valeixo é o homem certo para dirigir a PF? A Erika Marena e o Edu Mauat sempre apontaram coisas sobre as atitudes dele na Lava Jato", escreveu, referindo-se a dois delegados da Lava

Jato que haviam trabalhado sob as ordens de Moro. Continuou: "Uma mudança agora seria muito bem-vinda. Há a lista tríplice... A Erika arrebentaria lá na DG... Os casos da Lava Jato no Congresso precisam andar. Por favor, faça algo, urgente". A "lista tríplice" aqui era uma tentativa dos delegados federais de criar um mecanismo semelhante ao que os procuradores da República conseguiram implantar durante os governos do PT e de Michel Temer, de eleger três nomes para serem enviados ao presidente, que a partir das indicações escolheria o novo procurador-geral. A chance de Bolsonaro seguir a indicação dos delegados era a mesma que ele tinha de seguir a dos procuradores, no ano anterior, quando escolheu Augusto Aras: zero.

Moro defendeu Valeixo. Na sequência, Zambelli tentou apaziguar a relação entre o ministro e o "PR" Bolsonaro. "Converse olho no olho com o PR e explique tudo isso... por favor, ministro. Pergunte onde ele quer ajudar, abra a comunicação." Em outro momento, a deputada diz que Bolsonaro não confiava no então diretor-geral da PF: "Ontem, ele [referindo-se a Bolsonaro] me disse que você era desarmamentista. Acho que vocês tiveram alho recente [aqui a deputada quis escrever "algo"]. E ele não confia no Valeixo". Em outra mensagem, disse ter interesse em uma investigação da PF sobre o presidente da Câmara, Rodrigo Maia, com quem Bolsonaro teve divergências públicas, e perguntou: "Ministro, investigação neste caso é da PF?". No feriado de 21 de abril, a deputada disse querer aproximar Moro do presidente e pediu um encontro dele com a advogada eleitoral de Bolsonaro: "Ministro, o senhor poderia receber a Karina Kufa, advogada e amiga do PR? Estamos tentando ajudar na aproximação sua com ele. Ela é peça fundamental".

Naquele mesmo 23 de abril, o dia seguinte à reunião em que o presidente havia esbravejado com o ministro, Bolsonaro escreveu a Moro, comunicando que trocaria o comando da Polícia Federal, demitindo Valeixo. Logo cedo, um site publicara que a PF estava mirando de "dez a doze" deputados bolsonaristas num novo inquérito aberto pelo STF para investigar atos antidemocráticos. O presidente anexou o link da notícia na mensagem de WhatsApp, puxando a conversa.

"Mais um motivo para a troca", escreveu Bolsonaro.

"Esse inquérito eh conduzido pelo ministro Alexandre no STF", respondeu Moro, referindo-se a Alexandre de Moraes. E prosseguiu: "Diligências por ele determinadas, quebras por ele determinadas, buscas por ele determinadas. Conversamos em seguida às 0900".

No horário combinado, o ministro e o presidente se reuniram novamente no Palácio do Planalto. Moro lembrou da promessa de carta branca. Não adiantou. Bolsonaro avisou que Valeixo estava demitido e seria substituído por Ramagem. O ministro avisou mais uma vez que, se ele realmente tirasse Valeixo, ele pediria demissão. "Lamento", respondeu Bolsonaro, seco. Moro entendeu.

Na sequência, o ministro se encontrou com os três generais do palácio — Heleno, Ramos e Braga Netto —, que tentaram dissuadi-lo. A imprensa já publicava que Valeixo seria exonerado e que Moro pediria demissão. Bolsonaro suspeitou que o próprio ministro teria vazado a informação como forma de pressioná-lo.

Na madrugada do dia 24 de abril, foi publicada no *Diário Oficial* a exoneração de Maurício Valeixo a mando de Bolsonaro. Veio com a assinatura de Moro, embora o ministro não tivesse autorizado. Com a publicação, o ministro pediu à sua equipe para convocar uma entrevista coletiva no Salão Negro para o final da manhã do mesmo 24 de abril. Tinha olheiras e o semblante carregado.

Moro começou o discurso, de 38 minutos, lembrando que havia sido juiz por 22 anos e celebrando a Operação Lava Jato, que "mudou o patamar de combate à corrupção no país". Em seguida criticou a forma como Bolsonaro, insistentemente, tentava trocar o comando da Polícia Federal, sem nunca apresentar uma justificativa que ele, Moro, considerasse plausível. "O presidente queria ter alguém, uma pessoa da confiança pessoal dele, que ele pudesse ligar, colher informações, relatórios de inteligência. Seja diretor, seja superintendente. E não é o papel da Polícia Federal prestar esse tipo de informação", disse. Em momento algum o ex-juiz teve a prometida carta branca, disse — nunca reclamara em público, mas, claro, percebera desde o início. A interferência era algo inédito até nos governos petistas, completou. "É certo que o governo da época tinha inúmeros defeitos, [...], [mas] essa autonomia [da PF] foi mantida e isso permitiu que os resultados fossem alcançados." Perto do fim, relatou uma conversa da véspera, em que tentara demover Bolsonaro de demitir Valeixo: "Falei ao presidente que seria uma intervenção política, e ele disse que seria mesmo".

Bolsonaro logo providenciou uma reação. Anunciou um discurso no Palácio do Planalto para responder às acusações, e convocou todos os ministros, com exceção de Ricardo Salles, em viagem. No começo da noite, tendo a seu lado o vice Hamilton Mourão, negou que tivesse interferido. Disse que Moro havia concordado "mais de uma vez" com a demissão de Valeixo, mas que impusera a condição de que a saída fosse a partir de novembro, e só se Bolsonaro o indicasse para o STF. Moro negaria.

O presidente disse que nunca tentou se inteirar de nenhuma investigação da PF, com exceção das vezes em que, "quase implorando", perguntou sobre a investigação da facada que sofreu durante a campanha. Revelou também que ordenou que a PF colhesse o depoimento do acusado de matar Marielle Franco, o ex-sargento Ronnie Lessa, para saber se procedia a informação de que a filha dele havia namorado Jair Renan Bolsonaro. O miliciano e Bolsonaro moravam no mesmo condomínio, na Barra da Tijuca. Disse que pediu à PF quase "por favor" que fizesse isso. "Chegue a Mossoró e interrogue o ex-sargento. Foram lá, a PF fez o seu trabalho, interrogou e está comigo a cópia do interrogatório, onde ele diz simplesmente o seguinte: 'A minha filha nunca namorou o filho do presidente Jair Bolsonaro, porque a minha filha sempre morou nos Estados Unidos'", contou, como se fosse corriqueiro a polícia atender a pedidos do presidente.

A saída de Sergio Moro e a forma como ela ocorreu, expondo um possível crime de Bolsonaro, jogaram o governo em grande incerteza. Em menos de dez dias, o presidente perdia seus dois ministros mais populares, um deles ainda considerado herói por um segmento importante de seus apoiadores, que agora teriam que escolher entre ser lavajatistas ex-bolsonaristas ou bolsonaristas ex-lavajatistas. Conciliar as duas posições seria impossível após um rompimento como aquele.

Na família presidencial, os passos de Sergio Moro nas semanas seguintes foram vistos como a confirmação de que o ministro era mesmo um traidor. A pedido do procurador-geral Augusto Aras, o STF abriu um inquérito para investigar se Bolsonaro interveio na Polícia Federal. Os episódios revelados por Moro no discurso de demissão, se confirmados, poderiam enquadrar o presidente em crime de responsabilidade, passível de impeachment, e crimes comuns, como falsidade ideológica, prevaricação, coação, corrupção, advocacia administrativa e obstrução de justiça. O relator designado para ser o responsável pelo inquérito, por sorteio no STF, foi o então ministro Celso de Mello. De imediato, Mello determinou que Moro fosse ouvido pela polícia. Antes mesmo do depoimento, ao correr a notícia de que o ex-ministro apresentaria à PF provas das tentativas de interferência, Eduardo Bolsonaro resumiu no Twitter qual era o sentimento na família presidencial em relação ao ex-juiz: "Moro não era ministro, era espião".

No dia 2 maio, Moro prestou um depoimento de mais de oito horas na Superintendência da PF, em Curitiba. Na ocasião, reiterou em linhas gerais o que havia dito, embora tenha destacado que "não afirmou que o presidente teria cometido algum crime". Era um antídoto necessário para ele mesmo não acabar incriminado por ter exposto o presidente. Augusto Aras, quando pediu a investigação contra Bolsonaro, também solicitou que se apurasse se Moro não cometera denunciação caluniosa. Ou seja, se não ficasse provada a interferência, aquilo poderia ser usado contra Moro.

De volta a Curitiba, ao longo dos meses subsequentes Moro recebeu uma penca de propostas. Toparia duas: atuar para a firma de advocacia americana Alvarez & Marsal, primeiro no Brasil e depois nos Estados Unidos, e ser agenciado pelo empresário Dody Sirena, o mesmo de Roberto Carlos, para participar de eventos e dar palestras. Também fechou com a editora Sextante a publicação de um livro sobre sua trajetória. E, para alegria de Rosangela Moro, saiu do governo Bolsonaro com a certeza de que o perfume de poder emanado por Brasília o enebriara.

Onze horas, na rampa

No domingo anterior à demissão de Moro, Bolsonaro decidiu encerrar cedo o almoço no apartamento do filho Eduardo, no Sudoeste, um dos últimos bairros a serem construídos no Plano Piloto de Brasília. É um apartamento cuja decoração foi pensada no detalhe, pelo menos na seleção de imagens e objetos que se vê na parede atrás da cabeceira da mesa de jantar. Numa espécie de *imagerie* armamentista, o destaque era uma placa com a imagem de um homem empunhando um fuzil, trajado à la fim do século XIX, com os dizeres "Old School Reaça — Combatendo a esquerda antes de virar moda", e um pôster, com dois revólveres com os canos cruzados e a frase "*We don't call 911*" (Nós não chamamos a polícia). Cercados por esse tipo de memorabilia, o presidente e os três filhos políticos, Flávio, Carlos e o dono da casa, conversavam, tendo à mesa espigas de milho, ketchup e os restos de um ovo de Páscoa. Bolsonaro queria aproveitar a tarde e mais uma vez se juntar aos manifestantes que o apoiavam, como vinha fazendo quase todos os fins de semana desde o começo da pandemia.

Era Dia do Exército, 19 de abril. Um grupo de apoiadores especialmente radicais, defensores de uma nova intervenção militar, de preferência nos moldes da quartelada de 1964, tinha programado um encontro no Setor Militar, região do Plano Piloto que abriga o Quartel-General do Exército. O presidente acompanhava pelo celular informações sobre o número de pessoas em frente ao QG, monitorando o momento para entrar em cena.

Ao ser informado de que já havia um quórum considerável, Bolsonaro despediu-se da nora, a quem deu novamente os parabéns. O almoço comemorava o teste positivo de gravidez de Heloísa. De lá o presidente seguiu para os braços de seus apoiadores.

Com o sol muito forte e o céu com escassas nuvens, era um dia típico das semanas que antecedem o longo período de seca que Brasília costuma apresentar todo ano, geralmente entre maio e setembro: o ar ainda está respirável, o nariz não sangra. Sem máscara, de jeans claro e camisa polo bordô, Bolsonaro chegou ao Setor Militar com cerca de dez seguranças à paisana, a maioria sem proteção no rosto, como o chefe. O comando do Exército não sabia que o presidente iria à manifestação, mas seus seguranças avisaram à Polícia do Exército, que protege a frente do QG, de sua chegada iminente. Soldados deram-se as mãos fazendo um cerco, e duas picapes foram estacionadas no espaço que Bolsonaro teria para se movimentar livremente.

No local, menos de mil pessoas, quase todas de verde e amarelo, munidas de bandeiras e faixas. Bolsonaro subiu numa das caminhonetes da segurança do QG e ficou alguns minutos quieto, só ouvindo os gritos. "AI-5, AI-5, AI-5, AI-5!", cantavam alguns. Muitos berravam "Fora, Maia", pois Bolsonaro tivera naquela semana mais um embate com o presidente da Câmara, quando se discutia a criação de compensações financeiras para os gastos do país com a saúde. "Fecha o Congresso, fecha o STF!", esgoelava um homem. O mito acenava e sorria para a multidão. Do alto do carro, com um segurança o escorando para que não caísse, sinalizou que discursaria. As vuvuzelas se calaram. "Eu estou aqui porque acredito em vocês", ele começou, erguendo os braços na direção dos presentes, que iam ao delírio. "Vocês estão aqui porque acreditam no Brasil." Outro coro o saudou, e assim foi até o final: a cada frase do presidente, gritos de aprovação. "Não queremos negociar nada." Gritos. "Queremos ação pelo Brasil." Gritos. "O que tinha de velho ficou para trás." E Bolsonaro dizia frases curtas de propósito, para ser ovacionado entre uma e outra. "Acabou a época da patifaria." "É agora o povo no poder." "Vocês têm obrigação de lutar pelo país de vocês." "Contem com o seu presidente para fazer tudo aquilo que for necessário para que nós possamos manter a nossa democracia e aquilo que há de mais sagrado para nós, que é a nossa liberdade." "Todo político no Brasil tem que entender que estão submissos à vontade do povo brasileiro. Chega da velha política." Nesse momento, Bolsonaro foi acometido por um acesso de tosse que interrompeu um discurso que parecia mais longo. Preferiu encerrar com o slogan da campanha de 2018, "Brasil acima de tudo, Deus acima de todos!", levando a mão à boca para tossir enquanto os presentes uivavam.

O discurso de Bolsonaro causou irritação dentro e preocupação fora do governo. O ministro da Defesa, general Fernando Azevedo e Silva, e o comandante do Exército, Edson Pujol, ignoravam que a manifestação seria em frente ao quartel-general — temia-se que, tendo como pano de fundo o prédio militar, o discurso fosse lido como um endosso do Exército aos flertes golpistas. Gilmar Mendes, coincidentemente, almoçava uma macarronada naquele dia com Maia na residência oficial da presidência da Câmara, e assistiram apreensivos ao discurso do presidente. O ex-ministro da Defesa Raul Jungmann se juntou ao grupo no almoço e também se disse receoso, o que só aumentou o temor

geral de que o envolvimento dos militares numa aventura golpista fosse maior do que se tinha conhecimento. Guiomar Mendes, que advogava para o general Santos Cruz, chegou a telefonar
para seu cliente e perguntar se algo mudara em relação à postura
das Forças Armadas. Santos Cruz disse que não havia risco de
Exército, Marinha e Aeronáutica aderirem a alguma patacoada de
Bolsonaro. Maia e Gilmar se pronunciaram contra a complacên-
cia do presidente aos pedidos de AI-5. Governadores que ao longo do domingo de protestos tinham sido achincalhados também
engrossaram a crítica.

Toffoli ligou para o general Azevedo e Silva. Antes de ser
convidado a integrar o novo governo, o ministro da Defesa fora
seu assessor no STF por alguns meses. Em tom de forte censura, o
presidente do STF perguntou o que significava a presença do mandatário máximo da República em frente ao QG. O general tentou
contemporizar: em sua fala, Bolsonaro em momento algum havia
defendido medidas autoritárias contra os demais poderes, e garantiu que o presidente era um servo da Constituição. Toffoli não se
convenceu, mas sentiu que fizera bem em marcar posição.

A cobrança em cima de Augusto Aras começou no próprio
domingo. O procurador-geral da República, no cargo havia pouco mais de seis meses, vinha sendo um fiel aliado de Bolsonaro. Só
no último mês o poupara em três situações. No fim de março, cinco subprocuradores da República, colegas de Aras, portanto, pe-
diram-lhe que fosse editada uma recomendação para que o presidente seguisse as orientações do Ministério da Saúde e da OMS
no combate ao coronavírus. O PGR arquivou o pedido. Na mesma
semana, dezoito subprocuradores pediram que Aras apresentasse
ao Supremo uma ação contra a campanha anunciada pelo governo, contra o isolamento social. Aras disse que aquele tipo de ação
não era o instrumento adequado, chamou o pedido de "incabível"
e remeteu o caso ao MPF no Rio de Janeiro. No começo de abril, o

PGR solicitou aos ministérios do governo que lhe enviassem todos os pedidos de procuradores da República que viessem a receber, com isso ferindo a independência funcional que todo integrante do Ministério Público desfruta. Era um modo, apontaram os procuradores críticos da medida, de o PGR atropelar as iniciativas dos procuradores que, atuando na primeira instância, fiscalizavam atos do governo federal.

Todo esse empenho não era gratuito. Aras queria receber a graça de outra indicação, dessa vez para o Supremo — e Bolsonaro teria duas vagas a preencher em seu mandato. Uma em 2020, com a aposentadoria de Celso de Mello, e outra no ano seguinte, com a saída de Marco Aurélio Mello. Mas agora Aras não teria saída. Ainda no domingo, solicitou à sua equipe que trabalhasse num pedido de abertura de inquérito, baseado na Lei de Segurança Nacional, para investigar os atos antidemocráticos dos dias anteriores. Mas ordenou que o nome de Jair Bolsonaro não fosse citado. O foco deveria ser a onda de manifestações de teor golpista que vinham acontecendo no país, de maneira geral. Foi assim que o procurador-geral entendeu, sem criar uma aresta com Bolsonaro, como responder a quem o punha contra a parede. Ainda no domingo, chegou ao Alvorada a informação de que uma investigação com esse teor seria encaminhada ao Supremo.

Não à toa na segunda-feira o presidente acordou mais manso. Recuou e disse que a manifestação havia sido pela volta ao trabalho, pelo "povo na rua" e em comemoração ao Dia do Exército. Insistiu que os cartazes antidemocráticos eram da responsabilidade de infiltrados. Essa postura se tornaria padrão: sempre que alguma palavra ou atitude sua era criticada por atores que realmente poderiam lhe criar problemas, ele moderava o discurso. Em conversa com apoiadores, chegou a repreender um sujeito que, durante sua fala, apoiara o fechamento do Congresso. "Sem essa conversa de fechar. Aqui não tem que fechar nada, dá licença aí! Aqui é democracia, aqui é respeito à Constituição brasileira", disse, quase em tom teatral.

Bolsonaro também teve que lidar com uma reação interna dos militares, em meio aos quais pesou a coincidência das datas: a manifestação ocorreu justo no Dia do Exército, o que poderia reforçar a suposta aprovação deles. Azevedo e Silva conversou com o presidente e externou seu desconforto, observando que o episódio havia sido ruim para o próprio governo. Seria preciso emitir uma nota ressaltando que os militares não apoiavam nenhuma solução fora da Constituição. E assim foi feito. A nota dizia que as Forças Armadas trabalhavam com "o propósito de manter a paz e a estabilidade do país, sempre obedientes à Constituição Federal", e enfatizava o foco no combate ao coronavírus.

Na hora do almoço, o PGR encaminhou ao STF o pedido que na véspera encomendara à sua equipe. O inquérito se restringiria a investigar os deputados federais que haviam comparecido, em outras cidades que não Brasília, a atos antidemocráticos. Nenhuma referência ao presidente ou à manifestação a que ele compareceu, que afinal não contara com nenhum deputado. Os nomes dos parlamentares ficaram em sigilo, mas todos eram da base de apoio do presidente. O ministro sorteado para relatar o caso foi Alexandre de Moraes, o mesmo que desde 2019 conduzia o inquérito das fake news, aberto por iniciativa de Dias Toffoli, sem ter sido provocado pelo Ministério Público para isso, com o objetivo oficial de apurar a orquestração da publicidade de informações falsas para desestabilizar a democracia e atacar instituições. Moraes já era, pois, um dos ministros mais visados pelo governo. E a peleja mal tinha começado.

Em meio à escalada de Bolsonaro, a covid também ganhava terreno. O Brasil passava de 5 mil mortos no fim de abril, um número total de vítimas superior ao da China. Bolsonaro debochou: "E daí? Lamento. Quer que eu faça o quê? Eu sou Messias, mas não faço milagre", e culpou governadores e prefeitos pelos mortos: "O Supremo decidiu que quem decide essas questões [o combate ao coronavírus] são os governadores e prefeitos. Então, cobrem deles". Teich, o novo ministro, estava no cargo havia dez dias.

Magro, com olheiras exuberantes e semblante soturno, o médico Nelson Teich se formara pela Universidade Estadual do Rio de Janeiro (Uerj), com especialização em oncologia no Instituto Nacional do Câncer (Inca). Tendo tido formação em economia e negócios, ao longo da carreira enveredara pela gestão em saúde. Atuante no setor privado, Teich havia fundado o grupo Clínicas Oncológicas Integradas (COI), que chegou a ser uma das maiores empresas do setor e foi vendida para a UnitedHealth/ Amil em 2015. Depois, criou com sua então mulher a Teich & Teich, de consultoria médica.

O sucesso empresarial foi uma novidade na família Teich. Descendente de alemães, os Teich moravam no Méier, subúrbio do Rio de Janeiro, quando o representante comercial de material de papelaria Pedro Teich e a dona de casa Nelaby Sperle Teich tiveram Nelson, em 1957. Pedro não completara o ensino médio, nem Nelaby o fundamental. O filho sempre estudou em escolas públicas e foi encorajado a estudar para progredir, o que não foi muito difícil, pois o garoto gostava dos livros.

Teich tinha interesse em atuar na gestão pública. Tivera durante dez anos uma organização sem fins lucrativos, o Instituto COI, de ensino e pesquisa em oncologia, mas achava que poderia usar sua formação no tripé economia, negócios e saúde para causar um impacto no serviço público e mudar o sistema de saúde. Entendia que faltava gestão eficiente na área e se animava ao pensar que, se tivesse a oportunidade, poderia ser lembrado como alguém que levou essa lógica para o SUS.

Com o apoio de Paulo Guedes, em 2018 o oncologista chegou a ser cogitado para o Ministério da Saúde do novo governo.

Ainda durante a campanha conheceu Bolsonaro, com quem se reuniu duas vezes, na condição de candidato ao cargo. Na ocasião, o presidente rechaçou seu nome alegando que poderia haver conflitos de interesse, dados seus negócios privados. Mas o que de fato pesou foi o apoio político de que Mandetta dispunha, do qual Teich, um dos tantos empresários atraídos para a campanha por Paulo Guedes, carecia. Ele não era um bolsonarista-raiz, no sentido de ser conservador nos costumes, liberal na economia e golpista na essência. Mas acreditou no que Guedes dizia: Bolsonaro se comprometia com uma gestão liberal e sem corrupção. Essa expectativa, aliada à mosca azul de gerir a pasta e ao cansaço com os casos de corrupção e a política econômica do PT, levou-o a votar no presidente.

Mesmo sem ter sido escolhido como titular do ministério, Teich teve uma passagem pelo governo — por quatro meses, foi assessor na Secretaria de Ciência, Tecnologia, Inovação e Insumos Estratégicos. O secretário era o médico Denizar Vianna, amigo de Teich havia décadas, desde que fora estagiário do médico no Hospital Cardoso Fontes, no Rio de Janeiro.

Naquele abril de 2020, mais do que pela prévia indicação em 2018 e por sua passagem pelo governo, o nome de Teich foi sugerido para substituir Mandetta primeiramente por Fabio Wajngarten, o secretário de Comunicação que, filho de médico, tinha uma rede de contatos. Guedes e outros integrantes do governo logo o apoiaram, e a chancela da Associação Médica Brasileira (AMB) também contou a seu favor. Naquele momento rolavam conversas com outros médicos, como o cardiologista Roberto Kalil, médico de Lula e Dilma Rousseff e uma das estrelas do Sírio-Libanês, hospital concorrente do Einstein. Wajngarten apresentou Teich a Ramos e a Braga Netto, e pediu a Bolsonaro que o recebesse, ainda com Mandetta no cargo. O presidente não queria demitir o ministro sem ter um nome na manga — mesmo minimizando a pandemia em público, Bolsonaro já sabia da gravidade da situação. Até então, nunca havia sido um problema demitir alguém sem saber quem seria o substituto.

A conversa entre Bolsonaro e Teich foi rápida, no gabinete do presidente. O médico disse que não deveria haver uma separação entre saúde e economia, porque esta era uma catalisadora daquela, e concordou com a urgência de se traçar um plano para a reabertura do comércio e do que mais estivesse fechado. Era música aos ouvidos de Bolsonaro. "Fica em Brasília que você vai ser nomeado amanhã", disse. Teich saiu do gabinete aflito. Viajara do Rio para a capital sem roupa apropriada para uma posse, levara apenas um blazer para a conversa com o presidente. Wajngarten correu para providenciar um terno para a cerimônia. Escolheu um da sucursal da Ermenegildo Zegna em Brasília.

Embora reconhecesse o impacto econômico das medidas de restrição, Teich na verdade não endossava a cartilha de Bolsonaro. Era um defensor do isolamento tal qual vinha sendo implementado por muitos prefeitos ou governadores: sem lockdown, mas com fechamento de lojas e shoppings, e restrições nos meios de transporte para tentar diminuir o fluxo. Na conversa, entretanto, nem Bolsonaro buscou detalhar sua posição, nem o futuro ministro fez questão de deixar clara a sua. Afinal, já havia defendido isso num artigo que publicara numa rede social.

Também nessa conversa Bolsonaro sugeriu a Teich que nomeasse como seu secretário-executivo, posto mais importante abaixo do ministro e até então ocupado pelo médico João Gabbardo, o general da ativa Eduardo Pazuello, um militar que segundo o presidente era especializado em logística. O general tinha se graduado na Academia Militar das Agulhas Negras, a Aman, em Resende (RJ) — a mesma escola em que Bolsonaro se formara —, como oficial de intendência, que é o militar especializado em tarefas administrativas ou logísticas. Havia sido indicado a Bolsonaro pelo chefe da Casa Civil, Braga Netto, que admirara sua atuação na Operação Acolhida, entre fevereiro de 2018 e janeiro de 2020, uma força-tarefa para receber os milhares de refugiados venezuelanos que chegavam ao Brasil via Roraima. Pazuello fora nomeado para aquela missão por Temer, que depois, em dezembro de 2018, também o indicara como secretário de Fazenda na intervenção federal daquele estado. O currículo de aparente expertise em fazer frente a situações de emergência havia sido o principal argumento de Braga Netto. E foi com esses atributos que o presidente o apresentou a Teich.

O novo ministro gostou da ideia. Sabia que teria de trocar o secretário-executivo, porque via necessidade de mexer na gestão de Mandetta. Apreciou o histórico de experiência em logística do militar e viu a chance de usar a malha do Exército no combate à pandemia. Ser militar, para ele, não era um problema. O importante era a competência, e isso tanto Braga Netto quanto Bolsonaro haviam lhe atestado.

A escolha não foi bem digerida nas Forças Armadas. Azevedo e Silva criticou a decisão. "Presidente, não faça isso, não faça isso. O Pazuello não tem bagagem, não teve vivência para essa missão." Bolsonaro argumentou que Braga Netto assegurava a competência logística do general. E mais: pensava que ter um oficial no posto passaria à população certa tranquilidade, como se a situação estivesse sob controle. Azevedo e Silva receava que a escolha de um militar da ativa debitasse na conta das Forças Armadas eventuais erros no combate à pandemia. Esse, entretanto, não era um argumento com que Bolsonaro se preocupasse. E daí? Luiz Eduardo Ramos era da ativa e era seu ministro.

Só que o loteamento verde-oliva foi bem além da secretaria-executiva e se espraiou por toda a estrutura da pasta, com mais seis tenentes-coronéis ou coronéis espalhados em postos estratégicos, e até uma tenente nomeada coordenadora de Pagamento de Pessoal e Contratos Administrativos. Todos indicados por Pazuello, que recebeu de Teich carta branca para montar a equipe abaixo dele. Na prática, significava escolher o ministério todo. Outras dezenas de postos seriam loteados nas semanas seguintes. Os militares ocuparam também áreas de orçamento robusto, como o Departamento de Logística em Saúde, responsável pela maior parte das compras do órgão. O tenente-coronel Marcelo Blanco da Costa, já na reserva, foi nomeado assessor dessa área, que continuou tendo como diretor o ex-controlador de voo Roberto Ferreira Dias. Segundo integrantes antigos do ministério, Ferreira Dias teve de ser novamente apadrinhado para permanecer no cargo, dessa vez por meio de uma articulação de Davi Alcolumbre (DEM), presidente do Senado, e do deputado Ricardo Barros, do Progressistas (PP), um dos principais partidos do Centrão e cada vez mais alinhado a Bolsonaro. Barros já havia sido ministro da Saúde e fazia questão de abençoar alguns nomes. Ferreira Dias, encarregado de uma área que comprava até 10 bilhões de reais por ano, como se viu, seria um deles. Barros e Alcolumbre sempre negaram o apadrinhamento.

Diante das críticas ao excesso de fardas, Teich explicou que a militarização seria passageira e terminaria assim que passasse a fase crítica de combate à covid. Mas a presença da caserna ao redor de um civil poderia dar a entender que o ministro seria tutelado. Era essa a sensação, por exemplo, do Conselho Nacional de Secretários de Saúde, órgão com que Mandetta vinha dialogando quase diariamente para tomar decisões em conjunto e tentar dar uma resposta federativa à pandemia, e com o qual Teich teria que lidar.

Na primeira entrevista que deu, alguns dias depois da posse, ao responder se apresentaria uma proposta para o fim do isolamento, Teich disse que ainda estava preparando as diretrizes para que estados e municípios retomassem as atividades. Também tentou atenuar o que Bolsonaro vinha declarando a respeito da cloroquina — a qual não foi mencionada durante a conversa com o presidente — e marcou posição: quando a eficácia do medicamento fosse comprovada, haveria orientação para seu emprego. Fora isso, era opinião.

No período Teich, surgiram as primeiras críticas ao Ministério da Saúde quanto à seriedade na computação dos dados da covid, em especial quanto à transparência na divulgação dos indicadores, elogiada em todo o período de Mandetta. Sob Teich, a pasta passou a citar dados "positivos" sobre a epidemia, como o total de recuperados e a comparação com outros países em pior situação, de modo que o Brasil não parecia estar tão mal. O ministério também interrompeu a divulgação da evolução do total de mortes por faixa etária e fatores de risco das vítimas. Teich discordou das críticas e defendeu que nas entrevistas coletivas anteriores os dados eram jogados aleatoriamente, sem maiores explicações. Mas as coletivas tinham outro clima. No lugar do médico político, agora estava um médico empresário, que preferia eventos curtos, objetivos e sem palavras de ordem ou gracejos, como era o estilo de Mandetta. O colete do sus que o ex-ministro e demais secretários usavam também havia ficado no cabide. Agora o figurino era executivo *old style*: terno e gravata.

Bolsonaro continuava sendo Bolsonaro. Numa quinta-feira, dia 7 de maio, ele anunciou que faria um churrasco no Alvorada. "Estou cometendo um crime. Vou fazer um churrasco no sábado aqui em casa. Vamos bater um papo, quem sabe uma peladinha, alguns ministros, alguns servidores mais humildes que estão do meu lado." A repercussão negativa só atiçou o presidente, que começou a fazer brincadeiras. No dia seguinte disse que o evento contaria com a presença de "mais ou menos 3 mil pessoas". No dia marcado, 9 de maio, publicou nas redes sociais que a notícia era fake e chamou os jornalistas de idiotas por terem escrito sobre o assunto. Mais tarde fez um passeio de moto aquática no lago Paranoá, na capital. O Brasil completara naquele dia 10 mil mortos.

Teich tinha três semanas no governo quando ele e Bolsonaro começaram a se estranhar. Em 5 de maio, dois dias depois de Bolsonaro pregar em público a reabertura, o ministro defendeu o isolamento social, dizendo que a estratégia do governo não mudaria. Foi além: o lockdown poderia ser adotado em alguns casos específicos, em cidades em situação crítica. No dia 4, o presidente havia dito que a disseminação da doença estaria em queda e criticava o lockdown que governadores e prefeitos de algumas cidades, como Belém, São Luís e Fortaleza, tinham sido levados a decretar. "Esse tá indo pelo mesmo caminho do Mandetta", reclamou Bolsonaro a Braga Netto, furioso.

Em privado, Teich vinha tentando se reconciliar com o presidente. Explicava a necessidade de isolamento, pedia que não pregasse contra o que vinha sendo feito. Bolsonaro concordava, dizia ter entendido as razões técnicas do procedimento e, numa conversa, chegou a pedir desculpas por agir daquela maneira quando em público. Teich saiu naquele dia do gabinete presidencial certo de que a diatribe contra o distanciamento tinha se encerrado. No dia seguinte, Bolsonaro fez o que havia dito que não faria. Ele repetia o script que criara para Mandetta: combinava uma coisa em particular e agia de maneira diferente. Teich reclamava: "Presidente, o senhor está me deixando no corner, não pode fazer isso".

Na segunda-feira, 11 de maio, durante uma coletiva, o ministro soube pela imprensa que Bolsonaro ampliara o número de atividades consideradas essenciais durante a pandemia, incluindo academias, salões de beleza e barbearias. Ficou desconcertado. O isolamento decretado por prefeitos e governadores estava sendo driblado: tudo que até então se considerava essencial tinha autorização para funcionar, a despeito das determinações locais. Assim procedendo, Bolsonaro seguira uma sugestão de Arthur Weintraub, irmão do ministro da Educação e seu assessor no Planalto.

Teich não conseguira estabelecer uma relação com os secretários estaduais, que reivindicavam decisões conjuntas para o enfrentamento da pandemia. Naquela semana, passou vergonha de novo ao ter de cancelar o anúncio que faria de uma matriz com regras de confinamento unificadas que o governo proporia aos estados. Não houve consenso sobre o plano apresentado por Teich entre os secretários estaduais. O ministro sentia que o presidente do conselho, Alberto Beltrame, estava mais disposto em discordar dele e arrumar uma briga pública. Beltrame, por seu lado, achava que Teich não dialogava o suficiente.

Enquanto isso, Bolsonaro dobrava a aposta na cloroquina. Haveria "quase um consenso" na classe médica sobre sua eficácia, o que era mentira. Teich foi ao Twitter e alertou que o medicamento ainda não tinha eficácia demonstrada e acarretava efeitos colaterais. O paciente que topasse usar, sob prescrição médica, deveria assinar um termo de consentimento, isentando o médico da responsabilidade. Fora essa a posição do Conselho Federal de Medicina. Bolsonaristas surtaram nas redes e criaram uma hashtag para pressionar Teich a liberar o remédio.

A decisão do Conselho Federal de Medicina criou um problema para Teich. "Mas se até o Conselho Federal liberou, por que você não pode liberar?", Bolsonaro perguntou numa conversa privada com o ministro.

"Porque eles estão errados, presidente", Teich respondeu, alongando-se mais uma vez a respeito dos riscos cardiológicos do medicamento e do desconhecimento, até então, sobre sua eficácia.

A pressão das redes levou Bolsonaro a repetir o roteiro que adotara com Mandetta e tornar pública a insatisfação que já existia nos bastidores. "Todos têm que estar afinados. Quando eu converso com os ministros, eu quero eficácia na ponta da linha. Nesse caso, não é gostar ou não do ministro Teich, tá? É o que está acontecendo. Nós estamos tendo aí centenas de mortes por dia", cobrou, anunciando que se sentaria com o ministro para discutir a regulamentação do uso do medicamento. Em sua live na noite de quinta-feira, 14 de maio, disse ainda ter a expectativa de que Teich mudaria o protocolo no dia seguinte para abrir a possibilidade de receitar a cloroquina desde os primeiros sintomas de covid.

Foi a senha para Nelson Teich pedir demissão. A noite daquela quinta-feira foi longa. Teich se aconselhava muito com Denizar Vianna, o amigo que já fora seu estagiário, depois seu chefe e agora era seu assessor especial. O ministro sabia que Bolsonaro o destratava; por outro lado, aquele cargo significava muito para ele. Era difícil abrir mão do poder, mesmo quando o preço parecia insuportavelmente alto. Durante aqueles poucos dias no governo, Teich se debatia entre ficar no ministério e tentar tourear Bolsonaro, ou pedir demissão e se preservar. Às vezes pensava que conseguiria implantar novas diretrizes de gestão. Numa das conversas com Vianna, entretanto, deu-se conta de que talvez estivesse sendo vítima de um autoengano.

Teich pediu demissão na manhã de 15 de maio, antes de completar um mês no cargo. A live de Bolsonaro na véspera havia sido a gota d'água. Numa conversa rápida com o presidente, o ministro disse que não se sentia ouvido. Ele tinha certeza que queria sair?, o presidente ainda perguntou. Uma pergunta retórica, sem dúvida. Pazuello foi confirmado interino no cargo, e sinalizou que assinaria o protocolo liberando a cloroquina.

O país se defrontava com seu terceiro ministro da Saúde. As ruas estavam agitadas. A ferocidade de Bolsonaro inspirava seus seguidores. No Dia do Trabalho, um pequeno grupo pró-governo agrediria enfermeiros que protestavam na Praça dos Três Poderes. O grupo carregava cruzes em homenagem a colegas que haviam morrido no ambiente de trabalho. Usando máscaras, levavam uma faixa pedindo que as pessoas ficassem em casa. Logo no começo da manifestação, um grupo que se identificou como de apoiadores de Bolsonaro se aproximou. Enrolada numa bandeira do Brasil, uma mulher gritou com uma das enfermeiras: se os empresários seguissem sem trabalhar, todos ficariam "sem o seu salariozinho". Apontando para a mulher e para o próprio nariz, continuou: "Vocês querem passagem para Venezuela e para Cuba? Quando a gente sente o cheiro da pessoa, não passa um perfume, a gente entende o que você é". No mesmo mês, em Barbacena, no interior de Minas Gerais, um sujeito tomou o tripé de um cinegrafista de uma afiliada da TV Globo e o atacou para impedir a filmagem de uma escola da Aeronáutica, que, mesmo com casos de covid, estava aberta. O jornalista fraturou a mão.

Bolsonaro passou a ir quase todos os domingos a alguma manifestação em Brasília em sua defesa ou contra o Congresso. O presidente percebia que a agitação também era uma maneira de desviar a atenção para a escalada de mortes e o descontrole do vírus. No dia seguinte à saída de Teich, dirigindo-se a um pequeno grupo de manifestantes no Alvorada, confirmou que participaria de novo ato naquele fim de semana: "Onze horas, na rampa", disse a um grupo de apoiadores. Promessa cumprida: no domingo, dia 17 de maio, Bolsonaro não só foi à manifestação como ainda levou onze de seus ministros. Dessa vez foi mais comedido, contenção que foi interpretada como uma adequação exigida pela abertura do inquérito dos atos antidemocráticos.

A saída de Sergio Moro, porém, contribuiu para a escalada da crise, fazendo Bolsonaro redirecionar a mira do canhão para o outro lado da Praça dos Três Poderes. A relação do presidente com o STF não era boa desde o começo do governo. Em março

124

de 2019, José Dias Toffoli já havia instaurado o contraditório inquérito para investigar a orquestração da disseminação em massa de fake news contra o tribunal. A controvérsia envolvendo a investigação se deu basicamente por dois motivos: sua abertura não envolveu a Procuradoria-Geral da República, o que vai contra o bê-a-bá do funcionamento do inquérito criminal no Brasil; e também porque Toffoli escolheu quem seria o ministro relator, Alexandre de Moraes, passando por cima do algoritmo do STF, que afiança a aleatoriedade na distribuição de cada caso, garantindo o grau de impessoalidade. Para abrir o inquérito, Toffoli amparou-se no artigo 43 do regimento interno do STF, num capítulo que trata da polícia do tribunal e que prevê que, "ocorrendo infração à lei penal na sede ou dependência do tribunal, o presidente (do STF) instaurará inquérito, se envolver autoridade ou pessoa sujeita à sua jurisdição, ou delegará esta atribuição a outro ministro". A leitura de Toffoli era que, ao atacar os ministros, os autores das fake news também estavam cometendo uma infração penal no âmbito da sede do tribunal, já que os ministros podem trabalhar de qualquer parte do país, e ameaças a eles eram portanto um risco para o tribunal em si.

O inquérito das fake news nascera de reuniões entre Dias Toffoli, Alexandre de Moraes e Gilmar Mendes. Fora as notícias falsas e ataques que circulavam contra o Supremo, Toffoli estava desconfortável com o vazamento, publicado em reportagens da revista *Crusoé*, de investigações sobre a Odebrecht revelando a existência de suspeitas no Ministério Público Federal acerca de um eventual favorecimento a ele enquanto advogado-geral da União no governo Lula. Mensagens de 2007 encontradas em celulares mostravam Marcelo Odebrecht fazendo uma referência a um "amigo do amigo de meu pai" que estaria fechando algum negócio. Instado pelos procuradores da Lava Jato em Curitiba sobre quem seriam o "amigo" e "o amigo do amigo" — o pai, afinal, todos sabiam quem era —, Marcelo afirmara em um documento que o "amigo" era Lula e "o amigo do amigo" se tratava de Toffoli, mas não detalhava o teor da conversa.

O artigo 43 era um velho conhecido de alguns integrantes do tribunal. Um ano antes, em abril de 2018, no julgamento de um habeas corpus de Sérgio Cabral, Gilmar Mendes determinara monocraticamente a abertura de um inquérito para investigar o uso de algemas nas mãos e nos pés do ex-governador do Rio de Janeiro quando, em Curitiba, ele foi levado para um exame de corpo de delito, depois de ser transferido para a capital paranaense. Gilmar se baseara no artigo 43, também numa leitura ampla como a de Toffoli. Daquela vez, a possível infração penal na humilhação supostamente imposta não havia sido à "autoridade", como no inquérito das fake news, mas a uma "pessoa" que estava "sujeita à jurisdição" do STF. Cabral se encaixaria nessa categoria, no entendimento de Gilmar, porque fora o Supremo, na figura do ministro, que acatara o pedido de habeas corpus formulado por Cabral para impedir sua transferência para um presídio de segurança máxima, em Campo Grande, antes daquela transferência para Curitiba.

Já naquela ocasião, quando a Segunda Turma do STF foi discutir a decisão de Gilmar de abrir, sem provocação do Ministério Público, o inquérito, o ministro havia demonstrado incômodo com outro ponto que a investigação de agora, aberta por Toffoli e relatada por Moraes, também visava coibir. "Esta Corte precisa preservar as suas competências e a sua autoridade. A toda hora, temos procuradores, por exemplo, no Twitter, atacando esta Corte, desqualificando os seus magistrados, criticando decisões do Supremo Tribunal Federal. Nenhuma providência se toma. Eles que são partes interessadas. É preciso que nós respondamos, e o artigo 43 dá a base para isto de maneira clara", afirmara, em 2018. Não à toa, Deltan Dallagnol, um desses procuradores que criticava o tribunal nas redes, era cotado como um dos futuros alvos da investigação aberta por Toffoli.

O inquérito das fake news, portanto, poderia servir para muita coisa. Tanto que logo no primeiro mês da investigação o ministro Alexandre de Moraes meteu os pés pelas mãos e censurou a *Crusoé*, mandando-a retirar do ar a reportagem "O amigo do amigo de meu pai". A decisão havia sido tomada depois que Toffoli, em viagem ao exterior, enviara a Moraes uma mensagem pedindo a "apuração das mentiras recém-divulgadas por pessoas e sites ignóbeis que querem atingir as instituições brasileiras". Em anexo, encaminhara uma mensagem da então procuradora-geral Raquel Dodge, que apurava o vazamento das informações prestadas por Marcelo Odebrecht, dizendo que ainda não recebera da Lava Jato em Curitiba a cópia dos documentos citados na matéria, que indicava que "o amigo do amigo de meu pai" fosse Toffoli. Como Dodge não recebera nenhum documento de Curitiba, Toffoli disse na mensagem enviada a Alexandre que a reportagem era falsa. Alexandre teve o mesmo entendimento e ordenou a censura.

Três dias depois Alexandre revogou sua decisão, após pressão da imprensa, da sociedade civil e de outros ministros, mas o inquérito já havia começado com o pé esquerdo. Não existia investigado com foro privilegiado que justificasse a manutenção do caso no Supremo. A maioria era constituída de integrantes de grupos bolsonaristas que postavam ameaças contra ministros e o STF, que mereciam ser investigadas, mas, argumentavam os críticos, não necessariamente pelo próprio tribunal. O artigo 43 era visto como mera muleta. Mesmo com as críticas, o inquérito seguiu e foi ampliando seu objetivo para além de calar reportagens sobre Toffoli e procuradores que atacavam o Supremo nas redes. E foi nessa mudança de foco que começou a vir o apoio de diferentes setores da sociedade. E o consequente atrito com Bolsonaro.

O inquérito passou a investigar qual era a origem do financiamento da distribuição de fake news contra o Supremo e outras instituições. Ao longo do primeiro semestre de 2020, Moraes autorizou a quebra de sigilos bancários e operações de busca e apreensão contra empresários bolsonaristas que possivelmente davam suporte financeiro a ataques contra o tribunal. O grupo, segundo a investigação naquele momento, teria arcado com o patrocínio da convocação de militantes para os protestos de 15 de março.

Pouco antes, em janeiro, o extremista Allan dos Santos, um bolsonarista famoso nas redes sociais, havia sido chamado a depor no âmbito da investigação das fake news. Também nesse período foi noticiado que o inquérito apontou Carlos Bolsonaro como um dos articuladores do gabinete do ódio, o que aumentou a irritação de Bolsonaro com o STF — na leitura do presidente, era o tribunal que estava por trás de tudo aquilo. E a saída de Moro acabaria contribuindo para escaldar ainda mais a relação.

Quatro dias depois de Moro deixar o governo, Bolsonaro nomearia o delegado Alexandre Ramagem como novo diretor-geral da PF. Ramagem estava desde o ano anterior à frente da Abin e, mesmo afastado da PF, era o quadro da corporação de maior confiança da família Bolsonaro. O delegado havia comandado todo o aparato de segurança do presidente antes da posse, entre 29 de outubro de 2018, a segunda-feira que se seguiu ao domingo vitorioso nas urnas, e 1º de janeiro de 2019. Naquele período, Ramagem se aproximou em especial de Carlos Bolsonaro, de quem ficou amigo, como atestava uma foto que circulava nas redes sociais, mostrando Carlos, Ramagem e outros camaradas no réveillon de 2019. O vereador foi quem insistiu para que o amigo ficasse bem alocado no governo, o que ocorreu desde o começo. Em janeiro de 2019, Ramagem foi nomeado assessor especial da

Secretaria de Governo, subordinado a Carlos Alberto dos Santos Cruz. Ganhou ainda mais pontos com Carlos quando se manteve fiel à família, em junho daquele ano, e não a Santos Cruz, derrubado após ataques do gabinete do ódio, o mesmo que, agora dizia a PF, tinha em Carlos um de seus comandantes. Da Secretaria de Governo, Ramagem foi chefiar a Abin.

O amigo de Carlos seria o estopim de um dos episódios que mais geraria ressentimento do governo com o STF e em que o presidente mais perto esteve de descumprir uma decisão do tribunal. No dia seguinte à publicação da portaria que o nomeava para dirigir a PF, quando o novo titular já convidava a equipe que trabalharia em seu gabinete, Alexandre de Moraes atendeu a um pedido do PDT e suspendeu sua nomeação. Na decisão, o ministro citou acusações de Moro — dias antes, ele dissera que Bolsonaro queria "ter uma pessoa do contato pessoal dele" no comando da PF, a quem "pudesse ligar, colher informações, relatórios de inteligência" — e afirmou que a escolha trazia indícios de desvio de finalidade, o que ocorre quando um ato do poder público não é guiado pelos princípios a que deveria obedecer, neste caso, "impessoalidade", "moralidade" e "interesse público".

O ministro observava também que as alegações haviam sido confirmadas no mesmo dia pelo próprio Bolsonaro, na entrevista coletiva que deu no Planalto para rebater as acusações de Moro. Na ocasião, o presidente disse que, de fato, não tinha informações suficientes da Polícia Federal e que precisaria "todo dia ter um relatório do que aconteceu, em especial nas últimas 24 horas". Moraes arrematava a decisão usando outra prova de que a pessoa que iria manter o presidente plenamente informado era Alexandre Ramagem: em mensagens trocadas com Moro, a deputada Carla Zambelli não só insistira para que o ministro permanecesse no governo concordando com a troca na direção da PF, como seu empenho era para que ele aceitasse especificamente Alexandre

Ramagem. Moraes destacou um trecho da conversa em que ela dizia: "Por favor, ministro, aceite o Ramage" [sic]. Em seguida, Zambelli propõe que ele o aceite em nome de uma recompensa: "E vá em setembro pro STF". "Eu me comprometo a ajudar", completou. "A fazer JB prometer", acrescentou. Sergio Moro rechaçou a proposta: "Prezada, não estou à venda".

Alexandre de Moraes disse que a PF não era órgão de inteligência da Presidência, como claramente Bolsonaro a enxergava, mas exercia exclusivamente, por determinação da Constituição, o papel de polícia judiciária da União. Em resumo, o ministro declarou que nomear Ramagem era consumar a interferência na polícia denunciada por Moro. Mas Moraes tinha mais informações. Ex-ministro da Justiça, portanto um dos que, no STF, mais contatos tinha na polícia, ele ouvira de outros delegados que a chegada de Ramagem seria lida como uma quebra de hierarquia, já que ele era muito mais recente na corporação do que algumas gerações de delegados que deveriam atingir o topo da carreira antes dele. Também havia o risco de indisciplina e descontrole de delegados na ponta, devido à leitura de que ele serviria à família Bolsonaro.

No mesmo dia, à noite, quando entrava no Alvorada, Bolsonaro demonstrou sua exasperação: "Quem manda sou eu e eu quero o Ramagem lá", disse a seus seguidores, garantindo que iria recorrer da decisão. O presidente estava desautorizando a Advocacia-Geral da União (AGU), que à tarde informara em nota que o governo não recorreria. "É dever dela (AGU) recorrer." Bolsonaro falava para sua bolha mais extremada e o que dizia não fazia sentido. À tarde, André Mendonça, que agora deixava o posto de advogado-geral para assumir o Ministério da Justiça, e o novo AGU, José Levi, o tinham convencido, e ele até havia revogado a nomeação de Ramagem. Seria, pois, impossível apresentar qualquer recurso, uma vez que, com a revogação da nomeação de Ramagem, toda a ação perdera a razão de ser. O presidente também havia revogado o ato de exoneração de Ramagem do comando da Abin, de modo que o delegado estava de volta ao posto, como se dele nunca tivesse saído.

E porque falava para sua bolha, o presidente estava muitos tons acima daquele que adotara momentos antes no Planalto, na solenidade de posse de Mendonça e de Levi. Ali, entre os presidentes do STF, Dias Toffoli, e do STJ, João Otávio de Noronha, além de Gilmar Mendes, Bolsonaro não criticara o Supremo nem Moraes. Em tom aborrecido, disse ter o "sonho" de nomear Ramagem. "O sr. Ramagem, que tomaria posse, foi impedido por uma decisão monocrática [...]. Gostaria de honrá-lo no dia de hoje dando posse como diretor-geral da PF. Tenho certeza de que esse sonho meu, mas dele, brevemente se concretizará para o bem da nossa PF e do nosso Brasil." Pregou a harmonia e o respeito entre os poderes e defendeu a Constituição, o que foi lido como uma indireta a Moraes, que estaria usurpando funções suas: "Não posso admitir que ninguém ouse desrespeitar ou tentar desmontar a nossa Constituição".

Na porta do Alvorada, em território seguro, Bolsonaro posou de John Wayne: valente, insuflou seus apoiadores contra o STF de maneira mais direta, dizendo que a decisão de Moraes havia sido uma ingerência do Poder Judiciário. Alegava tratar-se de atitude inédita. Inédita não era: em 2016, Gilmar Mendes havia impedido a nomeação de Lula para a Casa Civil de Dilma Rousseff, afirmando ser um estratagema para tirar de Curitiba a jurisdição que deveria julgar o ex-presidente, alvo de uma ação de busca e apreensão e conduzido coercitivamente a depor. Em 2018, Cármen Lúcia também havia suspendido a posse de Cristiane Brasil no Ministério do Trabalho do governo Temer após vir à tona que ela fora condenada em uma ação trabalhista. O caso de Ramagem, que sequer seria ministro, não era, portanto, o primeiro.

A crise ainda se estenderia por alguns dias. Chegou a Davi Alcolumbre no dia 30 a informação de que Bolsonaro pretendia desautorizar Alexandre de Moraes e nomear novamente Ramagem. O presidente do Senado pressentiu uma crise ainda pior, com Bolsonaro se negando a cumprir uma decisão do STF. Nos dias seguintes, o senador acompanhou a temperatura no Planalto e trocou telefonemas com Dias Toffoli, também preocupado com a consequência de um arroubo como aquele. Bolsonaro adentrou o feriadão do Primeiro de Maio decidido a, tão logo começasse a semana, reeditar a portaria com a nomeação de Ramagem. No domingo, após ser alertado por Ronaldo Caiado de que o presidente seguiria com o plano, Alcolumbre madrugou no Palácio da Alvorada e disse ao presidente que, se de fato ele se negasse a obedecer ao Supremo e insistisse em renomear o delegado, ele, como chefe do Legislativo, ficaria ao lado do Judiciário, contra o Executivo. Dias Toffoli telefonou e também pediu que o presidente não seguisse com a decisão. Bolsonaro ainda não havia desistido de todo da insurreição, quando o assunto acabou deixado de lado de vez devido à morte trágica da mulher do ministro Wagner Rosário, da Controladoria-Geral da União, que consternou e desviou a atenção de todo o governo.

Mas ainda havia muita lenha para queimar. Uma semana depois do episódio Ramagem, Celso de Mello, na condição de relator no STF da investigação aberta para apurar a possível interferência na PF, determinou a divulgação na íntegra do vídeo da reunião do dia 22 de abril, aquela em que Bolsonaro, aos gritos e batendo na mesa, havia apontado, para todos os ministros, o que considerava omissões de Moro. Que não lhe passava informações da Polícia Federal, por exemplo. O ex-ministro citara o episódio em seu depoimento à polícia. O governo recorreu da decisão, e durante dias a AGU tentou convencer Mello a segurar a divulgação do vídeo na íntegra. Augusto Aras, ignorando que ali poderia haver o cometimento de crimes, também manifestou-se contra, sob a justificativa de que o conteúdo, possivelmente negativo para Bolsonaro, poderia ser explorado pela oposição e configurar "palanque eleitoral precoce" para 2022.

Mas o ministro do STF, ao assistir ao vídeo da reunião, de seu apartamento, em São Paulo, onde trabalhava em home office, não teve dúvida. Mello, que já tinha as piores impressões de Bolsonaro, ficou chocado com o conteúdo e autorizou sua divulgação para dali a alguns dias. O vídeo foi ao ar em 22 de maio, que seria um dos dias mais tensos de todo o governo do capitão.

Sem máscara

Pouco antes das dez da manhã de 22 de maio, Jair Bolsonaro estava em seu gabinete com os generais Walter Braga Netto, da Casa Civil, e Luiz Eduardo Ramos, da Secretaria de Governo, quando viu a manchete do portal Globo.com: "Celso de Mello envia à PGR pedidos de depoimento e de apreensão do celular de Bolsonaro". Relator do inquérito, Mello solicitara a Augusto Aras que se manifestasse a respeito dos pedidos que partidos e parlamentares haviam feito ao STF para que Bolsonaro depusesse, e seu celular e o de Carlos Bolsonaro fossem apreendidos para perícia. As medidas serviriam para provar se Bolsonaro interviera ou não na PF. Ainda não era, portanto, uma ordem do ministro: era apenas o que a notícia dizia. Mas Bolsonaro, Braga Netto e Ramos leram a manchete de modo açodado e num primeiro momento entenderam que Celso de Mello tinha ordenado a Aras que providenciasse a apreensão do celular do presidente. Bolsonaro explodiu.

A raiva era toda direcionada a Celso de Mello. Augusto Heleno somou-se ao grupo pouco depois e concordou — a medida era "inaceitável", de maneira alguma o presidente deveria entregar o aparelho. Para Bolsonaro, a atitude de Mello visava provocá--lo, "humilhá-lo", acuá-lo diante da possibilidade de ter o celular apreendido. Na visão dos três generais e do ex-capitão, o ministro havia passado do limite. Chegara o momento de uma reação curta e grossa que não só impedisse a apreensão do aparelho, como freasse os abusos que, no entender deles, diversos ministros da Suprema Corte vinham cometendo. O caso Ramagem ainda estava longe de ter sido digerido. Bolsonaro, em seus ataques de fúria, imaginava várias maneiras de "conter" o Supremo, desde o envio de tropas à Esplanada para intimidar os ministros até uma intervenção militar de fato. Porém, sem apoio nas Forças Armadas para uma empreitada desse naipe, suas "retaliações" nunca se materializavam.

Resolveram emitir uma nota pública bastante dura, a ser redigida por Augusto Heleno. Como responsável pela segurança institucional da Presidência, o general diria que a possibilidade da apreensão do celular de Bolsonaro poderia ser entendida como uma ameaça institucional contra o presidente, danosa à harmonia dos Três Poderes. Heleno escreveu o texto, que foi divulgado ainda naquela tarde.

Heleno era dado a solenidades estilísticas que chegavam a soar ridículas em contraste com o jeito mambembe do governo. A "Nota à Nação Brasileira" foi fiel à sua retórica rebuscada — o pedido de apreensão do celular era "inconcebível", "inacreditável", e, caso se efetivasse, seria "uma afronta à autoridade máxima do Poder Executivo" e uma interferência de outro poder na privacidade de Bolsonaro e na segurança institucional do país. "O Gabinete de Segurança Institucional da Presidência da República alerta as autoridades constituídas que tal atitude é uma evidente tentativa de comprometer a harmonia entre os poderes e poderá ter consequências imprevisíveis para a estabilidade nacional", ameaçava.

As tais "consequências imprevisíveis" vinham sendo objeto havia algum tempo de conversas privadas do presidente, dos generais do palácio e de outros sem cargo no governo, sobretudo da reserva. Giravam em torno do "142", o artigo 142 da Constituição de 1988, que era lido como um dispositivo que autorizaria uma intervenção militar:

> As Forças Armadas, constituídas pela Marinha, pelo Exército e pela Aeronáutica, são instituições nacionais permanentes e regulares, organizadas com base na hierarquia e na disciplina, sob a autoridade suprema do Presidente da República, e destinam-se à defesa da Pátria, à garantia dos poderes constitucionais e, por iniciativa de qualquer destes, da lei e da ordem.

Numa leitura criativa, juristas pró-intervenção entendem que, ao falar em "garantia dos poderes constitucionais" e "da lei e da ordem", a Constituição daria guarida às Forças Armadas para atuar como uma espécie de poder moderador, que serviria para dirimir impasses e restabelecer a harmonia entre os outros poderes, se conflagrados numa situação de caos. Seria uma intervenção pontual, apenas para restabelecer a "lei" e a "ordem". Um dos principais nomes a endossar essa tese, o jurista Ives Gandra Martins, que votara em Bolsonaro no primeiro e no segundo turno de 2018 e cuja filha era secretária da Família no Ministério dos Direitos Humanos, publicaria também naquele mês de maio um artigo num site jurídico explicando seu raciocínio: a intervenção não seria "jamais" um golpe ou um procedimento autoritário, uma vez que seria usada apenas em questões tópicas e sem substituir nenhum dos demais poderes. Gandra só não explicava como os militares agiriam sem usurpar o papel de algum dos poderes.

Em 1987, quando foi redigida a primeira versão do artigo 142, os constituintes tentaram retirar dos militares o papel de guardiães "da lei e da ordem", como vinha ocorrendo em todas as constituições dos países em redemocratização. O então ministro do Exército, general Leônidas Pires Gonçalves, teve uma reação violenta e ameaçou implodir o processo constituinte. Deliberadamente, portanto, os militares quiseram manter uma porta aberta para justificar uma eventual "intervenção". Os parlamentares cederam, novamente apostando na postura conciliatória que marcou toda a redemocratização, e o trecho foi mantido.

Até alguns anos atrás, a tese só atiçava militantes de internet saudosos da ditadura, e vivandeiras e vivandandos dos quartéis, mas ganhou holofotes graças a diferentes atores. Em 2017, por exemplo, o então pouco conhecido general da ativa Hamilton Mourão, na época secretário de Economia e Finanças do Exército, afirmou em uma palestra numa loja maçônica em Brasília que uma intervenção militar poderia ocorrer se o Judiciário não fosse capaz de "solucionar o problema político". O futuro vice-presidente referia-se à corrupção. "Até chegar o momento em que ou as instituições solucionam o problema político, pela ação do Judiciário, retirando da vida pública esses elementos envolvidos em todos os ilícitos, ou então nós teremos que impor isso", ameaçou.

Augusto Heleno, que agora assinava a tal "Nota à Nação Brasileira", também era um entusiasta do 142. "O artigo não diz quando os militares devem intervir, mas diz que é para manter a tranquilidade do país. E pode acontecer em qualquer lugar", declarou certa vez em uma entrevista à rádio Jovem Pan, deixando claro que era só questão de "quando". Ramos, Braga Netto e Bolsonaro pensavam da mesma maneira. Na reunião de um mês antes, de 22 de abril, cujo vídeo Celso de Mello divulgaria a qualquer momento, Bolsonaro também fizera menção ao artigo. "Artigo 142, todo mundo quer cumprir o artigo 142. Quem houver [sic] necessidade, em qualquer um dos poderes, pode pedir às

Forças Armadas para restabelecer a ordem", defendeu, quando criticava as arbitrariedades que julgava ocorrerem no país.

Enquanto os generais e o chefe deles viam o 142 como saída, outras áreas do governo fundamentais para executar o entendimento golpista faziam uma leitura diferente, alinhada aos principais juristas do país e à totalidade dos ministros do STF. O advogado-geral da União, José Levi, por exemplo, tinha certeza de que não existia a possibilidade de o artigo ser lido como um dispositivo autorizando intervenção militar. Em 2017, Levi por acaso já havia testemunhado um diálogo que evidenciava o interesse do Exército no artigo 142. Ele presenciara uma conversa privada entre o ministro do STF Gilmar Mendes e o então comandante do Exército, Eduardo Villas Bôas, que acabava de ser condecorado em um evento da faculdade de direito de que Gilmar é sócio, em Brasília, e onde Levi era professor. Villas Bôas foi conversar com Gilmar ao fim da cerimônia.

"Qual sua opinião sobre o artigo 142, ministro?", perguntou o comandante, já naquela época diagnosticado como portador de uma doença degenerativa, a esclerose lateral amiotrófica (ELA). Gilmar foi direto: "Não vejo como as Forças Armadas poderiam ter esse papel, general. Os militares não estão capacitados para arbitrar um conflito de ordem constitucional. Esse papel é do Supremo". Villas Bôas ouvia em silêncio. O ministro continuou: "O que os senhores têm é eventualmente o dever de agir, se requisitados por um dos poderes". O comandante aquiesceu.

Três anos depois, agora com Levi no comando da AGU do governo Bolsonaro, endossou uma manifestação oficial da Advocacia-Geral sobre o tema, numa ação que corria no STF por iniciativa do PDT. Era uma ação direta de inconstitucionalidade em que o partido questionava se eram constitucionais os artigos de uma lei complementar de 1999 que tratava do uso das Forças Armadas. Na prática, o PDT pedia que o STF firmasse a interpretação da

Constituição em alguns dispositivos de leis que tratam da atuação dos militares, entre eles se havia ou não a previsão de que agissem como um poder moderador.

Em 10 de julho daquele ano, portanto menos de dois meses depois daquele 22 de maio, Levi assinaria uma veemente manifestação da AGU para o STF contra a leitura que permitiria o uso golpista do artigo 142. Era, portanto, a Advocacia-Geral da União do governo Bolsonaro posicionando-se oficialmente contra uma postura defendida pelo presidente e por alguns de seus ministros. "A missão de garantia dos poderes constitucionais é exercitada levando-se em conta o princípio fundamental da independência e harmonia dos poderes da República, não sendo possível que um poder invoque a atuação militar contra outro poder. A Carta Magna não contempla nenhuma espécie de poder moderador, interpretação esta que dissonaria em muitos tons de todo arranjo de normas constitucionais", dizia a manifestação.

Não foi só a Advocacia-Geral que rechaçou a leitura de Gandra Martins, Mourão, Heleno e Bolsonaro. Em 6 de julho, a Subchefia para Assuntos Jurídicos da Presidência da República, órgão responsável por produzir pareceres jurídicos para subsidiar a tomada de decisão de Bolsonaro, havia expedido uma nota técnica para a AGU, que acabou sendo anexada ao documento enviado ao Supremo na ação proposta pelo PDT. Dizia o texto: "Inexiste no sistema constitucional brasileiro a função de garante ou de poder moderador: para a defesa de um poder sobre os demais, a Constituição instituiu o pétreo princípio da separação de poderes e seus mecanismos de realização. Dessa forma, considerar as Forças Armadas como um 'poder moderador' significaria considerar o Poder Executivo um superpoder, acima dos demais". O curioso é que em julho de 2020 o subchefe de Assuntos Jurídicos era o ministro da Secretaria-Geral, Jorge Oliveira, uma das pessoas no governo de maior proximidade e confiança de Bolsonaro, e que meses depois seria indicado para o Tribunal de Contas da União. Oliveira foi um dos que assinaram a nota.

Entre os fardados, o clima era semelhante. A grande maioria dos militares no topo da carreira, homens que entraram nas Forças Armadas nos últimos cinquenta anos, em média, têm a leitura de que a democracia fez bem ao que hoje são as Forças Armadas. Sabem que o respeito que ganharam ao longo dos governos após a redemocratização advém, em parte, por não terem se metido na política. Tiveram recomposição salarial, receberam missões que lhes deram prestígio junto à sociedade e desenvolveram projetos que modernizaram diferentes áreas de Exército, Marinha e Aeronáutica. A proximidade da caserna com o governo vinha mais e mais sendo confundida com a possibilidade de endosso de uma solução autoritária, ou o cumprimento de ordens de intervenção como as que o presidente volta e meia cogitava. Mas todos sabiam que havia um abismo entre as falas de Bolsonaro e uma ação dos militares contra o Supremo, prendendo ministros. Ordens absurdas não se cumprem, diz uma das máximas da ética militar.

Àquela altura, nos altos-comandos do Exército, da Marinha e da Aeronáutica, existiam, de maneira geral, duas posturas acerca de uma intervenção militar, que prevaleceriam pelo menos até o fim de 2021. As duas se opunham a qualquer solução desse tipo, embora por razões diferentes. Um primeiro grupo entendia não existir legalidade em tal atitude, pois não é papel das Forças Armadas se pôr no lugar de qualquer um dos outros poderes. Eram militares que sempre lembravam que todos ali tinham sido promovidos para as patentes mais altas a partir de 1985, portanto já na democracia, quando foram subordinados a Sarney, Collor, Itamar, Fernando Henrique, Lula, Dilma e Temer. Haviam convivido com as peculiaridades, forças e fragilidades de cada um e souberam trabalhar com todos, com graus diferentes de tensão, claro.

Outro grupo, minoritário, não era contrário à tese de intervenção, julgava não haver nenhuma ilegalidade — seus integrantes defendiam a interpretação ampliada do artigo 142, mas não viam possibilidade prática de sucesso. Em suma, eram contrários à intervenção por falta de alternativa.

A leitura, tanto num grupo quanto noutro, era de que não haveria ambiente para uma decisão dessa natureza. Não haveria apoio da sociedade, da imprensa, do empresariado, do meio político. Não haveria apoio internacional. Uma intervenção militar, explicou-me um general numa conversa no fim de 2021, não teria dia seguinte. Detém-se um ministro do Supremo. E aí? O que fazer depois disso? Ambos os perfis nas cúpulas das Forças Armadas sabiam não haver resposta para essa pergunta. Por oposição ou imposição da realidade.

Isso não significava que a caserna não estivesse entusiasmada com o governo Bolsonaro, longe disso. Ainda que a cúpula nunca tivesse deixado de ver Bolsonaro como um sujeito chucro, sem formação cultural, dotado de um inabalável dom de dizer asneiras — reservadamente, generais, da ativa inclusive, sempre disseram isso —, havia certa admiração genuína pela crença imaculada de que ele era um homem honesto. Quanto aos filhos, a visão passou a ser outra quando vieram à tona as rachadinhas. Mas o presidente, ah, não. Era considerado um homem correto, digno, valor caro aos fardados. E mais: em que pesasse a admissão da falta de preparo intelectual, prevalecia a visão de que ele era um animal político, capaz de farejar a léguas o que outros ainda nem suspeitavam, e se comunicava diretamente com o povo de uma maneira que, à direita, era inédita. Havia ainda uma compatibilidade de valores e princípios conservadores na área de costumes nunca antes experimentada, na era democrática, entre os militares e um presidente. Era, portanto, um governo com o qual eles se identificavam em muitos aspectos.

Por fim, havia outro fator, este bem mais palpável, se bem que pouco evocado como uma das razões dos militares para apoiar o presidente: ele empregou milhares deles. Algumas semanas após aquele 22 de maio, o Tribunal de Contas da União contabilizaria 6157 militares da ativa e da reserva exercendo cargos civis no governo. O número era mais que o dobro dos 2765 existentes em 2018, no governo Michel Temer. Muitos desses cargos significavam consideráveis aumentos de salário aos militares, pela comissão por ocupar cargo de confiança, ou, no caso daqueles na reserva, pela soma dos proventos. Houve mês em que alguns ministros militares, Braga Netto, Heleno, Ramos, por exemplo, tiveram ganhos acima dos 100 mil reais, devido a indenizações. Mas não era só dinheiro. Nos cargos civis havia mordomias que não são dispensadas aos de natureza militar — motoristas, secretárias, ajudantes de ordem, assessores e, no caso dos ministros, jatinhos da Força Aérea Brasileira. Uma ascensão impensável para a maioria deles, se confinados à caserna.

Para entender a entrada dos militares no projeto Bolsonaro é preciso recuar ao começo do segundo semestre de 2018. Entre aqueles da reserva, muitos saudosos da ditadura militar e defensores da radicalização, com a adoção de medidas de exceção, Bolsonaro era rei. Havia também um fascínio antigo das baixas patentes pelo então candidato, que durante décadas vinha sendo a principal voz de uma categoria constitucionalmente proibida de fazer greve. O então deputado federal defendia reajustes e projetos do interesse de militares da ativa, da reserva, de suas viúvas e pensionistas. A adesão dessa camada dos quartéis era, portanto, natural. Já entre as altas patentes, as circunstâncias foram determinantes. Os generais que acompanhavam atentamente a trajetória política do ex-capitão sabiam que não estavam diante de um estadista, nem de alguém preparado para governar uma cidade do interior que fosse. Para eles, contudo, Bolsonaro parecia cada vez mais o bote de salvação em meio à tempestade daquela eleição. A perspectiva de vitória do PT, fosse com Fernando Haddad, fosse com Lula, que, mesmo preso, ainda se apresentava como candidato, significava um mergulho num poço sem fundo. Os casos de corrupção, o desastre econômico, o revanchismo que viram na instalação da Comissão da Verdade, tudo aquilo gerava a percepção de que o pior cenário seria o retorno do PT. Embora Geraldo Alckmin, João Amoêdo e até Ciro Gomes tivessem certo apoio, logo se viu que teriam voo curto (e Ciro perdeu o jogo entre os generais quando, durante a campanha, atacou Eduardo Villas Bôas, espécie de herói para a classe, por seguir no comando mesmo em meio às dificuldades da ELA). Sobrava Bolsonaro.

As patentes mais altas se esforçaram para engolir o candidato. A relação com o ex-capitão era historicamente ruim. Considerado "mau militar" por Ernesto Geisel, como hoje é do conhecimento de todos, havia sido punido no Exército quando era capitão, primeiro por publicar um artigo na revista *Veja* criticando os baixos salários, e depois por sua participação no planejamento de ataques a bomba em quartéis do Rio de Janeiro, revelada por reportagem da mesma revista. Em 1987, ele chegou a admitir ter cometido "deslealdade" e, por decisão unânime de um conselho de justificação do Exército, foi afastado até que o Superior Tribunal Militar decidisse sobre o caso.

Bolsonaro reverteu a decisão no STM por nove a quatro, num processo marcado por reviravoltas e no qual, conforme mostrou o repórter Luiz Maklouf Carvalho, a aversão dos militares à imprensa teve um peso considerável. Em 1988, Bolsonaro deixaria o Exército ao se eleger vereador no Rio, por força do que determinava a lei. Nos primeiros anos como parlamentar, liderava manifestações exigindo melhores condições de trabalho e salários para os soldados e sargentos, razão pela qual o Comando do Exército chegou a proibi-lo de entrar em quartéis. Entretanto, à medida que se consolidou como o paladino dos interesses militares na Câmara dos Deputados, passou a ser procurado, longe dos holofotes, por comandantes das forças, nos anos 1990 e 2000, em busca de ajuda para a tramitação de projetos a eles caros.

No dia a dia do governo, não foi sempre pacífica a relação entre o ex-capitão e os generais, alguns deles conhecidos do presidente desde os tempos da Academia Militar das Agulhas Negras (Aman). Bolsonaro não gostava de ser chamado de "você", por exemplo. Eram poucos os que desfrutavam dessa informalidade, como os generais Azevedo e Silva e Ramos. E olhe lá: o tratamento só poderia ocorrer em privado. Na frente de outras pessoas, devia ser chamado de "senhor" ou "presidente". Irritou-se certa vez por Ramos tê-lo chamado de "você" na frente de outras pessoas e não titubeou: "Você, não. Senhor", corrigiu. O amigo se constrangeu e nunca mais repetiu o erro. Havia um general, entretanto, que não aposentara o tratamento informal, testemunhado por outros militares e até ministros, e que Bolsonaro não corrigia. Era o então comandante do Exército, Edson Pujol.

Pujol havia sido escolhido por ser o mais antigo dos generais no momento da vitória. Era esperada a aposentadoria de Eduardo Villas Bôas, pelo tempo de serviço e o avanço da doença. A relação de Bolsonaro com Villas Bôas, entretanto, era muito melhor do que com seu escolhido. Em janeiro de 2019, na cerimônia de transmissão de cargo do Ministério da Defesa — do então ministro, general Silva e Luna, para o general Azevedo e Silva —, Bolsonaro demonstrou em público a profundidade da relação entre ele e vb, como o general era chamado. "General Villas Bôas, o que já conversamos morrerá entre nós. O senhor é um dos responsáveis por eu estar aqui", disse, para espanto geral. A parte "o que conversamos" permaneceu em segredo, pelo menos até o fim de 2021. Já a parte "o senhor é um dos responsáveis por eu estar aqui" não era difícil de ser decifrada.

Em 3 de abril de 2018, na véspera do julgamento de um recurso de Lula ao Supremo, o último que poderia evitar sua prisão, Villas Bôas publicou dois tuítes que foram lidos como uma ameaça aos ministros do STF. Como no dia seguinte a maioria do plenário negou o habeas corpus a Lula, pôde-se interpretar que o então comandante do Exército havia de fato conseguido exercer uma pressão. Daí a fala de Bolsonaro ter sido percebida como um agradecimento.

O episódio foi o ápice do esforço empreendido por Villas Bôas ao longo de seus anos como comandante do Exército para que os generais pudessem se expressar sobre temas nacionais ou políticos. O general sempre havia sido crítico à postura de "volta aos quartéis" adotada depois da ditadura, que teria feito do Exército "o grande mudo". Não opinar publicamente sobre temas relacionados à segurança da sociedade e do Estado era omitir-se, ele dizia. E, para justificar sua decisão de reverter esse "mandamento" no período de seu comando, costumava recorrer à história do general alemão Hans von Seeckt, chefe do Estado-Maior alemão no período entreguerras. Por ter compactuado com a estratégia de preparação para a Segunda Guerra Mundial, o general chegou a ser comparado a Pôncio Pilatos. Villas Bôas buscou em seus quatro anos no comando romper o que chamava de "patrulhamento" a cada vez que uma declaração pública de um militar era considerada quebra de disciplina ou ameaça de golpe. Para isso, investiu numa intensa agenda de aproximação com a imprensa e na criação de perfis nas redes sociais. Diversos generais abriram contas no Twitter, como ele próprio, em fevereiro de 2017.

Os tuítes daquele dia 3 de abril foram muito mal recebidos pelo Supremo e por diversos setores da sociedade. Dizia o primeiro:

Nessa situação que vive o Brasil, resta perguntar às instituições e ao povo quem realmente está pensando no bem do País e das gerações futuras e quem está preocupado apenas com interesses pessoais?

Concluía o segundo:

Asseguro à Nação que o Exército Brasileiro julga compartilhar o anseio de todos os cidadãos de bem de repúdio à impunidade e de respeito à Constituição, à paz social e à Democracia, bem como se mantém atento às suas missões institucionais.

Villas Bôas se justificaria argumentando que os tuítes não haviam sido uma ameaça, mas um "alerta". "Não tínhamos a pretensão de que algum juiz alterasse seu voto. [...] Tratava-se de um alerta, muito mais que uma ameaça", afirmou, em depoimento ao professor e pesquisador Celso Castro, num livro editado pela Fundação Getulio Vargas (FGV). Os tuítes atenderiam a dois objetivos. Antes de mais nada, era uma forma de acalmar os setores da sociedade que pediam intervenção militar — o Exército teria feito uma avaliação que indicava que as demandas por ruptura haviam aumentado. O outro objetivo era um recado ao próprio Exército, para acalmar as baixas patentes, também, segundo ele, já contaminadas pela ansiedade que supostamente advinha da pressão social.

Villas Bôas relatou a Castro que o conteúdo dos tuítes havia sido discutido com sua equipe e o alto-comando. O texto teria nascido de um rascunho escrito na véspera da publicação das mensagens, de autoria de seus assessores e de generais que moravam em Brasília. Em 3 de abril, ainda de manhã, a postagem foi enviada aos comandantes militares de área, ou seja, os generais à frente dos comandos do Sudeste, do Sul, do Leste, do Nordeste, da Amazônia, do Planalto, do Oeste e do Norte. "Recebidas as sugestões, elaboramos o texto final, o que nos tomou todo o expediente, até por volta das vinte horas, momento em que liberei o CComSEx para a expedição", afirmou Villas Bôas, referindo-se ao general que chefiava o Centro de Comunicação Social do Exército naquele momento, Otávio Rêgo Barros, posteriormente porta-voz do governo Bolsonaro até outubro de 2020.

Mas o que ocorreu não foi exatamente isso. O comandante do Exército de fato submeteu o texto a integrantes do alto-comando, e seu staff participou, sim, da elaboração do texto. Mas a recepção da maioria dos integrantes de sua "távola-redonda", como VB se referia ao alto-comando, bem como de sua equipe, foi contrária à divulgação das mensagens.

No começo da noite do 3 de abril, estavam reunidos no gabinete do comandante os generais Tomás Paiva, chefe daquele gabinete; Rêgo Barros, chefe da comunicação do Exército; Fernando Azevedo e Silva, então chefe do Estado-Maior e futuro ministro da Defesa de Bolsonaro; e o coronel Alberto Fonseca, chefe de gabinete de Azevedo e Silva no Estado-Maior. Os militares seguiam reticentes quanto à publicação dos tuítes. O receio era o mesmo da maioria dos integrantes do alto-comando: não seria um gesto apropriado, visto como intromissão na política. Villas Bôas alegava que estava atuando no limite do que poderia fazer, e em dado momento concordou que talvez o melhor mesmo fosse não publicar. Por volta das sete da noite, Azevedo e Silva e Fonseca despediram-se dos demais e deixaram o gabinete. Restaram os generais Paiva e Rêgo Barros. Villas Bôas ficou sozinho para terminar o texto, e depois das oito ordenou a publicação.

Houve um choque. Não só na sociedade civil (Celso de Mello soltou uma nota no dia seguinte, considerando uma intervenção "pretoriana", "inaceitável" e que infringia a "separação de poderes"), mas também entre parte do generalato, que havia entendido que o comandante se convencera da inadequação dos tuítes.

Mas houve quem apoiasse. Os generais adeptos da filosofia verde-oliva on-line que Villas Bôas vinha implementando foram para as redes bater palmas ao "alerta" ao Supremo. Braga Netto, então comandante da intervenção federal na segurança do Rio de Janeiro, foi um deles. "Soldado, líder e cidadão: nosso Comandante!"

Villas Bôas tinha feito bem mais que isso para botar a política para dentro dos quartéis. O general, que em seu depoimento à FGV falou tanto no apreço à hierarquia, havia jantado com o então vice-presidente Michel Temer em meio ao processo de impeachment de Dilma Rousseff, presidente que o nomeou e a quem devia não só obediência, mas lealdade. Temer, naquele momento, articulava a derrubada da governante. Em junho de 2018, o general convidou os presidenciáveis para conversas em seu gabinete. Recebeu praticamente todos, inclusive alguns de esquerda, como Fernando Haddad e Manuela d'Ávila. Guilherme Boulos ficou de fora. No alto-comando, também houve quem não gostasse desses convites, achando que ele mais uma vez extrapolava seu papel.

Azevedo e Silva considerou os tuítes um erro. Embora amigo e admirador de Villas Bôas, o general era um crítico da politização dos quartéis e reconhecia em gestos do ex-comandante o embrião desse processo. Agora, no governo Bolsonaro, os três militares à frente das Forças Armadas — Edson Pujol (Exército), Ilques Barbosa (Marinha) e Antonio Carlos Moretti Bermudez (Aeronáutica) — também compartilhavam, em graus diferentes, da mesma visão. Tanto que não tinham perfis em redes sociais. Defendiam o comportamento que havia balizado os comandos até 2015, ao estilo "grande mudo", como qualificara VB. Já ministro da Defesa de Bolsonaro, Azevedo e Silva sabia qual era o clima nas três forças, e com frequência o transmitia ao presidente em conversas privadas. Os comandantes não seguiriam cegamente as ordens do mandatário. De novo: ordens absurdas não se cumprem.

Naquele 22 de maio, a nota de Heleno indignou diversas autoridades, pelo claro teor de ameaça e pelo golpismo que, em menos de um ano e meio de governo Bolsonaro, mostrava a sua cara. Mesmo sem condições para um golpe, sem apoio sequer das Forças Armadas, o governo usava o poderio militar para intimidar outros poderes. Mas não chegava a ser uma surpresa que aquilo tivesse sido assinado por Augusto Heleno Ribeiro Pereira.

O integrante mais velho da Esplanada de Bolsonaro, o general Heleno, era quem originalmente seria o ministro da Defesa. Numa costura em que teve o apoio de Villas Bôas, o general convenceu Bolsonaro a alocá-lo no Palácio do Planalto. Foi para o GSI, responsável pela segurança do presidente, do vice e da Presidência enquanto instituição. Pequeno em orçamento e estrutura, mas estratégico se ocupado por alguém interessado em atuar politicamente: fica a uma escada e um corredor do gabinete presidencial. Heleno sempre gostou de palácios.

Aos dezesseis anos, no segundo ano científico do Colégio Militar do Rio de Janeiro, Heleno "vibrou" com o golpe, conforme suas palavras. Filho de militar, morava na Tijuca, bairro majoritariamente conservador da Zona Norte da cidade, e já planejava seguir a carreira do pai. Considerava João Goulart "um cancro na política brasileira". Cinco anos depois, em 1969, já estava na Academia Militar das Agulhas Negras, onde, mais tarde, como instrutor de pentatlo moderno, teria Bolsonaro sob sua supervisão. No ano da formatura do cadete Jair, 1977, Heleno foi promovido a capitão e assumiu o cargo de ajudante de ordens do ministro do Exército Sílvio Frota, da linha dura do regime e contrário à reabertura política que Ernesto Geisel vinha preparando.

Frota tinha o status de ministro na época, como os demais comandantes militares, já que não havia Ministério da Defesa. Frontalmente contrário a entregar o poder aos civis, armava sua candidatura presidencial em eleição indireta, dali a dois anos, em 1979. Os atritos entre Frota e Geisel eram frequentes, como a discordância sobre a demissão do comandante do ii Exército depois que o operário Manoel Fiel Filho foi assassinado em 1976, nas dependências do ii Exército, em São Paulo. Geisel demitiu Ednardo D'Ávilla, à revelia de Frota. Em outubro de 1977, chegou a vez da demissão do próprio Frota, que chegou a ensaiar uma resistência convocando uma reunião do alto-comando contra Geisel. Sem sucesso, publicou um manifesto em que denunciava a traição aos "objetivos da Revolução" e insinuava que Geisel era influenciado pelas "algemas do totalitarismo marxista".

Mais de cem oficiais do gabinete de Frota, listados no *Diário Oficial da União* em outubro de 1977, foram exonerados e transferidos de Brasília. Heleno era um deles. Anos depois, já ministro, ele costumava minimizar sua participação no episódio, ainda que certa vez tenha dito à repórter Vera Rosa que "aprendeu muito" ao longo do convívio com o alto escalão da República. Nas diferentes funções que desempenharia depois da ajudância de ordens de Frota, o futuro general se destacaria como atleta, chegando a ser designado assessor de educação física na Missão Militar Brasileira no Paraguai, e pela capacidade de se relacionar, também exercendo no Paraguai a função de relações-públicas. Gostava de lidar com jornalistas, sendo fonte de alguns desde jovem, de preferência os mais famosos: do tipo que sente prazer em passar informações exclusivas e de bastidor para no dia seguinte vê-las publicadas. Em 1986, formou-se na Escola de Comando e Estado Maior do Exército e recebeu a prestigiada Medalha Marechal Hermes, de três coroas, conferida a militares da ativa que concluem o curso em primeiro lugar. Esses méritos acadêmicos iam aos poucos lhe granjeando a fama de homem inteligente e militar de excelência.

Em 1989, Heleno voltou a Brasília, dessa vez como assistente do ministro do Exército, Leônidas Pires Gonçalves. No ano seguinte foi transferido para o Gabinete Militar de Fernando Collor, no Palácio do Planalto, equivalente ao Gabinete de Segurança

Institucional que comandaria 29 anos depois. Após o governo Collor, como coronel, comandou a Escola de Cadetes do Exército e foi adido militar na França. Nos governos do PT, Heleno seria promovido a general de divisão, de três estrelas, em 2004, e três anos depois a general de Exército, de quatro estrelas. Entre 2002 e 2004, os bons contatos com a imprensa o ajudaram a chefiar o Centro de Comunicação Social do Exército; dali foi nomeado comandante da força militar da Missão das Nações Unidas para Estabilização no Haiti (Minustah). Voltou ao Brasil no fim de 2005 e se tornou chefe de gabinete do comandante do Exército, Francisco Roberto de Albuquerque, até julho de 2007, quando foi promovido a general de Exército e nomeado para chefiar o Comando Militar da Amazônia. Nesse posto daria os primeiros sinais de incontinência verbal diante de um microfone.

Em abril de 2008, em um seminário no Clube Militar, no Rio, sobre as ameaças à soberania brasileira, Heleno definiu a política indigenista do governo como "caótica" e "lamentável". Considerava um risco a demarcação contínua de 1,7 milhão de hectares da reserva Raposa Serra do Sol, na região de fronteira. "Não sou da esquerda escocesa, que, atrás de um copo de uísque doze anos, sentada na avenida Atlântica, resolve os problemas do Brasil inteiro. Já visitei mais de quinze comunidades indígenas, estou vendo o problema do índio", afirmou, para diversão da plateia. Lula não gostou e pediu ao comandante do Exército que tomasse explicações de Heleno. O general ficaria no cargo até 2009, daria novas declarações que flertavam com a insubordinação, e de lá iria para o Departamento de Ciência e Tecnologia, cargo importante, mas espécie de geladeira para alguém com seu currículo. O maior prejuízo do período na Amazônia foi outro. Ao criticar o governo, embora fosse um dos militares mais respeitados de sua geração, perdeu qualquer chance de algum dia entrar na lista de nomes para comandar o Exército. E aí chutou o balde.

Em março de 2010, ainda no comando do Departamento de Ciência e Tecnologia, Heleno voltou à baila, numa cerimônia de troca de comando de dois generais. "Hoje, fora do contexto, é fácil falar sobre abusos na luta contra a subversão. Como deveriam ter agido as forças legais? Saibam os que nos condenam, muitos deles ex-terroristas e ex-guerrilheiros, hoje ocupando altos postos da República, e que jamais defenderam ideais democráticos, que nossa paz teve um preço." Dois ministros do governo Lula tinham sido guerrilheiros, Paulo Vannuchi, dos Direitos Humanos, e Franklin Martins, da Secretaria de Comunicação. A terceira havia acabado de se desincompatibilizar para ser a candidata do PT à Presidência naquele ano, Dilma Rousseff. No ano seguinte, em 31 de março, Heleno foi proibido de discursar na cerimônia em alusão ao golpe. Entrou para a reserva em maio de 2011, defendendo a ditadura militar.

Contemporâneos do general, ao analisar em retrospecto sua caminhada daquele momento até a campanha de Jair Bolsonaro em 2018, quando só não foi vice porque seu partido, o PRP, vetou, avaliam que já naquele momento o general tomara a decisão de entrar para a política. O que na época foi visto como ato de coragem, de um militar inquieto com o que considerava errado, anos depois passou a ser visto já como uma estratégia de atuação política.

Em 2018, Heleno foi um avalista importante de Bolsonaro junto às altas patentes. Tendo se aproximado do ex-capitão depois do impeachment de Dilma, a partir de 2017 começou a participar de uma série de conversas com outros generais que, nos bastidores, queriam apoiar algum candidato capaz de impedir a volta do PT. Certa vez, surpreendeu ao dizer que talvez aquele nome fosse Bolsonaro. "É só ele parar de falar tanta merda", analisou. Por isso, quando foi decidido que ele ficaria no palácio, perto do presidente, a expectativa na caserna era de que Heleno, o triplamente coroado, um dos mais brilhantes de sua geração, seria a consciência de Bolsonaro, quem sabe evitando seus rompantes. Havia quem achasse que ele seria uma eminência parda do Planalto. Nunca chegou nem perto disso.

Heleno abdicou desse papel quando percebeu que Bolsonaro não dava ouvidos a quem estivesse interessado em moderá-lo. Acabava tendo mais importância quem o inflamasse, quem apresentasse as mais interessantes teorias conspiratórias e jogasse sobre sua mesa o melhor estratagema para driblar o adversário da vez. Afinal, nas lentes do presidente sempre havia inimigos. Ainda em 2019, Heleno aposentou no cabide a farda da moderação e passou a flertar com os bolsonaristas mais radicais. Em março, num jantar na residência oficial do embaixador do Brasil em Washington, aproximou-se de Olavo de Carvalho. "Certamente nos daremos bem pessoalmente", disse Heleno, num afago. O polemista retrucou: "Não sou o monstro que dizem que sou". Na véspera, afirmara que Bolsonaro estava rodeado de generais com "mentalidade golpista". Em agosto, Heleno abriu uma conta no Twitter, onde destilaria dezenas de ataques a políticos, jornalistas, instituições ou cidadãos comuns que o criticavam. Foi adotado pela bolsoesfera mais radical e tornou-se um general lacrador, que monitora sua conta ao longo do dia para ver quantos retuítes ou curtidas conquistou. Satisfeito com as centenas ou milhares de reações positivas a uma postagem sua, iludia-se com o conforto da bolha. A preocupação com a estratégia e o consenso eram um retrato na parede.

Ao contrário de seus antecessores no cargo, que prezavam pela discrição, a exemplo do general Sérgio Etchegoyen, ministro do GSI no governo Temer, Heleno gostou de receber atenção na ribalta do debate público. Publicamente, sua imagem — um senhor de cabelos brancos repartidos para o lado e postura levemente curvada, fruto de um problema na coluna, sempre com ternos largos ou camisas e coletes beges que sobram no corpo franzino — passou a ser sinônimo de destempero. Costuma participar de lives, solenidades e entrevistas ao lado do presidente, momentos em que aparenta estar mais sereno, deixando Bolsonaro explodir sozinho. A postura exuberante fez Heleno pouco a pouco perder força entre os militares. Certa vez, teve que ir à Câmara explicar o endosso a uma frase de Eduardo Bolsonaro sobre um "novo AI-5" para conter distúrbios populares. Descontrolou-se e passou a atacar parlamentares de esquerda, esticando a briga para as redes sociais. Não recebeu o apoio de ninguém relevante nas Forças Armadas.

As redes eram muitas vezes o escape para o rancor cultivado contra jornalistas. O general não perdoava que, tendo sido fonte de tantos repórteres por tantos anos, agora tivesse de lidar com críticas e denúncias feitas por aqueles que um dia vira como parceiros. Durante uma visita da imprensa a um centro de treinamento do GSI, em 2019, para mostrar como funcionava o esquema de proteção a Bolsonaro em aparições públicas, ele não se conteve. "A imprensa, se deixar, vai subir no presidente, vai dar cutucão nele. A atividade de vocês é de alto risco", disse, tentando justificar a restrição de acesso dos jornalistas a Bolsonaro, ao contrário do que era permitido a apoiadores. "Turistas não metem o pau no presidente, simples assim. Os turistas vão lá para bater palma para o presidente, levantar o moral." E, bom anfitrião, completou: "Às vezes o microfone se transforma em uma ameaça. A gente dá água, dá biscoito. No dia seguinte, a gente abre o jornal e pensa: tem que deixar [os jornalistas] no sol mesmo".

A obsessão com a imprensa o levava a enviar mensagens privadas e ameaçadoras. No começo de 2020, um jornalista que publicou uma reportagem crítica ao general recebeu em seu celular um link mostrando a queda no número de empregos na imprensa em todo o mundo. Dizia a mensagem, enviada por Heleno em 13 de janeiro daquele ano e intitulada "A derrocada da imprensa":

Poder 360 publica que, em 2019, 8000 empregos foram perdidos na mídia. Um número que continuará crescendo em 2020.

A imprensa perde sua credibilidade a partir do momento que se afasta da verdade, age como partido político e planta fake news.

Enquanto a mídia não afastar de seus quadros seus conhecidos responsáveis por plantar essas mentiras, continuarão [sic] perdendo clientes.

Alguns dos mais canalhas e mentirosos da imprensa, que prejudicam os bons jornalistas:
… Guilherme Amado – *Época*
… Lauro Jardim – *O Globo*
… Ancelmo Gois – *O Globo*
… Ricardo Noblat – *O Globo*
… Míriam Leitão – *O Globo*
… Reinaldo Azevedo – Rádio Band
… Felipe Moura Brasil – Jovem Pan

Ao escolher alguém com esse perfil para escrever a nota de reação a Celso de Mello, Bolsonaro queria marcar posição. Heleno se sentiu prestigiado, e o presidente ficou satisfeito com o efeito que causou. Segundo um general que integrou o governo, era claro que, ao jogar com a perspectiva de um golpe ou algo do tipo, o objetivo era intimidar. O presidente tinha informações claras de que não haveria apoio das Forças Armadas, sabia que não havia clima, mas precisava daquilo para se impor. Ou desviar a atenção e emplacar sua própria narrativa. Mas os fatos seriam soberanos e, poucas horas após o presidente e Heleno tentarem tocar fogo no país, o assunto já seria outro. O 22 de maio parecia não caber em 24 horas. Naquela tarde o gabinete de Celso de Mello liberou o vídeo da reunião ocorrida um mês antes, na qual, entre gritos, socos e palavrões, o presidente anunciara que interferiria na Polícia Federal. Só que as imagens mostravam muito mais que o descontrole do governante. Na mesma reunião, Abraham Weintraub, da Educação, defendeu a prisão dos ministros do Supremo, não sem antes chamá-los de "vagabundos". Já Damares Alves, dos Direitos Humanos, pediu que governadores e prefeitos fossem presos por terem criado regras que previam a detenção de quem infringisse medidas de prevenção. Ricardo Salles, do Meio Ambiente, propôs que o governo aproveitasse o momento em que o foco da sociedade e da imprensa estaria voltado para as mortes da pandemia e passasse "a boiada", mudando o regramento ambiental. Ernesto Araújo, o chanceler, atacou a China, principal parceiro comercial brasileiro e maior fornecedor mundial de insumos para enfrentar a crise sanitária, mas que, segundo ele, era a responsável por espalhar o… "comunavírus".

Poderia ser um esquete da *Escolinha do Professor Raimundo*, não estivessem Bolsonaro, Weintraub, Damares, Salles, Ernesto e os demais no terceiro andar do Planalto. Seria menos grave se os outros não tivessem ficado calados — havia quarenta pessoas na sala, a contar pelas 33 fotos feitas naquele dia por Marcos Corrêa, fotógrafo da Presidência da República. Ninguém se insurgiu contra o festival de despautérios. Nem mesmo os ministros tidos naquele momento como os mais técnicos, Paulo Guedes, da Economia; Tarcísio de Freitas, da Infraestrutura; Tereza Cristina, da Agricultura; o então advogado-geral, André Mendonça, ou o controlador-geral, Wagner Rosário. Todos mudos. Talvez para eles fosse só mais um dia do governo Bolsonaro, como tantos.

Mas o vídeo esteve no centro de um dos momentos em que o presidente esteve perto de descumprir uma decisão do STF. Após Celso de Mello determinar a entrega de uma cópia das imagens ao Supremo, o presidente foi procurado por diversos de seus ministros, aconselhando-o a não atender a ordem de Mello. Temiam ser expostos publicamente e argumentavam que toda aquela exposição seria ruim para o presidente. Bolsonaro pediu que Toffoli, seu principal interlocutor no STF, fosse ao Planalto um dia para conversarem sobre o assunto. A sala do presidente estava cheia quando o ministro chegou, e Bolsonaro pediu que todos se retirassem. "Tá todo mundo dizendo pra eu não entregar a fita, mas eu vou entregar. Só quero que você peça pro Celso tirar a parte internacional, porque não vai ficar bem pro Brasil eu falando que o Paraguai é uma porcaria e as coisas que eu falo da China. Não é nem pra mim", pediu Bolsonaro, referindo-se a momentos em que ele ou ministros haviam sido preconceituosos com os dois países. Toffoli ajudou o presidente e procurou o então decano do STF. "Celso, o presidente vai entregar a fita, ele só pediu pra, antes de divulgar, que retirasse as partes que internacionalmente ficariam ruins para o Brasil." O ministro concordou.

Na decisão em que determinou divulgar o vídeo, dias depois, Mello resumiu o que era a reunião. "Longe de discutir sensíveis questões de Estado ou de segurança nacional, revela determinadas manifestações incompatíveis com a seriedade das instituições e a respeitabilidade dos signos da República", o que se evidenciava, por exemplo, pela "ausência de decoro [de alguns participantes], materializada em expressões insultuosas, ofensivas ao patrimônio moral de terceiros, e em pronunciamentos grosseiros impregnados de linguagem inadequada e imprópria a um sodalício composto por importantes autoridades na hierarquia da República".

As redes bolsonaristas tentaram reverter os prejuízos de ter expostas as entranhas do governo e sua inconsistência, repetindo que ali se via um presidente autêntico, que se indignava com o sistema, além de ministros igualmente corajosos, como Abraham Weintraub, o mais popular entre os olavistas e um dos que mais se sobressaiu. Weintraub iniciara sua fala explicando o suposto motivo que o tinha levado a participar do governo, que seria "a luta pela liberdade" e o objetivo de "acabar com essa porcaria, que é Brasília", "um cancro de corrupção, de privilégio". Lamentou em seguida as dificuldades que estaria enfrentando e trouxe a indignação dos mais radicais. "A gente tá perdendo a luta pela liberdade. É isso que o povo tá gritando. Não tá gritando pra ter mais Estado, pra ter mais projetos, pra ter mais... O povo tá gritando por liberdade, ponto. Eu acho que é isso que a gente tá perdendo, tá perdendo mesmo. O povo tá querendo ver o que me trouxe até aqui. Eu, por mim, botava esses vagabundos todos na cadeia. Começando no STF."

Além de divulgar o vídeo, Celso de Mello mandou oficiar os outros dez ministros, para que cada um fosse avisado do teor da manifestação de Weintraub e, caso se sentissem ofendidos, o processassem por injúria. Alexandre de Moraes determinou, no âmbito do inquérito das fake news, que Weintraub fosse ouvido pela Polícia Federal pelo que havia dito, e o ministro passou a ser investigado por disseminar ameaças e notícias falsas contra ministros do STF. André Mendonça, advogado-geral, apresentou um habeas corpus em favor de Weintraub e de outros investigados no inquérito de fake news, mas o plenário do STF o rejeitou e manteve a investigação. No depoimento, ele ficaria calado.

Na primeira semana de abril daquele ano, ele postara um tuíte debochando do sotaque dos chineses, apelando para o estereótipo de que eles trocam o erre por ele e, servindo-se do personagem Cebolinha, da Turma da Mônica, que troca as letras, escreveu que a China estaria por trás de um "plano infalível" para dominar o mundo pós-pandemia, como os de Cebolinha contra Mônica: "Geopoliticamente, quem podeLá saiL foLtalecido, em teLmos Lelativos, dessa cLise mundial? PodeLia seL o Cebolinha? Quem são os aliados no BLasil do plano infalível do Cebolinha paLa dominaL o mundo? SeLia o Cascão ou há mais amiguinhos?". O tuíte foi apagado, após o embaixador da China, Yang Wanming, cobrar explicações. O perfil da embaixada chinesa em Brasília publicou mensagem no Twitter dizendo se tratar de declarações "absurdas" e de "cunho fortemente racista e objetivos indizíveis, tendo causado influências negativas no desenvolvimento saudável das relações bilaterais China-Brasil". A pedido da PGR, Celso de Mello abriu um inquérito para apurar o ato racista. Weintraub também depôs na PF, mas dessa vez falou. Negou ter sido racista, porém manteve a suspeita de o vírus ter sido propositalmente criado em laboratório chinês.

O ataque ao STF, as duas investigações e uma gestão desastrosa enfraqueciam Weintraub. O desgaste se tornou insustentável, e em 18 de junho de 2020 Bolsonaro o demitiu, depois de catorze meses e dez dias à frente do MEC. Num vídeo ao lado do presidente, o próprio Weintraub comunicou sua demissão, mas não explicou as razões: dizia apenas que assumiria um cargo no Banco Mundial. O recém-ex-ministro leu uma carta em que dizia estar preocupado com a segurança da família, e por isso se mudaria para Washington. "É claro que eu sigo apoiando o senhor, presidente Bolsonaro, como eu fiz nos últimos três anos", disse, e em seguida abraçou o governante, que estava indisfarçavelmente constrangido. Augusto Heleno e Walter Braga Netto exerceram um papel importante nessa demissão, insistindo junto a Bolsonaro que os desastres na Educação eram objeto de crítica permanente dos militares, considerada por eles a pior área de todo o governo. Não só por eles, aliás. Na Esplanada pairava um sentimento generalizado de vergonha pelos episódios que Weintraub protagonizava.

O economista foi apresentado a Bolsonaro por Onyx Lorenzoni, e participou da formulação da proposta de governo, um PowerPoint digno de um aluno de ensino médio. No começo de 2019, foi secretário-executivo da Casa Civil, sendo o número dois de Lorenzoni, período em que intensificou sua relação com olavistas. Ser visto como olavista foi o passe para substituir o primeiro ministro da Educação nomeado pelo presidente, Ricardo Vélez, demitido após Olavo de Carvalho reclamar de sua inabilidade — em particular da falta de atenção aos pleitos de seus ex-alunos, em guerra com os militares. Weintraub foi visto como a melhor escolha, uma solução de compromisso para apaziguar as tensões entre as duas bancadas que, naquele abril de 2019, dividiam o governo. O economista era um aficionado da luta contra os moinhos de vento plantados no imaginário bolsonarista, como o marxismo cultural. Dizia, cheio de verve, que pretendia "vencer o comunismo" e engrossava o coro dos ataques ao pedagogo Paulo Freire. Ainda em abril de 2019, o MEC anunciou um plano de contingenciamento no orçamento das universidades federais, que, segundo o ministro, seria para conter a "balbúrdia" nos campi. Em maio, milhares de pessoas foram às ruas em cerca de 250 cidades para protestar contra os cortes na Educação, as primeiras grandes manifestações contra o governo. Para se defender, Weintraub participou de uma live do presidente e apresentou uma patética analogia com chocolates para explicar o contingenciamento.

Weintraub tinha especial apreço por elementos pop para consolidar sua imagem nas redes sociais, mimetizando a estética alt-right. Mesmo episódios extremamente embaraçosos, como quando, ao se referir a Franz Kafka, disse "KafTa", ou quando escreveu num documento para Paulo Guedes "paralização" e "suspenção", eram revertidos em likes para o personagem que criara nas redes sociais. Um de seus auges foi quando chegou à lista de assuntos mais citados no Twitter por postar um vídeo gravado em seu gabinete fazendo uma paródia do filme *Cantando na chuva*, para rebater uma reportagem da revista *Veja*, que mostrava o corte de verba no MEC para a reconstrução do Museu Nacional. Era mais um embate do ministro com a comunidade do ensino superior, mas não seria o único. Em ocasiões diferentes afirmaria que as universidades federais tinham cracolândias, plantações de maconha e produziam metanfetamina em seus laboratórios de química, sempre sem provas e se dirigindo à bolha que o protegia e incensava. Seu sucesso nas redes olavistas se devia em parte a um permanente estado de mobilização da tropa, no mesmo estilo do presidente. Três meses depois de assumir o ministério, Weintraub tirou férias e viajou a Alter do Chão, no Pará. No jantar, foi abordado por um grupo de indígenas queixosos de não terem sido recebidos no ministério. Então rebateu: "Não é porque você está com um cocar que você pensa que é mais brasileiro que eu, seu safado". Para além da caricatura, ele era um fracasso como gestor. No primeiro Exame Nacional do Ensino Médio (Enem) do governo Bolsonaro, houve uma queda brusca de inscritos, o vazamento de uma foto da prova e erros na correção. Promessas de Bolsonaro para o setor não decolavam, como a criação de escolas cívico-militares e de ensino técnico, ou uma nova política de alfabetização.

A demissão em 18 de junho foi recebida com alívio no próprio governo, mas estar ou não no cargo não era o que mais preocupava o economista: eram cada vez mais fortes os boatos de que ele poderia ser preso a qualquer momento. Ao anúncio de que Weintraub iria para o Banco Mundial, em Washington, o senador Fabiano Contarato, do Espírito Santo, à época filiado à Rede Sustentabilidade, apresentou ao STF um pedido de apreensão do passaporte do ex-ministro, sob o argumento de que ele poderia fugir para escapar da Justiça. Havia ainda outras ações de sindicatos e associações da educação contra as frases preconceituosas e caluniosas ditas no período em que ficou no MEC. O medo de ser encarcerado o fez agir rapidamente. No dia 19 de junho, à noite, Weintraub voou para o Chile e, de lá, para Miami, onde desembarcou sem embaraço na manhã do dia 20, usando o passaporte diplomático de ministro. Só quando já estava em território americano, sua demissão, anunciada dois dias antes, foi publicada em uma edição extra do *Diário Oficial*. Em Washington, o agora ex-ministro quintuplicou seu salário com o novo cargo de diretor do Banco Mundial. Como ministro, ele recebia 30 934 reais de salário bruto, ficando com 23 349 reais líquidos. No novo emprego, passou a receber 21 547 dólares por mês, na época mais de 100 mil reais mensais líquidos.

A ida para Washington foi providenciada por Paulo Guedes. O ministro da Economia havia sido um dos que ajudaram a implodir uma ideia que Weintraub apresentou em uma reunião ministerial, no Planalto, três semanas antes de sua fuga.

"Estou passando aqui um abaixo-assinado e quero saber quais ministros estão comigo e com o presidente. Porque a gente vai para o confronto com o Supremo. Ou a gente prende eles [os ministros] ou eles prendem a gente", anunciou Weintraub, aproveitando um momento em que Bolsonaro enumerava poderes que, em sua visão, o STF havia lhe tirado.

"Presidente, eu quero falar", pediu Guedes.

"Calma aí, PG. Deixa o Weintraub terminar", pediu Bolsonaro.

"Tudo bem, mas estou inscrito para falar depois dele. Pode terminar, Weintraub", respondeu o ministro.

"É isso. Eles estão me cercando. Vão me prender. Depois vão prender cada um de vocês. Eles querem prender o presidente. A gente tem que ir para o pau, quero ver quem está com a gente. Pelo que eu tô vendo, o Paulo Guedes já tá amarelando", respondeu Weintraub.

"Weintraub, eu vou levar cigarro pra você na cadeia, vou levar guaraná, mas nem fodendo você vai interferir na democracia brasileira. O presidente representa a democracia. Ele ganhou com

60 milhões de votos. Você agora quer levar esse homem a brigar com o Supremo Tribunal porque você tá brigando?"

"Eu não tô brigando, eles que tão brigando", reagiu Weintraub.

"Perfeitamente. Presidente, o senhor tem que seguir a Constituição. Deixa eles saírem da Constituição. Quanto mais eles saírem, mais contundente será a perda para eles. Mas, se for o senhor, é o senhor que vai sofrer. Então eu quero dizer que não assino isso e acho um absurdo", disse Guedes, voltando a se dirigir ao colega: "Se você tá fazendo merda, você paga pela merda. Se você tá brigando com o Supremo, você paga por isso. Já vi soldado morrer por causa de general, mas general morrer por causa de soldado, nunca vi, não".

Guedes tentava mediar a relação com os ministros do STF. Algumas semanas antes, tentara convencer Luís Roberto Barroso a não proibir a expulsão de funcionários da embaixada da Venezuela em Brasília, conforme Bolsonaro havia determinado. O ministro do STF proibiu a medida, ponderando que, devido à pandemia, o deslocamento para outro país representaria um risco à saúde dos atingidos da decisão. Naqueles dias, Guedes vinha falando também com Gilmar, que o criticava pela manutenção de Weintraub no governo, o que o levou a abordar o assunto com Bolsonaro, que foi receptivo à ideia de encontrar outro posto para o ministro da Educação.

"PG, você tem algum lugar aí pra ele?"

"Presidente, o senhor quer ele perto ou muito longe? A gente pode mandar ele para presidir o Basa [Banco da Amazônia] ou pode mandar ele pro Banco Mundial, lá em Washington", explicou Guedes, decidindo dias depois, ao conversar com Weintraub, pelo Banco Mundial.

Entre a divulgação do vídeo do 22 de abril e a saída de Weintraub, a relação com o STF continuou tensa. Bolsonaro se deu conta de que as imagens veiculadas haviam trazido mais prejuízos do que benefícios para seu governo. Se, num primeiro momento, sua bolha aplaudiu o presidente "antissistêmico" e "autêntico" que aparecera no vídeo, logo começaram a tomar forma os problemas oriundos da reunião. E mais: fora os inquéritos contra Bolsonaro e Weintraub no STF, também foi aberta uma investigação preliminar contra Ricardo Salles na PGR pela frase em que defendia "passar a boiada". Era hora de voltar os canhões para Celso de Mello.

Os ataques ao decano começaram já no domingo, dois dias depois da divulgação do vídeo, quando Bolsonaro tuitou um artigo da Lei de Abuso de Autoridade que apontava ser crime divulgar gravação "sem relação com a prova", "expondo a intimidade ou a vida privada ou ferindo a honra ou a imagem do investigado ou acusado". O presidente ainda repetiria dali a alguns dias a acusação num discurso para apoiadores na porta do Alvorada, insinuando que o ministro havia cometido um crime. "O criminoso não é o Weintraub, não é o Salles, não é de nenhum de nós. A responsabilidade de tornar público aquilo é de quem suspendeu o sigilo de uma sessão cujo vídeo foi chancelado como secreto."

O ministro do STF também subiria o tom. Numa mensagem de WhatsApp para seus colegas, ele comparou o Brasil de 2020 à Alemanha nazista, e afirmou que "bolsonaristas odeiam a democracia" e almejam instaurar no Brasil "uma abjeta ditadura militar". E, como tudo que vai mal sempre pode ficar pior, Alexandre de Moraes mandou prender seis integrantes de um movimento de apoio ao presidente, o "300 pelo Brasil", que havia simulado um ataque ao STF jogando fogos de artifício durante a noite. Bolsonaro reagiu e numa entrevista mencionou "interferência brutal" do Supremo em seu governo. O presidente não parecia disposto a recuar.

No dia 31 de maio, Bolsonaro usou mais uma vez a imagem dos militares para demonstrar força, ao sobrevoar num helicóptero da FAB uma manifestação em sua defesa e contra o STF na Esplanada dos Ministérios. No 1º de maio e no dia 24, o presidente já havia sobrevoado protestos em Brasília em seu apoio. Dessa vez, porém, estava acompanhado do ministro da Defesa. No chão, cartazes pediam o fechamento do tribunal e intervenção militar. A presença do general no sobrevoo a uma manifestação golpista incomodou militares da ativa. Fernando diria depois, privadamente, que o presidente tinha armado uma cilada para ele, que, constrangido, não tivera como se negar a subir no helicóptero. Não convenceu todos os interlocutores. Era esse o clima quando o noticiário policial se impôs e obrigou o presidente a se mostrar menos valente.

Os encrencados amigos do Zero Um

Faltavam alguns minutos para as seis da manhã daquele 18 de junho quando cerca de trinta policiais e promotores saíram dos carros. Alguns deles estavam desde a noite anterior monitorando uma chácara com muro de tijolinhos e portão de madeira, numa rua tranquila de Atibaia, no interior de São Paulo. Na fachada da casa, uma placa preta informava em letras douradas e garrafais "Wassef & Sonnenburg", e, embaixo, num corpo menor, "Sociedade de advogados". Os policiais tocaram a campainha, ninguém atendeu. Com um alicate cortaram a corrente do portão. No terreno, de 480 metros quadrados, como os demais da região, a casa, ela também de tijolinhos, era rodeada por um gramado grande e bem cuidado, com poucas árvores e uma piscina pequena. Os policiais bateram à porta. Um capacho repetia o "Wassef & Sonnenburg" da fachada. Sem resposta, forçaram a entrada.

Entraram num quarto, não havia ninguém. No segundo cômodo encontraram um homem. Levantando da cama, de calça de moletom preta e camiseta lisa vermelha, o sujeito calvo, na faixa dos cinquenta, pegou os óculos de aro quadrado e se assustou.

"O senhor é Fabrício Queiroz?", perguntou um dos policiais, seguindo o protocolo desse tipo de operação.

"Não", respondeu o homem, entre sonolento e perplexo.

"Sabemos que é o senhor", disse o policial.

Calado, Queiroz não reagiu. Ao ouvir que estava sendo preso, não opôs resistência. Disse que tinha problemas de saúde, sem entrar em detalhes, e reclamou que, policial militar aposentado, nunca esperara passar por uma situação como aquela. A casa era de um amigo, ele disse, sem identificá-lo. Antigo mas confortável, o imóvel não tinha luxos. Num dos quartos, havia caixas e malas pequenas. Na sala, uma tevê LCD e DVDs, duas poltronas, um sofá e uma lareira, sobre a qual se viam bonequinhos do mafioso Tony Montana, protagonista de *Scarface*. Na parede, um cartaz com uma pequena bandeira do Brasil e, em letras grandes, "AI-5".

Enquanto os policiais revistavam os aposentos, ele sentou-se à mesa de jantar. Cruzou os braços e, sério, esperou que finalizassem a busca de celulares e documentos.

Ao sair, escoltado, Queiroz vestia calça jeans, camisa azul-marinho, casaco grosso verde-escuro, boné azul e uma máscara preta de pano. Dali seria conduzido ao aeroporto do Campo de Marte, de onde, de helicóptero, o levariam ao Complexo Penitenciário de Bangu, no Rio de Janeiro. Helicópteros das emissoras de televisão também sobrevoavam a casa e transmitiam ao vivo a prisão do homem que, havia meses, todo o país se perguntava onde estava.

O caseiro informou que Queiroz estava ali fazia um ano, mais ou menos. A autorização para a prisão preventiva, antes do julgamento, sem prazo para acabar, partira da Justiça do Rio, que havia mais de um ano instaurara uma investigação contra ele. A Justiça considerou que Queiroz poderia ameaçar testemunhas e destruir provas para atrapalhar a investigação. Havia ainda indícios de que ele vinha orientando convocados a depor a não comparecer a interrogatórios no Ministério Público. Não fora o único a ter a prisão preventiva decretada naquele dia: sua mulher, Márcia Aguiar, também tivera mandado de prisão expedido. Como não fora encontrada, era formalmente foragida.

O nome de Queiroz surgira no noticiário nacional no começo de dezembro de 2018, pouco mais de um mês depois da vitória de Bolsonaro, quando o repórter Fabio Serapião, na época do *Estado de S. Paulo*, revelou que o Conselho de Controle de Atividades Financeiras (Coaf), órgão responsável por monitorar transações financeiras suspeitas e repassá-las às autoridades, havia identificado uma movimentação atípica de 1,2 milhão de reais na conta do até então anônimo braço direito de Flávio Bolsonaro.

O documento do Coaf trazia informações não só do ex-assessor Fabrício Queiroz, mas de centenas de servidores e ex-funcionários de gabinetes de deputados da Assembleia Legislativa do Rio. O relatório foi feito depois de o Itaú repassar ao órgão, em 2017, um volume de informações sobre diversos deles, muitos dos quais clientes da agência que funcionava dentro do prédio da Assembleia.

Os bancos são obrigados por lei a comunicar ao Coaf transações suspeitas, e seus programas de integridade interna — *compliance*, em inglês, é o termo mais popular — estavam sob intensa pressão desde que a Lava Jato se empenhava em destrinchar a cadeia de lavagem de dinheiro fruto de corrupção. Os bancos têm responsabilidade em casos de corrupção doméstica ou transnacional. A legislação internacional, da qual o Brasil já era signatário havia tempos, obriga que essas políticas sejam capazes basicamente de evitar que suas contas sejam usadas para movimentar dinheiro ilegal ou financiar o terrorismo. As instituições financeiras devem seguir três regras básicas: conhecer o cliente, conhecer o empregado e conhecer o parceiro de negócios. E comunicar ao Coaf se esses dados parecerem estranhos.

O Itaú adotara como prática, havia alguns anos, escrutinar ativamente todos os dados dos correntistas citados nas diferentes fases da Lava Jato. Também vinha tentando se antecipar a futuros desdobramentos de cada operação, numa prova de que a casa não compactuava com o uso de suas contas para movimentar dinheiro suspeito e, também, para se precaver de eventuais investigações de conivência, por parte de seus gerentes e funcionários, com a lavagem de dinheiro ilícito.

Por isso, ao Itaú foi natural promover uma devassa preventiva em todos os clientes potencialmente ligados à Assembleia Legislativa do Rio quando, em 2017, estourou a Operação Cadeia Velha, um desdobramento da Lava Jato que prendeu deputados estaduais e ex-presidentes da Assembleia nos governos de Sérgio Cabral e Luiz Fernando Pezão. Foram encontradas dezenas de transações estranhas nas contas dos servidores. O Coaf comparou esses valores com a renda mensal deles e, diante da discrepância, apontou indícios de que suas contas estavam sendo usadas para movimentar dinheiro não deles, correntistas, mas dos deputados. E mais: havia, no caso de Queiroz, um grande volume de depósitos e saques com valores fracionados, o que levantava suspeitas também de um possível esquema para não chamar a atenção do monitoramento eletrônico dos bancos. Cabe também às instituições financeiras comunicar ao Coaf qualquer transação em dinheiro cujo valor seja igual ou superior a 100 mil reais, ou que siga o padrão do fracionamento, costumeiramente adotado para escamotear o valor total que de fato foi depositado.

Queiroz movimentou 1,2 milhão de reais entre 1º de janeiro de 2016 e 31 de janeiro de 2017. Sua renda mensal líquida naquele período não chegara a 20 mil reais. Examinando os dados daqueles treze meses, os analistas do Coaf encontraram dezenas de depósitos de oito funcionários que haviam sido lotados no gabinete de Flávio Bolsonaro, entre eles a mulher de Queiroz, Márcia Aguiar, e a filha do casal, Nathália de Melo Queiroz. Pairava, pois, a suspeita de que ele e sua família recolhessem parte dos salários daqueles servidores. Tipificada como peculato pelo Código Penal, a devolução parcial ou total do salário de um servidor público a quem o contratou é conhecida como "rachadinha". Há relatos de que é prática corriqueira desde tempos imemoriais no Senado, na Câmara e em praticamente todas as assembleias estaduais. Mas é crime.

Partira de uma agência do Itaú Personnalité em Jacarepaguá a iniciativa de comunicar ao Coaf que a conta de Fabrício Queiroz apresentara movimentações suspeitas por ter recebido naquele período 216 mil reais em sessenta depósitos efetuados em agências espalhadas por toda a cidade. Outros 372 mil reais eram provenientes de transferências, DOCS ou TEDS realizados por outros 28 servidores do gabinete de Flávio e da Assembleia — entre eles também a outra filha de Queiroz, Evelyn Melo de Queiroz. O documento sobre as finanças do ex-assessor de Flávio Bolsonaro revelava ainda saques em espécie no total de 324 mil reais, todos efetuados na agência do Itaú que funciona dentro da Alerj, e 41 mil reais em cheques compensados. Um deles, no valor de 24 mil reais, favorecia Michelle de Paula Firmo Reinaldo Bolsonaro, aquela que em algumas semanas estaria ao lado do marido desfilando pela Esplanada dos Ministérios no Rolls-Royce da Presidência da República. O escândalo encostava em Bolsonaro.

A cada dia de dezembro, as suspeitas se agravavam. Nathália, a filha de Queiroz citada no relatório, funcionária de Flávio Bolsonaro entre 2007 e 2016 e depois lotada no gabinete de Brasília de Jair Bolsonaro, transferira para o pai um total de 84 mil reais ao longo daqueles meses. A imprensa encontrou indícios de que ela era funcionária fantasma dos dois gabinetes. Ao longo do período em que estava registrada como secretária parlamentar de Bolsonaro em Brasília, a moça dava aulas como personal trainer

170

no Rio. Nunca chegou a ter crachá para entrar na Câmara. Recebia mas não trabalhava. Funcionária fantasma.

A revelação do documento do Coaf a três semanas da posse presidencial caiu como uma bomba no colo de Bolsonaro e seu primogênito. Eleitos com um discurso de peixes estranhos ao aquário político, antissistêmicos, incorruptíveis, passadas poucas semanas da vitória, os Bolsonaro se viam instados a explicar evidências documentais que podiam jogar por terra todo aquele papo.

Na véspera da publicação da reportagem do *Estadão*, o jornal procurou Flávio, dando-lhe a chance de esclarecer as apurações do Coaf. Mas há indícios de que tudo aquilo não era exatamente uma novidade para o filho do presidente: havia alguns meses ele já sabia que Fabrício Queiroz seria alvo de alguma investigação. Mais tarde, em 2020, em uma entrevista à jornalista Mônica Bergamo, o empresário Paulo Marinho (que na eleição de 2018 se elegera suplente de Flávio no Senado) acabou revelando que naquele dezembro em que o caso veio à tona o recém-eleito senador lhe teria dito que sabia desde setembro da existência de alguma coisa contra Queiroz.

De acordo com o relato de Marinho, dias depois da reportagem do *Estadão,* Flávio o procurou, pedindo ajuda para encontrar um advogado. "Absolutamente transtornado", segundo o empresário, o senador contou que um delegado da Polícia Federal simpático à sua família o avisara da existência da investigação contra Queiroz entre o primeiro e o segundo turno das eleições. Para não prejudicar a candidatura de Bolsonaro, a PF teria adiado para depois da eleição a Operação Furna da Onça, que prendeu deputados estaduais e investigou seus servidores. O delegado ainda teria sugerido que Queiroz fosse demitido do gabinete — o que de fato ocorreu, em outubro de 2018 — e que a filha dele, Nathália, fosse exonerada do gabinete de Jair em Brasília — o que também ocorreu no mesmo mês.

Depois da entrevista de Marinho abriram-se investigações para apurar o possível vazamento, mas até o fim de 2021 nada havia sido descoberto, como costuma acontecer com esse tipo de crime. A demissão de Queiroz e da filha dava força à narrativa do empresário, mas Flávio poderia ter ficado a par de tudo por outro canal que não a PF. Afinal o relatório do Coaf era do conhecimento da PF, do Ministério Público Federal, do Ministério Público do Rio e da Receita Federal. Todos esses órgãos, portanto, sabiam que o principal assessor do filho do candidato fizera aquelas transações suspeitas. Quem teria vazado? Havia mais um fio solto na história de Marinho. A PF, sozinha, não teria poder de retardar uma operação. Esses foram os primeiros argumentos que o senador apresentou para levantar suspeitas acerca da narrativa do empresário, o qual, argumentava Flávio, na condição de seu suplente, queria tomar seu mandato. Os dois haviam rompido em 2018, antes mesmo de o governo Bolsonaro começar.

Mas um conjunto de fatos corrobora a hipótese de que o vazamento ocorreu realmente. Na semana anterior ao segundo turno, portanto duas semanas antes de a Furna da Onça ser deflagrada, e mais de um mês antes de sair a reportagem sobre o relatório do Coaf, Flávio provavelmente soube que os órgãos de investigação tinham em mãos um documento revelando que Queiroz movimentava recursos incompatíveis com seus rendimentos. Onipresente nas campanhas da família Bolsonaro nas duas décadas anteriores, o assessor não participara do segundo turno de 2018. Exonerado dias antes, no dia 15 de outubro, não foi mais à Assembleia Legislativa, nem ao condomínio Vivendas da Barra, onde o presidente morava, nem a nenhum outro evento eleitoral. Era um comportamento completamente diferente do que sempre tivera.

Na última semana de campanha, a dias do segundo turno, alguns funcionários do gabinete de Flávio na Alerj, que mais tarde se tornariam formalmente suspeitos de terem participado do esquema das rachadinhas, foram convocados para uma reunião com o chefe. Seria à tarde, na casa de Jair Bolsonaro, que dela participou. Naquele dia, outro funcionário estratégico do mandato de Flávio, o coronel aviador da reserva da Força Aérea Brasileira Miguel Braga Grillo, chefe de gabinete desde dezembro de 2007, cometeu uma inconfidência a um amigo pouco antes de se deslocar do Centro do Rio para a Barra da Tijuca. Era o momento mais tenso da campanha. Bolsonaro estava em primeiro lugar nas pesquisas, mas a distância entre ele e Fernando Haddad vinha caindo. O movimento #Elenão, liderado por artistas, ganhava espaço. E, na visão da família, a imprensa estava em plena campanha contra Bolsonaro e a favor do PT.

Coronel Braga, como é chamado, confessou a esse amigo que estava indo para uma reunião na casa de Bolsonaro porque tinham "encontrado um dinheiro do Queiroz" e havia o receio de que isso pudesse atrapalhar a vitória de Bolsonaro no domingo seguinte.

Ainda assim, em 5 de dezembro, quando foi procurado pelo *Estadão* e soube que o caso estouraria no dia seguinte, Flávio ficou apático. Parecia não ter a dimensão do que viria. Bolsonaro, por sua vez, ficou possesso. Naquele dia, o presidente eleito teve uma reunião com a bancada do Partido da República (PR), comandado havia décadas pelo ex-deputado e condenado no "mensalão" Valdemar Costa Neto, legenda que em 2019 mudaria o nome para Partido Liberal (PL). No evento, os deputados da sigla declararam, diante da imprensa, que integrariam formalmente a base de Bolsonaro, apoio importante para o governo nascente. Pouco antes desse encontro, porém, Flávio contou ao pai que fora procurado pelo *Estadão*. Não havia o que comemorar. Um nervoso Bolsonaro discursou para os deputados presentes e criticou a imprensa, dizendo ser de seu conhecimento de que em breve seria publicada uma notícia que visava desestabilizá-lo.

Flávio e Queiroz conversaram com o *Estadão* na véspera da publicação da reportagem. O ex-assessor afirmou desconhecer o assunto. O senador confirmou ter uma relação de "amizade e confiança" com o ex-funcionário, que teria pedido exoneração em outubro para cuidar de sua aposentadoria da Polícia Militar. Bolsonaro, procurado em nome de Michelle, não quis responder sobre o cheque de 24 mil reais.

Dias depois, o presidente disse que os 24 mil reais diziam respeito a um empréstimo feito no passado, mas não conseguiu provar a dívida. O caldo engrossaria ainda mais quando veio à tona que o cheque não havia sido o único: foram vários, totalizando 89 mil reais. Flávio se atrapalhou nas versões iniciais. Primeiro tentou despistar sua proximidade com Queiroz, versão que desmoronou quando se soube que Queiroz não só era um motorista, um mero assessor — era o número dois do gabinete do então deputado. Depois, disse ter cobrado explicações de Queiroz e afirmou ter sido convencido pelo que o ex-assessor lhe teria dito. Assim que Queiroz fosse depor, tudo seria esclarecido, ele garantiu numa breve entrevista ao SBT, gravada num hotel do Rio.

A ideia de jogar no colo de Queiroz a missão de explicar tudo foi concebida por um conhecido da família, o advogado paulista Frederick Wassef, que negociara a gravação com a emissora com o intuito de calar as críticas que o senador eleito vinha recebendo por se esquivar de explicações sobre o possível caso de corrupção.

Wassef entrara na vida dos Bolsonaro alguns anos antes. Em 2014, em meio a um tratamento de câncer, seu passatempo preferido durante as sessões de quimioterapia era assistir a vídeos no YouTube. Foi então que pela primeira vez ele prestou atenção no deputado federal cheio de verve que defendia a regulamentação de uma aparentemente milagrosa pílula contra o câncer e ainda tinha a mesma opinião que ele sobre armas. Wassef sempre praticou tiro e advogava a tese, recorrente entre a direita, de que o armamento da população poderia frear um eventual golpe da esquerda. Todo o esforço desarmamentista dos anos 2000 teria sido arquitetado por políticos de esquerda interessados em dificultar uma eventual resistência civil quando da implantação de uma ditadura do proletariado. Ao ouvir uma gravação de Bolsonaro na mesma linha, ficou encantado.

Escreveu um e-mail para o gabinete do deputado apresentando-se como um advogado de São Paulo com boas conexões e oferecendo-se para ajudar no que fosse necessário. Não obteve resposta de primeira. Mas os e-mails foram tão reiterados, os telefonemas tão insistentes, que por fim uma ligação foi transferida para o deputado. Ao ouvir do outro lado da linha a voz de seu mais novo ídolo, Wassef chorou. Essa, pelo menos, é a história que ele conta quando lhe perguntam como conheceu o presidente.

Jair e Michele passaram a frequentar a casa de Frederick e sua então mulher, a empresária Maria Cristina Boner Leo, em Brasília. Em 2015, Boner chegou a vender para Bolsonaro uma Land Rover avaliada em 50 mil reais. A partir de 2017, à medida que evoluía o plano de uma candidatura presidencial, Wassef servia de canal para empresários antipetistas de São Paulo chegarem ao deputado do Rio que, embora caricatural, poderia ser a resposta que buscavam para se livrar do PT. Ao longo de 2018, Wassef sempre acompanhou Bolsonaro nas agendas em São Paulo e estava ao lado do presidente eleito no sofá da casa do Vivendas da Barra quando o Tribunal Superior Eleitoral o anunciou o vencedor do segundo turno de 2018.

Com 1,90 metro de altura, avantajado nariz adunco, olheiras marcadas e os cabelos sempre besuntados de gel penteados para trás, Wassef dificilmente passa despercebido, mesmo que não abra a boca. Se calado já chama a atenção, quando fala, sempre em altos decibéis, é um deus nos acuda. Geralmente agitado,

175

costuma gritar até quando escreve mensagens de texto. Alegando não enxergar letras pequenas, só usa maiúsculas. Em 2019, quando passou a frequentar o noticiário nacional, gabava-se de ser amigo e advogado de bilionários, de ter casas em São Paulo, Brasília, Angra dos Reis e na Flórida. Os imóveis sempre foram de Boner, não dele. Os tais amigos ricos negaram conhecê-lo.

Wassef também tinha uma arraigada mania de perseguição, estava sempre às voltas com conspirações de inimigos às vezes imaginários. Talvez acreditasse mesmo nesses complôs, talvez se fizesse de vítima para justificar alguma treta em que se visse envolvido. Mas o fato é que o advogado se via permanentemente alvo de uma armação arquitetada por Bruno Basso, ex-marido de Maria Cristina Boner Leo, a empresária com quem teve uma união estável e a quem permaneceu ligado pelo menos até abril de 2022.

Nos anos 1990, Basso havia sido vice-presidente de contas de mercado governamental da Microsoft no Brasil e abriu as portas para a empresária na multinacional, conseguindo que ela fosse anunciada como a única representante nas vendas do Windows para governos e órgãos públicos no Brasil. Com essa credencial e uma foto em que aparece com Bill Gates, a pequena revendedora de softwares fundaria a TBA Informática, que em alguns anos se transformaria na gigante TBA Holding, conglomerado que reúne mais de trinta empresas e tem clientes públicos em todo o Brasil. Numa parceria com o marido, primeiro como executivo da Microsoft e depois como sócio da TBA, os dois acumularam um patrimônio avaliado em 300 milhões de reais em 2007.

Wassef também atuou como advogado de Boner na separação litigiosa. Acusado de extorsão e agressão, Basso foi condenado a sete meses de prisão, em 2018. Por isso o advogado costuma apontar o ex-marido de Boner como a mente maquiavélica por trás de uma rede criada com o propósito de se vingar dele. Criminosos, jornalistas e outros supostos adversários ligados a ela estariam envolvidos nessa rede nefasta. A história servia como uma luva para justificar cada crítica que lhe era feita, cada notícia negativa publicada a seu respeito, mesmo ele dizendo a todos que não estava mais com Boner. Mas Wassef sabia usar as teorias da conspiração a seu favor, fustigando quem, como ele, sempre se via perseguido. Como os Bolsonaro.

Em meados de dezembro de 2018, o advogado viajou ao Rio a fim de explicar a Flávio sua estratégia para enterrar o que vinha sendo chamado "o caso Queiroz", mas que na verdade, segundo Wassef, seria um plano para desestabilizar Bolsonaro antes mesmo da posse. A conversa ocorreu na casa do Vivendas da Barra, e incluiu o presidente eleito. A investigação poderia ser implodida sem grande dificuldade, dizia o advogado. Não havia base jurídica para o inquérito tramitar fora do STF, já que Flávio assumiria como senador dali a dias. E, se o caso fosse transferido para a capital federal, era batata: Wassef sabia como arquivar tudo.

Embora o pai fosse tomar posse em menos de duas semanas, Flávio ainda era um deputado estadual do Rio de Janeiro que nunca atuara em Brasília. Seu pai fora por duas décadas um deputado federal sem importância. Conhecia bem o métier da Câmara e das Forças Armadas, especialmente entre as baixas patentes, e só. Os dois, em resumo, eram diletos integrantes do baixo clero da política nacional. Não eram convidados para eventos de prestígio, não cruzavam a Praça dos Três Poderes para conversas no Supremo ou no Planalto, não tinham ideia do que era, de fato, ter conexões poderosas em Brasília. Wassef não precisou se esforçar muito para convencer pai e filho de que dispunha dessas tais conexões.

Frederick Wassef nunca chegara nem nas franjas do seleto rol de medalhões da advocacia nacional. Seu nome era desconhecido da Ordem dos Advogados do Brasil (OAB), do primeiro time de criminalistas, da Procuradoria-Geral da República e sobretudo do STF, órgão que supostamente anularia o caso. Em 2019, quem pesquisasse seu número na OAB, registrado em 1992, encontraria poucos processos nos sites dos tribunais de todo o país. Era um advogado cuja atuação se dava em espaços que não os tribunais. Costumava gabar-se de ter clientes bilionários como Flávio Rocha, sócio das lojas Riachuelo, e David Feffer, acionista da Suzano Papel e Celulose, mas o papo não se sustentava. Certa vez, instados por um repórter, Rocha e Feffer afirmaram que nunca haviam sido clientes dele.

Quando Bolsonaro assumiu, Wassef pôs-se a frequentar os palácios da Presidência. Circulava pelo Planalto livremente e participava de solenidades. Gostava de ser visto como alguém que tinha acesso a tudo e a todos. Não raro dizia que era a pessoa em quem Flávio Bolsonaro mais confiava e a quem a família abria todos os segredos. Em entrevistas, empolava-se para elogiar os Bolsonaro e defendê-los, mesmo quando se tratasse de casos e assuntos com os quais nada tinha a ver. Aos mais próximos, aventava a possibilidade de vir a assumir o Ministério da Justiça ou ser indicado para o STF. Afinal, teria partido dele a ideia da candidatura de Bolsonaro. "Eu não só fui o primeiro a acreditar no Bolsonaro, como fui o primeiro a pôr na cabeça dele a ideia de concorrer à Presidência", jactou-se em uma entrevista.

Na conversa no Vivendas da Barra, o advogado ditou as primeiras diretrizes. Flávio deveria se descolar do caso Queiroz, tudo que se referisse ao ex-assessor deveria ser explicado pelo próprio. Bastaria que o ex-funcionário contasse por que os servidores lhe passavam dinheiro e pronto. E tudo era dito sem dar muita margem a questionamentos.

Afeito a explosões, Wassef sempre teve um temperamento difícil, em especial em momentos de tensão. Com raciocínios confusos, estabelecendo conexões pouco compreensíveis, seu discurso era uma algaravia. Mas, apesar das evidências em contrário, conseguiu fazer pai e filho acreditarem que ele seria capaz de jogar a pá de cal no affaire. Só que, para tanto, era fundamental que Queiroz desaparecesse e Jair e Flávio não tivessem contato com ele.

Foi naquele momento que o joystick de comando do caso foi parar nas mãos de Wassef, que convenceu os Bolsonaro de que só ele teria contato com Queiroz, toda e qualquer relação seria intermediada por ele. O ex-assessor, claro, teria que ter um advogado exclusivo, só dele. Wassef escolheu Paulo Klein, criminalista especializado em defender policiais e que já havia atuado para Maria Cristina Boner Leo, a ex-mulher de Wassef, no processo movido por ela contra Bruno Basso, seu ex-marido, a nêmesis de Wassef, o fantasma que o assombrava havia anos.

Era uma coincidência e tanto, mas Klein garantia nem ter tido contato com Boner quando advogou para ela, que teria sido atendida por um sócio. O advogado continuaria no caso Queiroz até o fim de 2019, quando o abandonou por discordar da linha de defesa de Flávio em Brasília. Para Klein, primeiro deveriam ser esgotadas as possibilidades no Tribunal de Justiça do Rio, em vez de se tentarem soluções pelos tribunais superiores. A mudança de foro só aumentaria o desgaste do ex-assessor e de seu ex-chefe junto ao Judiciário fluminense. A estratégia de levar o caso para Brasília fora de Wassef. Afinal era lá que ele teria as tais conexões arrasa-quarteirão.

Mas recuemos um pouco. O primeiro depoimento de Queiroz ao Ministério Público foi marcado para 19 de dezembro de 2018, dias depois da publicação da reportagem do *Estadão*. Queiroz não apareceu, alegou problemas de saúde e pouco tempo hábil para analisar o processo. Nova oitiva foi agendada, e o ex-assessor mais uma vez não deu as caras, agora dizendo estar internado para um tratamento médico. No fim do mês, laudos médicos entregues pela defesa ao MP mostravam que o ex-praça da PM se tratava de um câncer no intestino no caro Albert Einstein, em São Paulo.

No fim de dezembro, Queiroz também foi entrevistado pelo SBT, antes mesmo da entrevista de Flávio e antes, naturalmente, de dar entrada no Einstein. Foi sua primeira tentativa pública de explicar a bizarra movimentação em sua conta bancária. Atribuiu as entradas e saídas de dinheiro a um negócio de compra e venda de veículos. "Eu não sou laranja. [...] Eu sou um cara de negócios, eu faço dinheiro, compro, revendo, compro, revendo, compro carro, revendo carro. Sempre fui assim, gosto muito de comprar carro de seguradora. Na minha época, lá atrás, comprava um carrinho, mandava arrumar, revendia. Tenho uma segurança [com isso]", contou, sem explicar os depósitos de assessores de Flávio. Ao longo da entrevista, eximiu reiteradamente Bolsonaro e Flávio de qualquer responsabilidade — lealdade sempre foi um elemento central da relação entre ele e os Bolsonaro. O presidente, por sua vez, também fez um aceno de lealdade ao antigo amigo, numa entrevista à mesma emissora, nos primeiros dias de janeiro: "Ele falou que vendia carros, eu sei que ele fazia rolo. Agora, quem vai ter que responder é ele. O Coaf fala em movimentação atípica, isso não quer dizer que seja ilegal, irregular".

Queiroz e Bolsonaro se conheceram no fim dos anos 1970, no 8º Grupo de Artilharia de Campanha Paraquedista, na Vila Militar do Rio de Janeiro. Logo travaram amizade, apesar das patentes desiguais: Jair era capitão; Fabrício, soldado. Ficaram bem próximos. Flávio, então com três anos, chamava Queiroz de tio. Foi Bolsonaro quem sugeriu ao amigo que prestasse concurso para a Polícia Militar. Conselho aceito: em 1987, Fabrício Queiroz entrou para a corporação.

Na PM, Queiroz era conhecido pela valentia, fama conquistada por seu envolvimento em operações violentas, das quais pelo menos uma com a morte de um jovem que ele apontara como suspeito — um ato de bravura, entre a maioria dos policiais. O batalhão de Jacarepaguá, na Zona Oeste, onde ele ficaria mais tempo, tinha como responsabilidade policiar uma das principais favelas do Rio, a Cidade de Deus, dominada pelo Comando Vermelho. Foi lá que se deu a tal abordagem que resultou na morte de um rapaz de dezenove anos. Um tiro na nuca. No registro da ocorrência, Queiroz declarou que o garoto havia sido atingido durante um tiroteio em um baile funk na Cidade de Deus. Em 2003, ele se envolveu em outro assassinato, numa abordagem feita em companhia do então capitão Adriano da Nóbrega, um colega mais novo que ele na PM, de quem já se tornara próximo. Os dois disseram que o morto era gerente de uma boca de fumo da favela, mas a investigação mostrou que a vítima era técnico em refrigeração. Queiroz nunca foi punido pelos casos, mas foi transferido de batalhão. Foi para o Batalhão de Policiamento em Vias Expressas, de onde, em 2007, foi cedido para o gabinete de Flávio Bolsonaro.

O PM foi contratado como assessor, mas, na prática, era uma espécie de faz-tudo. Motorista, office boy, segurança, resolvia problemas de toda natureza. Acabou ficando mais próximo de Flávio do que havia sido de Jair, originalmente seu colega no Exército. Meio paternal, meio puxa-saco, acompanhava cada passo da vida do deputado e lhe abria as portas dos batalhões da PM. A principal bandeira de Flávio era a defesa dos policiais e dos benefícios deles e de suas famílias, qual o pai, que focara nos militares de baixa patente em Brasília. Nas campanhas, Queiroz era fundamental: ia para a rua, organizava encontros com policiais, falava com políticos com quem o deputado fazia dobradinha.

Sua onipresença se esvaiu em 2019. Tentaram marcar outros depoimentos, sem sucesso. Queiroz nunca foi depor. Mas aí o holofote das acusações já deixara de se voltar para ele e agora iluminava Flávio. O golpe no Zero Um agora seria mais forte. Em outro relatório, o Coaf havia constatado que o então deputado recebera 48 depósitos não identificados no período de um mês, totalizando 96 mil reais; para os investigadores, também seria dinheiro oriundo dos salários de seus servidores. Flávio alegava que eram recursos da venda de um apartamento.

A defesa, incapaz de dar explicações, partiu para uma nova estratégia: tentar tirar o caso do Rio de Janeiro e levá-lo para o Supremo Tribunal Federal. Por alguns dias o STF chegou a considerar a mudança de foro, até que decidiu que não era o caso, porque os supostos crimes teriam sido cometidos fora do exercício do mandato de senador, portanto, não deveriam ser julgados ali.

Ainda em 2019, o caso seria suspenso novamente em julho, durante o recesso de férias do STF, por ordem do então presidente do tribunal, José Dias Toffoli, um dos poucos ministros com boa relação com Bolsonaro. Toffoli acolheu o pedido da defesa de Flávio e ainda determinou que precisariam de autorização prévia da Justiça todas as investigações em curso baseadas em dados sigilosos compartilhados pelo Coaf ou pela Receita. A decisão criou um caos ao travar cerca de setecentas investigações e processos em curso, sobre crimes de todo o tipo: sonegação, corrupção, lavagem de dinheiro, contrabando, tráfico de drogas. A família eleita para combater a corrupção celebrou.

"Você não sabe o que está acontecendo! Você não tem noção do que está acontecendo, você não tem noção!", Fred Wassef berrava ao telefone, falando com uma namorada. "A decisão... Amor... O meu nome... Tá o Brasil inteiro me ligando e me chamando de Deus! Você não tem noção! É uma bomba atômica! Amor, está comigo, te mando agora. O Flávio, o presidente, tudo infartado, chorando..." A cena, presenciada pelo repórter Bruno Abbud, da revista *Época*, foi o momento máximo de Wassef. A partir desse dia, estufou ainda mais o peito e passou a se ver de outro tamanho.

Os espelhos de Brasília de fato refletiam um Wassef agigantado, não só porque era o advogado de Flávio, mas também porque ele passou a se anunciar como advogado de Jair desde que o convencera de que existia uma conspiração para evitar que a facada fosse investigada até as últimas consequências. A Polícia Federal já havia concluído que Adélio Bispo, diagnosticado com transtornos mentais, planejara e executara o crime sozinho. Mas Wassef se valia da proibição judicial da perícia do celular de um advogado de Bispo para manter viva a chama da suspeita no mais-que-sabidamente paranoico presidente. Em 2021, Wassef também passaria a advogar para Jair Renan Bolsonaro, o único filho adulto de Bolsonaro que, ao menos até o fim daquele ano, não tinha entrado para a política e sonhava ser influenciador digital. A investigação de Renan por parte da Polícia Federal se deveu à suspeita de ele ter recebido um carro elétrico em troca de conseguir que representantes de uma empresa fossem recebidos no Ministério do Desenvolvimento Regional. Wassef assumiu o caso; mais uma conspiração, dizia, para mirar um filho de Bolsonaro e desestabilizar o governo. Só não explicava por que o rapaz só devolveu o carro depois que a imprensa noticiou a transação, nem por que ele ajudou a empresa a ser recebida pelo ministro Rogério Marinho.

Enquanto vigorava a decisão de Toffoli suspendendo o caso de Flávio e centenas de outros país afora, Wassef zanzava por Brasília cantando de galo: a vitória tinha sido dele. Mas não fora bem assim que as coisas haviam se passado. Do lado do Supremo, o apelo de Bolsonaro foi o corolário para conter mais uma frente da Lava Jato. A operação já vinha sendo freada com gana, um processo em parte necessário diante dos excessos revelados, em parte desencadeado por quem mais e mais via as investigações perigosamente próximas. Se era a primeira ou a segunda razão que movia senadores, deputados ou ministros de tribunais superiores, pouco importava. Decisões como aquela de Toffoli tinham por efeito o crescente desmonte do sistema que paradoxalmente permitira à Lava Jato nascer e, durante seus primeiros anos, acertar, mas que também fora usado por procuradores e juízes que visavam perseguir desafetos e interferir no jogo político. Sergio Moro, um dos principais ministros do governo e que desde o começo vinha assistindo, em geral calado, a iniciativas como aquela, reclamou publicamente da decisão de Dias Toffoli, o qual foi se queixar ao presidente: afinal, ele havia atendido a um pleito do Planalto e agora tinha de aturar reclamação de um ministro. Bolsonaro chamou Moro e disse que, se não era para ajudar, que ao menos ele não atrapalhasse.

A suspensão perdurou até o fim de novembro, quando, não resistindo à pressão de órgãos de investigação e de outros ministros do tribunal, Toffoli cedeu e marcou o julgamento de sua decisão no plenário. Foi sua maior derrota em dois anos como presidente do STF. Por nove votos a dois, os ministros autorizaram o compartilhamento irrestrito de dados sigilosos da Receita Federal e do Coaf. O inquérito traria dores de cabeça mais fortes para a família presidencial nas semanas seguintes, quando Queiroz e outros ex-assessores de seu ex-chefe foram alvos de uma operação de busca e apreensão. A polícia também foi à loja Kopenhagen do Zero Um, sobre a qual pairava a suspeita de ser usada para lavar dinheiro das rachadinhas. Numa dessas buscas foi apreendido um celular com informações que mais tarde levariam os investigadores a supor que Queiroz estivesse sob a guarda de Wassef.

Mas antes disso, no primeiro semestre de 2020, sem poder explicar nenhuma das acusações feitas pelo Ministério Público, a defesa de Flávio adotou abertamente a estratégia de tentar matar o caso nos tribunais, tirando o inquérito das mãos do juiz do Rio que autorizara quebras de sigilo e ações da polícia, e tentando provar nulidades processuais. Em março de 2020, pela nona vez, novamente sem sucesso, uma solicitação do gênero pedia à Justiça o trancamento do inquérito. Nesse meio-tempo, a investigação avançou e chegou à chácara de Atibaia.

Wassef negou que estivesse escondendo Queiroz. Era vítima de "armação e fake news" e, embora o "Wassef & Sonnenburg" da placa no muro de tijolinhos e no capacho da porta sugerissem o contrário, o advogado afirmava nunca ter estado com o ex-assessor de Flávio Bolsonaro. Ignorando que o caseiro afirmara aos investigadores que o hóspede estava ali fazia um ano, o dono da casa disse que o ex-assessor estava em Atibaia havia apenas quatro dias. Confirmou que aquele era um endereço de seu escritório. E disse que, durante o ano em que esteve sumido, Queiroz na verdade teria passado a maior parte do tempo em casa, no Rio, e que só às vezes viajava para fora do estado. Mas a mentira não tinha lastro. Os investigadores vinham fazendo campana em frente à casa em Atibaia havia dez dias, período em que ninguém entrou ou saiu. Naquela operação, o MP ainda encontrou provas de que Queiroz estava escondido fazia meses, não apenas no sítio, mas em três imóveis que pertenciam a Wassef. Nas buscas nos vários endereços relacionados ao ex-assessor, a polícia apreendeu o celular de Márcia, mulher de Queiroz, e nele foram encontradas as localizações de onde ele estava e diversos áudios comprometedores.

As mensagens de voz trocadas indicavam que Queiroz imaginava que poderia estar grampeado, tanto que pedia a quem as recebesse que as apagasse em seguida — o que nem todos faziam. Mesmo sua esposa não as apagou, e esse deslize foi crucial para a investigação. Num áudio enviado a um conhecido, em junho de 2019, Queiroz se queixava de que ninguém movia uma palha para ajudá-lo: "O MP tá com uma pica do tamanho de um cometa para enterrar na gente e não vem ninguém agindo". Não era verdade. Wassef, mostrariam as mensagens interceptadas, cuidava de cada passo de Queiroz e família.

O ex-assessor e seus parentes se referiam ao advogado como "anjo", mas nem sempre num contexto positivo. Sentiam-se presos. Márcia enviou a uma funcionária do advogado uma mensagem dizendo se sentir uma marionete. "A gente não pode mais viver sendo marionete do anjo. 'Ah, você tem que ficar aqui, tem que trazer a família.' Esquece, cara. Deixa a gente viver nossa vida. Qual o problema?" Vieram outras revelações incômodas. Analisando as contas de Flávio, o MP detectou pagamentos de planos de saúde dele e da família que somavam mais de 100 mil reais, sempre em dinheiro. Queiroz também pagava em dinheiro vivo contas pessoais do chefe, como a escola das filhas.

Quando da operação da polícia em sua chácara, Wassef correu para dizer que nem Flávio nem Jair sabiam do paradeiro de Queiroz, que estaria em seu imóvel havia apenas alguns dias para tratamento médico em São Paulo. E mais uma vez apelou para a narrativa de conspiração. "Conheço as forças que estão unidas para tentar fazer mal a mim e consequentemente atingir o presidente da República. Não vão conseguir", bradou numa entrevista.

Mas não adiantou. Três dias depois Wassef saiu do caso. Uma nota pública de Flávio dizia ter sido uma decisão do advogado afastado, embora este parecesse ser de outra opinião. No dia da prisão de Queiroz, Wassef telefonou aos berros para Karina Kufa, advogada de Bolsonaro em casos eleitorais, irritado por ela ter soltado uma nota dizendo que, ao contrário do que ele sustentava havia mais de um ano, Jair Bolsonaro não o tinha como advogado. Kufa respondeu que só dissera a verdade. A interlocutores, Wassef também vinha mostrando mais nervosismo do que o habitual. Naqueles dias, ao telefone com uma pessoa com quem tinha pouca intimidade, caiu no choro.

Depois de negar conhecer o paradeiro de Queiroz (e ser desmentido), Wassef disse que o acolhera com o intuito de preservar Bolsonaro e seu entorno, que ignoravam a iniciativa. E teria feito isso por temer pela vida de Queiroz, que poderia vir a ser morto — ele chegou a dizer que existia um plano para tentar assassinar o ex-assessor e incriminar o presidente, tal qual haviam tentado fazer no começo daquele ano com a morte de outra pessoa próxima à família.

Era uma referência a um fantasma que Bolsonaro vinha tentando apagar havia algum tempo, mas que a prisão de Queiroz e algumas novas revelações do MP tinham trazido de volta: Adriano Magalhães da Nóbrega, o outro policial que acompanhara Queiroz na abordagem na Cidade de Deus, em 2003, aquela que resultara na morte de um rapaz. O Ministério Público agora identificara que em 2016 Queiroz tinha recebido em suas contas mais de 400 mil reais de Nóbrega. A coisa em si já seria difícil de explicar, mas ainda havia o agravante de Adriano ter se tornado um dos mais temidos milicianos do Rio de Janeiro. Era mais um fio a ligar os Bolsonaro à milícia.

Outros fios também foram costurados por Flávio. Quando deputado, em 2007, o filho mais velho de Bolsonaro chegou a defender publicamente a atuação de milícias no Rio, afirmando que eram grupos que se "organizam para que o tráfico não impere nessas regiões". Homenagear milicianos era uma prática comum de seus mandatos havia alguns anos e assim seria até o fim de seu período na Assembleia Estadual. Entre 2003 e 2018, Flávio aprovou homenagens — que iam de moções até a medalha Tiradentes, a mais honrosa do Legislativo fluminense — a pelo menos 23 policiais e militares réus ou condenados na Justiça por crimes como lavagem de dinheiro, formação de quadrilha e homicídio. A justificativa era basicamente a mesma: "Pelos inúmeros serviços prestados à sociedade". Entre os homenageados, o major da PM Edson Santos, condenado pelo desaparecimento do pedreiro Amarildo, na Rocinha, e o também major da PM Ronald Pereira, preso como um dos chefes da milícia da favela de Rio das Pedras, uma das maiores da Zona Oeste do Rio. Queiroz foi agraciado duas vezes. Primeiro com uma moção, em 2003, quando era sargento da PM, por desenvolver sua função com "dedicação, brilhantismo e galhardia", e depois em 2005, com a Medalha Tiradentes, por, já tenente, prender "doze marginais". E Adriano da Nóbrega também recebeu seus louros em duas ocasiões. Só que os laços de Flávio com ele, tal qual os seus com Queiroz, iam bem além das medalhas.

Flávio empregou na Assembleia Legislativa a mãe e a mulher de Nóbrega, Raimunda Veras Magalhães e Danielle Mendonça da Costa da Nóbrega, respectivamente. A mãe foi contratada em 2015 e a mulher em 2010. Raimunda, segundo o relatório do Coaf, também fez depósitos na conta de Queiroz. Ambas foram exoneradas no mesmo dia, 13 de novembro de 2018, mas, enquanto lotadas na Alerj, receberam 1 milhão de reais em salários, dos quais 200 mil reais foram transferidos para contas de Queiroz e outros 200 mil reais foram sacados em dinheiro vivo. Não há prova de que algum dia tenham trabalhado. Em 2019, quando a imprensa revelou o parentesco de ambas com o miliciano, Flávio disse que as duas tinham sido indicações de Queiroz. De fato, havia sido ele quem pusera o miliciano na vida de Flávio.

Adriano Nóbrega tinha 21 anos quando ingressou na PM do Rio, em 1996. Quatro anos depois concluiu o curso do Batalhão de Operações Policiais Especiais (Bope) e passou a integrar o grupo de elite da PM. Tornou-se especialista no manuseio de todo tipo de arma de fogo, graduando-se como *sniper* em 2001. Logo se destacou como exímio atirador. Filho de um comerciante e uma dona de casa, cresceu tendo uma vida de classe média baixa. Sua infância foi entre Sampaio, no subúrbio carioca, e Guapimirim, município que fica no pé da serra, e que, apesar de fazer parte da Região Metropolitana do Rio, tem ares de cidade do interior. Seu pai se mudou para ser caseiro de um haras que pertencia a

Waldomiro Pais Garcia, o Maninho, um dos maiores bicheiros do Rio, patrono da escola de samba Salgueiro.

Na polícia, seu apelido era Maromba, adequado ao biotipo musculoso que conquistara às custas de um treino pesado e uma dieta à base de proteínas e anabolizantes. Ganhou a admiração dos colegas por outras qualidades militares além da habilidade com armas, como a capacidade de avançar em campos de difícil acesso, mesmo carregando muitos quilos no corpo. Em poucos anos já comandava treinamentos do Bope, muitos com requintes de crueldade. Um contemporâneo, em entrevista ao jornalista Allan de Abreu, contou que Nóbrega tinha por hábito espancar os alunos, e chegou a quebrar o braço de um e estourar o rim de outro. A truculência não foi um obstáculo para ser tratado como exemplo, um mito dentro da corporação.

A carreira no Bope, entretanto, terminou em 2003, quando Nóbrega foi expulso por indisciplina e suspeita de participar em assassinatos durante operações sob seu comando. Conforme contou o repórter Rafael Soares, costumava fazer incursões clandestinas em favelas, sem conhecimento de seus superiores. Foi transferido para o batalhão de Fabrício Queiroz, e em maio daquele ano veio à tona o primeiro assassinato, do estudante Anderson Rosa de Souza, de 29 anos, durante uma abordagem feita com Queiroz na Cidade de Deus.

Naquele momento, Queiroz era sargento, Nóbrega era tenente. Ambos deixaram o batalhão de Jacarepaguá depois do homicídio. Queiroz foi para o Batalhão de Policiamento em Vias Expressas e Nóbrega para o batalhão de Olaria, no subúrbio da cidade. Mantiveram a amizade, logo estendida a Flávio, com quem o tenente já tivera contato num estande de tiro do Bope.

Em outubro de 2003, o então deputado estadual efetuou a primeira das duas homenagens que faria a Nóbrega, uma menção honrosa por "inúmeros serviços prestados à sociedade". "No decorrer de sua carreira, atuou direta e indiretamente em ações promotoras de segurança e tranquilidade para a sociedade, recebendo vários elogios curriculares consignados em seus assentamentos funcionais. Imbuído de espírito comunitário, o que sempre pautou sua vida profissional, atua no cumprimento do seu dever de policial militar no atendimento ao cidadão."

Em novembro do mesmo ano, viria o segundo assassinato, quando Nóbrega comandava uma equipe conhecida no batalhão de Olaria como Guarnição do Mal. O grupo levava suspeitos de toda sorte ou pessoas que achacavam para um galpão e os torturava com sacos na cabeça e choques elétricos. Nóbrega se envolveu na morte do flanelinha Leandro dos Santos e Silva. O rapaz, que estava sendo torturado, conseguiu interromper a sessão dizendo que pediria à família o dinheiro que lhe era cobrado. Saiu de lá, foi à delegacia e denunciou Nóbrega. Foi morto no dia seguinte.

De início, parecia que esse assassinato não ficaria impune. Em janeiro de 2004, Nóbrega foi preso preventivamente, com outros policiais da equipe, no Batalhão Especial Prisional, a cadeia de PMs no Rio de Janeiro. Em 2005, ainda preso, receberia a segunda homenagem de Flávio, a Medalha Tiradentes, a maior honraria da Assembleia. O deputado a entregou em mãos, dentro da cadeia.

Mas o crime acabaria sem punição. Em outubro de 2005, Nóbrega chegou a ser condenado em primeira instância pelo Tribunal do Júri. Ficou detido no Batalhão Especial Prisional até 2006 e então foi solto, quando a segunda instância do Tribunal de Justiça anulou a sentença da primeira. Em 2007, em um novo julgamento, ele foi absolvido do caso. Com a ficha sem restrições, foi promovido a capitão em 2008. Mas àquela altura já tinha uma dupla identidade havia alguns anos.

Como muitos policiais cariocas corruptos, Adriano da Nóbrega começou a prestar serviços para a contravenção ainda de dentro da PM. Por seu porte físico, seu caráter e sua habilidade com armas, ele despertou o interesse de Rogério Mesquita, importante bicheiro, homem de confiança de Maninho. Mesquita era o responsável pelo haras em que o pai de Nóbrega morava e onde Adriano crescera. O capitão chamava o bicheiro de "padrinho" e era tratado por ele como "afilhado".

A proximidade com Mesquita rendia a Nóbrega acesso a uma das principais dinastias do bicho no Rio de Janeiro. Maninho era filho de Waldomiro Garcia, o Miro, um dos maiores do estado desde os anos 1980. Pai e filho se sentaram juntos no banco dos réus em 1993, quando dez bicheiros foram condenados pela então juíza Denise Frossard, no maior julgamento da contravenção até então feito. Naqueles anos 2000, Miro ainda estava vivo, mas era o filho Maninho quem controlava os negócios da família. O território dominado por Maninho incluía bairros da Zona Sul, onde ele faturava fortunas com as máquinas de caça-níqueis.

A proximidade entre o capitão e os bicheiros se aprofundaria a partir de 2004, quando, saindo de uma academia de ginástica, Maninho foi assassinado. A morte detonaria uma guerra dentro da família pelo espólio de pontos do bicho e a herança de Maninho. Vencia quem primeiro matasse seus inimigos, ainda que fossem todos do mesmo sangue. Nóbrega, até quando estava preso no Batalhão Prisional pela morte do flanelinha, passou a indicar a Rogério Mesquita policiais do Bope para trabalhar como segurança da família. Ganhava um fixo mensal de 5 mil reais pela consultoria.

Pelo menos seis assassinatos entre 2005 e 2010 são atribuídos ao capitão a mando de contraventores. Depois que Maninho morreu, Nóbrega seguiu como segurança da filha dele, Shanna Garcia, e de seu marido, o Zé Personal. Curiosamente, uma das primeiras vítimas dessa lista de seis foi Rogério Mesquita, o "padrinho" de Nóbrega, que o encaminhara à família Garcia. A morte de Mesquita ocorreu num dos pontos mais movimentados de Ipanema, durante o dia, seis meses depois que o antigo homem de confiança de Maninho atribuiu a Zé Personal uma série de crimes ligados à disputa pelo espólio — inclusive uma tentativa de assassinato do próprio Mesquita. Em 2011, um relatório da Secretaria de Segurança do Rio envolvia Nóbrega na execução do bicheiro, mas até o fim de 2021 o crime não fora totalmente esclarecido.

Nóbrega já havia se tornado pessoa de confiança dos Garcia, a ponto de administrar o haras da família em Guapimirim, que naquele momento tinha trezentos hectares e 1,8 mil cabeças de gado e cavalos puro-sangue. Mas, no começo de 2011, o genro de Maninho, Zé Personal, percebeu o desvio de remédios veterinários e de gado, desconfiou de Nóbrega e o demitiu. Em setembro de 2011 seria a vez de Zé Personal ser assassinado, quando estava dentro de um centro de umbanda em Jacarepaguá. No inquérito para apurar a morte do marido, Shanna contou que, antes do assassinato, o haras da família havia sido saqueado em cinco situações, sendo Nóbrega o mandante dos ataques. Em uma das ações, segundo Shanna, ele teria sido enfático: "É melhor você não se meter se quiser ver seu filho crescer". A investigação do assassinato de Zé Personal também seguia sem conclusão até 2021.

Apesar do prontuário caudaloso, só em 2014 a PM do Rio expulsaria Nóbrega por atuar junto à contravenção. A partir daí seu expediente no mundo do crime passou a ser integral. Segundo o Ministério Público do Rio, foi então que ele começou a organizar e chefiar o Escritório do Crime, importante grupo de extermínio da cidade, com forte presença em bairros da Zona Oeste. Originária da favela de Rio das Pedras, a organização era controlada pela milícia havia mais de duas décadas, com tentáculos em quase todas as atividades econômicas, legais ou ilegais, que ali pudessem ser cooptadas. A milícia cuidava de grilagem de terras, construção civil, venda e locação ilegal de imóveis, receptação de carga roubada, posse e porte ilegal de arma, extorsão de dinheiro de moradores e comerciantes, receptação de cargas roubadas. O Escritório do Crime também oferecia, em sua carta de serviços, mortes sob encomenda.

Nóbrega ascendeu rápido. O grupo de matadores de aluguel, formado por policiais e ex-policiais, recebia encomendas de quem quer que fosse, desde que pagassem bem. Os principais clientes, porém, eram os bicheiros. Matar sem deixar rastros era a marca registrada do grupo, que chegava a cobrar 1,5 milhão de reais por assassinato, sempre executado com profissionalismo: nunca usavam celulares pessoais, faziam um levantamento prévio que poderia durar meses. Mapeavam a casa, a rotina, as redes sociais, os caminhos percorridos pelo alvo. O planejamento do assassinato contava ainda com a ajuda de uma rede de informantes na máquina do Estado, que lhes fornecia informações preciosas, como se uma câmera de segurança estava ou não funcionando. Na hora da execução, combinavam destreza e agressividade. Sempre eram dados muitos tiros na vítima e só nela, nenhum disparo a mais, para não machucar ninguém ao redor do alvo. Nas contas do Ministério Público do Rio de Janeiro, desde 2009, o Escritório do Crime esteve envolvido em pelo menos treze assassinatos não esclarecidos.

Os ganhos de Nóbrega se multiplicaram nesse período. O dinheiro embolsado pelos assassinatos de aluguel era aplicado em negócios diversos, com a participação de sua família. O haras de Guapimirim, que ele havia tomado dos Garcia, era administrado por sua irmã. Uma prima geria um rancho em Sergipe. Seus negócios eram vastos e, entre valores em espécie e bens registrados em nome de laranjas, os promotores calculam que seu patrimônio chegava a cerca de 10 milhões de reais. Era dono de terras, imóveis, cavalos de raça, empresas e muitos pontos de jogo do bicho e caça-níqueis. Também tinha participação em grilagem e construção ilegal de imóveis na região de Rio das Pedras.

O destino do antigo capitão do Bope e agora matador Adriano da Nóbrega começaria a mudar em janeiro de 2019, quando o MP do Rio de Janeiro desencadeou a Operação Intocáveis, uma homenagem ao filme estrelado por Kevin Costner e Sean Connery sobre Al Capone, e referência a uma elite de milicianos e integrantes do Escritório do Crime que se considerava acima das leis. Nóbrega era um deles. A Intocáveis, nascida a partir de escutas telefônicas e informações prestadas por anônimos ao Disque-Denúncia, mirava principalmente os três nomes que naquele momento comandavam a milícia de Rio das Pedras: capitão Adriano da Nóbrega, major Ronald Pereira e Maurício Silva da Costa, o Maurição. Não visava o Escritório do Crime em si, mas esbarrou no negócio das mortes por encomenda porque a atividade dos matadores e a dos milicianos muitas vezes eram uma coisa só. Uma prestava apoio à outra e, segundo o MP, major Ronald e capitão Adriano davam as ordens em Rio das Pedras pelo menos desde 2015. De todos os alvos, só Nóbrega fugiu. Maurição e Ronald seguiam presos até abril de 2022.

Nóbrega ficou foragido por pouco mais de um ano e reapareceria de maneira trágica em fevereiro de 2020, na zona rural da cidade de Esplanada, cidade baiana a 170 quilômetros de Salvador. Naquele dia, uma operação conjunta entre policiais do Rio e da Bahia o localizaria num sítio e o mataria. Nóbrega estava ali havia uma semana, certo de que estaria mais seguro do que no esconderijo anterior, do qual teve que sair às pressas. Uma semana antes, a polícia quase o capturara na Costa do Sauípe, resort baiano a 125 quilômetros dali, mas Nóbrega havia conseguido escapar. Em Esplanada, foi morto com um tiro de fuzil e um de carabina, modalidade não muito diferente da que o fez famoso e o levou à cúpula do maior grupo de matadores de aluguel do Rio.

Entre o esconderijo anterior e esse em que foi encontrado, o miliciano telefonou duas vezes para seu advogado, o criminalista Paulo Emílio Catta Preta, mesmo advogado de Fabrício Queiroz e, a exemplo de Paulo Klein, também conhecido de Frederick Wassef. Mera coincidência, segundo Catta Preta. Os telefonemas entre cliente e defensor não eram frequentes. Quando Catta Preta precisava falar com Nóbrega, ele primeiro devia recorrer à irmã do miliciano, Daniela. Já o cliente tinha linha direta com o advogado. No último telefonema, na terça-feira 4 de fevereiro de 2020, Catta Preta tentou convencê-lo a se entregar, dizendo que aquele era o momento ideal: estava confiante em relação a um habeas corpus que anularia a prisão. Mas Nóbrega foi enfático na recusa: "Doutor, eu tenho absoluta certeza que eu não passo de domingo". Ele de fato morreria cinco dias depois, no domingo, 9 de fevereiro. O advogado na hora não deu atenção e aproveitou a deixa para perguntar se ele não estaria mais seguro na cadeia. Nóbrega negou e disse que, se preso, não passaria mais de um dia vivo no cárcere.

No tempo em que ficou foragido, Nóbrega tomou todos os cuidados possíveis. A polícia só o encontrou porque monitorava suas mensagens para familiares e comparsas. Nóbrega adotava a prática de comunicação "ponto a ponto", ou seja, quando dois celulares são usados exclusivamente para se comunicar um com o outro. O ex-capitão tinha um aparelho para falar com cada pessoa e, mesmo assim, só entrava em contato com aqueles em que confiava.

A casa na Costa do Sauípe havia sido alugada no fim de dezembro, para ele, sua então mulher, Julia Lotufo, e a filha dela. Na mesma terça-feira em que Nóbrega falaria por telefone com seu advogado, a polícia cercou a casa. O miliciano percebeu e conseguiu fugir pelos fundos, cruzou um mangue, mergulhou numa lagoa, nadou até a restinga e chegou à praia. Depois correu por mais cinquenta minutos até a cidade mais próxima, onde alugou um carro. Até chegar à cidade de Esplanada, o miliciano alugou ao todo quatro carros em um período de três horas, por temer estar sendo seguido.

Primeiro Nóbrega se escondeu na fazenda do pecuarista Leandro Guimarães, que mais tarde afirmou à polícia ter conhecido o ex-capitão em vaquejadas e ignorar sua ficha policial. O MP desconfiava, no entanto, que Leandro também fosse laranja de Nóbrega: no ano anterior, ele havia sido testemunha de defesa em um processo em que Nóbrega era acusado de homicídio, grilagem de terra e agiotagem. No sábado, 8 de fevereiro, Lotufo lhe enviou uma mensagem avisando que ele fora descoberto: "Não fica mais aí". Foi então que Nóbrega se deu conta de que não estava seguro. Leandro o levou ao sítio. Ao chegar, escreveu a Júlia para tranquilizá-la: "Já tô no rancho. Fica trank. Segue com Deus. Vai dar certo".

Na manhã do domingo, cerca de setenta homens participaram da ação que matou Nóbrega, segundo a versão oficial da Secretaria de Segurança Pública da Bahia, baseada no depoimento dos agentes envolvidos. Nóbrega estaria armado de uma pistola e teria sido baleado depois de resistir e atirar sete vezes.

O exame de necrópsia mostrou que as duas balas que o atingiram foram disparadas a mais de um metro e meio de distância. Mas a necrópsia também mostrou que muito provavelmente Nóbrega estava deitado quando foi alvejado pelo menos uma vez. No mesmo domingo do crime, levantaram-se suspeitas de queima de arquivo. Especialistas observaram que Nóbrega estava em um espaço relativamente simples para a polícia fazer um cerco bem-sucedido, de modo a capturar o foragido. Mais: como os policiais tinham a vantagem do fator surpresa, poderiam estudar o momento ideal antes agir. Era também pouco plausível que alguém com a experiência militar de Nóbrega julgasse que, sozinho, poderia agir contra dezenas de policiais que o cercavam.

Três dias depois de sua morte, Flávio Bolsonaro foi ao Twitter denunciar que "pessoas" estavam acelerando a cremação do corpo do amigo "para sumir com as evidências de que ele foi brutalmente assassinado na Bahia". Foi a primeira declaração pública de algum dos Bolsonaro sobre o caso. O presidente só se manifestou passados seis dias do assassinato, afirmando que quem matou Nóbrega foi a "PM da Bahia, do [governador do] PT". A partir de então, tanto o presidente quanto seus filhos adotaram uma narrativa semelhante: a morte de Nóbrega havia sido uma armação contra eles. Alguns dias depois, Flávio Bolsonaro postou no Twitter um vídeo mostrando um corpo que ele garantia ser do miliciano: "Perícia da Bahia (governo PT) diz não ser possível afirmar se Nóbrega foi torturado. Foram sete costelas quebradas, coronhada na cabeça, queimadura com ferro quente no peito, dois tiros a queima-roupa (um na garganta de baixo p/cima e outro no tórax, que perfurou coração e pulmões". O secretário de Segurança Pública da Bahia, Maurício Barbosa, rebateu Flávio e pôs em dúvida a autenticidade das imagens. O diretor do Instituto Médico Legal da Bahia também desconfiou da autenticidade do vídeo e negou que houvesse sinais de tortura e agressão no corpo da vítima.

Passados pouco mais de seis meses, a Polícia Civil da Bahia concluiria a investigação, descartando a possibilidade de Nóbrega ter sido torturado e executado. A perícia indicou que ele revidara à ordem de prisão com sete tiros, atingindo os escudos dos policiais, uma parede e uma janela. O advogado Paulo Emílio Catta Preta, então representante apenas da viúva Julia Lotufo, pediu que o carregador da arma passasse por perícia. Ela nunca foi feita. Ele também pediu a gravação das comunicações entre os policiais participantes da operação. A polícia da Bahia informou não possuir esse registro. No entanto, a Justiça atendeu o pedido da exumação do corpo e nova autópsia foi feita em julho de 2021, de modo a possibilitar que as imagens fornecessem mais detalhes. Até dezembro de 2021, o resultado dessa nova perícia seguia em segredo.

Aquele abraço

Na tarde de 20 de abril, na mesma semana em que Sergio Moro pediria demissão, e dois meses antes de Fabrício Queiroz ser encontrado, Jair Bolsonaro recebeu no Palácio do Planalto o deputado Arthur Lira, do PP de Alagoas, líder do partido e uma das lideranças mais influentes do Centrão. Foi uma conversa objetiva, acompanhada pelo general Luiz Eduardo Ramos, ministro da Secretaria de Governo e responsável pela articulação política. Em pauta, a direção do Fundo Nacional de Desenvolvimento da Educação (FNDE), autarquia do MEC que naquele momento geria um dos maiores orçamentos da Esplanada, nada modestos 50 bilhões de reais. Lira e o senador Ciro Nogueira, presidente do PP, tinham um nome para o cargo. Entregar o FNDE a ambos era uma retaliação a Rodrigo Maia: até dezembro de 2019, a autarquia estivera sob controle de uma indicação de Maia. Com a deterioração das relações entre o presidente da República e o da Câmara, o apadrinhado deste último foi devidamente demitido. Lira, que carpia o terreno para se candidatar a presidente da Câmara na sucessão de Maia, desde o começo do ano vinha tratando Bolsonaro a pão de ló, e aos poucos se afastava de Maia, de quem era aliado. Sabia da importância da preferência do Planalto na disputa para a qual se preparava. Já estavam quase se despedindo quando Lira perguntou se o mandatário não poderia gravar um vídeo para sua mulher e seu filho: "São seus fãs, presidente. Vão adorar, sempre me pedem". Bolsonaro se prontificou e se levantou ao mesmo tempo que o deputado, que, com agilidade, já invertia o celular e começava a filmar-se ao lado do presidente, no modo selfie. "Olá, Ângela, olá, Álvaro, Jair Bolsonaro aqui. Tô colado aqui no maridão, no pai. Um grande abraço a vocês dois. Tamo junto, hein? Valeu!", disse um sorridente Bolsonaro, com o gabinete presidencial ao fundo, registrando para a eternidade um documento que simbolizava à perfeição a guinada do político rumo à turma que, até alguns meses antes, ele e seus aliados chamavam de "velha política".

A prisão de Queiroz em junho obrigou Bolsonaro a acelerar a intimidade com o Centrão, processo que já estava em curso desde o fim de 2019. Embora tenha aprovado a reforma da Previdência no primeiro ano do governo e escapado das ameaças de impeachment que o rondaram, o presidente se sabia devedor de Rodrigo Maia, ao qual não podia chamar propriamente de aliado. Mas ambos os feitos se deviam ao esforço do presidente da Câmara, que na verdade fazia um jogo duplo: em público, criticava o governo, impedindo retrocessos na pauta de costumes e posicionando-se quando via ameaças à democracia; nas coxias, porém, fora essencial para os êxitos legislativos de Bolsonaro em 2019. Maia ajudava na aprovação de boa parte da pauta econômica do governo e, não menos importante, ignorava os cada vez mais frequentes pedidos de impeachment de Bolsonaro (só em 2019, recebera cinco). Mas no Planalto ele era visto com desconfiança, era tido até mesmo como inimigo, um Brutus que, se pudesse, apunhalaria seu Júlio César — guardadas todas as proporções... Encontrar uma maneira de driblar Maia a partir do segundo ano de governo era uma tarefa a ser ticada o mais rápido possível. Em janeiro, numa conversa no Planalto com Ramos e o deputado bolsonarista Otoni de Paula, do PSC do Rio de Janeiro, o presidente anunciou que via no Centrão o caminho para conquistar a maioria na Câmara e dar esse drible. "Eu não termino o ano do jeito que eu comecei", ele disse. Foi nesse contexto que surgiu a mão amiga de Arthur Lira.

Então com cinquenta anos, no terceiro mandato de deputado federal, Lira era um dos poucos parlamentares que não se importava em ser tachado como integrante do Centrão. Tinha quase orgulho disso. Chefe político de uma das famílias mais poderosas de Alagoas, ele era filho do ex-senador Benedito de Lira, político que, como mais tarde faria o filho, havia sido aliado de governos de diferentes matizes. Eleito vereador em Maceió aos 23 anos pelo antigo PFL, Lira, o filho, teve dois mandatos na Câmara de Vereadores e três de deputado estadual antes de, em 2010, se eleger deputado federal, já pelo PP. Entusiasta da base de Dilma Rousseff no começo de seu governo, em 2016 se mostrou um dos mais aguerridos deputados a trabalhar por seu impeachment. Naquele ano, era o primeiro soldado da tropa de choque de Eduardo Cunha, então presidente da Câmara, e de quem sempre se dissera admirador. Não à toa, Lira fora um dos dez votos contrários à cassação do deputado, por quebra de decoro parlamentar, em razão de ter mentido que não tinha contas na Suíça.

A ficha corrida de Lira com a Lava Jato e outras investigações criminais também não era flor que se cheirasse. Em 2007, em sua última passagem pela Assembleia de Alagoas, o deputado havia sido alvo da Operação Taturana, responsável pela apuração de desvios de 280 milhões de reais na Casa por meio de cheques em nome de laranjas e empréstimos bancários fraudulentos. O inquérito, que terminaria arquivado, identificou movimentações financeiras de 13,1 milhões de reais feitas por Lira entre 2001 e

2006, incompatíveis com sua declaração de imposto de renda. No ano anterior a essa operação, o deputado também estampara as páginas policiais dos jornais: sua mulher o acusava de tê-la espancado. Em 2006, Jullyenne Cristine Santos registrou uma ocorrência em Maceió dizendo ter sido vítima de tapas, socos e chutes do deputado estadual, supostamente irritado por ela ter sido vista com outro homem. Na ocasião, ela arrolou três testemunhas: seu irmão, sua mãe e a babá dos filhos, que confirmaram ter presenciado as agressões. O exame de corpo de delito identificou oito lesões. Oito anos depois, todos prestaram novos depoimentos e disseram ter inventado tudo a fim de prejudicar Lira, que terminaria inocentado no STF. Mas suas complicações no Supremo não se encerravam aí. A Lava Jato o tornaria réu em dois processos na corte, um por corrupção passiva, em que era acusado de receber 1,5 milhão de reais em propina, e outro por integrar o chamado "quadrilhão do PP", um dos processos com maior número de réus da operação. Anos depois, seria inocentado em ambos.

Gravar um vídeo com um deputado com esse perfil era simbólico, sublinhava o pinote que o presidente dava no discurso com o qual se elegera. A partir de julho de 2018, quando os partidos do Centrão fecharam apoio à candidatura de Geraldo Alckmin, Bolsonaro engrossou para o lado do grupo. Ele, seus filhos e aliados passaram a atacar o Centrão, pretendendo com isso se projetar como a "nova política", um governo impermeável a trocas de cargos e verba por apoio. No dia do lançamento de sua candidatura, Bolsonaro, irônico, agradeceu a Alckmin por reunir "a escória da política brasileira". O general Augusto Heleno foi na mesma linha: "Querem reunir todos aqueles que precisam escapar das barras da lei num só núcleo. Daí se criou o Centrão. O Centrão é a materialização da impunidade", disse, pouco depois entoando a paródia de "Reunião de bacana", samba do compositor da Portela Ary do Cavaco: "Se gritar pega Centrão, não fica um, meu irmão". O vídeo desse trecho viralizaria nas redes e sempre seria usado para ilustrar a mudança entre o Bolsonaro candidato e o Bolsonaro presidente.

Na esteira da liberação de cargos para o Centrão, o presidente recebeu apoio público de Roberto Jefferson, o cacique do PTB que em 2005 revelou o escândalo do "mensalão". Jefferson se tornou um dos mais incisivos defensores de Bolsonaro, mantendo seu estilo performático e populista com frases como "Para derrubar Bolsonaro, só se for à bala", ou ao pedir ao presidente que cassasse todas as concessões da TV Globo e "demitisse" os ministros do STF. Aos poucos, o governo Bolsonaro ia ficando cada vez mais parecido com o Bolsonaro da Câmara, que, como ele mesmo admitiria em 2021, sempre pertencera ao clube do Centrão.

Os movimentos rumo ao Centrão se tornavam ainda mais necessários à medida que a oposição se organizava. Os descalabros no enfrentamento da pandemia e a queda da popularidade deram gás aos adversários do governo e criaram um até então inédito movimento pela criação de uma frente ampla contra Bolsonaro. Um dos primeiros movimentos havia sido feito em 1º de abril por Lula, que foi ao Twitter elogiar João Doria, o mais agressivo dos tucanos: "Chegamos ao ponto do Doria ter que mandar a PM invadir fábrica pra pegar máscara. A gente tem que reconhecer que quem tá fazendo o trabalho mais sério nessa crise são os governadores e os prefeitos". Doria respondeu o afago. "Temos muitas diferenças. Mas agora não é hora de expor discordâncias. O vírus não escolhe ideologia nem partidos. O momento é de foco, serenidade e trabalho para ajudar a salvar o Brasil e os brasileiros."

No mesmo mês, enquanto Bolsonaro espinafrava os presidentes da Câmara e do Senado, vinte governadores assinaram uma carta de apoio aos dois. Só os governadores alinhados ao governo não a endossaram. No dia 24, Fernando Henrique Cardoso, que desde 2019 vinha fazendo críticas duras a Bolsonaro, foi ao Twitter pedir a renúncia do presidente.

Àquela altura, 17% dos eleitores do ex-capitão já se diziam arrependidos. Os pedidos de impeachment se avolumavam: Ciro Gomes apresentou o 24º, e o PT, que de início não se pronunciara publicamente, resolveu apoiar a moção. Em 1º de maio, as centrais sindicais organizaram um ato virtual para debater a conjuntura política, com a participação de adversários como FHC, Ciro Gomes, Marina Silva e Lula. Este, entretanto, recusou-se a assinar um manifesto conjunto contra Bolsonaro, dizendo não ver representado no documento o "interesse da classe trabalhadora". "Eu quero tirar o Bolsonaro e fazer as eleições diretas para escolher um candidato a presidente, e que seja eleito com um programa. E estou muito à vontade para fazer isso porque eu estou inelegível. Eu não quero ser candidato. O que eu não quero é ser massa de manobra", disse, no começo de junho, em entrevista à repórter Luciana Lima.

Sem esperar por Lula ou o PT, a oposição seguia se organizando. Seiscentos juristas e operadores do direito assinariam o manifesto "Basta!", também em junho, pedindo a ação da Justiça contra ataques aos outros poderes. Dias depois, 130 entidades e grupos de diferentes espectros políticos e tradições da sociedade civil, reunidos pela iniciativa Pacto pela Democracia, divulgaram outro documento, no qual diziam ser "preciso reconhecer de forma inequívoca que a ameaça fundamental à ordem democrática e ao bem-estar do país reside hoje na própria Presidência da República". Nesse mesmo mês, num dos momentos mais simbólicos da tentativa de união de adversários, FHC, Ciro Gomes e Marina Silva deram uma entrevista conjunta à jornalista Míriam Leitão, conclamando uma "frente ampla para defender a democracia".

Nada disso mobilizava Rodrigo Maia, que não tomava nenhuma medida efetiva contra o chefe. Uma das vozes que primeiro se levantava para apontar os arbítrios do ex-capitão, o presidente da Câmara evocava diferentes razões para não analisar os pedidos de impeachment que lhe eram enviados. Até abril de 2020, foram apresentados 29. Maia havia analisado e recusado somente um deles, anônimo, o que não é permitido pelo regimento da Câmara. Em agosto, em entrevista ao *Roda Viva*, ele disse que não via crime em nenhum dos pedidos que recebera até então. Disse ainda que, com a pandemia bombando, ele não aceitaria um pedido que certamente seria alvo de uma série de recursos e ocuparia um tempo que governo e oposição deveriam dedicar ao combate ao vírus. Em conversas privadas, Maia avaliava que o impeachment dificilmente teria os 342 votos para ser aberto na Câmara. Temia que, uma vez vitorioso, Bolsonaro saísse mais fortalecido. E ele, enfraquecido. Era mais proveitoso jogar com o permanente temor de Bolsonaro de ser alvo de um processo de impeachment do que com o risco de uma vitória do presidente. Mas isso ele não admitia abertamente.

A pressão pelo impeachment pesava sobre Bolsonaro tanto quanto seu temor de que a espada ceifasse a cabeça do primogênito "no tocante" ao caso Queiroz. Após a prisão do ex-assessor, o Zero Um havia passado sua defesa para Luciana Pires, Juliana Bierrenbach e Rodrigo Rocca. Pires, do Rio de Janeiro, já defendia o senador num caso de suposta falsidade ideológica eleitoral por ter declarado à Justiça eleitoral, em 2018, um imóvel com valor inferior ao de mercado.

Em agosto, os três advogados apresentaram a seu cliente ilustre uma nova tese de defesa. No relatório do Coaf que listava as movimentações suspeitas de Queiroz, Bierrenbach havia encontrado indícios de que o Zero Um poderia ter sido alvo de uma organização criminosa que os defensores acreditavam operar dentro da Receita. As atividades da tal máfia envolviam a fabricação de dossiês contra diferentes alvos, para atender a interesses políticos ou econômicos, achacando empresários. A tese consistia na suspeita de que esse grupo teria vasculhado ilegalmente os dados tributários de Flávio e da dentista Fernanda Bolsonaro, sua mulher, com o objetivo de encontrar material para subsidiar um relatório do Coaf e, daí, gerar uma investigação no Ministério Público contra o então deputado estadual. Bierrenbach reunira um longo histórico indicando que a Receita não havia investigado denúncias da atuação dessa quadrilha, instalada nos escritórios da Corregedoria e da inteligência da Receita no Rio de Janeiro. O Zero Um vibrou. Se ficasse provado que ele fora alvo de uma devassa fiscal ilegal, seria o fim do caso Queiroz, que facilmente seria anulado na Justiça por um vício de origem.

Na noite de 25 de agosto, Pires e Bierrenbach foram recebidas por Jair Bolsonaro para apresentar a tese de defesa e pedir a atuação do governo federal para a obtenção de provas que a sustentassem. Presentes no gabinete presidencial também o ministro Augusto Heleno e o diretor da Abin, Alexandre Ramagem. Na conversa de cerca de uma hora, as advogadas expuseram os detalhes de como funcionaria a suposta organização criminosa. Em 2017, funcionários da Corregedoria da Receita teriam sido perseguidos por se recusarem a participar de uma armação elucubrada por colegas que elaboraram denúncias apócrifas contra diferentes alvos, a partir de dados da inteligência da Receita. O caso chegara a ser investigado pelo Sindicato Nacional dos Auditores Fiscais da Receita, mas havia sido arquivado sem conclusão. O famigerado relatório do Coaf apresentaria características semelhantes às práticas irregulares de que a Corregedoria da Receita no Rio fora acusada naquele episódio. O presidente, estupefato, perguntou a Ramagem: "Você sabia disso?". Um constrangido chefe da Abin respondeu de maneira evasiva. Não sabia.

Ramagem e Heleno estavam ali a pedido do presidente porque, na visão dos Bolsonaro, tratava-se de uma potencial violação da "segurança da família presidencial". O argumento até poderia servir para explicar a presença do general, mas não a do chefe da Abin. De qualquer modo, Ramagem ficou com uma cópia da petição que as advogadas haviam levado para protocolar no Gabinete de Segurança Institucional (GSI), na qual solicitavam uma investigação, baseadas na tal "segurança da família presidencial". No dia seguinte, Ramagem devolveria o documento orientando que as duas o apresentassem à Receita Federal, o que foi feito. Mas a participação do delegado, segundo a advogada Luciana Pires relataria depois ao autor deste livro, numa reportagem da revista *Época*, não teria terminado naquele dia.

Segundo Pires, Ramagem teria produzido pelo menos dois relatórios para Flávio Bolsonaro e seus advogados, orientando-os sobre os procedimentos para conseguir os tais documentos que provariam a atuação ilegal de servidores da Receita. Os relatórios foram enviados a Flávio por WhatsApp e, também pelo aplicativo, repassados a seus advogados. Não atendiam ao padrão textual nem tinham o timbre da Abin, num indicativo de que haviam sido produzidos fora da agência. Um deles era autoexplicativo já no título. No campo "Finalidade", o documento dizia: "Defender FB no caso Alerj demonstrando a nulidade processual resultante de acessos imotivados aos dados fiscais de FB". Luciana Pires recebeu diretamente de Flávio os documentos, que faziam uma série de imputações a servidores e ex-secretários da Receita. O relatório sugeria a substituição de servidores e propunha uma "alternativa de prosseguimento", que envolveria diversos órgãos do governo, mobilizados para que se fizesse uma "apuração especial" com o intuito de investigar a suspeita da defesa de Flávio.

De fato, o governo já estava mobilizado desde o momento em que as advogadas foram se encontrar com Bolsonaro. A defesa do Zero Um se reuniu com o então secretário da Receita, José Barroso Tostes Neto, a quem foi levado o documento antes entregue a Ramagem. A petição detalhava o que era a "apuração especial": uma pesquisa no histórico de acessos aos dados de Flávio e de sua mulher. Tais acessos teriam sido efetuados por meio de senha que não deixava rastros. Uma portaria da Receita realmente previa que, por decisão superior, consultas, inclusões, alterações e exclusões no sistema do órgão poderiam ser feitas de "modo invisível". "Os eventos de consulta que envolvam informações protegidas por sigilo fiscal ou bancário poderão não ser registrados, por decisão da Unidade Gestora", afirma o artigo oitavo da portaria 693 da Receita, de 13 de fevereiro de 2014. O secretário da Receita topou ir adiante com a pesquisa e dias depois fez um delivery a Flávio Bolsonaro.

Em 17 de setembro, Tostes Neto foi à casa do senador, na Asa Sul, levar o resultado da encomenda. A advogada Luciana Pires também estava presente. O secretário apresentou uma planilha com datas e nomes de quem tinha acessado o perfil do senador. Não havia nenhum acesso injustificado. Flávio não gostou do que ouviu e viu, e ponderou que, se a planilha registrava todos os acessos a seu perfil tributário, deveriam estar listadas as vezes que o próprio prestou contas ao Leão, na declaração do imposto de renda. Tostes Neto explicou que a premissa não estava correta, mas Flávio não acreditou. Ou não quis acreditar.

As advogadas então partiram para o Serviço Federal de Processamento de Dados (Serpro), órgão responsável por gerir o sistema da Receita. No dia 29 de setembro, o diretor-presidente da entidade, Gileno Gurjão Barreto, se deslocou até uma casa no Lago Norte, onde encontrou Juliana Bierrenbach e o próprio senador, que pediu que o Serpro levantasse os dados que, na visão deles, vinham sendo sonegados pela Receita. Gurjão Barreto se recusou a fazer o serviço, invocando um contrato de confidencialidade: nenhum dado poderia ser fornecido sem a autorização da autoridade fiscal.

A revelação do caso nas reportagens publicadas na revista *Época* entre outubro e dezembro de 2020 atiçou ainda mais a oposição, que pediu ao STF que Flávio e todos os citados fossem investigados. A ministra Cármen Lúcia deu um chega pra lá em Augusto Aras, e o procurador-geral se viu impelido a abrir uma investigação preliminar. Não que tal procedimento significasse um enfrentamento, uma vez que ele consiste em fazer perguntas aos diferentes órgãos para só então determinar se o teor das respostas é passível de um inquérito do STF. O PGR vinha adotando tal estratégia sempre que se via obrigado a tomar alguma atitude em relação ao chefe.

Ramagem negou a autoria dos relatórios e ordenou uma investigação interna na Abin para provar que aqueles documentos não tinham sido produzidos pela agência. A sindicância lhe deu razão: considerando o padrão textual diferente, a falta de timbre e o envio por WhatsApp, os relatórios evidenciavam a existência de uma estrutura de inteligência paralela, ilegal. O diretor da Abin, entretanto, nunca conseguiu driblar as afirmações de Luciana Pires. À revista *Época*, a advogada disse não ter seguido as recomendações que, segundo ela, haviam sido da lavra do diretor da Abin. "Nenhuma orientação do Ramagem o Flávio seguiu ou me pediu para seguir. [...] Ele ia ajudar em quê? Ele não tem a menor ideia do que está acontecendo lá dentro [da Receita], eu tenho mais informação do que ele. Ele sugeriu esse monte de ação que ninguém seguiu nada", contou. Ramagem seguiria sustentando que não produzira nenhuma linha daquelas orientações enviadas por zap. Pelo menos até março de 2022, Augusto Aras parecia ter esquecido o assunto em alguma gaveta da PGR.

Enquanto Aras mais uma vez demonstrava que não estava ali para trazer dores de cabeça ao presidente, e a relação deste com o Congresso melhorava graças à conexão direta com o Centrão, passando por cima de Rodrigo Maia, os embates de Bolsonaro com o Supremo também davam sinais de arrefecimento. A prisão de Queiroz e a consequente fragilização de Flávio Bolsonaro não foram os únicos fatos a contribuir para isso. Após a operação de 27 de maio contra empresários e blogueiros bolsonaristas, começaram a chegar ao presidente rumores de que Alexandre de Moraes planejava outra medida, muito mais drástica, caso o Planalto insistisse em esgrimar contra o Supremo: a prisão de Carlos e Eduardo Bolsonaro no âmbito do inquérito das fake news. Ministros do Planalto comentavam que Moraes teria em mãos elementos suficientes para endurecer contra os filhos do ex-capitão, especialmente Carlos, cuja prisão não precisaria ser validada pela Câmara dos Deputados.

Em julho a paranoia aumentou. No começo do mês, o Facebook derrubou páginas na plataforma e no Instagram, que disseminavam conteúdo falso e agressões contra adversários do governo e instituições. Numa investigação feita em parceria com o Atlantic Council's Digital Forensic Research Lab, organização que fazia análises independentes de remoções de conteúdo postado por robôs, o Facebook identificara que algumas dessas páginas eram administradas por Tércio Arnaud Thomaz, assessor de Bolsonaro no Planalto e um dos integrantes do gabinete do ódio — que, segundo a própria PF já havia concluído, era subordinado a Carlos Bolsonaro. Outra página derrubada era administrada por dois assessores de Eduardo Bolsonaro na Câmara: Paulo Eduardo Lopes, vulgo Paulo Chuchu, e Eduardo Guimarães, espécie de braço direito do Zero Três no mandato. Lopes fora exonerado dias antes de a investigação vir à tona e passara a ser lotado no gabinete de um dos mais extremados deputados bolsonaristas, Daniel Silveira. As descobertas do Facebook e do Atlantic Council eram, até aquele momento, o que publicamente havia de mais forte ligando Carlos e Eduardo aos esquemas investigados por Alexandre de Moraes.

O material dos inquéritos das fake news e dos atos antidemocráticos também preocupava o governo em outra frente. Havia o temor de que as investigações do STF pudessem pavimentar o caminho da cassação do presidente no Tribunal Superior Eleitoral (TSE), onde, desde 2018, após as revelações feitas pelas reportagens de Patrícia Campos Mello, inquéritos apuravam se e como havia ocorrido o disparo ilegal de mensagens em massa na campanha presidencial de Bolsonaro. A avaliação entre ministros do TSE era que, se fosse autorizado o compartilhamento das provas do STF com a Justiça Eleitoral, o caso poderia ganhar fôlego.

Pessoalmente, Bolsonaro se preocupava menos com o TSE e mais com o destino da prole. Em uma conversa com o deputado bolsonarista Otoni de Paula, em meados de 2020, o presidente, aturdido pelos relatos sobre os riscos de uma possível prisão de Carlos e Eduardo, desabafou: "O que você seria capaz de fazer por um filho? Eu faço qualquer coisa".

O primeiro aceno concreto de Bolsonaro ao Centrão ocorreu dias antes da captura de Queiroz, quando Bolsonaro recriou o Ministério das Comunicações e convidou o deputado Fábio Faria, então no PSD do Rio Grande do Norte, para comandá-lo. Faria, além do bom trânsito entre diferentes partidos e com ministros do STF, tinha outra credencial de peso: era marido da apresentadora Patrícia Abravanel e, portanto, genro do empresário Silvio Santos, dono do SBT, uma das emissoras mais próximas do Planalto. Bom de papo, de perfil moderado, ele foi bem recebido também entre a cúpula dos veículos de comunicação que mantinham postura crítica ao governo, como a TV Globo, e os jornais de circulação nacional, na expectativa de que conseguisse profissionalizar a relação do presidente com a imprensa. Sua posse reuniu, além dos donos de emissoras com quem o governo já tinha boa relação, como a RedeTV! e a Band, o vice-presidente de relações institucionais do Grupo Globo, Paulo Tonet. O discurso de posse deu o tom do propósito apaziguador de sua chegada ao governo. "É hora de pacificar. […] Também é tempo de um armistício patriótico e deixarmos a arena eleitoral para 2022."

Para se ter a dimensão da necessidade de apaziguamento, naquele mesmo dia, 17 de junho, do outro lado da Praça dos Três Poderes, o STF julgava a legalidade do inquérito das fake news. Alexandre de Moraes leu algumas das ameaças que havia recebido nas redes sociais, com o objetivo de responder aos bolsonaristas que criticavam o inquérito por supostamente restringir a liberdade de expressão. "'Que estuprem e matem as filhas dos ordinários ministros do STF.' […] 'Quanto custa atirar à queima--roupa nas costas de cada filho da puta ministro do STF que queira acabar com a prisão em segunda instância? Se acabar com a segunda instância, só nos resta jogar combustível e tocar fogo no plenário com os ministros dentro.' Onde está aqui a liberdade de expressão?", Moraes perguntou. "Já temos em poder armas com munição de grosso calibre. Esconda seus filhos e parentes bem escondidos na Europa, porque aqui você não vai ter onde se esconder. O inferno e a revolta vão cair sobre sua cabeça. Faremos um tribunal em praça pública com direito a fuzilamento de todos os parasitas e vagabundos estatais", continuou. No dia seguinte, ele e Dias Toffoli, que tinha aberto o inquérito de ofício, sairiam vitoriosos, com dez dos onze ministros decidindo pela continuação das investigações.

O segundo aceno concreto ao STF veio com a degola de Abraham Weintraub. Após a demissão, um trio de bombeiros entrou em jogo: Jorge Oliveira, da Secretaria-Geral, José Levi, da AGU, e André Mendonça, do Ministério da Justiça. Os três foram a São Paulo para se encontrar com Alexandre de Moraes, que não morava em Brasília desde que as sessões no STF tinham se tornado virtuais. Anunciaram que o presidente havia entendido a necessidade de recuar e perguntaram se ele toparia uma conversa.

No mesmo dia Bolsonaro e Moraes falaram ao telefone, numa conversa em que este último disse abertamente ao interlocutor não ter nada contra ele e que estaria disposto a manter uma relação positiva.

Na semana seguinte, o trio de bombeiros visitou outro ministro, Gilmar Mendes, e repetiu que estava em curso um movimento de moderação. Gilmar reiterou o que dissera a Bolsonaro semanas antes e sugeriu que o presidente criasse um comitê de crise para enfrentar a pandemia, mas também para melhorar o diálogo entre o Executivo e os demais poderes.

Apesar do clima de aparente distensão, avizinhava-se um dos momentos potencialmente mais tensos da relação entre o Planalto e o Supremo: a aposentadoria de Celso de Mello, que completaria 75 anos em 1º de novembro, mas que devido a um tratamento médico decidira antecipar sua saída para outubro. Bolsonaro não esperou a cadeira do decano esfriar e, duas semanas antes da despedida, decidiu fazer o anúncio de seu indicado, num gesto de vingança contra o ministro que lhe era mais crítico.

O nome aparentemente mais cotado era o do ministro Jorge Oliveira, da Secretaria-Geral, talvez o quadro do time do Planalto em quem Bolsonaro mais confiava. Major da PM do Distrito Federal, Jorginho, como era chamado, era advogado e assumira o ministério em junho de 2019 depois da saída do general Floriano Peixoto, que havia ocupado o posto em fevereiro, depois da demissão de Gustavo Bebianno. Era uma subida meteórica para o PM, que já começara o governo com um cargo alto, como subchefe de Assuntos Jurídicos da Casa Civil. Oliveira frequentava a casa dos Bolsonaro desde adolescente. Seu pai, o capitão do Exército Jorge Francisco, trabalhou com o então deputado federal Jair Bolsonaro por mais de vinte anos e era uma das pessoas de mais confiança de Jair, sendo para o então deputado o que Queiroz havia sido para Flávio. Jorge Francisco tinha morrido em 2018, meses antes da campanha, e o filho já trabalhava para os Bolsonaro desde 2015. Era chefe de gabinete de Eduardo Bolsonaro, de quem também havia sido padrinho de casamento em 2019. Antes da função, por anos foi assessor parlamentar da PM do DF na Câmara dos Deputados, tendo bom trânsito com diversos políticos e partidos. No Planalto, era o único ministro com sala no terceiro andar, o mesmo de Bolsonaro, e também o único que todos os dias despachava com o presidente. A capacidade de diálogo também o credenciava para ser indicado ao Supremo, e assim quem sabe desanuviar a relação do presidente com os demais ministros. Mas a escolha esbarrava num detalhe: o currículo do candidato.

Formado em direito havia catorze anos — graduara-se em junho de 2006 —, Jorginho tinha, até então, apenas sete anos de filiação à OAB. Fora aprovado no exame em 2013. À boca miúda, ele mesmo admitia não se sentir preparado para a função. Mas, a considerar outras escolhas já feitas pelo presidente, talvez sua inexperiência não fosse um problema.

Por fora, corriam alguns nomes evangélicos, bem situados diante da promessa feita pelo ex-capitão no ano anterior, de que indicaria um evangélico para uma das duas vagas no STF que teria à disposição. Também no STJ havia interessados; além de João Otávio de Noronha, o presidente, outros ministros se movimentavam.

Um deles tinha um excelente cabo eleitoral. Luiz Fux, que substituíra Dias Toffoli na presidência do STF em setembro, vinha fazendo campanha para Luis Felipe Salomão, ministro do STJ. Fux sugeriu o nome do amigo diretamente a Bolsonaro, em uma conversa que tiveram no dia da posse do ministro como presidente do Supremo. "Eu acho que o senhor deveria escolher um juiz de carreira. Um bom nome é o ministro Salomão", sugeriu Fux. Bolsonaro respondeu de pronto: "Gosto muito dele, mas vou nomear alguém pra agradar todo mundo".

No fim de setembro, a especulação acerca do nome estava a todo vapor. No dia 28 de setembro, a senadora Kátia Abreu ofereceu um jantar para, entre outros, Gilmar Mendes, Bruno Dantas, ministro do Tribunal de Contas da União (TCU), e o senador Renan Calheiros. Todos apostavam suas fichas em Jorge Oliveira. A pouca experiência de fato era um problema, mas Jorginho não deveria ter dificuldade para ser aprovado no Senado. Ficou acertado que no dia seguinte Davi Alcolumbre iria ao Planalto e tentaria assuntar com Bolsonaro quem era o escolhido.

Como combinado, na tarde de 29 de setembro Alcolumbre chegou ao Planalto para especular junto ao presidente. Sim, Bolsonaro de fato já havia pensado num nome para o Supremo, mas pediu que o senador telefonasse a Dias Toffoli e Gilmar Mendes para marcar um encontro. Bolsonaro queria lhes apresentar o escolhido e pedir a opinião de ambos, seus principais interlocutores no STF. Assim, esperava, eles se sentiriam prestigiados com a deferência. Alcolumbre ligou para Gilmar e perguntou se ele poderia recebê-los às sete da noite. Às sete em ponto, o carro da Presidência da República adentrou o terreno da chácara em que Gilmar mora no Setor de Mansões do Lago Norte. Alcolumbre chegara uma hora antes e Toffoli ainda demoraria mais uma hora. O presidente estava acompanhado do ministro Fábio Faria e do desembargador do Tribunal Regional Federal da 1ª Região (TRF-1) Kassio Nunes Marques. Então era este o escolhido. Oriundo da advocacia, Nunes Marques já mexia seus pauzinhos fazia algum tempo. Mas sua meta era chegar ao STJ, não ao STF. Não havia pessoa do círculo do poder de Brasília que não soubesse que ele estava em campanha para ocupar a próxima vaga do tribunal em que o escolhido tivesse que ser um desembargador federal.

A escolha de Nunes Marques foi de fato bem recebida no STF, que receava que a inexperiência de Jorge Oliveira prejudicasse a qualidade das decisões da Casa. Ou que o ex-capitão sacasse do bolso do colete um nome cuja presença, por si só, fosse uma agressão aos demais ministros. Não era o caso de Nunes Marques, desembargador nomeado por Dilma Rousseff em abril de 2011, tendo sido o primeiro da lista tríplice enviada pela OAB à presidente. Na época, seu bom trânsito com o então governador do Piauí, Wilson Martins, do PSB, lhe foi benfazejo. Nascido em Teresina, o futuro ministro sempre mantivera boa relação com o PT, que também apoiara sua escolha em 2011. Com Bolsonaro, porém, dividia pontos de vista irmãos referentes a temas indígenas, ambientais e de interesse do setor agropecuário. E cultivara cuidadosamente tal proximidade desde antes da vitória do presidente.

Os dois se conheciam de eventos sociais em Brasília, ainda dos tempos em que Bolsonaro era deputado federal. Na campanha de 2018, o então candidato ao Senado pelo Ceará Elmano Férrer, apoiador de Bolsonaro, foi ao Rio de Janeiro visitar o candidato no Vivendas da Barra e levou seu amigo Nunes Marques a tiracolo. Na conversa, o desembargador desejou boa sorte ao deputado e contou que se movimentava para o STJ. Bolsonaro sinalizou que, se eleito, queria manter conversas regulares com ele. Após a vitória, Nunes Marques se aproximou especialmente de Flávio Bolsonaro, que vinha se tornando o principal interlocutor do pai com o Judiciário. Encontravam-se com frequência em eventos promovidos por outra desembargadora do TRF-1, Maria do Carmo Cardoso, a Tia Carminha, de quem Flávio se tornara próximo. Numa dessas conversas, Flávio convidou o desembargador para se encontrar com seu pai. O convidado, mirando o STJ, topou na hora. Foi o primeiro de muitos encontros, nos quais Bolsonaro perguntava a posição do ministro sobre uma série de temas. Nunes Marques gostava cada vez mais daquelas conversas e percebia que ganhava terreno em sua ambição ao STJ. Até que um dia Bolsonaro o surpreendeu: "Quero você já, mas para o STF". O presidente desejava um garantista naquela vaga, em grande parte devido aos julgamentos por que Flávio eventualmente teria de passar no tribunal. Naquele momento, a proteção ao primogênito importava mais do que cumprir a promessa aos evangélicos ou seguir qualquer outro critério.

Nunes Marques passou com facilidade na sabatina do Senado, três semanas depois, tendo recebido elogios rasgados de governistas, petistas e integrantes do Centrão, entre eles o senador Ciro Nogueira. Piauiense como o novo ministro, o presidente do PP havia sido um dos principais incentivadores de seu nome e um dos que mais conquistara votos para ele. Foram 57 senadores favoráveis, dez contrários e uma abstenção.

O clima favorável com o Supremo não se reproduzira com Rodrigo Maia, a principal pedra no sapato do diálogo de Bolsonaro com o Congresso. Travaram-se mesmo temas econômicos, nos quais havia convergência quase total entre as agendas de Maia e Paulo Guedes, a despeito da péssima relação entre os dois. Maia criticava Guedes, a quem acusava, entre quatro paredes, de ser mais autoritário do que Bolsonaro. Em público, não é que o poupasse muito. Chamava-o de "desequilibrado", "deserto de ideias", "perdido", e dizia que dava para "fazer um livro com três volumes das promessas que a equipe econômica fez e não botou de pé". Guedes rebatia, também aos quatro ventos: Maia era "insensato" e "desonesto", e "interditava" o debate da reforma tributária na Câmara — era contra a proposta de Guedes de aprovar um imposto nos moldes da antiga CPMF, criada no governo FHC e extinta pelo Congresso no governo Lula. O ministro dizia que Maia estava mancomunado com a esquerda para não dar palco às privatizações e pautar uma reforma tributária que aumentaria impostos. Sem citar os termos do tal acordo, nem os envolvidos, seguia com as incriminações.

Mas existia de fato um acordo tácito de Maia com a esquerda. Desde que Bolsonaro fizera a conexão direta com o Centrão, ele prescindia do presidente da Câmara para formar maioria para projetos de seu interesse. Maia se aliara com a esquerda e com a oposição de direita de modo a não perder poder. O apoio desse grupo ainda seria fundamental para entronizar seu sucessor, após quase cinco anos à frente da Casa. Isso caso fizesse água um grande esforço que vinha sendo empreendido para que ele pudesse disputar mais uma vez.

A Constituição impede que os presidentes da Câmara e do Senado sejam reconduzidos aos cargos na mesma legislatura. Maia lograra ficar no cargo tanto tempo porque seu primeiro mandato havia sido tampão, para substituir o cassado Eduardo Cunha. O segundo não contou como reeleição porque o primeiro havia sido tampão, e o terceiro, de fevereiro de 2019 a fevereiro de 2021, não ocorrera na mesma legislatura do anterior. Não era o caso de Alcolumbre, que estava no primeiro. Por isso, o presidente do Senado era o mais empenhado em derrubar esse veto. Havia dois caminhos, nenhum deles fácil. O mais difícil seria aprovar a jato uma proposta de emenda à Constituição (PEC) que autorizasse a reeleição. Para ser aprovada, teria de contar com 308 votos na Câmara e 49 no Senado, em duas votações, o que tornava essa possibilidade remota, dado o interesse de diversos outros parlamentares em concorrer aos dois cargos, principalmente na Câmara. O outro caminho tampouco era menos acidentado, mas exigia uma mobilização política menos trabalhosa: convencer o STF a dar uma cambalhota jurídica e afirmar que, a despeito da Constituição, a reeleição era, sim, constitucional. O tema havia chegado ao Supremo por meio de uma consulta feita pelo PTB.

Mas, no Supremo, em especial, os ventos não sopravam a favor de Alcolumbre e Maia. Pelo menos três ministros (Cármen Lúcia, Marco Aurélio Mello e Ricardo Lewandowski) diziam privadamente que o livrinho de 1988 era claro em seu artigo que tratava do assunto, o 57: num período de quatro anos, os chefes do Senado e da Câmara só poderiam ficar no cargo por dois. Alcolumbre argumentava que, se era autorizada a reeleição para o presidente da República, também deveria ser permitida a do Legislativo, e era esse um dos principais pontos em que batiam os ministros defensores da mudança no entendimento. Porém o raciocínio tinha problemas para parar em pé. A possibilidade de reeleição para o Executivo fora aprovada em uma emenda constitucional. Alexandre de Moraes, Dias Toffoli e Gilmar Mendes entendiam que Alcolumbre e Maia haviam conseguido, mesmo com erros, proteger a democracia das investidas de Bolsonaro. E o empenho era sobretudo para conservar o presidente do Senado. Maia lhes garantia que, mesmo autorizado, não tentaria a reeleição. Não que convencesse todo mundo, mas dizia.

Quanto aos demais votos, reinava uma incógnita. Nunes Marques tinha sido dúbio em suas visitas aos senadores para pedir a aprovação de seu nome para o STF. A uns, dizia ser simpático à tese de Alcolumbre; a outros, sustentava que a Constituição não permitia inovações, ou seja: ele votaria contra. Não se sabia das intenções dos votos de Rosa Weber e de Edson Fachin. Havia dúvida quanto a Luís Roberto Barroso e Luiz Fux. O primeiro era simpático à permanência dos dois, mas não declarava seu voto, alegando que ainda não analisara constitucionalmente o tema. Já Fux dava sinais contraditórios em conversas particulares. Especulava-se que, mais do que tudo, seu interesse consistia em estar do lado vencedor. A votação era uma das primeiras de relevância sob sua gestão como presidente do STF, e sair derrotado seria uma estreia com o pé esquerdo. Se tivesse de ser o voto de minerva, decidiria com a bússola da opinião pública, sempre um elemento basilar das decisões do ministro.

Se o STF autorizasse a reeleição, o Palácio do Planalto trabalharia para Alcolumbre e sabia que dificilmente conseguiria conter uma nova vitória de Maia. De maneira geral, o que estava sobre a mesa dos ministros do Supremo era, portanto, permitir uma provável reeleição de uma dupla que, na visão de alguns, havia segurado o barco da democracia até ali, ou expressar que os fins não justificavam os meios e que o melhor seria respeitar a Constituição e correr o risco de deputados e senadores elegerem nomes piores. Esta última era uma possibilidade bastante plausível, especialmente na Câmara, onde a intimidade de Bolsonaro com o Centrão favoreceria a vitória de um apaniguado do presidente.

A votação, aberta nos primeiros dias de dezembro, se encerraria num domingo, 6 de dezembro, no plenário virtual do Supremo, quando os ministros não discutem em conjunto o tema e postam seus votos respeitando a ordem que seguiram em plenário. Gilmar, o relator, estava confiante numa vitória, pelo que se depreendia de suas conversas prévias com os demais ministros. Conseguira convencer Lewandowski a votar com ele. Haviam lhe sinalizado que Barroso e Fux também o acompanhariam. A expectativa era de que já no dia 7 de dezembro Alcolumbre pudesse começar a se movimentar por um novo mandato e Maia pudesse decidir se iria ou não concorrer mais uma vez.

Foi um *strike* contra os dois: sete votos contra a reeleição do presidente da Câmara: Nunes Marques, Marco Aurélio, Cármen Lúcia, Barroso, Rosa Weber, Fachin e Fux. Os mesmos, com exceção de Nunes Marques, votaram contra a constitucionalidade de uma reeleição na presidência do Senado. Os votos de Barroso e Fux pegaram Gilmar de surpresa. Mas, durante os dias em que a votação ficou aberta no plenário virtual, pesaram, especialmente para Fux, as críticas nas redes sociais e na imprensa sobre a possível vitória da possibilidade de reeleição. O resultado não deixou fissuras apenas no STF. Alcolumbre e Maia brigaram no dia seguinte: o senador acusava o deputado de ter inviabilizado sua reeleição por não ter sido mais veemente no compromisso de que não tentaria a reeleição. O DEM, partido de ambos, também interpretou que Maia havia atrapalhado a vida do presidente do Senado. Gestava-se o embrião de um isolamento que seria fatal para Rodrigo Maia.

Dezembro de 2020 e janeiro de 2021 foram consumidos pela disputa da presidência da Câmara. No Senado, Simone Tebet, do MDB, lançou-se candidata, mas Alcolumbre foi rápido em construir, com o apoio do Planalto, a candidatura do senador de primeiro mandato Rodrigo Pacheco, do DEM, por Minas Gerais, que acabou saindo vitorioso. Na Câmara, a situação era bem mais complicada.

O candidato de Jair Bolsonaro estava escolhido havia tempos: seria, claro, Arthur Lira. Maia, por sua vez, não tinha candidato, o que só reforçava a suspeita geral de que, no fundo, ele queria mesmo era um novo mandato para si. Maia estimulava a candidatura de ao menos cinco nomes: Aguinaldo Ribeiro, do mesmo PP de Arthur Lira; Baleia Rossi, do MDB; Marcelo Ramos, do PL; Marcos Pereira, do Republicanos, e Elmar Nascimento, de seu DEM. Mas só apostava em Ribeiro e Rossi. Os partidos de esquerda preferiam Ribeiro; Rossi, muito próximo de Michel Temer, havia trabalhado com afinco pelo impeachment de Dilma Rousseff e sempre se mostrara alguém de oposição ao PT. Maia argumentava que Ribeiro traria pouco ou nenhum voto do PP, que deveria marchar unido com Lira, e tentava convencer a esquerda a apoiar Rossi sob a promessa de, assim, conseguir levar o apoio do DEM para o bloco que se formaria em torno do emedebista. Somados, os votos dos partidos de esquerda, do MDB, do PSDB, do DEM, do Cidadania, do PV e da metade do PSL que não era bolsonarista assegurariam a vitória de Rossi.

O apoio a Baleia Rossi, ou melhor, ao candidato adversário do candidato de Bolsonaro, estava longe de ser uma unanimidade nos partidos de esquerda. O PSOL decidiu que lançaria um nome seu na disputa. O PT pôs em votação, e o apoio a Rossi saiu vencedor por uma margem apertada: 27 a favor, 23 contra. Com o apoio do PT, a candidatura de Rossi estava assegurada. Agora bastaria que todos os partidos cumprissem o que fora acordado com Maia e entrassem no bloco que elegeria seu sucessor.

Janeiro avançava, e os partidos do bloco de Rossi começaram a ficar com a pulga atrás da orelha. Lira já havia formado uma aliança com musculatura: PP, PL, PSD, Republicanos, PTB, Pros, Podemos, PSC, Avante, Patriota e a metade do PSL pró-Bolsonaro. Para vencer, precisaria contar com traições dos que tinham prometido suporte a Rossi. E a especulação de que elas viriam circulava cada vez mais, até em partidos de esquerda, como o PSB. O prefeito do Recife, João Campos, por exemplo, trabalhava por Lira dentro da legenda. Havia ainda um incômodo com o próprio Rossi, que parecia pouco disposto a meter a mão na massa. Aliados se melindravam com seu pouco empenho, como se esperasse a presidência da Câmara cair em seu colo — como fora a liderança do MDB e, na visão de muitos deputados, toda sua carreira política. Filho do ex-ministro da Agricultura Wagner Rossi, Baleia era afilhado político e de casamento de Michel Temer. O pai dizia publicamente que o ex-presidente abrira as portas de Brasília ao rebento. Quando era presidente, Temer apoiou Rossi no comando do MDB na Câmara, cargo que ocupava desde então.

O maior temor, entretanto, era outro. O dia da eleição se aproximava, e o DEM ainda não havia formalizado sua entrada no bloco de apoio a Rossi. Rodrigo Maia procurava tranquilizar as demais legendas, prometendo que seu partido cerraria fileiras com o bloco. Mas o mês terminava e não só o DEM não aderia, como alguns de seus deputados vinham defendendo o apoio a Lira. ACM Neto, presidente da legenda, dizia a Maia que conseguiria frear o endosso a Lira, mas tentava se equilibrar entre os fiéis a Maia e a crescente onda favorável ao adversário. À meia-noite de 30 de janeiro, num sábado, dois dias antes da eleição,

Maia enviou mensagens de texto convocando o grupo de apoio a Rossi para uma reunião na manhã seguinte, na residência oficial da presidência da Câmara. Ele tinha "boas notícias para dar".

No domingo de manhã, os principais deputados da esquerda e os líderes de quase todos os partidos pró-Rossi estavam na residência oficial quando Maia anunciou a "boa notícia". "Senhores, eu consegui que o DEM não entre no bloco de apoio a Lira. O DEM vai ficar independente!", disse, em tom de celebração. Os deputados se entreolhavam incrédulos.

"E qual é a boa notícia, Rodrigo?", perguntou Alessandro Molon, líder do PSB.

"Também não estou entendendo", completou Enio Verri, líder do PT.

"É isso, o DEM não vai com o Arthur, vai ficar independente", respondeu Maia.

"E por que isso é boa notícia?" Molon era um dos mais indignados.

"É porque se entrasse do lado de lá, ia ser muito ruim pra gente."

"Para tudo, Rodrigo, para tudo. Como você pode achar que vamos aceitar que o teu partido não esteja no nosso bloco?", continuou Molon.

Na mesa de jantar, Maia ocupava o meio de uma das laterais, seu lugar preferido, deixando as duas cabeceiras para outros deputados. Na diagonal de Maia, Molon encrespou.

"Que merda é essa, Rodrigo? Nós não aceitamos essa porra!", gritou, a léguas do tom brando e educado com que sempre fala. "Ô, Rodrigo, eu não sou moleque, não! Que que o [ACM] Neto tá pensando, esse filho da puta?", continuou Molon, gritando, acompanhado pelos outros deputados. Maia e Rossi estavam calados. "Você por favor liga pra ele [ACM Neto] agora e diz que queremos uma reunião com ele porque é o mínimo de respeito e consideração que ele tem que ter com a gente", cobrou Molon. Constrangido, Maia telefonou para o presidente de seu partido na frente de todos e combinou uma reunião para aquele mesmo domingo, às cinco e meia da tarde, também ali na residência oficial da Câmara.

De tarde, era tenso o clima na sede do DEM, que funciona na torre do Senado. A maioria do partido não queria apoiar Baleia Rossi. ACM Neto se equilibrava entre não trair Maia e não ser abandonado pela legenda. Dizia a Maia que seu desejo era que o DEM apoiasse Rossi, entendia a importância de um candidato de Bolsonaro ser derrotado, mas também não queria dar uma orientação que não fosse seguida pela maioria da bancada. Seria sua desmoralização. Neto então costurou que o partido ficasse independente e não formalizasse apoio a nenhum. Os deputados estavam liberados para votar em quem quisessem. Maia estava abandonado.

Às cinco e meia, quando os líderes do bloco de apoio a Rossi começaram a chegar, Neto já estava lá e já havia comunicado a Maia a decisão do DEM.

"Molon, é você que vai falar primeiro?", perguntou Maia, abrindo a reunião.

"Sou eu. Neto, pedimos essa reunião porque, quando eu ouvi pela primeira vez do Rodrigo que a gente tinha de juntar o bloco dele, o DEM, o PSDB, a Cidadania, o PV, com a oposição para apoiar um candidato do campo de vocês, eu pensei: 'O Rodrigo tá maluco, não tem nem como a gente falar disso pro nosso eleitorado'. Mas depois de certo tempo, Neto, eu comecei a refletir, eu vi uma entrevista do Maia dizendo que, para derrotar Bolsonaro, ele se juntaria ao PT e ao PSOL", disse Molon, virando-se então para Maia. "Quando eu vi essa sua declaração, eu comecei a pensar que talvez fosse o caso de juntar todo mundo pra derrotar Bolsonaro na Câmara. Hoje, aqui, a gente se pergunta: cadê essa pessoa que disse isso?", provocou.

Maia, sentado num sofá no canto da ampla sala da residência oficial, distante da posição central que sempre buscava quando reunia os deputados, ouvia calado. Molon continuou: "Eu fico me perguntando, Rodrigo, se não foi um erro da gente confiar na sua palavra, porque nós achamos que isso aqui era sério", disse, voltando a olhar para Neto. "Pois estamos aqui na véspera da eleição e hoje de manhã o Rodrigo nos fez uma proposta ofensiva, pra gente concordar que seu partido não estaria no nosso bloco. Neto, foi o seu partido que escolheu o candidato. Porque nós tínhamos muito mais proximidade com Ribeiro. Mas o Rodrigo disse que, para o DEM, e para você, era importante que fosse o Baleia. Aí eu te pergunto: você acha que aqui tem um bando de idiota?"

Neto parecia uma estátua. Não fazia nenhum gesto, não reagia. Molon prosseguiu: "Eu nunca vi alguém trair o candidato que a própria pessoa escolheu. Já vi trair candidato do outro. Agora, você me pede apoio para o seu candidato e você mesmo não o apoia? Eu nunca vi isso na minha vida. Então a gente tá aqui pra dizer que a gente não aceita que o DEM não esteja no bloco. Quantos votos o DEM vai dar pro Rossi, ou não, eu não sei. Isso não dá pra controlar. Mas vocês não estarem no bloco, vocês não conseguirem assinatura pra estar no bloco? Pra você não conseguir assinaturas do seu próprio partido, só tem duas explicações: ou você é um presidente fraco e eu já tô velho pra acreditar nisso, ou tem uma segunda hipótese que é mais provável e pior. Nós não somos babacas! Se você tem alguma diferença com o Rodrigo, resolve na terça-feira (a eleição era na segunda-feira). Mas você não está ferrando com ele aqui. Você tá ferrando com o Brasil!".

Neto não esperava o tom mais duro e se encolheu no sofá enquanto ouvia outros deputados. Depois de um tempo, pediu a palavra: "Eu entendo, mas vocês também têm que entender que o DEM tem suas peculiaridades", tentou.

"Neto, todos os nossos partidos têm suas peculiaridades. O presidente do meu partido brigou com o partido inteiro por causa dessa porra, a gente insistiu, forçou, pra você dizer que não pode fazer isso? Todo partido tem seu Fulano, seu Beltrano", respondeu Molon.

"Mas o DEM não ficar em nenhum bloco é o máximo que eu consigo", respondeu Neto, em tom conformado.

Maia ouvia calado, do canto em que estava. Nesse momento pronunciou a primeira frase desde que abrira a conversa dando a palavra a Molon: "Então amanhã eu vou abrir o impeachment". A reunião chegava a seu momento de maior tensão. Maia tinha, naquele momento, 64 pedidos de impeachment sobre sua mesa. Regimentalmente, no dia 1º de fevereiro de manhã, ainda seria presidente da Câmara, portanto poderia, na letra da lei, aceitar qualquer um deles. "Vou ler um pedido amanhã de impeachment. O que eu não posso ver é meu partido ser comprado com dinheiro público na minha frente e eu não fazer nada, vou aceitar um impeachment pelo Bolsonaro ter comprado os partidos para apoiar o Arthur. Não é pela pandemia, por nada. É pela compra dos partidos", afirmou, em tom raivoso. Os deputados de esquerda foram à loucura. "É isso!", comemorou Perpétua Almeida, líder do PCDOB. ACM Neto franziu as sobrancelhas, levantou, pediu licença e saiu.

A postura de Neto deixou claro a todos que Baleia Rossi seria derrotado no dia seguinte. A suposta isenção do DEM quanto a apoiar Rodrigo Maia foi a desculpa perfeita para todos que queriam traí-lo. No mesmo dia, ao fim da reunião, Maia recuou; sabia que havia a chance de se ver desmoralizado, de uma eventual decisão de instaurar o impeachment de Bolsonaro ser revertida em seu último dia na cadeira.

No dia da eleição, foi um massacre. Arthur Lira foi eleito em primeiro turno, com 302 votos, mais que o dobro de Baleia Rossi, que teve 145. Vitória de Bolsonaro. De fato, 2021 se anunciava mais auspicioso para o presidente. Agora, ele tinha aliados no comando das duas Casas do Congresso. E mais dois anos de governo pela frente.

Pazuello, pesadelo

Jair Bolsonaro telefonou para Eduardo Pazuello na hora do almoço daquele 22 de outubro, uma quinta-feira. O ministro da Saúde, que testara positivo para covid, estava isolado em um apartamento no Hotel de Trânsito de Oficiais do Exército, em Brasília. Desde abril, quando fora chamado de Roraima às pressas para ser secretário-executivo de Nelson Teich, o general morava no hotel, alugado a preços baixos a militares de alta patente de passagem por Brasília. Não sabia ao certo onde havia pegado covid, já que como ministro da Saúde não podia se isolar, precaução de resto desprezada por seus pares de outras pastas. Em muitas reuniões Pazuello dispensava a máscara, tampouco gostava da sensação que o álcool em gel lhe causava nas mãos. "Tenho a mão grande, demora a espalhar", reclamava.

Os primeiros sintomas haviam surgido na segunda-feira daquela semana, o que já o levara a suspender um evento no Ministério da Ciência, Tecnologia e Inovações. Na terça ele teve febre. Recebeu o resultado do teste e cancelou todos os compromissos da semana, com exceção de um encontro com os governadores, naquele mesmo dia. Durante a reunião, contou que assinara com o Instituto Butantan, em São Paulo, um protocolo de intenção de compra de 46 milhões de doses de CoronaVac — desenvolvida pelo laboratório Sinovac Biotech, na China, e que seria envasada e depois produzida no Brasil pelo Butantan.

Era por isso que agora, dois dias depois da notícia, Bolsonaro telefonava para o ministro e dizia que iria visitá-lo, a despeito da covid-19.

Bolsonaro precisava apagar um incêndio iniciado na véspera. Ao ver a repercussão do anúncio da parceria, o presidente ficou possesso. Desde o começo do ano, a relação entre ele e João Doria havia se deteriorado muito. Bolsonaro sentia-se traído por quem, em sua visão, fora eleito surfando na sua onda, pregando o voto "Bolsodoria"; e Doria atribuía aos ataques do presidente as ameaças de morte que ele e sua família vinham recebendo de bolsonaristas. Mas não havia como o Ministério da Saúde começar a vacinar os brasileiros em larga escala nos meses seguintes se não fosse com a prometida vacina do Butantan. A corrida pelos imunizantes, em todo o mundo, já estava a mil havia meses. Ainda não existia nenhuma vacina pronta, embora cerca de uma dezena delas estivesse em desenvolvimento avançado, já na fase final de testes. Avizinhava-se uma escassez de insumos para produzi-las em larga escala, e quase 8 bilhões de braços em todo o mundo precisariam se proteger tomando mais de uma dose. Sabedor disso e do ódio de Bolsonaro por Doria, Pazuello pisava em ovos. Havia se referido ao imunizante como "a vacina brasileira" e escolhera cada palavra para não ferir o ego do presidente. Não adiantou.

No dia do comunicado, a explosão do presidente havia sido intramuros. Mas, provocado por apoiadores nas redes sociais, ele não se conteve e, no dia seguinte, publicou no Twitter uma mensagem desautorizando o ministro. "A vacina chinesa de João Doria. Para o meu governo, qualquer vacina, antes de ser disponibilizada à população, deverá ser comprovada cientificamente pelo Ministério da Saúde e certificada pela Anvisa. O povo brasileiro não será cobaia de ninguém. [...] Minha decisão é a de não adquirir a referida vacina", escreveu. O febril Pazuello leu o tuíte em choque: Bolsonaro havia dado o o.k. para a compra da CoronaVac dias antes. O secretário-executivo do Ministério da Saúde, coronel Elcio Franco, número dois desde que Pazuello assumira a pasta, fez um malabarismo para explicar à imprensa que o ministério tinha apenas "uma intenção", mas que não queria de fato comprar a vacina da China. Na quarta-feira, mesmo sentindo-se humilhado, Pazuello pediu ajuda aos generais do Planalto. Temia perder o cargo, disse a um deles. O ministro da Defesa, general Fernando Azevedo e Silva, também ficou preocupado. Em conversa com Bolsonaro, lembrou que Pazuello era um general da ativa. Ele temia que a caserna visse no episódio uma crise entre o presidente e o Exército, e não entre o presidente e um ministro.

Pazuello recebeu o chefe na porta de seu apartamento no hotel e o encaminhou à varanda, um ambiente mais ventilado, ainda que Bolsonaro não parecesse dar importância a uma possível contaminação. Ele havia contraído a doença mais de três meses antes, mas dizia ainda ter anticorpos. Um ajudante de ordens acompanhava o encontro. A conversa — nenhum dos três de máscara — foi rápida. O presidente entendia o incômodo do general, mas ele também deveria compreender o seu lado e o cuidado que precisava ter em não alavancar João Doria, seu já anunciado adversário em 2022. Pazuello não fez nenhum reparo e aceitou participar de uma transmissão imediata, ao vivo, nas redes de Bolsonaro, para calar o boato de que este o demitiria. E assim foi.

"Semana que vem, talvez, com toda certeza, você volta pro batente aê, né?", começou o chefe, amigável. "Pois é, estão dizendo que não, né?", respondeu Pazuello, num tom entre ensaiado e sem graça. O ajudante de ordens segurava o celular para os dois. "Falaram até que a gente tava brigado, aí! No meio militar, é comum acontecer isso aqui, não teve problema nenhum", continuou o presidente, sem negar o atrito entre os dois. Pazuello foi na mesma linha e, sorrindo, repetiu o que tinha acabado de dizer a Bolsonaro, ao minimizar o episódio da véspera: "Senhores, é simples assim: um manda e o outro obedece. Mas a gente tem um carinho". Bolsonaro adorou e, abraçando o ministro covidado, tascou uma de suas piadas, gargalhando: "Tá pintando um clima aqui!".

Pazuello pioraria e dias depois teria de ser internado por quatro dias. Sua subserviência seria a marca de seus dez meses no cargo, um período estratégico para o enfrentamento da pandemia, em que cada erro significava mais uma leva de mortes. E, de erro em erro, a dupla Bolsonaro e Pazuello provocaria uma catástrofe.

O erro inicial havia sido cometido nos primeiros dias do ministro na pasta, quando ainda nem fora oficializado interino. Pazuello aceitou cumprir a ordem a que Mandetta e Teich tinham se recusado, e no dia da saída deste último, o Ministério da Saúde começou a preparar um protocolo para que a cloroquina fosse ministrada até mesmo em casos leves ou meras suspeitas da doença. O general também era um entusiasta do medicamento e, antes de contrair o vírus, havia se submetido ao que vinha sendo chamado de "tratamento precoce" — mesmo aqueles que não apresentassem sintomas da infecção tomavam o remédio preventivamente. A cloroquina, usada para tratar artrite, lúpus e outras doenças autoimunes, era uma antiga conhecida do Exército, largamente empregada contra a malária.

Assim, em 20 de maio, publicava-se o novo protocolo. Coube a uma bolsonarista-raiz, a secretária de Gestão do Trabalho e da Educação na Saúde, Mayra Pinheiro — aquela que Mandetta convocara para preencher a cota de seguidores radicais do presidente —, apresentar à imprensa a nova diretriz. O documento se baseava na decisão do Conselho Federal de Medicina que havia liberado a prescrição da cloroquina e da hidroxicloroquina, uma variação da droga. Na prática, agora era o governo que autorizava médicos da rede pública a receitar o remédio, associado ao antibiótico azitromicina, após os primeiros sintomas da doença, como coriza, tosse e dor de cabeça — mesmo sem diagnóstico.

Era uma mudança significativa. Até então o protocolo fora cauteloso e seguia o que rezavam as sociedades científicas, alertando que a cloroquina podia causar efeitos colaterais graves, como parada cardíaca. Por isso, agora seria obrigatório que, ao aceitar receber cloroquina, o paciente assinasse um "Termo de Ciência e Consentimento", declarando estar ciente de que o tratamento poderia causar efeitos colaterais capazes de levar à "disfunção grave de órgãos, ao prolongamento da internação, à incapacidade temporária ou permanente e até ao óbito". Mas havia muito aquilo deixara de ser um assunto de saúde.

Na véspera do lançamento do novo protocolo, em uma entrevista, Bolsonaro faria piada com o remédio, indicando a natureza política da batalha: "Quem é de direita toma cloroquina, quem é de esquerda, Tubaína". O medicamento, além de dar a falsa ilusão de cura ou prevenção contra uma doença para a qual, naquele momento, não havia nem uma coisa nem outra, era também uma forma de manter a ala bolsonarista mobilizada em torno de um tema único e, assim, talvez menos atenta à escalada de mortes decorrentes dos erros cometidos no enfrentamento da pandemia. Bolsonaro reconheceu, num tuíte, que não existia comprovação da eficácia dos remédios, e explicitou o objetivo de criar um factoide ao liberá-los: "Ainda não existe comprovação científica, mas sendo monitorada e usada no Brasil e no mundo. Contudo, estamos em guerra: 'Pior do que ser derrotado é a vergonha de não ter lutado'", escreveu.

A bem da verdade, aquele embate era, sem dúvida, o mais

próximo de uma guerra a que Eduardo Pazuello tinha chegado em sua carreira militar. Nascido no Rio de Janeiro, em 1963, ele se formara oficial de Intendência, portanto especializado em logística e assuntos administrativos, na mesma Academia Militar das Agulhas Negras pela qual havia passado Jair Bolsonaro na década anterior. Durante sua trajetória, foi comandante da Base de Apoio Logístico do Exército e coordenador logístico das tropas do Exército nos Jogos Olímpicos e Paralímpicos do Rio, em 2016. A participação na Rio 2016 tinha sido sua maior credencial para a Operação Acolhida, de recepção dos imigrantes venezuelanos em Roraima, e seu passaporte para ser lembrado por Braga Netto em abril de 2020 para a vaga de secretário-executivo de Teich. Estava na 12ª Região Militar, em Manaus, quando recebeu a missão de ir a Brasília para comandar a transição de Mandetta para o novo ministro.

No ministério, Pazuello disse ser "leigo" na área da saúde, mas lembrou ter "expertise em logística operacional" e habilidade de "fazer acontecer", o que de fato haviam se tornado marcas suas no Exército. Seu estilo como ministro seria bem diferente do de Mandetta, político e afeito à oratória, e de Teich, introspectivo e sério. Pazuello preferia discursos gravados, em que aparecia sempre de cenho franzido, sobrancelhas arqueadas e rigidez militar. Adotou inicialmente um perfil *low profile*, mais submisso e contido, evitando aparições públicas e entrevistas. Não à toa: Braga Netto, que sabia do incômodo de Bolsonaro com o protagonismo dos dois ministros anteriores, Mandetta em especial, o aconselhara a ser comedido.

Pouco a pouco, no entanto, o general foi soltando a língua, mas sempre alinhado a Bolsonaro. Em julho, com o tom de deboche que passou a impregnar suas declarações, provocou Mandetta ao ser confrontado com críticas a seu comando: "Ele poderia ter usado o tempo dele melhor, ao invés de ficar dando entrevistas por quatro horas todos os dias". Na mesma entrevista, emulou

Donald Trump e disse ser vítima do "Estado profundo", além de enfrentar "interesses inconfessáveis e quadrilhas" no ministério — sem nomear nenhuma.

Bolsonaro simpatizou de cara com a total adesão e o espírito subserviente do novo ministro. "Pazuello é um predestinado, nos momentos difíceis sempre está no lugar certo para melhor servir a sua pátria", escreveria em julho no Twitter. Mas só em setembro, passados quatro meses da saída de Teich, o presidente efetivaria o general. Nos bastidores, havia sido grande a pressão do Exército para que o interino, antes de ser efetivado, entrasse para a reserva, ou que o presidente escolhesse outro nome. Pairava sempre o temor de que, com um general da ativa na função, o fracasso no combate à pandemia fosse creditado às Forças Armadas. E eram poucos os que, a exemplo de Bolsonaro, estavam satisfeitos com o novo ministro.

Em 14 de julho, uma pesquisa apontou que 82% dos brasileiros achavam que a escolha de Pazuello como ministro tinha sido uma decisão errada. Naquele dia o Brasil chegava a quase 75 mil mortos. Dois dias antes, Gilmar Mendes dissera, em uma live, não ser aceitável uma cadeira vazia no comando do Ministério da Saúde, com um general interino como ministro. E tocou na ferida: "O Exército está se associando a esse genocídio". A declaração abriu uma crise com as Forças Armadas. O ministro da Defesa, general Fernando Azevedo e Silva, que nunca fizera segredo de seu desapreço por Gilmar (e vice-versa), escreveu uma nota em defesa da atuação das forças no combate à pandemia, dizendo que o contingente mobilizado contra o coronavírus era maior que aquele que décadas antes o Brasil enviara para a Segunda Guerra Mundial. O general e os comandantes militares foram além e remeteram à Procuradoria-Geral da República um pedido para analisar se Gilmar havia praticado algum crime na acusação. O ministro publicou uma nota em que negou que tivesse atingido a honra de alguma das forças e sustentou que achava errado recrutar militares para formular e executar uma política pública de saúde que já deixara quase 80 mil mortos. A coisa só acalmou quando Pazuello telefonou para Gilmar, como última etapa de uma gestão de crise que havia envolvido até o general da reserva Sérgio Etchegoyen, ex-ministro do GSI de Michel Temer, que entrou para colocar água na fervura.

A pressão sobre Pazuello aumentou em 16 de julho, quando o outro general da ativa em cargo de ministro, Luiz Eduardo Ramos, passou para a reserva. Agora o ministro da Saúde era o único militar da ativa comandando uma pasta, ainda que interinamente. Só seria efetivado em setembro. No dia da posse, o Brasil contava com 134 106 mortos por covid.

Desde o início Pazuello se cercou de pessoas que não tinham ligação com a área da saúde. Em sua primeira semana de trabalho, sairia em defesa dos militares que se multiplicavam na pasta e nomeou mais dezessete deles já naqueles dias inaugurais. "São pessoas preparadas para lidar com esse tipo de crise", disse, numa entrevista. Só fazia o que fazia porque tinha o aval do chefe. "Ele vai botar mais trinta coronéis lá. Quando colocava corrupto, ninguém falava nada", disse o presidente a jornalistas.

O ministério também se abriu para qualquer aliado que prometesse um terreno na Lua. Foi o caso do empresário bilionário Carlos Wizard, convidado para ser o secretário de Ciência e Tecnologia do Ministério da Saúde, cargo que inicialmente aceitou. Dono no Brasil de marcas como Pizza Hut, KFC e Topper, Carlos Wizard conhecia Pazuello porque por dois anos trabalhara como voluntário no acolhimento a imigrantes venezuelanos. A ida para uma secretaria do ministério seria o passo natural depois de liderar por meses um grupo que vinha orientando Bolsonaro no combate à pandemia, integrado por médicos como Nise Yamaguchi, Anthony Wong e Roberto Zeballos, que eram contra o isolamento social defendido pela maioria da comunidade médica e científica mundial. Esse grupo era também o responsável por apoiar a prescrição de medicamentos sem eficácia comprovada contra a covid. Mas nada disso tinha a ver com as verdadeiras expertises de Wizard.

O empresário curitibano tinha angariado fama pelo sucesso de sua escola de idiomas, a Wizard, criada em 1987 e vendida em 2013 para um grupo internacional. Fiel da Igreja de Jesus Cristo dos Santos dos Últimos Dias, Wizard também se projetou como um guru dos negócios, tendo escrito livros de autoajuda para empreendedores, como a autobiografia *Desperte o milionário que há em você*, *Sonhos não têm limites* ou *Do zero ao milhão*. Havia sido um apoiador de Bolsonaro desde a eleição e seguia entusiasmado. Formara o comitê com os médicos para defender junto ao presidente o tratamento precoce. Chamada de "movimento nacional" pelo empresário, a iniciativa tinha até um site, o Covid Tem Tratamento Sim, que mentia ao dizer que existia um consenso internacional a respeito de um tratamento para a doença e indicava o coquetel de remédios para uso precoce. O site era mantido com dinheiro de Wizard.

Dias depois do anúncio da entrada de Wizard para o governo, o futuro secretário afirmou em uma entrevista que o número de mortos por covid era "fantasioso ou manipulado". "Tinha muita gente morrendo por outras causas, e os gestores públicos, puramente por interesse de ter um orçamento maior nos seus municípios, nos seus estados, colocavam todo mundo como covid", acusou, sem apresentar nenhum exemplo. O presidente e seus aliados também incitavam a desconfiança nos números oficiais, numa estratégia de fazer parecer que a realidade estava sendo retratada pior do que era, com o objetivo de prejudicar o governo. Em março, Bolsonaro disse que, se não houvesse mortos de H1N1 em 2020, era porque estavam computando como causa mortis por covid as vítimas de outras doenças. Agora, a frase de Wizard tinha sido muito mal recebida, inclusive por familiares de vítimas da doença, e o empresário teve de declinar do convite. Pazuello foi obrigado a desmentir o ex-futuro secretário e reafirmar a confiança nos números enviados por municípios e estados.

Falta de transparência, aliás, era um problema crescente do ministério sob Pazuello. No começo de junho, o horário da divulgação diária dos dados de novos casos e vítimas, que já havia ficado mais tarde no período de Nelson Teich, de modo que as secretarias estaduais tivessem tempo de repassar os números, começou a ser atrasado, às vezes até para as dez da noite. Primeiro alegaram um problema técnico, mas ninguém soube apontar qual. Num outro dia, embora a tabela com os números apontasse que ela tinha sido produzida às sete da noite, os dados só saíram às dez. A realidade não era nada boa. Num dos dias em que os dados foram atrasados, seria anunciado o segundo recorde seguido de óbitos em 24 horas, agora com uma morte por minuto. Coube ao próprio Bolsonaro revelar a razão do atraso: "Acabou matéria do *Jornal Nacional*", ele disse, quando os jornalistas lhe perguntaram a respeito da mudança do horário. De fato, o telejornal da TV Globo costumava terminar antes das 21h30, portanto, com os dados saindo meia hora depois, não seria possível incluí-los na edição do dia.

Na semana seguinte, o governo ensaiou nova maquiagem nas cifras. O Ministério da Saúde passou a contar os mortos pela data da morte, e não pela data do registro da morte. Assim, ao divulgar os dados referentes às últimas 24 horas, eram anunciados números menores de óbitos, apenas os daquele dia. Mortes comunicadas depois do dia em que ocorreram, portanto, eram contabilizadas retroativamente, sem que lhes fosse dada publicidade. Devido à falta de transparência, alguns veículos jornalísticos do país se juntaram e foram buscar diretamente nas secretarias estaduais os dados de contaminados e mortos, sem depender do Ministério da Saúde. Dias depois, após críticas, o ministério voltou a divulgar os dados nas primeiras horas da noite.

À falta de competência para lidar com os dados se somavam outros erros na gestão do ministério, pondo em xeque as alardeadas habilidades logísticas que, segundo Braga Netto e Bolsonaro, credenciariam Pazuello para a função. Alguns desses erros começaram a ser cometidos ainda no período de interinidade. No fim de julho, um relatório do Tribunal de Contas da União mostrou que até então o governo gastara menos de um terço do dinheiro reservado para as ações de combate ao coronavírus. Naquela época, o governo já havia liberado quase 39 bilhões de reais para ações específicas contra a covid, mas o ministério tinha usado apenas 11 bilhões de reais. Alguns estados onde a pandemia grassava com particular gravidade, como Rio de Janeiro e Pará, estavam entre os que tinham recebido menos recursos.

O comitê técnico do Ministério da Saúde também alertara Pazuello a respeito do excessivo estoque de cloroquina, mas a pasta seguiu comprando o remédio, a ponto de em julho os comprimidos armazenados somarem 4 milhões. O pior é que havia algumas semanas a Organização Mundial da Saúde já anunciara que a cloroquina não tinha eficácia comprovada e podia provocar efeitos colaterais. Cientistas de diversas entidades também já tinham chegado à mesma conclusão. França, Bélgica, Itália, Portugal e Reino Unido tinham suspendido, proibido ou deixado de recomendar o remédio. Enquanto isso, o comitê alertara Pazuello sobre a crescente baixa em estoque de analgésicos e sedativos do chamado kit intubação, usado para entubar pacientes em unidades de tratamento intensivo (UTIS). Na maioria dos estados, não haveria quantidade suficiente para virar o mês. E o ministério, na avaliação dos governadores, não usava seu poder de compra e mobilização internacional para importá-los.

Havia de fato uma corrida internacional por insumos, e não só por eles. Desde o começo da pandemia, vários países financiam pesquisas para uma vacina contra a covid-19. O Brasil também era um deles, mas, ao menos no governo federal, o tema não parecia prioridade. Em maio, o Ministério da Saúde, ainda no período de Nelson Teich, foi procurado pela cientista carioca Sue Ann Costa Clemens, filha de americanos e que fora convidada pela Universidade de Oxford para liderar as pesquisas da vacina no Brasil. Costa Clemens já havia conseguido patrocínio para a pesquisa, com a Rede D'Or e três fundações (Lemann, Brava e Telles), e buscou a pasta para propor uma parceria com a Fundação Oswaldo Cruz (Fiocruz). Assim, graças à iniciativa da cientista, no segundo semestre o Brasil assinou um acordo com a Universidade de Oxford e o laboratório anglo-sueco AstraZeneca para que o país participasse dos testes em humanos. A parceria, a ser firmada no segundo semestre, delegava à Fiocruz a responsabilidade pela produção da vacina no Brasil. A CoronaVac, cujo acordo também previa testes finais em voluntários humanos, seguia calendário semelhante. Essas eram, no começo do segundo semestre de 2020, as principais apostas públicas do Brasil. Longe dos holofotes, porém, o governo federal vinha sendo procurado por outros fabricantes, alguns com pesquisas tão ou mais avançadas do que aqueles com que São Paulo e o Ministério da Saúde haviam firmado acordo. Mas os interesses pareciam seguir critérios menos preocupados com a ciência.

O governo agiu de maneira diferente em relação a cada imunizante, dentro e fora de casa. Desde os primeiros meses da pandemia, uma das principais apostas dos países pobres ou emergentes para conseguir vacinas era o Covax Facility, uma aliança global conduzida pela oms, o Unicef, a Aliança Global para Vacinas e Imunização (Gavi, na sigla em inglês) e a Coalização para Inovações em Preparação para Epidemias (Cepi, em inglês), e tinha o objetivo de acelerar o desenvolvimento e a produção de vacinas contra covid-19 para garantir o acesso igualitário à imunização em todo o mundo. A Gavi era uma fundação criada em 2000 por Bill e Melinda Gates para combater epidemias e facilitar a distribuição de vacinas em países de baixa renda, e a Cepi, criada em 2017, era uma instituição filantrópica para desenvolver vacinas e evitar epidemias. Dezenas de países negociavam para integrar o consórcio, que previa o compartilhamento de informações sobre a doença e o investimento na criação antecipada de uma rede que facilitaria a distribuição em escala das vacinas. Uma das vantagens de fazer parte do Covax era que o investimento em pesquisas tinha grande probabilidade de resultar em alguma vacina bem-sucedida. Naquele momento, tudo era incerto. O acordo com a Oxford, por exemplo, dependia do sucesso do imunizante em desenvolvimento com a AstraZeneca. O consórcio, entretanto, apostava em diversas pesquisas. Ou seja, o país investiria numa tacada só nas pesquisas de quinze vacinas e depois poderia optar por comprar aquela que preferisse. A chance de uma dar certo era maior do que se todos os ovos fossem postos numa única cesta.

O Brasil negociava entrar no grupo por meio da embaixadora Maria Nazareth Farani Azevêdo, chefe da Missão do Brasil em Genebra, apelidada Lelé. Cabia a ela representar o país junto a diversos organismos multilaterais, entre eles a OMS. Casada com o então diretor-geral da Organização Mundial do Comércio, Roberto Azevêdo, era uma das mais bem relacionadas diplomatas de países em desenvolvimento, especialmente em matéria de saúde. Havia acabado de deixar a presidência do conselho executivo da OMS, cargo que ocupara por um ano, e conhecia diversos atores do multilateralismo em saúde. Por isso, desde o início das negociações, em junho de 2020, começara a procurar os CEOs das entidades responsáveis pela Covax para perguntar como o Brasil poderia participar, e ouviu que as portas estavam abertas — o que não a surpreendia. Costumava dizer que o sus era o "sonho de uma noite de verão" da indústria farmacêutica, porque todos os laboratórios sabiam que, uma vez que um remédio fosse autorizado no Brasil, haveria a certeza de venda para o poder público. Com as vacinas não seria diferente. Uma iniciativa como aquela teria todo o interesse em contar com um país de 210 milhões de habitantes e um eficiente sistema público de saúde. Mas aquele não era um período exatamente fácil para representar o Brasil em organismos multilaterais.

O chanceler Ernesto Araújo tinha como uma de suas bandeiras o antiglobalismo, ou seja, advogava contra o trabalho multilateral e o que considerava uma excessiva interferência de organismos como a oms na soberania dos países. Executor da política de alinhamento pleno do Brasil aos Estados Unidos, Ernesto ressonava aqui o que Donald Trump propunha lá: a refundação da entidade. O americano dizia que a oms servia aos interesses da China e fora leniente com esse país no começo da pandemia, deixando de cumprir a tarefa de informar ao mundo a real dimensão da crise. Em abril, Trump suspendeu o repasse de recursos à entidade, e em maio, anunciou o desligamento dos Estados Unidos, em mais uma reação ao multilateralismo — o presidente já havia tirado o país da Unesco e do Acordo de Paris contra a mudança climática. Ernesto não comungava de posições muito diferentes e era um dos que envenenava o presidente contra a entidade. "Os Estados Unidos saíram da oms, e a gente estuda, no futuro [fazer o mesmo]. Ou a oms trabalha sem viés ideológico, ou vamos estar fora também. Não precisamos de ninguém de lá de fora para dar palpite na saúde aqui dentro", diria Bolsonaro uma semana depois do anúncio da saída americana.

Na Missão em Genebra, as orientações que chegavam eram nesse sentido. O portador da maioria delas era o secretário-geral do Itamaraty, ou seja, o número dois do ministério, Otávio

Brandelli, que sobretudo em 2019 era visto como a voz moderada da pasta. Embora sempre tivesse sido conservador, crítico ferrenho do PT, Brandelli não era um extremista como Ernesto, e certamente era muito menos caricatural. Hamilton Mourão havia viajado com ele para a China, em 2019, e voltara encantado com sua habilidade de, mesmo num governo com os preconceitos ideológicos que aqui reinavam, entender a importância de uma boa relação com os chineses. Mourão estava disposto até a derrubar Ernesto e fazer do diplomata o chanceler. Ele não só não teve sucesso nessa empreitada, como Brandelli não durou muito no papel de moderado. Como outros no Itamaraty e no governo, o secretário-geral se adaptou aos novos tempos, a ponto de, em meados de 2020, ter sido designado por Ernesto Araújo para passar instruções à embaixada sobre o que o governo esperava da OMS. Brandelli pedia que a Missão tentasse criar um grupo de países emergentes que topasse deixar a OMS em meio à pandemia, tal qual Trump fizera, e criasse uma nova entidade. Sempre por telefone e nunca por escrito, Brandelli dizia que a entidade não representava os interesses do Brasil, estava vendida para a China e servia a diferentes lobbies. Mas a ideia não era uma tarefa fácil. A "OMS do B" pretendida tinha dificuldade de virar realidade até pelo lado americano, que tentava fazer o mesmo e havia conseguido mobilizar pouquíssimos países.

Lelé decidiu escrever um telegrama para Brasília, fazendo um arrazoado dos problemas que a OMS enfrentava, mas apontando os prejuízos que o Brasil teria se decidisse deixar a organização. Fora da OMS, o Brasil estaria muito mais exposto ao lobby das farmacêuticas e ausente das principais discussões sobre as ameaças da saúde global.

Chegou à Missão em Genebra a informação de que Brandelli e Ernesto não receberam o telegrama com bons olhos, mas tampouco o questionaram. Não havia argumentos factuais para rebatê-lo. Esse era o pano de fundo das negociações com os executivos envolvidos na Covax. Do lado brasileiro, integrantes da cúpula do Ministério da Saúde e autoridades do Palácio do Planalto manifestavam um estranho desinteresse em relação à Covax. O prazo final para enviar a documentação e entrar no consórcio era 18 de setembro, mas havia semanas a Missão em Genebra abastecia o governo de informações, sem resposta positiva. E tal descaso não tinha, aparentemente, nada a ver com o antiglobalismo de Ernesto Araújo, como ficaria claro numa reunião interministerial, em 12 de agosto, com diplomatas e mais de dez técnicos, subchefes e secretários da Casa Civil e do Ministério da Saúde.

"Ainda pairam muitas dúvidas para tomar uma decisão", ponderou o coronel Elcio Franco, número dois de Pazuello.

"Em muitos países da região, não tem marco legal para comprar algo que não existe. Ainda mais num preço desses e sem transferência de tecnologia", criticou o assessor internacional do Ministério da Saúde, Flávio Werneck, descrevendo uma situação de insegurança jurídica à qual diversos países que já haviam entrado para o consórcio não tinham ainda tentado.

"Trago uma informação que vocês talvez não tenham", interveio Lelé. "O preço da dose baixou consideravelmente. Dos vinte dólares iniciais, foi para 10,55 dólares."

Não houve reação. Percebendo a má vontade, o diplomata Fabio Marzano, secretário de Assuntos de Soberania Nacional e Cidadania do Itamaraty, foi mais explícito sobre o risco que se desenhava: "Se o Brasil não entrar na iniciativa da Covax e uma dessas farmacêuticas ou centro de pesquisa encontrar a vacina, o país terá ficado de fora e sem dúvida nós teremos imensa dificuldade se quisermos obter essa vacina. Seria um Davi lutando contra Golias. O Brasil sozinho, isolado, e tentando na última hora negociar com grandes empresas que já terão, pela própria estrutura da Covax, assumido seus compromissos com os países que fizeram parte da iniciativa".

De novo, zero reação. Lelé apelou para a *realpolitik*: "Nós vamos estar em companhia de outros países, de instituições de referência, de organismos internacionais, de instituições financeiras, então, mesmo que dê errado, o que eu acho difícil, e não conseguirmos nenhuma vacina premiada dentre essas quinze, vai ser mais fácil e palatável [o governo Bolsonaro] explicar que nós tentamos algo que foi tentado por um grupo importante de países".

Depois dessa reunião, o Itamaraty comunicou à embaixadora que ela não deveria mais participar das reuniões com o Planalto, devendo providenciar outro representante da Missão em Genebra para tal tarefa.

Na Casa Civil, a assinatura do contrato era apontada como um passo no escuro, ainda que a incerteza do sucesso da vacina fosse menor do que a do contrato da AstraZeneca. O chefe da Consultoria Jurídica do Ministério da Saúde, Jailor Capelossi, via até inconstitucionalidade na proposta. Surgiu então um novo entrave, levantado pela equipe de Capelossi: o idioma. Os documentos enviados pela Covax sobre todo o projeto eram na língua inglesa. "Apesar de termos certo conhecimento em inglês, para analisar um texto jurídico, fica difícil", lamentou numa reunião o advogado da União Rafael Mansur, também da Consultoria Jurídica. Ficou acertado que o Itamaraty providenciaria a tradução.

Técnicos do governo ainda perguntavam se, em negociações bilaterais, não seria possível barganhar mais benefícios para o Brasil. A Missão em Genebra tentava melhorar as condições para o país e, assim, dobrar a má vontade do Planalto e do Ministério da Saúde. A Covax então apresentou uma segunda modalidade de adesão ao consórcio, que exigiria um desembolso bem menor, nascida da percepção de que muitas nações pobres não conseguiriam entrar com o aporte exigido. Atrair países em desenvolvimento era fundamental para o consórcio dar certo, ainda mais diante do avanço das pesquisas das vacinas europeias e americanas, e da natural perda de interesse dos países desenvolvidos em uma ação global. Nessa segunda forma de adesão, em que o país pagaria menos, havia, porém, um revés: o Brasil receberia uma quantidade mínima, com doses para somente 10% da população. No preço mais alto, o total de vacinas seria suficiente para imunizar 20% do país. A Missão em Genebra enviou essa opção para Brasília, e seus diplomatas cruzaram os dedos.

No Planalto, faltando três dias para o prazo final do envio da papelada, Bolsonaro ainda não tinha decidido. Foi marcada nova conversa, com integrantes da Casa Civil, do Ministério da Saúde, da Missão em Genebra e do Itamaraty em Brasília, para a véspera do prazo final. Na reunião, a menos de 24 horas do prazo, o consultor Capelossi voltou ao tema do inglês: "Os contratos estão todos em inglês. Como vai ser feito um contato com a Gavi hoje, seria importante pedir uma cópia traduzida do contrato".

"Mas nós já traduzimos todos os textos para vocês e já foram mandados", lembrou Marzano, do Itamaraty.

Capelossi não se conformou. "Mas é uma tradução feita por vocês, e não a oficial", disse, para espanto dos diplomatas. A discussão, embora meio surreal, só cessou quando Nilo Dytz, diplomata destacado pela Missão em Genebra para substituir Lelé, lembrou aos especialistas em direito que a única versão juridicamente válida era a original, em inglês.

Em 19 de setembro, chegou a resposta: Bolsonaro dera o aval e, na modalidade mais barata, o Brasil topava participar. Mas o prazo havia se encerrado na véspera. Lelé telefonou diretamente para Tedros Adhanom, diretor-geral da OMS, e pediu uma reconsideração. Disse que o Brasil queria entrar, mas que só naquele momento chegara a papelada. Adhanom, a despeito de já haver sido criticado e até ter tido falas suas deturpadas por Bolsonaro, topou. No total, mais de 150 países aderiram à Covax Facility, o Brasil entre eles. Agora era torcer para uma das quinze vacinas decolar.

Com a CoronaVac, prevaleceu a política. Bolsonaro envolveu a vacina na guerra que travava com João Doria tendo em mira 2022. A relação entre o presidente e o governador nunca tinha sido propriamente boa, desde a campanha de 2018. Com estilos diferentes em tudo, os dois sabiam do desprezo mútuo que alimentavam pelas costas, mas, em 2018, havia sentido numa aliança. Bolsonaro tinha o PT de Fernando Haddad como adversário, e Doria enfrentava em São Paulo o então governador, Márcio França, mais próximo da centro-direita, mas que era filiado ao PSB, um partido de centro-esquerda. Porém como Doria precisava bem mais do apoio do que Bolsonaro — acabaria derrotando França por 3,5% dos votos —, o presidenciável se permitia bancar o difícil. A ponto de fazer Doria perder uma viagem ao Rio de Janeiro para lhe pedir oficialmente apoio e, após fazê-lo esperar por horas, lhe dar um bolo. Eleitos, os dois mantiveram uma relação amistosa por poucos meses. Em 2019 ela começou a se deteriorar, e implodiria de vez na pandemia.

No combate à covid, Doria percebeu que antagonizar com Bolsonaro lhe dava protagonismo. Com Lula inelegível, com os direitos políticos cassados pela condenação na Lava Jato e sem um candidato claro para 2022 no terreno da esquerda, o governador não perderia a oportunidade de tentar ser visto como o maior opositor de Bolsonaro. No fim de março, no dia seguinte ao pronunciamento em que Bolsonaro chamara a covid-19 de uma "gripezinha", Doria aproveitou uma reunião virtual do presidente com governadores do Sudeste para publicamente enfrentá-lo. "Presidente Bolsonaro, inicio, na condição de cidadão brasileiro e também de governador do estado de São Paulo, lamentando seu pronunciamento de ontem à noite à nação. Nós estamos aqui, os quatro governadores do Sudeste, em respeito ao

Brasil e aos brasileiros, e em respeito também ao diálogo e ao entendimento. O senhor, como presidente da República, tinha que dar o exemplo. Tem que ser um mandatário para comandar, para dirigir e para liderar o país, e não para dividir." Bolsonaro explodiu: "Desde o final das eleições de 2018, vossa excelência assumiu uma postura completamente diferente daquela que teve comigo. [...] Hoje subiu à sua cabeça a possibilidade de ser o presidente da República. Não tem responsabilidade, não tem altura para criticar o governo federal que fez completamente diferente o que outros fizeram no passado. Vossa excelência não é exemplo para ninguém". Terminada a reunião, Bolsonaro aposentaria o tratamento de "excelência".

A partir daí, o governo federal trabalharia para sabotar as iniciativas paulistas no combate à pandemia. Doria era sempre citado como exemplo de governador que, ao adotar medidas de restrição, acabava com empregos e destruía negócios. E a vacina do Butantan passou a ser rechaçada. A primeira oferta do instituto ao Ministério da Saúde foi no fim de julho, num ofício enviado a Pazuello pelo diretor do laboratório paulista, Dimas Covas, com o anúncio de que o Butantan poderia entregar 60 milhões de doses ainda no ano de 2020 e mais 100 milhões em 2021. Nunca obteve resposta. Duas semanas depois, em meados de agosto, o Butantan enviou o segundo ofício ao governo federal, reafirmando a oferta e prometendo fornecer 45 milhões em dezembro e 15 milhões no primeiro trimestre de 2021. O ofício terminava com o Butantan pondo-se à disposição para "tomar no devido tempo as providências necessárias para as entregas". Mais uma vez a proposta foi ignorada.

A questão ideológica contra a China era um elemento importante de pano de fundo. Doria não era o único adversário ali. Na véspera da assinatura do acordo para que a Fiocruz, do Ministério da Saúde, produzisse a vacina desenvolvida pela Universidade de Oxford, Bolsonaro comemorou em sua live semanal. "Nós entramos naquele consórcio lá de Oxford, pelo que tudo indica vai dar certo. [...] Não é daquele outro país, tá o.k.? É de Oxford." Nas redes sociais, seus apoiadores chamavam a CoronaVac de "vachina", insuflados pelos ataques xenófobos que partiam de Abraham Weintraub e de Eduardo Bolsonaro. No Ministério da Saúde, os ânimos não eram muito diferentes. Em meados de agosto, Pazuello expressou a ministros do TCU uma preocupação com a "segurança nacional" na escolha das vacinas, dando a entender que o maior problema era uma vacina da China. "Como é que é, ministro Pazuello?", perguntou o ministro Bruno Dantas, conforme anotou a repórter Malu Gaspar. "Nós estamos na pior crise de saúde da história do país e o senhor fala em segurança nacional? Se for esse o critério, vai ser preciso justificar muito bem esse contrato", completou Dantas.

O governo de São Paulo se esforçava em diferentes frentes para pressionar o Ministério da Saúde a comprar a CoronaVac. Interlocutores de Doria chegaram a procurar Pazuello e outras pessoas que exerciam algum tipo de ascendência sobre Bolsonaro, como Luiz Eduardo Ramos e Fábio Faria, em vão. Em outubro, o Butantan fez uma terceira tentativa, num novo ofício, dessa vez entregue por Dimas Covas a Pazuello, em mãos. O texto cobrava uma resposta. O governo federal só foi responder aos três ofícios do instituto no fim da segunda semana de outubro. Antes, o Ministério da Saúde apresentou aos secretários estaduais a previsão de dispor de 140 milhões de doses ao longo do primeiro semestre de 2021, uma conta que só incluía as vacinas de Oxford e do Covax Facility. Nada de CoronaVac.

Fora o preconceito ideológico com a China e a briga com Doria, a decisão do Ministério da Saúde também era temerária do ponto de vista político. Os governadores dos outros estados passaram a fazer o cálculo do problema que teriam em casa se

São Paulo avançasse com a vacinação usando todas as doses de que dispunha para vacinar só sua população. Também não teria como Bolsonaro explicar por que havia preterido os outros brasileiros. Os secretários estaduais de Saúde divulgaram uma carta aberta pedindo a inclusão de todos os imunizantes possíveis. Eles alertavam que, se o governo não agisse, haveria uma distribuição de vacinas completamente diferente em cada estado. Pazuello cedeu. Antevendo problemas com o presidente, pediu a Doria para manter as negociações em sigilo. "Se o presidente souber que estamos conversando, vai me foder."

Pazuello procurou Braga Netto e Heleno para, juntos, tentarem convencer Bolsonaro a aceitar a CoronaVac. A argumentação dos ministros militares — o risco político de não comprar a vacina era maior do que o de prestigiar a China — pesou, e o presidente deu o sinal verde. Na reunião com os governadores, portanto, após a qual Bolsonaro estrilou, o ministro estava autorizado pelo presidente. Houve até um pedido de Pazuello a Doria para que o governador ficasse quieto, para não irritar Bolsonaro. Doria foi protocolar, mas não a ponto de passar despercebido por Bolsonaro, e o governo recuou da compra. Ao menos publicamente.

A Pfizer não vinha tendo mais sorte. Desde agosto, a multinacional tentava uma comunicação com o governo para vender vacinas. De 14 de agosto a 12 de setembro, a empresa enviou dez e-mails ao Ministério da Saúde. No primeiro oferecia duas opções de compra, 30 milhões ou 70 milhões de doses, com validade até o dia 29 daquele mês. Previa o início da imunização em dezembro daquele ano, entregando um primeiro lote de 1,5 milhão de doses e mais 3 milhões no primeiro trimestre de 2021. O Brasil estaria, portanto, entre os primeiros países a vacinar a população, ainda em 2020. A Pfizer não recebeu resposta nem a esse primeiro e-mail nem aos nove posteriores. Uma representante da farmacêutica, Cristiane Santos, telefonou para a Secretaria de

Ciência, Inovação e Insumos Estratégicos do Ministério da Saúde em nome do gerente-geral para a América Latina, Carlos Murillo. Assim que introduziu o assunto, a ligação caiu. Ela insistiu por e-mail. "A validade das propostas continua sendo a mesma, até 29 de agosto de 2020, e gostaria de saber, com urgência, do interesse deste ministério em iniciar conversações sobre aspectos legais e jurídicos da presente proposta." Nada de resposta. Faltando três dias para o prazo final da proposta, outro representante da empresa, Alejandro Lizarraga, enviou novo e-mail, dessa vez ao assessor especial para assuntos internacionais do ministério, Flávio Werneck, pedindo um posicionamento. Não obteve resposta. Em 2 de setembro, depois, portanto, do prazo inicialmente estipulado, a Pfizer enviou outra mensagem ao ministério, com dados sobre a vacina requisitados por técnicos. Diante do silêncio, a farmacêutica decidiu experimentar outra tática.

Em 12 de setembro, o presidente mundial do laboratório, Albert Bourla, escreveu uma carta diretamente a Bolsonaro, copiando meia República: o vice Hamilton Mourão, o ministro Eduardo Pazuello, o chefe da Casa Civil, Braga Netto, o ministro Paulo Guedes e o embaixador brasileiro em Washington, Nestor Forster. Dizia não ter recebido resposta do governo brasileiro. Temendo haver algo emperrado na burocracia brasileira, ele enviava o e-mail a todas aquelas autoridades com a esperança de que alguém respondesse... "Minha equipe no Brasil se reuniu com representantes de seus ministérios da Saúde e da Economia, bem como com a embaixada do Brasil nos Estados Unidos. Apresentamos uma proposta ao Ministério da Saúde do Brasil para fornecer nossa potencial vacina que poderia proteger milhões de brasileiros, mas até o momento não recebemos uma resposta", enfatizou o executivo, ressaltando na sequência algo meio óbvio para todos, mas talvez pouco clara aos destinatários: "tempo é essencial". O Brasil naquele dia registraria 131 210 mortos.

A primeira reunião da Pfizer com o governo para retomar as negociações sairia em 27 de outubro. Mas, até então, nada de resposta do Planalto à carta do presidente da Pfizer. Eduardo Aron, então gerente-geral no Brasil da Pfizer Consumer Healthcare, que cuida de marcas de vitaminas e outros produtos, comentou o silêncio do governo com sua mulher, a apresentadora Millena Machado. Ela falou do assunto na RedeTV!, onde trabalhava, e a notícia logo chegou a Marcelo Carvalho, dono da emissora e um entusiasmado apoiador do presidente. Carvalho telefonou na hora para Fabio Wajngarten. Sem passar por Bolsonaro ou Pazuello, o secretário de Comunicação respondeu ele mesmo para Nova York. Horas depois, sua secretária passava o telefonema de Carlos Murillo, gerente da Pfizer para a América Latina. "Fabio, muito obrigado pelo seu retorno."

Murillo reapresentou a proposta de 70 milhões de doses, com um mínimo a ser comprado no primeiro semestre e o restante no segundo. Wajngarten falou do incômodo do governo em comprar uma vacina ainda não aprovada pela Anvisa. A empresa reforçou que o contrato só seria efetivado depois do aval da agência, "sem qualquer risco/prejuízo financeiro ao país caso nossa vacina não receba o registro". Wajngarten pôs a ligação em espera e, do segundo andar do Planalto, onde ficava sua sala, subiu para o gabinete presidencial, no terceiro piso. Bolsonaro estava com Paulo Guedes. Wajngarten entrou e, depois de dizer quem estava do outro lado da linha, continuou a conversa no viva-voz. Enquanto Guedes conversava com Murillo, Bolsonaro escrevia num papel que nada poderia andar sem autorização da Anvisa. O sucesso da Pfizer em estabelecer contato fez parecer que a coisa destravaria com o governo.

Bolsonaro continuava a fazer troça do Butantan. No dia 29 de outubro, quando o Brasil chegou a 158 969 mortos, ele disse em sua live: "Querido governador de São Paulo, você sabe que sou apaixonado por você. Sabe disso, poxa", debochou, sentado na biblioteca do Alvorada. "Ninguém vai tomar tua vacina na marra não, tá o.k.? Procura outro! Eu que sou governo, o dinheiro não é meu, é do povo, [o governo] não vai comprar tua vacina também não, tá o.k.? Procura outro pra pagar tua vacina aí."

A disposição do governo só começou a mudar nos primeiros dias de dezembro. O Reino Unido anunciou que em 8 de dezembro seria o primeiro país a vacinar contra a covid, com a Pfizer/BioNTech. No Brasil, o laboratório ainda ziguezagueava pela Esplanada; na prática, só conseguiu ser recebido por Wajngarten. No Ministério da Saúde, tudo seguia encalacrado. Na tarde do dia 7 de dezembro, o clima no Planalto era tenso. Doria acabara de anunciar que dali a 49 dias, em 25 de janeiro, começaria a vacinação em São Paulo. Alguns outros países faziam anúncios semelhantes para datas ao longo do mês. Nas redes sociais, já começara a cobrança de uma decisão do Planalto a respeito, inclusive dos apoiadores do presidente.

Naquela mesma tarde, a vacina bateria à porta de Bolsonaro. Wajngarten atendeu a ligação da diretora jurídica da Pfizer, Shirley Meschke, com quem tinha se reunido semanas antes, numa visita de representantes do laboratório. Meschke perguntava se o secretário poderia recebê-la. Estava havia quase nove horas esperando ser recebida no Ministério da Saúde, sem sucesso.

Meschke cruzou a Esplanada e minutos depois estava sentada na Secom relatando a Wajngarten a dificuldade da empresa em receber uma resposta à carta enviada meses antes. Agora, a dificuldade era fazer a negociação avançar no Ministério da Saúde. Wajngarten decidiu levar o assunto a Bolsonaro mais uma vez. Telefonou para o assessor internacional do presidente, o influenciador digital Filipe G. Martins, e perguntou se ele e Carlos Bolsonaro, presença frequente no palácio, poderiam ir até a Secom. Dali a alguns minutos, os dois entravam na sala do se-

251

cretário. Depois de ouvir o relato de Meschke, Carlos pediu um instante e subiu novamente ao terceiro andar, até o gabinete do pai. Bolsonaro se irritou com o que ouviu e convocou uma imediata reunião com Pazuello, Barra Torres (presidente da Anvisa) e outros integrantes do governo. Por que, enquanto Doria já tinha uma data para começar a imunização, o Ministério da Saúde sequer recebia a Pfizer, cuja vacina contra a covid, no dia seguinte, seria a primeira aplicada no mundo?

Foi uma reunião constrangedora para Pazuello. Por que ainda não havia um contrato com a Pfizer?, Bolsonaro lhe perguntou, na frente de todos. O ministro fez uma série de ponderações a respeito das exigências do contrato, que definiu como "leonino". Falou dos riscos de efeitos colaterais e da dificuldade para acondicionar a vacina nas baixas temperaturas exigidas. Wajngarten, naquele momento talvez a autoridade do governo federal que mais tinha ouvido a Pfizer, passou a rebater cada ponto levantado por Pazuello, que o fuzilava (a vingança viria ao longo das semanas seguintes, quando o ministro, sem apresentar provas, diria a Bolsonaro que tanto empenho do secretário só podia ser porque ele estaria "a soldo da Pfizer").

Horas depois da reunião, naquela segunda-feira o Ministério da Saúde divulgou uma nota: dali a alguns dias seria assinado um memorando de intenção de compra de 70 milhões de doses da vacina. Bolsonaro conseguia, enfim, ter uma boa notícia na data em que Doria anunciara o começo da vacinação em São Paulo.

E assim foi. No dia 9, Pazuello informou que a vacinação brasileira começaria "ainda em dezembro ou em janeiro de 2021", com a Pfizer. No mesmo dia, o Brasil assinou um memorando de compra com o laboratório que previa a entrega de 8,5 milhões de doses no primeiro semestre de 2021 e 61,5 milhões no segundo. Não se falava nada de dezembro nem de janeiro, como antecipara Pazuello, mas àquela altura a palavra do ministro já não tinha muito lastro. No começo de dezembro, ele dissera que a vacinação teria início em março de 2021, com o imunizante da Oxford, produzido pela Fiocruz. Também já havia dito que seria em janeiro, em março e em fevereiro. Em meados de dezembro, cravou o dia 21 de janeiro, num aceno para Bolsonaro, já que, assim, o governo federal sairia na frente de Doria. No dia 16 de dezembro, em um evento para apresentar o plano nacional de vacinação, tentou de modo canhestro e insensível acalmar a população aflita com a escalada de mortes. "O povo brasileiro tem capacidade de ter o maior sistema único de saúde do mundo, de ter o maior programa nacional de imunização do mundo, somos os maiores fabricantes de vacinas da América Latina. Para que essa ansiedade, essa angústia?" O país chegaria a 183735 mortos naquela quarta-feira.

Quem não estava ansioso nem angustiado era Bolsonaro. "Eu não vou tomar (a vacina)! Alguns falam que eu estou dando péssimo exemplo. Ô imbecil, ô idiota, que está dizendo que eu estou dando péssimo exemplo: eu já tive o vírus, eu já tenho anticorpos. Para que tomar vacina de novo?!", disse o presidente, em um evento em Porto Seguro, na Bahia. "Na Pfizer está bem claro lá no contrato: nós não nos responsabilizamos por qualquer efeito colateral. Se você virar um chimpanzé... se você virar um jacaré, é problema de você, pô. [...] Se você virar o Super-Homem, se nascer barba em alguma mulher aí ou um homem começar a falar fino, eles não têm nada a ver com isso", brincou, com um risinho no canto da boca.

A má vontade do governo com as vacinas contrastava com seu empenho em relação ao tratamento precoce. Embora Pazuello tivesse se encontrado pessoalmente com defensores de todo tipo de tratamento contra a covid (chegou a receber um grupo que propunha a aplicação de ozônio no ânus), o coquetel da cloroquina era seu xodó. Se o protocolo tivesse sido adotado desde o começo, "milhares de mortes" teriam sido evitadas, ele dizia. "Nós mudamos a orientação para tratamento [...]. Nosso tratamento precisa ser precoce e imediato. Aos primeiros sintomas, tem que procurar o médico, a unidade de saúde, ser diagnosticado pelo médico e tem que receber a prescrição dos medicamentos. O paciente tem que tomar os medicamentos e ser acompanhado pelo médico, para ver se não precisa de outras intervenções. Se isso acontecer, o risco de morte cai drasticamente", defendeu, em agosto, num evento no Ceará. Entre remédios e práticas ineficazes, o tratamento precoce aconselhava cloroquina, hidroxicloroquina, ivermectina, azitromicina, nitazoxanida, corticoide, zinco, vitaminas, anticoagulante, ozônio por via retal e dióxido de cloro. Seguia ignorando o alerta de estoque excessivo de cloroquina e celebrou a doação de 2 milhões de comprimidos pelos Estados Unidos.

No Ministério da Saúde, construía-se toda uma engenharia para o êxito da política do tratamento precoce. Mayra Pinheiro, a secretária de Gestão do Trabalho e da Educação na Saúde, recebera a missão de treinar o SUS e criar ferramentas que garantissem o triunfo do tal tratamento. De uma atuação coadjuvante na gestão de Mandetta, de quem não se despediu nem por WhatsApp, e na de Nelson Teich, com quem não se reuniu nem cinco vezes, havia evoluído para uma das figuras com mais acesso a Pazuello. Dependia do treinamento dos profissionais do SUS; afinal, o sucesso da empreitada que era a marca registrada do ministro e que fora concebida e encomendada por ninguém menos que o presidente da República.

Uma das ferramentas desenvolvidas pela secretaria de Pinheiro era o TrateCov, aplicativo para um rápido diagnóstico de covid, baseado num sistema de pontos que obedecia a "rigorosos" critérios médicos para dizer se havia ou não indicação para o tratamento precoce. O TrateCov agilizaria o processo, prescindindo de tomografias, ressonâncias ou teste RT-PCR, cujos resultados podem demorar dias. Com a rapidez proporcionada pela ferramenta, o médico logo poderia saber se a pessoa estava ou não com covid e, assim, iniciar o tratamento que fosse mais indicado. A lógica do aplicativo era simples: uma vez aberto, inseriam-se os dados do paciente (idade, peso, sintomas e a frequência com que a pessoa vinha saindo de casa), e o sistema contrastava as informações com o chamado score de gravidade, o tal sistema de pontos.

Desenvolvido nos últimos meses de 2020, o TrateCov seria lançado nos primeiros dias de 2021 em Manaus, cidade escolhida não só por se tratar de uma grande capital, mas porque seu sistema de saúde era um dos que mais vinha dando sinais de colapso iminente. Ao longo de 2020, houve momentos de superlotação e falta de leitos de UTI, quadro que se agravava num ritmo preocupante diante da força da nova onda da covid que o Brasil atravessava.

A segunda onda da doença, que desembarcara com força no Brasil em dezembro, havia começado na Europa no início de setembro, impulsionada a partir do fim de agosto devido à reabertura apressada da economia, e acarretando um significativo aumento do número de mortes. Os alertas sobre doença no mundo se materializaram no Brasil no fim de 2020 e ganharam tração no início de 2021. O afrouxamento das medidas de restrição de circulação do vírus no Brasil também fez com que os números de casos e mortes disparassem.

Assim, a média móvel de mortes, o número de óbitos diários nos últimos sete dias até aquela data e cujo objetivo era eliminar a oscilação diária do indicador, subiu paulatinamente de 338 no ponto mais baixo entre as duas ondas, em 8 de novembro de 2020, até 770 em 21 de dezembro, antes do início do feriado de Natal. Em 11 de janeiro, a média móvel chegaria a 1001 mortes diárias, uma alta de 30%.

A escalada de casos no Amazonas também ocorreu em meio ao surgimento da variante gama, conhecida como variante de Manaus. Dada a deficiente vigilância genômica no país, essa variante só foi descoberta em Tóquio, depois do retorno de quatro turistas. A variante de Manaus tinha mutações que a tornavam mais contagiosa e, pior, permitia a reinfecção de pessoas que já haviam pegado a doença. No Amazonas, a média móvel de mortes passou de doze, em 21 de dezembro, para 55 em 11 de janeiro, um crescimento de 358%.

Esse era o cenário de Manaus quando Mayra Pinheiro desembarcou na cidade nos primeiros dias de 2021, para sinalizar que o governo federal estava atento à gravidade da situação na capital, bem como de todo o estado. Em 4 de janeiro, a secretária prometeu ao governador Wilson Lima que o Ministério da Saúde não deixaria faltar nenhum recurso, fossem humanos, de equipamentos ou "de protocolos", para assistir o Amazonas e fazer cumprir a missão constitucional do sus. E era incontornável, para o ministério, que isso passasse pelo tratamento precoce. "Peço de novo a todos os profissionais [...] que prescrevam o tratamento precoce. [...] Essas orientações já foram dadas pelo Ministério da Saúde desde maio, e hoje já temos mais de 150 referências científicas assegurando [a eficácia]. Você que tem medo, porque a gente ouve na imprensa, em alguns veículos que prestam mais desinformação do que informação séria, dizendo que essas medicações não funcionam. Hoje já temos evidências suficientes, inclusive avaliadas pelo Conselho Regional de Medicina do Amazonas, fazendo com que tenhamos tranquilidade para receber medicamentos que vocês aqui no Amazonas já usam há muito tempo, com baixíssimo risco de causar efeitos colaterais." Os "medicamentos que vocês já usam há muito tempo", claro, eram a cloroquina e os demais que o TrateCov prescreveria.

Dali a alguns dias, em Brasília, Pinheiro e Pazuello apresentaram o aplicativo em um evento do ministério, em meio a promessas de investimentos para tentar impedir o colapso do sistema público do Amazonas. Entusiasmada, a secretária resumia a lógica por trás do aplicativo e do tratamento precoce: "Se o paciente preenche três critérios para a doença, ele tem a doença. [...] Após, será oferecido ao paciente o tratamento precoce com uso de medicações antivirais". Naquela semana, diante de notícias de que os médicos manauaras não estavam prescrevendo o tratamento precoce, o Ministério da Saúde engrossou e enviou um ofício à Secretaria de Saúde de Manaus dizendo ser "inadmissível" não adotar o tratamento precoce e pedindo autorização para visitar unidades de saúde da cidade para divulgá-lo.

E assim foi feito. Em 11 de janeiro, a médica desembarcava novamente no Amazonas, dessa vez com Eduardo Pazuello e liderando uma comitiva de defensores da cloroquina, na autointitulada Missão Manaus. O grupo, de onze médicos e um psicólogo, passou a tarde visitando unidades básicas de saúde com o objetivo de pregar a palavra da cloroquina. A viagem, de dois dias, não foi divulgada em nenhum dos vários canais de comunicação do ministério, embora diversos vídeos e imagens tenham sido feitos. O objetivo era usar Manaus como cobaia do projeto. Se desse certo, a comitiva repetiria a viagem para as outras 26 capitais. Naqueles dias, 340 médicos da capital do Amazonas foram habilitados para usar o aplicativo.

À medida que mais pessoas tomavam conhecimento do TrateCov, as fragilidades do aplicativo vinham à tona. Não havia indicação que não fosse o coquetel da cloroquina. Programadores, cientistas de dados e jornalistas testaram o aplicativo e constataram que em todas as situações a recomendação era cloroquina, hidroxicloroquina, ivermectina, azitromicina e doxiciclina. Nos casos mais graves, receitava-se o corticoide dexametasona, usado para conter a inflamação que o sistema imunológico provoca para tentar conter o vírus, mas que, se receitado a quem não apresenta o quadro indicado para tomá-lo, pode diminuir a defesa do organismo e fragilizar mais o paciente. Em alguns casos, não parecia haver lógica na prescrição do aplicativo. Se o usuário dizia ter dor de cabeça e fadiga, por exemplo, a recomendação era cloroquina e ivermectina. Se indicasse baixa saturação de oxigênio no sangue, cloroquina e ivermectina. Em outra simulação, a um recém-nascido com congestão nasal e dor de barriga, cloroquina, hidroxicloroquina, ivermectina, entre outros medicamentos.

Mas Manaus estava alheia a tudo isso. Enquanto Eduardo Pazuello e Mayra Pinheiro propagandeavam o kit cloroquina, o sistema de saúde colapsava. No dia em que os dois desembarcaram na cidade, a empresa White Martins informou ao Ministério da Saúde que a explosão dos casos de covid fizera aumentar em seis vezes o consumo de oxigênio. Nesse mesmo ofício, a empresa disse que conseguiria produzir até três vezes mais oxigênio do que previa seu contrato de fornecimento, chegando a 28 mil metros cúbicos. Seria menos da metade da nova demanda exigida, de 70 mil metros cúbicos. O ministro e a secretária decidiram manter a peregrinação de médicos pelas unidades de saúde divulgando o tratamento precoce.

Em menos de 48 horas, aconteceu: acabou o oxigênio em diversos hospitais de Manaus. Só na noite do dia 13 para 14 de janeiro, dezenove pessoas morreram por falta de oxigênio. O desespero tomou conta dos profissionais de saúde, dos pacientes internados e de suas famílias. A sensação de morrer por falta de oxigênio é a mesma de ser asfixiado, uma das piores e mais cruéis maneiras de perder a vida. Vídeos mostrando o desespero reinante logo viralizariam. Em um deles, uma enfermeira implorava por oxigênio. "Pessoal, peço a misericórdia de vocês. Nós estamos em uma situação deplorável. Simplesmente acabou o oxigênio de toda uma unidade de saúde. Tem muita gente morrendo. Quem tiver disponibilidade, oxigênio, por favor, traga aqui", ela pedia, em soluços. Em outro, familiares e enfermeiros descarregavam cilindros que chegavam de outros estados. O presidente do Sindicato de Médicos do Amazonas, Mario Vianna, solicitava o envio de oxigênio para uma cidade que estava em "estado de guerra". Era tarde. Entre 14 e 15 de janeiro, 31 pessoas morreram por falta de ar. A Justiça Federal determinou a transferência imediata para outros estados de todos os pacientes do Amazonas que poderiam morrer por falta de oxigênio. No mesmo dia, 235 pessoas começaram a ser deslocadas.

No dia 14, enquanto familiares buscavam comprar cilindros de oxigênio em outros estados ou clandestinamente, e médicos se dividiam para transportá-los em seus carros particulares, Bolsonaro fez sua live semanal com Eduardo Pazuello — os dois em Brasília. O país em choque com as cenas de Manaus, e o presidente começou a transmissão falando do imposto de renda e de um acordo fechado com o Japão sobre a exploração do nióbio e do grafeno, algumas de suas obsessões. Depois, quando tratou da pandemia, voltou a defender os remédios do tratamento precoce, mentiu sobre sua eficácia e disse não haver como comprovar se o uso de máscaras e o isolamento social diminuíam o contágio da doença, ainda que àquela altura diversos estudos já tivessem comprovado a efetividade de tais medidas. Na manhã seguinte, ao deixar o Alvorada, Bolsonaro saiu em sua própria defesa, em conversa com apoiadores. "A gente está sempre fazendo o que tem que fazer. Problema em Manaus, terrível o problema lá. Agora nós fizemos a nossa parte." Hamilton Mourão também defendeu o governo e aproveitou as mortes para reivindicar um orçamento maior para os militares: "A Força Aérea, até alguns anos atrás, ela tinha [avião da] Boeing. Por problemas de orçamento, ela teve que se desfazer […]. Chega nessa hora, a gente vê que não pode deixar aquilo que é a nossa última reserva, as Forças

Armadas, sem terem as suas capacidades". Nenhum dos dois foi ao Amazonas naquele momento.

Mas o governo falhara, conforme o próprio Pazuello admitiria em 18 de janeiro. A White Martins avisara da iminente falta de oxigênio no dia 8 de janeiro, e por isso já naquele dia aviões da FAB tinham começado a transportar cilindros para Manaus, porém numa quantidade aquém da que se mostraria necessária. "O consumo triplicou, quadruplicou, quintuplicou", diria Pazuello no dia 18, numa coletiva. Ao longo do mês daria uma série delas para garantir que não havia se omitido e, surpreendentemente, para dizer que nunca recomendara remédio algum contra a covid-19. "Os senhores sabem o quanto temos divulgado, desde junho, o atendimento precoce. Não confundam atendimento com definição de qual remédio tomar [...]. Atendimento é uma coisa, tratamento é outra. Como leigos, às vezes falamos o nome errado, mas temos que saber a diferença", disse, no mesmo dia 18. "Eu nunca indiquei medicamentos para ninguém, nunca autorizei o Ministério da Saúde a fazer protocolos indicando medicamentos."

A prova material que o desmentia, o TrateCov, o aplicativo que indicava medicamentos e que havia sido desenvolvido em sua gestão, agonizava. No dia 21 de janeiro, poucos dias após o lançamento, o governo o retirou do ar. O Conselho Federal de Medicina, que meses antes autorizara a prescrição da cloroquina contra covid-19, pedira a retirada do aplicativo, incomodado não com a indicação do remédio, mas com a percepção de que o aplicativo se sobrepunha ao médico. O Ministério da Saúde tentou emplacar a versão de que a plataforma fora lançada como um projeto-piloto e não estava funcionando oficialmente. Era apenas uma simulação. Desativada, aliás, temporariamente, por questões de segurança, pois teria sido invadida por um hacker... O Trate-Cov nunca mais voltaria ao ar.

O descolamento de Pazuello do kit cloroquina tinha também

outra razão. A revolta nas redes sociais com as mortes de Manaus forçou o procurador-geral Augusto Aras a pedir ao stf a abertura de um inquérito contra o ministro, para apurar se sua omissão contribuíra para o caos. O ministro depôs à Polícia Federal no dia 4 de fevereiro, do Hotel de Trânsito, onde ainda morava. Não foi uma conversa tranquila. Pazuello entrou em contradição com o que já tinha dito sobre o colapso de Manaus no dia 8 de janeiro e tentou mudar sua versão, dizendo que o documento nunca havia sido entregue oficialmente ao Ministério da Saúde, nem teria havido contatos informais com funcionários da pasta. Ao stf, ele informaria que só teria sabido no dia 10. Haveria ainda uma terceira versão, disseminada pela pasta semanas depois, no fim de fevereiro, quando o Ministério enviou novo documento ao Supremo, dizendo que só soubera do colapso de Manaus no dia 17 de janeiro. O pico de mortes havia sido nos dias 14 e 15, mas, segundo o ministério, só no dia 17 eles souberam do problema.

Janeiro não havia sido só de más notícias. Mas Pazuello não tinha nada a ver com as boas. No dia 17, a Anvisa autorizou o uso emergencial da CoronaVac e da AstraZeneca/Oxford. Esta última, entretanto, seria inicialmente a Covishield, produzida pela farmacêutica Serum Institute of India, em parceria com AstraZeneca e Oxford. O laboratório indiano entrara na história devido a um esforço de última hora do Ministério da Saúde para tentar conseguir vacinas da parceria entre AstraZeneca e Oxford a tempo de o governo federal conseguir vacinar antes ou ao mesmo tempo que São Paulo. A Índia autorizou o envio de 2 milhões de doses desse laboratório, o próprio Bolsonaro havia escrito ao primeiro-ministro Narendra Modi.

O envio ocorreria antes mesmo de começar a campanha de vacinação na Índia, portanto a discrição era fundamental. Não foi o que ocorreu. O governo brasileiro fretou e adesivou um avião com o slogan "Brasil imunizado, somos só uma nação", para fazer propaganda com a chegada das 2 milhões de doses, em contraponto com o marketing de São Paulo. A opinião pública indiana reagiu: por que enviar doses ao Brasil se na Índia a imunização nem começara? O envio foi cancelado. E naquele dia 17, quando a Anvisa autorizou o uso emergencial das duas vacinas, só havia CoronaVac em território nacional.

Doria se esbaldou. Minutos depois do o.k. da Anvisa, Mônica Calazans, uma enfermeira negra de 54 anos, funcionária da UTI do Hospital Emílio Ribas, em São Paulo, era a primeira brasileira a receber a vacina contra a covid. Cercada por um fotógrafo e um cinegrafista do governo de São Paulo, Calazans, de jaleco, foi a estrela do palco montado no Hospital das Clínicas. Era o símbolo do triunfo de Doria sobre Bolsonaro. Vestindo por cima da camisa de botão uma camiseta preta com os dizeres #VacinaJá e "Vacina do Butantan, a vacina do Brasil", o governador segurou o braço da enfermeira e chorou. Mais tarde, ao discursar, cutucou o presidente, sem citá-lo: "O triunfo da ciência, o triunfo da vida, contra os negacionistas, contra aqueles que preferem o cheiro da morte ao invés do valor e da alegria da vida".

Em Brasília, foi um dia difícil para Bolsonaro. O presidente ordenou que Pazuello também desse uma coletiva e criticasse o "marketing" de Doria. Pouco depois do evento em São Paulo, o ministro se pronunciou, no Rio de Janeiro, onde estava: "O Ministério da Saúde tem em mãos, neste instante, as vacinas tanto do Butantan quanto da AstraZeneca. E nós poderíamos, num ato simbólico, ou numa jogada de marketing, iniciar a primeira dose em uma pessoa. Mas em respeito a todos os governadores, prefeitos e todos os brasileiros, o Ministério da Saúde não fará isso. Não faremos uma jogada de marketing". Nocauteado por uma derrota pública, Bolsonaro nada disse, incapaz de uma palavra de otimismo sobre o início da vacinação.

Na manhã seguinte à vacinação de Calazans, o ministro recebeu dez governadores no galpão do Ministério da Saúde no Aeroporto de Guarulhos para um ato de entrega das doses da CoronaVac — simbólico, já que entre atrasos e confusões elas só chegariam a seus destinos dois dias depois. Só nesse dia o presidente comentou o assunto. Em fala gravada em vídeo por apoiadores, começou com um ato falho. "Apesar da vacina...", disse, para corrigir-se em seguida: "Apesar, não, né? A Anvisa aprovou, não tem o que discutir mais". Depois de garantir que o governo compraria as vacinas disponíveis no mercado, o presidente esqueceu dos ataques à CoronaVac: "A vacina é do Brasil, não é de nenhum governador, não, é do Brasil".

Mas a vacinação ainda demoraria semanas e semanas para pegar tração. Fevereiro chegara e não havia doses suficientes, fosse porque os contratos com multinacionais como a Pfizer ainda não estavam fechados, fosse pelo atraso de envio de insumos pela China para a produção da AstraZeneca na Fiocruz, e da CoronaVac no Butantan. Pazuello, cada vez mais pressionado pela morosidade do calendário de vacinação, pediu ajuda ao embaixador chinês, Yang Wanming, para destravar a importação dos insumos. Tarefa espinhosa depois de meses de ataques do governo e do próprio Bolsonaro. Naquele momento, Ernesto Araújo praticamente não tinha mais interlocução com a China, o que dali a algumas semanas lhe renderia o cadafalso. A incompetência gerencial do governo era tamanha que a oposição precisou dar uma forcinha para a viabilização da vacina da Pfizer.

Depois da reunião em dezembro, em que Bolsonaro chamara Pazuello às pressas e o ministro teve todos os seus argumentos contra a vacina derrubados por Fabio Wajngarten, o governo decidiu que teria de preparar uma medida provisória que flexibilizasse regras para a compra de vacinas, como a autorização para a dispensa de licitação e estudos preliminares. O texto foi enviado em janeiro para o Congresso, mas o Palácio do Planalto excluiu um dispositivo pétreo da Pfizer, sem o qual a empresa não fecharia negócio: uma cláusula prevendo a responsabilização da União por eventuais efeitos negativos dos imunizantes. Tanto o contrato com a Pfizer quanto com a Janssen, vacina do laboratório Johnson & Johnson, traziam essa cláusula. Era um ponto que sempre irritara Bolsonaro. "Como eles fazem a vacina e nós que temos que pagar por qualquer erro?", ele costumava questionar. No mundo, 69 países que vinham aplicando a Pfizer já haviam topado essas condições, necessárias, segundo as farmacêuticas, pelo pouco tempo que os imunizantes tiveram para serem desenvolvidos e testados. Era isso ou ficar sem a vacina.

O apagão de vacinas fez o líder da oposição no Senado, Randolfe Rodrigues, senador pela Rede do Amapá, buscar os laboratórios para entender o que travava a negociação com o Ministério da Saúde. Em janeiro, um representante da Janssen lhe falou da cláusula imprescindível. Dali a algumas semanas, em 22 de fevereiro, Rodrigues levou ao presidente do Senado, Rodrigo Pacheco, a presidente da Pfizer no Brasil, Marta Díez, e o gerente da Pfizer para a América Latina, Carlos Murillo, para que eles lhe explicassem a situação. Ficou acertado que seria apresentado um novo projeto incluindo o texto.

A reunião teve muito espaço na imprensa, o que causou ciúme no Planalto. Flávio Bolsonaro procurou Pacheco, eleito havia menos de um mês, e ainda próximo do presidente, e relatou o incômodo do pai com os holofotes conquistados pelo líder da oposição.

"Despertou ciúme, Randolfe. Pensei numa solução e queria saber se você tem alguma dificuldade para declinar da autoria do projeto", perguntou Pacheco, num telefonema.

"Nenhuma dificuldade. Só gostaria de ser o relator do projeto, se possível", respondeu o senador.

"Então, o.k. E se reunir com Flávio Bolsonaro, para isso sair? Você se importaria?"

Na noite daquele mesmo 22 de fevereiro, Randolfe Rodrigues e Flávio Bolsonaro chegavam às nove horas da noite na residência oficial da presidência do Senado para encontrar Rodrigo Pacheco e Elcio Franco, o secretário-executivo do Ministério da Saúde, além de técnicos da pasta e a equipe jurídica do gabinete de Rodrigues. A negociação entraria madrugada adentro, e dela nasceria o projeto que permitiria que Pfizer, Janssen e outras vacinas fossem aplicadas no Brasil. O texto previa que, além da União, estados e municípios dividissem eventuais responsabilidades por efeitos adversos. O projeto foi apresentado na manhã do dia seguinte, 23, como de autoria de Pacheco. Foi aprovado em 24 de fevereiro.

Alheio a isso, Pazuello enrolava-se cada vez mais com as datas prometidas para a chegada de mais vacinas. Em fevereiro, a previsão era ter 46 milhões de doses até o fim do mês seguinte. Em março, apresentou o quarto cronograma diferente. Depois, a estimativa caiu para 38 milhões; alguns dias depois, para 30 milhões. As mortes não atrasavam. Passado o Carnaval, houve uma subida expressiva no número de mortos. A média móvel de vítimas crescia veloz. Em 21 de fevereiro, começo da semana dessa negociação envolvendo Randolfe e Flávio, a média móvel foi de 1043. Em 15 de março, passadas pouco mais de três semanas, havia subido para 1858. Os sistemas de saúde de diversas cidades colapsavam. Com as UTIS cheias, os hospitais não davam conta.

Naquele 15 de março, a pressão se tornou insustentável e ficou decidido que Pazuello seria demitido. O general especialista em logística era retirado da guerra — o país tinha apenas 10 087 787 de vacinados com uma dose (nem 5% da população) e um acumulado de 279 286 vítimas. Ainda viria muito mais, porém: mais do que as mortes, uma bomba política que havia caído no colo de Bolsonaro era a principal razão que levava o presidente a mexer em seu governo.

"Estado de emergência do bem"

Na segunda-feira, 8 de março, perto do horário do almoço, o ministro Edson Fachin recebeu de sua equipe o rascunho final de uma decisão que encomendara dias antes e que teria o poder de obrigar Bolsonaro a fazer a maior de todas as mexidas no governo até então. A decisão era uma resposta a um habeas corpus que a defesa de Lula apresentara a ele em novembro de 2020, reconhecendo que a Justiça Federal no Paraná não tinha competência para julgar o ex-presidente por não haver vínculo entre as investigações contra ele e a Petrobras. Estavam, portanto, anuladas todas as condenações de Lula na Lava Jato: o político, de posse de seus direitos políticos, era novamente elegível. A decisão de Fachin era uma tentativa de se antecipar a outro habeas corpus da defesa do ex-presidente, que pedia que o STF declarasse a suspeição de Sergio Moro para julgar o petista, tema que em breve voltaria à pauta da Segunda Turma do tribunal, após um longo pedido de vista de Gilmar Mendes. Fachin temia que, se Moro fosse considerado suspeito para julgar Lula, já que se tornara ministro de seu adversário, o ex-juiz também tivesse sua isenção questionada em outras ações da Lava Jato, pondo em xeque toda a operação. Esperava que, se anulasse as condenações antes de a suspeição ser julgada, esse segundo habeas corpus perderia objeto. Não adiantou. No dia seguinte Gilmar pautou o tema na Segunda Turma, que só não concluiu a votação por um novo pedido de vista, dessa vez de Kassio Nunes Marques. Ainda demoraria mais algumas semanas para uma decisão sobre a parcialidade de Moro, mas Lula já estava de volta. E Bolsonaro tinha um problemão.

Do outro lado do balcão, o presidente ainda analisava o significado da atitude de Fachin e a perspectiva de que teria Lula como principal adversário em 2022. A aliados que lhe perguntavam o que achara, era econômico na resposta: "Ótimo para a gente". Queria dar a entender que era preferível polarizar diretamente com Lula. Ainda assim, em público, num gesto para a militância, criticou o ministro, a quem acusou de ter tomado a decisão motivado por seus vínculos com o PT no passado — Fachin chegou a pedir voto para Dilma Rousseff antes de ingressar no STF, mas, uma vez empossado, foi duro em suas decisões contra o partido.

Já naquela segunda-feira à noite, Bolsonaro começou a rever sua leitura. A polarização poderia favorecê-lo, afinal. Ele sabia que o antipetismo ainda vigorava, mas tendo Lula como adversário, sua reeleição poderia não ser um mar de rosas, como ele e boa parte do governo imaginavam. A ponto de, em fevereiro, o ministro Luiz Eduardo Ramos ter dito, depois das vitórias de Rodrigo Pacheco e Arthur Lira, que não havia ninguém capaz de bater Bolsonaro em 2022. Agora, em uma conversa com o ministro Fábio Faria, o presidente admitiu que Lula era um adversário à sua altura. "Ele é um candidato que diminui minha chance de errar", analisou para Faria. E já no dia seguinte o ex-capitão arregaçou as mangas e telefonou para Antonio Rueda, o vice-presidente nacional do PSL, partido pelo qual se elegeu e do qual saiu brigado em

2019. Disse abertamente estar interessado em retornar à sigla, de olho no tempo de rádio e tevê e nos recursos eleitorais a que a legenda teria direito, por ter eleito em 2018 a segunda maior bancada da Câmara. O presidente já vinha conversando com Rueda, sob intermediação de Flávio Bolsonaro e com o aval de Luciano Bivar, presidente do PSL, com quem a família rompera no passado. A dificuldade estava numa restrição que Bivar impunha e que era difícil para Bolsonaro aceitar. Ele deveria retornar sem ter ascendência nenhuma sobre as decisões da cúpula partidária, condição que não fazia sentido para o presidente.

Duas semanas depois, em 23 de março, a Segunda Turma do STF retomou o julgamento da suspeição de Moro. Os ministros vinham sendo fiéis ao acordo feito desde o começo do governo, de interromper as brigas públicas em nome de preservar a unidade e fortalecer o tribunal ante os ataques de Bolsonaro. O entendimento fora firmado ainda na campanha de 2018, quando o Zero Três dissera que, para fechar o Supremo, bastariam dois palitos, ou melhor, um soldado e um cabo. A maioria dos ministros suspeitou que a fala do filho havia sido combinada com o pai. E, ao longo do governo, a cada novo ataque desferido pelo presidente, o pacto se renovava. Nenhuma divergência seria pública enquanto o tribunal estivesse sob ataque. Mas a disputa entre punitivistas e garantistas, que dividira o tribunal nos últimos anos e agora voltava ao ápice, podia fazer o caldo entornar. E no meio do caminho agora havia Kassio Nunes Marques.

A sessão era virtual: cada ministro falava de um lugar diferente. Uns, do próprio gabinete no Supremo. Outros, de casa. Nunes Marques foi o primeiro a votar, já que havia sido dele o pedido de vista. E votou contra a suspeição. Justificou o voto dizendo serem ilegais as provas baseadas em mensagens hackeadas dos procuradores da Lava Jato, o que impediria que elas fossem usadas juridicamente. "Seria uma grande ironia aceitarmos provas ilícitas, resultantes de um crime, para apurar outro crime: dois erros não fazem um acerto", afirmou, para surpresa de todos, que esperavam de um ministro indicado por Bolsonaro um voto a favor da suspeição e, portanto, ruim para Moro. Gilmar Mendes explodiu. "Ou o hacker é um ficcionista ou nós estamos diante de um grande escândalo [...]. A desmoralização da Justiça já ocorreu. O tribunal de Curitiba é conhecido mundialmente como um tribunal de exceção. Não houve ninguém até agora capaz de dizer que houve um dado falso nessas revelações", afirmou, dirigindo-se a Nunes Marques, numa crescente irritação. "O meu voto, me faça justiça, está calcado nos elementos dos autos [...]. É indecência falar em garantismo. Isso não tem a ver com garantismo nem aqui nem no Piauí, ministro Kassio", prosseguiu, referindo-se ao estado do colega, que, nervoso, evitava encarar a tela do computador. Gilmar continuou, ainda irado: "Não vamos ficar de conversa fiada. Não estamos falando de prova ilícita. Estamos num julgamento histórico e cada um passará para a história com seu papel. E ela não admite covardia. Isso aqui não é jogo de esperteza. Os falsos espertos acabam sendo pegos e desmoralizados", afirmou, sempre se dirigindo a Nunes Marques.

Na tréplica, o ministro disse que responderia a Gilmar com o silêncio. "O conteúdo que eu tento dar — eu falo pouco, e não gosto muito da minha voz —, o que eu quero dizer é que não vou fazer réplicas, tréplicas. Expus minhas ideias com solar clareza, e esse silêncio é em homenagem e respeito aos votos divergentes, àqueles que pensam de forma diferente", disse. Seguiu em tom conciliatório: "Quando Vossa Excelência diz que o garantismo não é nem aqui, nem no Piauí, pode ser interpretado, além de um menoscabo à opinião de um colega, seria como uma forma de menosprezar um estado pequeno. Eu sei que não teve essa intenção".

O fato era que, com o voto de Nunes Marques, havia uma maioria temporária contra a suspeição de Moro, já que Cármen

Lúcia tinha votado, ainda em 2018, do mesmo jeito. Não durou muito porque, conforme vinha sinalizando, a ministra mudou o voto, e Moro foi formalmente declarado suspeito para julgar Lula por três a dois. Fachin ainda tentou defender que o caso tinha perdido razão de ser porque na outra decisão ele já tinha declarado Curitiba incompetente para julgar o ex-presidente. Diante do impasse, o tema seguiu para o plenário do STF, que, em 23 de junho, em nova derrota de Fachin, decidiu que a suspeição de Moro ainda poderia ser julgada, e a decisão sobre a incompetência de Curitiba para julgar o ex-presidente poderia coexistir com sua suspeição. Saíram derrotados Fachin, Luís Roberto Barroso, Marco Aurélio e Fux.

Mas naquele março a elegibilidade de Lula não era a única notícia ruim para Bolsonaro. O número de mortes na pandemia ganhava um ritmo inédito. Marcelo Queiroga, o substituto de Pazuello, havia sido apresentado ao presidente por Flávio Bolsonaro, de cujo sogro, cardiologista como ele, era amigo. Presidente da Sociedade Brasileira de Cardiologia desde 2019, o novo ministro tinha um histórico de cargos em associações médicas, como a Sociedade Brasileira de Cardiologia na Paraíba, seu estado, a Associação Médica Brasileira e a Sociedade Brasileira de Hemodinâmica e Cardiologia Intervencionista, que presidira em dois mandatos. Bolsonaro chegara a indicá-lo para a diretoria da ANS, mas o Senado não chegou a votar a indicação. Em março, Flávio tornou a falar dele a seu pai. Queiroga acabou na pasta depois que saíram do páreo dois outros nomes: a cardiologista e intensivista da Rede D'Or Ludhmila Hajjar, ejetada após virem à tona áudios seus com críticas a Bolsonaro e um vídeo em que cantava para sua ex-paciente Dilma Rousseff, e o Dr. Luizinho, médico e deputado federal pelo PP do Rio de Janeiro. Arthur Lira fizera muita pressão pelo deputado, mas acabou derrotado por Flávio, que finalmente emplacava um nome 100% seu na Saúde.

Agora o primogênito apitaria não só nos cargos do Rio de Janeiro, mas naqueles do ministério.

Em 10 de março, quando pela primeira vez o país superou a marca de 2 mil mortos num único dia, Bolsonaro sancionou a lei que permitia a compra das vacinas da Pfizer e da Janssen, o projeto cuja aprovação dependera do envolvimento de Randolfe Rodrigues. Na cerimônia, todos usavam máscaras: o gesto foi percebido como uma demonstração de que haviam doído as palavras que, naquele mesmo dia, Lula dissera no Sindicato dos Metalúrgicos, em São Bernardo do Campo. Em seu primeiro discurso após a decisão do STF, o ex-presidente defendeu a vacina e o respeito à ciência, criticou o governo Bolsonaro e adotou um tom conciliatório que em muito pareceu o Lulinha Paz e Amor de 2002. No dia seguinte, Bolsonaro, ao participar de uma videoconferência com pequenos e microempresários, ao lado de Paulo Guedes, voltou a atacar governadores e prefeitos que adotaram medidas restritivas. "Até quando nossa economia vai resistir? Que, se colapsar, vai ser uma desgraça. O que poderemos ter brevemente? Invasão a supermercado, fogo em ônibus, greves, piquetes, paralisações. Onde vamos chegar?"

A economia voltara a ser a maior preocupação de Bolsonaro. Diante da explosão de mortos, governadores e prefeitos haviam decidido retomar as medidas restritivas ao comércio e à circulação de pessoas. O governo do DF foi um dos primeiros a decretar lockdown, em virtude da taxa de ocupação de UTIS — dias depois do início da restrição, ela chegaria a 100%. Em São Paulo, decretou-se o fechamento do comércio de rua, shoppings, cinemas, teatros, salões de beleza, academias; proibiram-se eventos com aglomeração. O Rio de Janeiro também adotou uma espécie de toque de recolher, vetando a permanência em espaços públicos entre onze da noite e cinco da manhã. Bares, restaurantes e shoppings só poderiam abrir de seis da manhã às cinco da tarde, e somente com 40% de ocupação. Nas praias, banhos de mar e esportes estavam liberados, mas quiosques, ambulantes e barraqueiros não. Rodas de samba, boates e festas tampouco. No resto do país, as medidas eram semelhantes. Mais uma vez, enquanto o presidente tentava liderar numa direção, o país seguia em outra.

Em 18 de março, em sua live semanal, Bolsonaro explodiu contra os governadores e as medidas que vinham sendo anunciadas. Mirou especificamente o toque de recolher. "Isso [toque de recolher] é estado de defesa, estado de sítio, que só uma pessoa pode decretar: eu", disse, acrescentando que, quando se assina um decreto como o editado pelos governadores, seria necessário o aval do Congresso para que as medidas entrassem em vigor. O presidente continuou com os ataques, chamando governadores e prefeitos que haviam imposto medidas restritivas de "projetos de ditadores" e "usurpadores da Constituição".

Na mesma live, Bolsonaro anunciou que o governo apresentaria ao Supremo uma ação direta de inconstitucionalidade para derrubar medidas de restrição adotadas por três estados — Bahia, Rio Grande do Sul e Distrito Federal. Atividades consideradas não essenciais só poderiam ser definidas por lei aprovada no Legislativo, e não por decretos de governadores. E argumentava que, "mesmo em casos de necessidade sanitária comprovada", as medidas deveriam ter "respaldo legal" e "preservar o mínimo de autonomia econômica das pessoas". A ação, enviada ao STF sem a chancela do advogado-geral da União, José Levi, era assinada pelo próprio Bolsonaro — o que era previsto na Constituição, embora incomum. Levi nunca disse por que não quis assinar o documento, e a AGU se limitou a informar que ele se pronunciaria no decorrer do processo, o que acabou não sendo necessário. Sorteado relator da ação, Marco Aurélio Mello recusou a ação, dizendo que caberia à AGU formalizar o pedido. "O chefe do Executivo personifica a União, atribuindo-se ao advogado-geral a representação judicial, a prática de atos em juízo. Considerado o erro grosseiro, não cabe o saneamento processual", escreveu, lembrando na sequência que, conforme decisão do STF, Bolsonaro, governadores e prefeitos tinham, todos, responsabilidade de agir contra a pandemia.

Era mais uma vez uma resposta à narrativa que o presidente vinha tentando fazer colar, para justificar os milhares de mortes: o Supremo o impedira de combater a pandemia. Em janeiro, depois de dizer que, a depender do STF, ele estaria na "praia tomando cerveja", o tribunal já havia emitido uma nota negando que houvesse proibido o Planalto de agir para conter a disseminação da doença. "É responsabilidade de todos os entes da federação adotarem medidas em benefício da população brasileira no que se refere à pandemia", dizia o texto.

Enquanto isso, a avalanche de mortes não parava. Em 24 de março, o país ultrapassou os 300 mil mortos, dois meses e meio após chegar aos 200 mil. Queiroga então prometeu aumentar o número diário de pessoas vacinadas, até então na casa de 300 mil por dia, para 1 milhão. Não seria difícil, a se levar em conta a expertise do Programa Nacional de Imunizações, desde que houvesse vacina. A cada dia, surgia nova notícia acerca da responsabilidade do Ministério da Saúde e do governo na demora para fechar contratos com as farmacêuticas. Março se tornava o pior dos meses para o presidente. No Senado, aumentava a pressão pela instalação de uma CPI da covid, para apurar os erros do governo federal no enfrentamento da pandemia. O movimento ganhara força, em especial após a morte do senador Major Olímpio, do PSL de São Paulo, vítima da doença.

Pesquisa do Ipespe divulgada no começo de abril mostraria o governo do presidente com 48% de avaliação ruim ou péssima, frente a 27% de ótimo ou bom. Em outra pergunta, a maneira de Bolsonaro administrar o país era reprovada por 60% da população. E uma novidade, péssima para Bolsonaro: pela primeira vez Lula aparecia numericamente à frente dele nas intenções de voto para 2022. O petista tinha 29% e Bolsonaro, 28%. No segundo turno, derrotaria o presidente, por 42% a 38% dos votos.

Bolsonaro, como de costume, em momentos de fragilidade recorria ao fantasma do uso político das Forças Armadas. No dia 19 de março, saindo do Alvorada, dirigiu-se a seus apoiadores no cercadinho. Voltou a citar os impactos econômicos causados pela pandemia e disse que ia "chegar o momento" em que o governo teria de tomar uma "ação dura": "Será que o governo federal vai ter que tomar uma decisão antes que isso aconteça? Será que a população está preparada para uma ação do governo federal dura no tocante a isso?". Sobre o que seria a medida dura, respondeu a si mesmo: "Que que é [medida] dura? É para dar liberdade pro povo, é para dar o direito do povo trabalhar. Não é ditadura não, uns hipócritas aí falando de ditadura o tempo todo, uns imbecis. Agora, um terreno fértil para ditadura é exatamente a miséria, a fome, a pobreza, onde o homem com necessidade perde a razão. Estamos esperando o quê? Vai chegar o momento, eu gostaria que não chegasse esse momento, vai acabar chegando".

Dois dias depois, ao comemorar 66 anos, o presidente voltou à porta do palácio, prestigiando apoiadores que haviam lhe levado um bolo de aniversário enfeitado com o escudo do seu time, o Palmeiras. Aglomerados, todos cantaram parabéns e o Hino Nacional, e o presidente retomou o tom pesado que adotara em abril de 2020, em frente ao quartel-general do Exército. Referindo-se aos governadores, disse que "tiranos" cerceavam a "liberdade das pessoas", e repetiu que elas poderiam contar com as Forças Armadas na "defesa da democracia e da liberdade". "Alguns tiranetes ou tiranos tolhem a liberdade de muitos de vocês. Podem ter certeza, o nosso Exército é o verde-oliva e é vocês também. Contem com as Forças Armadas pela democracia e pela liberdade." E, acompanhado de Michelle Bolsonaro e Augusto Heleno, voltou a fazer ameaças. "Estão esticando a corda, faço qualquer coisa pelo meu povo. Esse qualquer coisa é o que está na nossa Constituição, nossa democracia e nosso direito de ir e vir." Disse que, sem trabalho para as pessoas, o destino do país seria o "socialismo". "Não queremos que o Brasil mergulhe em um socialismo, e o caminho para mergulhar no socialismo é aquele onde o povo vai para a miséria, vai para a fome, vai para o tudo ou nada", afirmou, concluindo: "Enquanto eu for vivo, enquanto eu for presidente, porque só Deus me tira daqui, eu estarei com vocês".

As frases deixaram políticos em alerta. Ministros do STF procuraram Luiz Fux, preocupados com as palavras de Bolsonaro. Rodrigo Maia também escreveu a Fux, enviando a ele o link da notícia em que o presidente falava em estado de sítio. Todos temiam a confusão que Bolsonaro parecia fazer, não se sabia se de propósito, com o significado de estado de sítio, uma situação excepcional, prevista pela Constituição, para a defesa interna do país contra um inimigo internacional ou em caso de grande instabilidade institucional devido a uma crise política, militar ou a uma calamidade natural, como um desastre ambiental de grandes proporções. O estado de sítio precisa ser aprovado pelo Congresso, em grande parte por causa dos inúmeros direitos fundamentais que deixa em suspenso, como proibição de reuniões de grupos de pessoas, interceptação de comunicações, controle da imprensa, detenção e busca e apreensão sem autorização judicial, e requisição de bens de particulares. Nada se comparava à situação vivida pelos estados que haviam decretado toque de recolher, cuja violação era punida, na maioria das vezes, com uma multa. Preocupado, Fux decidiu telefonar para Bolsonaro e perguntou na lata se procediam os rumores de que ele pensava num estado de sítio. O presidente reclamou dos toques de recolher, mas garantiu que não cogitava aquela solução.

De fato, Bolsonaro não chegou a falar em estado de sítio com seus auxiliares mais próximos. A "ação dura" que ele previa era outra, mais branda, porém ausente da Constituição e dispensando o crivo do Congresso. Na semana que começara com seu aniversário, o presidente chamou Azevedo e Silva e lhe passou um recado: ele deveria mandar o comandante do Exército, general Edson Pujol, fazer uma crítica pública contra os lockdowns e toques de recolher decretados pelos governadores, sinalizando que o Exército estaria disposto a agir contra as medidas. Pujol se negou a fazer um pronunciamento nesse sentido, e Azevedo e Silva transmitiu sua resposta ao ex-capitão: o general entendia que a tarefa não era da competência do Exército e que, pela decisão do STF, os governos estaduais e municipais tinham legitimidade para tomar medidas contra a pandemia.

Era indiscutível que as cúpulas das Forças Armadas não aprovavam a atuação do STF. Generais, brigadeiros e almirantes de diferentes matizes e convicções concordavam que o Supremo se metia demasiadamente nas atribuições do Executivo, como quando Alexandre de Moraes suspendeu a nomeação de Alexandre Ramagem para dirigir a Polícia Federal. Em matéria de combate à corrupção, os militares tampouco haviam gostado da decisão de anular as condenações de Lula, nem da declaração sobre a suspeição de Sergio Moro ou, dois anos antes, da revisão sobre o entendimento da prisão após condenação em segunda instância. Acreditavam ainda que havia por parte de alguns ministros um preconceito, quase uma questão pessoal contra eles, expressos por exemplo no episódio em que Celso de Mello, ao determinar que Augusto Heleno, Braga Netto e Ramos depusessem no inquérito que investigava a interferência de Bolsonaro na PF, disse que os três, caso não comparecessem para depor, deveriam ser levados por condução coercitiva ou "debaixo de vara". O próprio Azevedo e Silva comungava de boa parte dessas impressões. Daí

276

a algum deles fazer o que Villas Bôas fizera em 2018 e ameaçar publicamente o STF, havia uma grande diferença. Nenhum comandante das forças estava disposto a isso, tampouco o ministro da Defesa.

Azevedo e Silva conquistara entre seus pares a fama de ser diplomático, capaz de transitar em governos das mais variadas vertentes ideológicas. Dono de um tom de voz calmo, semblante sereno, cabeça calva, porte delgado e um sotaque carioca acentuado, formou-se aspirante a oficial de Infantaria na Academia Militar das Agulhas Negras em 1976 e teve entre seus calouros Jair Bolsonaro. Foi ajudante de ordens de Collor, com o qual ficou até seus últimos dias no Planalto. No governo Lula, integrou a assessoria parlamentar do Exército. Promovido a general de brigada em 2007, comandou a Brigada de Infantaria Paraquedista, o Centro de Capacitação Física do Exército e dirigiu o Departamento de Desporto Militar do Ministério da Defesa. No governo Dilma, foi presidente da Autoridade Pública Olímpica, órgão responsável por gerir a presença federal no planejamento dos Jogos Olímpicos, e depois comandante militar do Leste, quando coordenou a segurança da Olimpíada de 2016. Dali, foi promovido a chefe do Estado-Maior do Exército, no período de Villas Bôas como comandante. Mais tarde ampliaria ainda mais seu raio de influência.

Em 2018, quando preparava a equipe que estaria com ele na presidência do STF a partir de setembro, Dias Toffoli procurou o então ministro da Segurança Pública, Raul Jungmann, que fora ministro da Defesa até fevereiro daquele ano, e lhe pediu um nome que pudesse assessorá-lo no tribunal, para fazer a ponte com os militares. Toffoli sempre trabalhara com oriundos da caserna. Quando assessor da bancada do PT na Câmara, mantinha boa relação com as assessorias parlamentares das Forças Armadas e chegou a ajudar a Aeronáutica a convencer os petistas a votar a favor da Lei do Abate, em 1998. Depois, advogado-geral de Lula, tivera um general da reserva em sua equipe e foi contrário à revisão da Lei de Anistia, que livrou de processos penais os militares acusados de crimes durante a ditadura. Toffoli era um antigo defensor da tese de que, ao longo da história, militares e Supremo haviam exercido, quase num revezamento, o papel de Poder Moderador, que antes da República cabia ao imperador exercer. Num artigo de 2014, escrevera que com a Constituição de 1988 o STF tinha ficado com essa atribuição. Agora, à frente do tribunal, achava natural ter um militar em sua equipe, até porque em 2018 o ministro tinha convicção, mesmo antes do começo da campanha, de que ninguém tiraria aquela vitória de Jair Bolsonaro. Sabia, por diferentes interlocutores na direita, que, com o presidente, viria também uma perigosa pauta de fechamento do Congresso e do STF. Depois de receber de Jungmann a indicação de Azevedo e Silva, foi a Villas Bôas, que já fora informado do interesse no nome do chefe de seu Estado-Maior, e, respeitando os protocolos, pediu uma indicação. E o comandante do Exército, também seguindo a etiqueta de Brasília, como quem ignorasse a articulação, lembrou do nome de Azevedo e Silva, havia pouco na reserva. Azevedo e Silva ficou como assessor de Toffoli somente até a transição do governo Bolsonaro, quando foi convidado para assumir o Ministério da Defesa.

Ao longo do governo, entretanto, em diversos episódios o general atuou como uma ponte entre o STF e Bolsonaro. Dava-se bem com quase todos os ministros. Com Fux, por exemplo, descobrira amigos em comum e a coincidência de ambos serem filhos de mãe judia, embora só o presidente do STF seguisse a religião. (Gilmar Mendes, ele não engolia, e sua antipatia só fez aumentar quando o ministro disse que o Exército se associava ao genocídio.) Graças a essa boa interlocução entre os dois lados, Azevedo e Silva havia sido fundamental para, por exemplo, convencer Bolsonaro a entregar a Celso de Mello a fita da reunião do dia 22 de abril. O general também vinha atuando para blindar as Forças Armadas, freando-lhe a atuação política que Bolsonaro tanto instigava.

As diferentes notas públicas que Azevedo e Silva emitia iam nesse sentido, sempre ressaltando que Marinha, Exército e Força Aérea eram "organismos de Estado". Eram recados públicos e também negativas para pedidos que Bolsonaro lhe fazia em privado. O presidente insistia, por exemplo, que os três comandantes das Forças Armadas tivessem contas no Twitter, com as quais ele pudesse interagir e das quais pudesse receber apoio político quando julgasse necessário. Os comandantes do Exército, Edson Pujol, da Marinha, Ilques Barbosa, e da Aeronáutica, Antonio Carlos Bermudez, se recusavam. Azevedo e Silva também não tinha perfil na rede social. Ao contrário da escola Villas Bôas, ele achava impróprio general ter rede social. Bolsonaro queria, então, que seus comandantes fizessem discursos ou dessem entrevistas em defesa da atuação do governo na pandemia, mas seu desejo não era atendido. Os três não só não estavam dispostos a desempenhar um papel que não entendiam como deles, como também discordavam de boa parte das bandeiras defendidas por Bolsonaro no enfrentamento da covid. Azevedo e Silva também, aliás. O general avaliava que o presidente havia perdido uma bela oportunidade de assumir de fato um papel de estadista, liderando o país contra o vírus, tendo a ciência ao seu lado. Era contrário às críticas do presidente ao isolamento social e às máscaras, medidas que, nas Forças Armadas, vinham sendo respeitadas.

Naquela última semana de março, diante de nova insistência de Bolsonaro, Pujol continuava firme: não queria se meter no assunto. Irritado com a postura do comandante do Exército, na manhã de 27 de março, um sábado, Bolsonaro escreveu para Azevedo e Silva e ordenou que Pujol fosse demitido naquele mesmo dia. Aproximava-se o desfecho de uma relação já problemática desde o primeiro ano de governo.

Com cinquenta anos de Exército, completados no começo de março, Pujol havia se notabilizado como militar pelo perfil discreto, tom de voz e jeito de agir moderados, respeitoso às regras e que, sempre que posto em situações em que deveria tomar lados, optava por manter-se neutro, meio suíço. A personalidade lhe rendeu alguns cargos no exterior. Foi observador militar das Nações Unidas em El Salvador, adido na embaixada no Suriname e comandante das Forças de Paz da Missão da ONU no Haiti. No Brasil, foi chefe do Centro de Inteligência do Exército, comandante militar do Sul e chefe do Departamento de Ciência e Tecnologia do Exército, cargo que ocupava antes de se tornar comandante. Aos 66 anos, Pujol ostentava boa forma física, porte austero, cabelo bem cortado. Caminhava com altivez, sempre com a rigidez e os maneirismos característicos aos militares, mas sem deixar para trás o tipo durão, um caubói gaúcho de farda. Avesso a entrevistas e redes sociais, era inflexível quanto a se manter distante dos holofotes, sobretudo como comandante do Exército. Sem desenvoltura retórica, parecia desconfortável quando era obrigado a discursar. Nas raras vezes que expressou publicamente suas opiniões pessoais, não escondeu a personalidade conservadora e falou mais do que competia a um militar. Certa ocasião, em 2017, criticou a imprensa e a educação pública, afirmando que não representavam "o cidadão de bem". Dizia apoiar manifestações "ordeiras" e mostrava seu descontentamento com a política: "Se nossos representantes não estão correspondendo às nossas expectativas, vamos mudar". Uma vez escolhido chefe do Exército, entretanto, manteve-se alheio à política.

Mesmo com militares atuando em todas as esferas da administração Bolsonaro, Pujol fazia questão de se manter longe da política. Apaixonado por cavalos e hipismo, praticava equitação com o conterrâneo Hamilton Mourão. Amigos desde meados dos anos 1990, os dois costumavam se encontrar em Brasília no Regimento de Cavalaria de Guarda, local que o comandante frequentava quase diariamente. A relação próxima entre Pujol e o vice-presidente da República sempre incomodou Bolsonaro. E era só um dos pontos que irritavam o capitão.

Nem sempre a relação fora ruim. A aproximação do general com o ex-capitão ocorrera somente em 2018. Pujol considerava o jeito falastrão e beligerante de Bolsonaro "pitoresco", e passou a aconselhá-lo durante a campanha, sempre de maneira cautelosa e discreta. Até por saber que, na condição de mais antigo, seria provavelmente o próximo comandante. Uma vez escolhido, evitava o contato direto com o presidente e preferia sempre a intermediação do general Azevedo e Silva. Sabia que se manter distante do presidente era também uma forma de deixar a política correr ao largo dos quartéis.

O general Pujol não deixava de ver o presidente como capitão. A amigos muito próximos, vez ou outra fazia chacota da falta de preparo do presidente. "Ele mal fez a Esao", disse, certa ocasião, a outro general, referindo-se à passagem medíocre de Bolsonaro pela Escola de Aperfeiçoamento de Oficiais (Esao), espécie de pós-graduação que oficiais capitães cursam antes de avançar para patentes mais altas. Bolsonaro concluiu o curso em 1987, um ano antes do começo de sua longa carreira política. Foi aprovado em 28º, numa turma de 49 alunos.

Já Bolsonaro não gostava do ar de superioridade que percebia em Pujol. Dizia que o comandante era "professor de Deus" ou pelo menos agia assim ao lidar com ele. A relação também havia sido muito envenenada por Luiz Eduardo Ramos, que quando ainda integrava o alto-comando do Exército costumava contar a Bolsonaro o que se passava nas reuniões; por outro lado, levava detalhes do dia a dia do palácio para o alto-comando.

A relação azedou de vez na pandemia. Pujol passou a manifestar em público a reprovação do Exército à conduta de Bolsonaro. No mesmo dia em que o presidente foi à tevê dizer que a covid era uma "gripezinha", Pujol divulgou um vídeo para a tropa em que dizia que a crise sanitária era "a missão mais importante de nossa geração". Semanas depois, em uma visita ao Centro de Coordenação de Operações de Saúde do Exército em Porto Alegre, o general protagonizou uma cena que seria fatídica para o orgulho de Bolsonaro. Quando o presidente chegou à cerimônia e estendeu-lhe a mão para cumprimentá-lo, Pujol não lhe apertou a mão, oferecendo-lhe o cotovelo, conforme pregavam os protocolos sanitários.

Em novembro de 2020, os dois mandaram recados públicos um para o outro. Ao participar de um evento virtual do Instituto para Reforma das Relações entre Estado e Empresa, Pujol reafirmou que o Exército não tinha vínculo com governos. "Não somos instituição de governo, não temos partido. Nosso partido é o Brasil. Independentemente de mudanças ou permanências de determinado governo por um período longo, as Forças Armadas cuidam do país, da nação. Elas são instituições de Estado, permanentes. Não mudamos a cada quatro anos a nossa maneira de pensar e como cumprir nossas missões. Devem, por isso, se manter apartidárias", afirmou. Horas depois, Bolsonaro foi ao Twitter dizer que concordava com o general e que, além de apartidárias, as Forças Armadas deveriam atuar "baseadas na hierarquia e na disciplina, sob a autoridade suprema do presidente da República".

Azevedo e Silva respondeu à mensagem de texto do presidente dizendo que não demitiria Pujol. Bolsonaro insistiu que o Exército não poderia ignorar o ataque à "liberdade individual" que os lockdowns representavam. Não adiantava Azevedo e Silva explicar que não havia nada que o Exército pudesse fazer, já que o STF dera respaldo legal aos governadores. Bolsonaro queria que as tropas fossem às ruas para garantir que os comerciantes dispostos a reabrir seus estabelecimentos, confrontando os governadores, não sofressem sanções. Seria o que Bolsonaro vinha chamando em conversas particulares de "estado de emergência do bem".

Sem previsão na Constituição brasileira, o estado de emergência, em países que o preveem, é a suspensão ou alteração de atribuições do Executivo, do Legislativo ou do Judiciário em caso de situação excepcional que o justifique. No Brasil, são equivalentes ao estado de emergência os estados de sítio e de defesa, sendo que o de defesa também é decretado em caso de grave instabilidade institucional, como o de sítio, mas com menos prejuízos a liberdades e direitos fundamentais da população do que os impostos por este último.

Já era domingo, e Azevedo e Silva continuava veemente na negativa de que aquele papel coubesse ao Exército. Bolsonaro seguiu numa irritação crescente, e o caldo ameaçava entornar quando o ministro sugeriu que eles continuassem a conversa pessoalmente, no despacho já marcado para a tarde da segunda-feira, 29 de março. Azevedo e Silva levaria ao presidente o texto que seria lido na ordem do dia alusiva ao golpe militar de 31 de março de 1964.

Na segunda-feira, no começo da tarde, ao entrar no gabinete presidencial, Bolsonaro cumprimentou o general e foi direto ao ponto: "Fernando, preciso do seu cargo". Recebeu a resposta no mesmo tom. "Tudo bem, presidente. O cargo é seu." Bolsonaro lhe ofereceu um cargo no conselho de uma estatal no Rio de Janeiro, Azevedo e Silva recusou. A conversa foi rápida e, ao fim, já em pé, o general mirou o presidente e foi categórico: "Você não vai conseguir botar as Forças Armadas na política". E saiu.

Bolsonaro acertara na véspera a demissão de Azevedo e Silva. Naquele dia, foi à casa do general Braga Netto, chefe da Casa Civil, onde também estava Ramos, que mora no mesmo prédio. O presidente relatou aos dois o incômodo com a postura de Azevedo e Silva em relação a Pujol e com a recusa de ambos em agir para conter o agravamento da crise econômica no país, decorrente do fechamento imposto pelos governadores. Comunicou que demitiria Azevedo e Silva no dia seguinte e queria Braga Netto no Ministério da Defesa. Ramos seguiria para a Casa Civil. Não seriam as únicas trocas na Esplanada. O presidente aproveitaria para fazer de uma tacada só a reforma ministerial que queria ter feito desde o começo do ano. Para o lugar de Ramos, na articulação política, iria uma indicada do Centrão, a deputada Flávia Arruda, do PL do Distrito Federal. Bolsonaro demitiria também o advogado-geral José Levi, que dias antes se recusara a assinar a ação no Supremo contra os decretos de toque de recolher. Para o seu posto iria André Mendonça, que deixaria a Justiça para dar lugar a um dos delegados que o presidente havia cogitado para a direção da Polícia Federal, Anderson Torres, secretário de Segurança do Distrito Federal. Por fim, Ernesto Araújo, após semanas de desgaste, também seria limado. Bolsonaro pensava no embaixador Carlos França, do cerimonial do Planalto, para ocupar seu cargo.

Bolsonaro julgava natural demitir Azevedo e Silva em decorrência de sua recusa em ordenar que o Exército fosse às ruas. Um mês e meio depois da saída do general, o presidente relembraria o episódio em uma conversa com Dias Toffoli, que fora ao Alvorada a convite do presidente. Foi recebido na biblioteca. Era a primeira oportunidade que Toffoli tinha desde aquele 29 de março, para, a sós com Bolsonaro, perguntar ao presidente por que demitira o ministro. Alguns momentos da conversa foram interrompidos por um garçom e um ajudante de ordens. O general não contara a Toffoli o motivo da demissão, fiel a uma postura discreta que, ao sair da assessoria do ministro do Supremo para o Ministério da Defesa, avisou que teria em relação aos temas de governo.

"Por que o senhor demitiu o general Fernando?"

"Queria fazer um estado de emergência do bem e ele não quis."

"Como assim, presidente? O que seria isso?", perguntou um espantado Toffoli.

"Queria colocar o Exército nas ruas para abrir as lojas e abrir os estados e municípios porque os governadores e prefeitos fecharam tudo. Então eu queria abrir, tentar manter o emprego e a economia funcionando", detalhou Bolsonaro, como se descrevesse algo trivial.

O presidente explicou a Toffoli que o Brasil não aguentaria mais um ano com "tudo fechado". Disse saber que, "com a pandemia e a economia fechando", seu governo seria impactado. Teria um preço a pagar pela economia estagnada, sem crescimento. "Presidente, isso não tem cabimento. Para de exagerar, para com essa coisa", aconselhou Toffoli, reeditando a postura que em diferentes ocasiões havia adotado na presidência do STF. Bolsonaro ouviu, não contra-argumentou, e a conversa naturalmente mudou para outro assunto.

Aquela era a maior mudança que Bolsonaro fazia em seu governo desde a posse. A chegada de mais uma integrante do Centrão ao Planalto e a saída de Ernesto Araújo foram lances para agradar a política, acenos para direções diversas, mas principalmente para Arthur Lira e Rodrigo Pacheco, que vinham cobrando a saída de Ernesto e a substituição de Ramos por alguém da área. A força motriz por trás de todas aquelas trocas era a elegibilidade de Lula e o choque causado pela possibilidade de o ex-presidente ser o adversário a ser batido em 2022. Bolsonaro entendia que precisaria ter as Forças Armadas ao seu lado mais do que nunca, e isso passava inevitavelmente pela demissão de Azevedo e Silva.

Apesar da leveza com que o presidente encarava tudo aquilo ao conversar com Toffoli, a demissão de Azevedo e Silva caiu como uma bigorna no colo dos comandantes de Exército, Marinha e Aeronáutica. O general convocou os três para uma reunião tão logo saiu do Palácio do Planalto, e prontamente, menos de trinta minutos depois, Pujol, Barbosa e Bermudez estavam no gabinete de Azevedo e Silva no Ministério da Defesa. O mais recente ex-ministro reproduziu a conversa da demissão, que o surpreendera, e pediu para os quatro redigirem juntos a nota de despedida que ele divulgaria na sequência, ressaltando que, em sua gestão, havia preservado "as Forças Armadas como instituições de Estado". Conforme reconstituiu a repórter Tânia Monteiro, Azevedo e Silva lembrou ao grupo a pressão que existia em cima de Pujol, que, por sua vez, já considerava provável sua demissão. Ilques, da Marinha, e Bermudez, da Aeronáutica, acreditavam que talvez continuassem.

Pujol, Ilques e Bermudez deixaram o prédio da Defesa e se reuniram no Comando da Marinha, a menos de duzentos metros. Num telefonema com Augusto Heleno, informaram que estavam dispostos a continuar em seus cargos. Pujol saiu e se reuniu com Hamilton Mourão, a pessoa no governo de quem era mais próximo. Mourão estava perdido. Soubera da demissão de Azevedo e Silva pela imprensa. Dali, Pujol voltou ao Comando do Exército, onde entrou numa reunião de quase três horas com o alto-comando. Na Marinha e na Aeronáutica, Ilques e Bermudez faziam o mesmo. A crítica à demissão de Azevedo e Silva e à inabilidade de Bolsonaro foi unânime. Todos reconheciam, entretanto, que a escolha do ministro de fato cabia ao presidente, e decidiram que aguardariam o dia seguinte. A demissão de Pujol, na avaliação da cúpula das Forças, também era dada como certa.

Na manhã do dia 30 de março, Braga Netto fez a primeira reunião com os três comandantes. Anunciou que Azevedo e Silva não era o único demitido. O presidente também decidira exonerar os três comandantes. O almirante Ilques foi o primeiro a falar.

Havia escrito um documento com pontos que julgava importante levantar naquele momento. Primeiro, lamentou que não poderia pôr o cargo à disposição. Afinal, cabia ao presidente escolher o comandante da Marinha, logo, ele que decidisse como bem entendesse. Disse também haver uma unanimidade no alto-comando da Força contra o envolvimento da Marinha com a política. Expressou ainda preocupação com a crise em curso e com uma eventual instabilidade política dela decorrente. Pujol e Bermudez fizeram discursos parecidos, e a reunião terminou. Naquele dia se disseminou a versão de que eles haviam feito uma renúncia coletiva, em solidariedade a Azevedo e Silva. Depois, outra versão dizia que só Pujol tinha sido demitido, e os outros dois é que teriam se solidarizado. Mas nada disso ocorreu. Começava ali a maior crise militar desde 1977, quando Geisel demitira Sílvio Frota do Ministério do Exército em nome da reabertura política. Dessa vez, a definição de quem substituiria os três comandantes também poderia trazer consequências para a democracia.

Como de praxe, os altos-comandos das três forças enviaram ao novo ministro da Defesa as listas com sugestões de nomes. O presidente não seria obrigado a aceitar nenhum deles, mas estaria rompendo uma tradição. Ele já sabia quem queria em cada força. Na Marinha, o almirante Almir Garnier Santos; na Aeronáutica, o tenente-brigadeiro Carlos Baptista Júnior — os dois nomes extraídos das listas enviadas. Para chefiar o Exército, ele queria o comandante militar do Nordeste, Marco Antônio Freire Gomes. Só que o nome do general não constava da relação enviada pelo alto-comando do Exército.

Os outros dezesseis generais do alto-comando, já sem Pujol, conversaram ao longo do dia e decidiram algumas outras questões, que foram comunicadas a Braga Netto: esperavam de Bolsonaro o respeito ao critério de antiguidade; reforçaram a convicção de que não haveria envolvimento da força na política;

e, finalmente, não estavam dispostos a ir às ruas garantir a abertura do comércio, ou seja, cumprir o que Bolsonaro chamou de "estado de emergência do bem". Os recados irritaram ainda mais o presidente, que seguia disposto a nomear Freire Gomes.

A queda de braço se arrastou até o dia 31 de março. O próprio Freire Gomes fez chegar ao Planalto, por meio de Luiz Eduardo Ramos, que concordava com o entendimento do alto-comando. Ele era o sexto mais antigo e entendia que, se escolhido, iria liderar generais mais antigos do que ele, situação incômoda na tradição hierárquica da corporação. Resignado, Bolsonaro voltou à lista: Décio Luís Schons, José Carlos de Nardi, José Luiz Freitas, Marcos Antônio Amaro e Paulo Sérgio Nogueira de Oliveira. Os dois generais mais antigos da lista se aposentariam naquela semana. José Luiz Freitas era excessivamente próximo de Pujol. Marcos Amaro tinha outro problema: havia chefiado a segurança de Dilma Rousseff durante cinco anos. Restava Nogueira de Oliveira, então chefe do Departamento Geral do Pessoal, em Brasília, e foi ele o escolhido. Curiosamente, o general dera dias antes uma entrevista ao jornal *Correio Braziliense* em que dizia que o Exército tinha seguido as orientações da OMS e adotado remédios recomendados pela organização e pela Anvisa. Ao menos naquela disputa o alto-comando saíra vencedor.

Mas, naquele dia, já seria Braga Netto e não Azevedo e Silva o autor da ordem do dia, sobre o 31 de março de 1964. O texto divulgado era quase o mesmo que o ex-ministro elaborara, salvo por duas diferenças: a inclusão de que a data deveria ser "celebrada" como um marco histórico, e a exclusão da frase que dizia que as forças "acompanham as mudanças como instituições de Estado que são".

Pária com orgulho

Ernesto Araújo começou a ser demitido uma semana antes daquele 29 de março, quando Arthur Lira e Rodrigo Pacheco desembarcaram em São Paulo para um jantar com empresários de diversos setores. Desde que haviam sido eleitos, para tomar o pulso das prioridades na agenda legislativa do setor produtivo, os dois vinham tendo uma série de encontros com representantes do PIB — sobretudo os neutros, os pragmáticos ou os francamente simpáticos ao governo. Naquela noite, o anfitrião era Washington Cinel, do grupo Gocil, de segurança privada. Sua casa, na rua Costa Rica, no Jardim América, estava cheia. Luiz Carlos Trabuco Cappi, presidente do Conselho de Administração do Bradesco, André Esteves, sócio do BTG Pactual, Carlos Sanchez, da bilionária dos genéricos EMS, compareceram. Flávio Rocha, da Riachuelo, e Abilio Diniz, fundador do Grupo Pão de Açúcar e até então presidente do Conselho de Administração da BRF, entraram por vídeo. Ernesto foi um dos principais assuntos da noite.

Os empresários o chamaram de "omisso" e o acusaram de levar para a política externa o negacionismo de Bolsonaro no combate à pandemia, atitude que vinha prejudicando o país na compra e no recebimento de insumos para as vacinas e o combate à covid-19. Disseram ver na atuação de Ernesto uma das razões para a situação de calamidade pela qual o Brasil passava, com o risco de desabastecimento de remédios usados na internação de pacientes e lentidão no ritmo de vacinação. O país tinha chegado a um dos piores momentos de sua relação com a China, seu maior parceiro comercial e exportador da matéria-prima de que o Instituto Butantan e a Fiocruz precisavam para produzir vacinas. Havia queixas também do agronegócio, que atribuía ao chanceler grande parte da dificuldade de avançar a pauta de negociação com a China; além disso, o Congresso já vinha sinalizando impaciência com a escassez de resultados advinda do alinhamento cego a Donald Trump, derrotado quatro meses antes por Joe Biden, e com a ideologização de todo e qualquer tema da política externa brasileira.

De volta a Brasília, Lira e Pacheco reportaram ao presidente o que ouviram na noite de 22 de março. Bolsonaro se mostrava resistente a demitir Ernesto. Na manhã do dia 24, dada a marca de 300 mil mortos vitimados pela covid-19, Bolsonaro recebeu no Alvorada os chefes dos poderes, governadores aliados e ministros, numa alegada tentativa de, um ano depois do começo da pandemia, criar uma agenda conjunta para enfrentá-la. Em seu discurso, sem citar Ernesto, Lira pediu que o Itamaraty ampliasse o diálogo com países considerados estratégicos para o combate ao coronavírus, citando nominalmente Estados Unidos e China. Sugeriu que o Brasil pedisse ajuda a outros países e expusesse com transparência a explosão de casos e mortes por que passava. "O país, com a importância que tem, de repente não tem mais interlocução com quem pode nos ajudar a conseguir vacinas", criticou Ronaldo Caiado, governador de Goiás, também presente à reunião. Ernesto ouviu tudo calado, sem se defender.

O chanceler ensaiaria uma defesa naquele mesmo dia, quando foi chamado para falar no Senado sobre as dificuldades que o país enfrentava para conseguir insumos e vacina. Inicialmente, lembrou que a estratégia de imunização era liderada pelo Ministério da Saúde e negou que o país tivesse dificuldade de relação com a China ou com os Estados Unidos de Joe Biden. Foi então que Ernesto passou por uma das maiores execrações públicas que um ministro já sofreu no Congresso, sem que nenhum apoiador do governo saísse em sua defesa. "Pede para sair e durma com a consciência tranquila de que o senhor vai ajudar a salvar vidas", sugeriu a senadora Mara Gabrilli, do PSDB de São Paulo. Tasso Jereissati, também tucano, do Ceará, disse que a gestão de Ernesto gerava "resultados fatais". A presidente da Comissão de Relações Exteriores do Senado, Kátia Abreu, do PP do Tocantins, questionou a capacidade de interlocução do chanceler, uma vez que se manifestou contra a participação chinesa no leilão da tecnologia 5G e acusou a China de criar o vírus em laboratório: "Qual é o país do mundo que quer passar vírus para alguém? [...] O senhor se sente realmente à vontade, como chanceler do Brasil, para [...] reuniões remotas com esses países, como a China e os Estados Unidos, diante deste quadro diplomático desastroso, ministro?". Fabiano Contarato, do Espírito Santo, então filiado à Rede Sustentabilidade, questionou a formação de Ernesto: "O senhor realmente cursou o Instituto Rio Branco?".

Ao ter de volta a palavra, Ernesto estava quase chorando. "Tenho feito tudo pelo meu país naquilo em que acredito, um projeto de transformação profunda do Brasil que a maioria dos brasileiros, tenho certeza, deseja. Sempre estou disposto, já estou dando toda a minha vida por isso, porque é nisso que acredito. O senhor pode acreditar ou não, mas essa é a minha convicção", disse, com a voz embargada. "Contarei aos meus netos que fiz parte de um projeto de transformação do Brasil. Espero poder contar que terá sido um projeto bem-sucedido, um projeto que livrou o Brasil da corrupção, do atraso, da indignidade e da falta de condições para os brasileiros. Tenho um amor profundo pelo povo brasileiro, isso eu garanto para o senhor, e não admito que ninguém o questione, como eu não questiono os seus motivos ou os de ninguém, está bem?", completou. Ernesto parecia destruído. Mas ainda viriam outros golpes.

De noite, sem que ninguém esperasse, Arthur Lira decidiu discursar na Câmara. "Estou apertando hoje um sinal amarelo para quem quiser enxergar: não vamos continuar aqui votando e seguindo um protocolo legislativo com o compromisso de não errar com o país se, fora daqui, erros primários, erros desnecessários, erros inúteis [...] continuarem a serem praticados", começou, já chutando a porta, num discurso que seria cheio de recados no mesmo tom. Embora dissesse que não queria fulanizar as críticas, pinçou uma única área do governo para falar mais detidamente. "Para vacinar, temos de ter boas relações diplomáticas, sobretudo com a China, nosso maior parceiro comercial e um dos maiores fabricantes de insumos e imunizantes do planeta. Para vacinar, temos de ter uma percepção correta de nossos parceiros americanos. Nossos esforços na área do meio ambiente precisam ser reconhecidos, assim como nossa interlocução." E prosseguiu, agora assustando o Palácio do Planalto. "Os remédios políticos no Parlamento são conhecidos e são todos amargos. Alguns, fatais. Muitas vezes são aplicados quando a espiral de erros de avaliação se torna uma escala geométrica incontrolável." Bolsonaro entendeu esse trecho como um recado de que, caso Ernesto não saísse e mudanças não fossem feitas no governo, Lira poderia abrir um processo de impeachment. Ao fim do discurso do presidente da Câmara, entretanto, a decisão de demitir Ernesto ainda não estava tomada.

Na sexta-feira, 26 de março, Bolsonaro foi à residência oficial da presidência do Senado para uma conversa particular com Rodrigo Pacheco. Os dois se acomodaram na parte mais ampla da sala da casa, Bolsonaro numa poltrona gelo e Pacheco num sofá da mesma cor, bem próximos. O presidente do Senado tentou transmitir para o presidente o que tinha ocorrido naqueles dias na Casa sob seu comando. Bolsonaro se mostrou inflexível. "O Ernesto é muito leal, ele defende o governo com energia. E é graças a ele que ainda não fomos dominados pela China. Você sabe que os chineses querem comprar o Brasil, né?", argumentou o presidente. Se Pacheco tinha alguma esperança do sucesso daquela conversa, naquele momento ela foi por água abaixo.

Ernesto Araújo havia se tornado praticamente um consenso nacional, dentro e fora do governo. Paulo Guedes vinha insistindo havia tempos com Bolsonaro de que seria muito mais difícil atrair investimentos externos com o chanceler despachando no Itamaraty. Tereza Cristina tivera durante diversos momentos naqueles dois anos e três meses de intervir junto à China para o caldo não entornar. A ministra da Agricultura tinha na pasta um núcleo de especialistas dedicados exclusivamente ao relacionamento comercial com os chineses, e boa parte do trabalho do diplomata Orlando Leite Ribeiro, secretário de Comércio e Relações Internacionais do ministério, era apagar incêndios criados por Ernesto. A estrutura, porém, havia tempos vinha tendo que exorbitar suas atribuições para além dos temas agrícolas — a ministra passou até a ajudar na liberação de insumos para a produção de vacinas.

No sábado, 27 de março, Ernesto receberia uma punhalada dentro de casa, feito inédito no Itamaraty: um grupo de mais de trezentos diplomatas divulgou para a imprensa uma carta com críticas duras à política externa brasileira. "Nos últimos dois anos, avolumaram-se exemplos de condutas incompatíveis com os princípios constitucionais e até mesmo os códigos mais elementares da prática diplomática. O Itamaraty enfrenta aguda crise orçamentária e uma série numerosa de incidentes diplomáticos, com graves prejuízos para as relações internacionais e a imagem do Brasil", dizia o documento, que não trazia o total de assinaturas, mas nenhum nome, sob pena de violar a Lei do Serviço Exterior, que obriga qualquer diplomata a consultar seu superior antes de fazer uma manifestação pública.

O maior receio do presidente com a demissão do chanceler era como seus seguidores mais radicais iram reagir nas redes sociais. No governo, Ernesto Araújo era o nome mais identificado com o núcleo ideológico, em grande parte formado por pessoas ligadas às pautas reacionárias de Olavo de Carvalho, ou pelo menos defensoras delas. Essa importante base de apoio a Bolsonaro estava em queda livre. Abraham Weintraub havia sido demitido em 2020. Fabio Wajngarten, que não era exatamente do núcleo ideológico mas tinha boa relação com Olavo, também saíra no ano anterior, numa articulação do ministro Fábio Faria, oriundo do Centrão. A defenestração de Wajngarten não teve consequências nas redes bolsonaristas, que chegaram a ser operadas para atacá-lo, num movimento que houve quem suspeitasse ter sido promovido por Carlos Bolsonaro, embora seu envolvimento jamais tenha sido esclarecido. Mas com Ernesto poderia ser diferente. O ministro gostava de dar comida aos cães nas redes. Foi o primeiro chanceler brasileiro oriundo da diplomacia a ter contas no Twitter e no Instagram, gravava vídeos, flertava com a lacração e não com a linguagem diplomática, celebrava quando alcançava patamares expressivos de seguidores. Sua saída poderia doer.

Mas, por vontade própria, o próprio Ernesto cavou na véspera de sua demissão, nas redes sociais, a última camada de terra de sua cova. "Em 4/3 recebi a senadora Kátia Abreu para almoçar no MRE. Conversa cortês. Pouco ou nada falou de vacinas. No final, à mesa, disse: 'Ministro, se o senhor fizer um gesto em relação ao 5G, será o rei do Senado'. Não fiz gesto algum. Desconsiderei a sugestão inclusive porque o tema 5G depende do Ministério das Comunicações e do próprio presidente da República, a quem compete a decisão última na matéria", escreveu no Twitter. Kátia Abreu negou ter feito lobby pela China e mais uma vez pediu publicamente a cabeça do chanceler. Aquela postagem foi percebida como o gesto de alguém que sabia de seu futuro iminente e precisava justificar sua saída não pela incompetência de que era acusado, mas por uma bravata contra o sistema que dizia combater. Era uma maneira de sair por cima junto aos seus.

Nas redes, a reação à queda de Ernesto não foi a grita que Bolsonaro temia, num reflexo da crescente perda de prestígio de Olavo de Carvalho, que com cada vez mais frequência vinha criticando o governo e se afastando, conforme o núcleo ideológico se esfacelava. Não havia sido sempre assim. Numa reunião ministerial dos primeiros meses do governo, quando Olavo atacava Mourão nas redes, o general Santos Cruz aproveitou para cobrar de Bolsonaro a defesa do vice. Detalhe: Mourão estava presente.

"Presidente, o senhor não pode permitir isso. Esse Olavo de Carvalho, esse maluco aí, xingando o Mourão, o cara é seu vice-presidente, o senhor tem que entrar nisso, o senhor tem que mandar esse cara calar a boca, pô!"

"Santos Cruz, general manda é no quartel, aqui quem manda sou eu, eu sou o presidente da República, sou comandante em chefe das Forças Armadas, e o negócio é o seguinte: Mourão tem que se defender. Eu tenho que defender o Mourão? Enquanto vocês estavam no quartel, todo mundo comendo o rancho, fazendo exercício, o Olavo de Carvalho tava batendo no PT. É por isso que ele bate hoje em vocês, ele despreza como vocês se entregaram pra esse bando de calhorda, ladrão, vagabundo", respondeu Bolsonaro.

Diante do silêncio geral, Bolsonaro continuou: "Então é o seguinte, cada um que se dê ao respeito. Se o Olavo xingou o

Mourão, o Mourão que se entenda com o Olavo. Ou você acha que eu vou descer da Presidência pra defender o Mourão do Olavo? Amanhã o Mourão xinga o Olavo, aí eu defendo o lado do Mourão? Eu não tenho que entrar nisso".

Mas, durante os dois primeiros anos no Itamaraty, o antissistêmico Ernesto tinha feito o jogo do sistema que interessava a ele e a Olavo. Embora se dissesse nacionalista, o chanceler atendeu a todo tipo de pleito dos Estados Unidos de Donald Trump e deu prioridade a interesses americanos na agenda externa, em vez de garantir ao Brasil boa relação com todos os possíveis parceiros, linha mestra, aliás, da diplomacia americana. A prioridade não seguia a lógica econômica: era a China, e não os Estados Unidos, o principal parceiro comercial brasileiro. Em 2020, os negócios entre China e Brasil foram de 102,6 bilhões dólares, enquanto com os EUA haviam sido de 49,3 bilhões de dólares. Em 2021, a distância aumentaria. Com os chineses, 135,6 bilhões de dólares; com os americanos, 70,5 bilhões de dólares.

No Itamaraty, nunca se soube ao certo se Ernesto teve um tremendo senso de oportunidade para conseguir se tornar diplomata, ao perceber antes de muitos a enorme chance de vitória que a extrema direita teria em 2018, ou se ele de fato acreditava em tudo que escreveu e disse. Possivelmente uma combinação das duas coisas. Sua jornada rumo ao comando do Itamaraty começou pelas mãos de três atores que, em 2018, exerciam grande influência sobre Bolsonaro: Olavo, Eduardo Bolsonaro e Filipe G. Martins, o influenciador digital que se apresentava como analista político e que em 2018 era secretário de Assuntos Internacionais do PSL. O diplomata, recém-nomeado embaixador, havia entrado no radar dos três depois de ter publicado, no segundo semestre de 2017, o artigo "Trump e o Ocidente", nos *Cadernos de Política Exterior*, uma revista do Instituto de Pesquisa de Relações Internacionais, do Itamaraty. O texto, crítico ao globalismo, misturava uma salada de referências para defender uma política externa trumpista, citando inclusive o filósofo tradicionalista Julius Evola, popular entre os fascistas. O diplomata Nestor Forster, então ministro conselheiro da embaixada do Brasil em Washington, enviou o artigo a Olavo de Carvalho, que o elogiou no Facebook. Ernesto explodiu de alegria (costumava dizer que admirava Olavo, morto em 2022, pelo "brilho intelectual", pela "coragem", "clareza" e "inspiração"). Ao longo de 2018, fez outros movimentos. Criou o blog "Metapolítica 17 – Contra o Globalismo", em referência ao número que Bolsonaro usaria na urna. Passou a conhecer cada vez mais personagens do entorno do presidente, que o reconheciam como o integrante do Itamaraty cujas ideias eram mais afins às de Olavo. E, a exemplo da Educação, as Relações Exteriores eram uma área que Bolsonaro decidira entregar a quem fosse capaz de pôr em prática os ensinamentos do professor Olavo. Ernesto teria duas conversas com o candidato antes de seu nome ser publicamente anunciado: uma antes do segundo turno, na casa do Vivendas da Barra, e outra em novembro, após a vitória. Em ambas, foi levado pelo Zero 2 e por Martins, e já chancelado por Olavo.

Com quase 1,90 metro de altura, rosto rechonchudo, cabelo levemente crespo e barba espessa até então bem cuidada (exonerado, ele deixaria de apará-la com frequência), Ernesto raramente mudava seu tom de voz suave e hesitante. Ao contrário de Eduardo Bolsonaro, nome que pensou para ocupar a embaixada nos Estados Unidos, tem inglês fluente e desenvolto. Leitor ávido, escritor de ficção desde jovem, formou-se em letras na Universidade de Brasília (UnB) em 1988. Cogitou ser professor de grego, mas decidiu pelo Instituto Rio Branco, entrando para o Itamaraty em 1991. Em seus primeiros anos na chancelaria, atuou na negociação de acordos comerciais, tendo se tornado especialista na tarifa externa comum do tratado de comércio do Mercosul. Mais tarde também atuou em integração regional e assuntos financeiros. Serviu em Bruxelas, Berlim, Ottawa e Washington. Em Washington, foi convidado para ser o encarregado de negócios, ou seja, a função mais importante depois do embaixador, por Mauro Vieira, posteriormente chanceler de Dilma Rousseff.

A maioria dos colegas de Ernesto não tinha ideia de que ele não compactuava com as ordens que seguia, sem fazer questionamentos, já que nunca criticara em público a política externa petista. Tanto que os degraus que galgou no Itamaraty foram edificados sobretudo durante o período do PT. Em 2011, em um evento da embaixada em Washington, justificou a decisão de Dilma Rousseff de participar de um grupo guerrilheiro. "Especialmente entre os jovens não havia esperança de ver a democracia restabelecida por meios pacíficos. A impressão era de que o governo militar ia ficar para sempre. Então, muitas pessoas, a despeito das instituições, decidiram pegar em armas. Ela [Dilma] foi parte disso", disse Ernesto, conforme mostrou a repórter Juliana Dal Piva. Mas em privado chamava o golpe de "revolução".

Ernesto nasceu em Porto Alegre, num ambiente fortemente conservador. Seu pai foi o procurador-geral da República Henrique Fonseca de Araújo, morto em 1996, nomeado durante o governo Geisel, em 1975, e que entrou para a história por ter dificultado a extradição do nazista Gustav Franz Wagner. Responsável por 250 mil mortes entre 1942 e 1943, Wagner foi o número dois na hierarquia do campo de concentração de Sobibor, na Polônia, onde era comum a prática de canibalismo: os nazistas ofereciam os restos mortais dos judeus para os prisioneiros comerem. Araújo pai deu pareceres contrários aos pedidos de extradição feitos por Israel, Áustria e Polônia, e atrasou o processo do pedido alemão ao solicitar mais documentos para sua tomada de decisão. Seu sucessor na PGR se manifestaria pela extradição, mas o STF não autorizou a saída do nazista, dizendo que seus crimes já haviam prescrito.

Henrique Fonseca de Araújo e família se mudaram para Brasília quando o pequeno Ernesto tinha um ano. O futuro chanceler se casou com uma colega, a diplomata Maria Eduarda de Seixas Corrêa, filha do embaixador aposentado Luiz Felipe de Seixas Corrêa, secretário-geral do ministério nos governos Collor e FHC. O sogro se tornaria um crítico de sua gestão, que definiria como "sem clareza" em uma entrevista. E um dos primeiros, já em 2019, a apontar a ingenuidade da política externa com os Estados Unidos.

De fato, para mostrar proximidade com Trump, o Brasil fez o diabo. Deu um giro de 180 graus no debate climático, em que havia tido protagonismo quando do Acordo de Paris. "Estar na vanguarda de uma coisa errada não adianta nada", dizia Ernesto. Em 2019, num evento, o chanceler disse não acreditar em aquecimento global causado pela ação humana e mais: teria sido criada uma "ditadura climática" que impedia qualquer debate. Também naquele ano, numa reunião no Itamaraty com cerca de sessenta pessoas, um diplomata do Departamento de Meio Ambiente expunha um relatório sobre o tema, quando o chanceler o interrompeu. "Não acredito em aquecimento global. Vejam que fui a Roma em maio e estava tendo uma onda de frio enorme", disse, sem constrangimento, para vergonha alheia de quase todos. Houve quem balançasse a cabeça concordando. "Isso a mídia não noticia", emendou.

Em parte para emular Trump, em parte por pressões de setores da comunidade judaica e de evangélicos ligados a Israel, Ernesto defendia transferir a embaixada em Israel de Tel Aviv para Jerusalém — vale dizer que a porção leste da cidade é reivindicada pela Autoridade Nacional Palestina —, indignando toda a comunidade árabe, importante parceira comercial do Brasil. A ideia não saiu do papel. Na ONU, a partir de 2019 o Brasil mudou o padrão histórico de votos em temas relacionados ao conflito entre Israel e Palestina, com posicionamentos a favor de alguma mudança na questão somente quando houvesse comum acordo entre os dois lados, e passou a votar em quase tudo com Israel. Ainda no Oriente Médio, o país teve problemas com o Irã em janeiro de 2020, quando o Itamaraty soltou uma nota respaldando o ataque americano que matou o general iraniano Qassem Soleimani.

Ernesto apoiou pessoalmente a proposta da construção de um muro entre os EUA e o México para barrar a entrada de imigrantes latinos e, em sua gestão, o país deixou o Pacto Mundial para Migração da ONU. O Brasil também se afastaria de todos os países da Europa com quem Trump não se dava, e Bolsonaro não faria nenhuma visita de Estado ao continente durante o período de Ernesto. Em 2019, o presidente havia ido a Davos, na Suíça, viagem que não se configurou uma visita oficial ao país, que requer outros protocolos. E, o mais importante: um convite. Depois das brigas públicas de Bolsonaro com Emmanuel Macron em virtude das críticas francesas à degradação ambiental no Brasil, o chanceler deixou a relação com a França em segundo plano, até em coisas de pouca monta. Certa vez, em 2019, quando foi trocado o embaixador francês em Brasília, o ministério não enviou nenhum representante para o coquetel de despedida oferecido pela embaixada.

À medida que se aproximava dos Estados Unidos, o país também parecia, por diferentes razões, afastar-se de todos os outros. A aliança histórica com o Mercosul foi deixada de lado, bem como com a América Latina: Ernesto articulou a saída do Brasil de fóruns regionais como a União das Nações Sul-Americanas (Unasul) e a Comunidade de Estados Latino-Americanos e Caribenhos (Celac). A parceria com os países africanos, especialmente forte no governo Lula, também foi abandonada, com o fechamento de embaixadas e nenhuma visita de Bolsonaro ao continente. A relação com os Brics, embora o presidente tenha mantido relações próximas com a Índia e a Rússia, foi prejudicada pelo mal-estar com a China. A Missão em Genebra, que cuidava da relação multilateral em diversos temas, percebeu isso na pele. As reuniões com Rússia, Índia, China e África do Sul cessaram devido aos ataques à China por parte de Bolsonaro, seu filho Eduardo e Ernesto. Não havia clima. Quanto à América Latina, no meio do caminho havia a Venezuela, contra a qual o Brasil liderara uma ofensiva. A atuação no G77, grupo dos 77 países em desenvolvimento, também foi prejudicada, já que a política externa brasileira passou a ser vista como um apêndice da americana. Chegou-se a um ponto em que só restava aos diplomatas em Genebra atuar em meio aos países de língua portuguesa.

O enfrentamento com a China foi outra marca central da política externa na gestão de Ernesto, para o qual havia uma excessiva penetração chinesa no Brasil, com ascendência sobre políticos, ministros do Supremo, empresários, artistas e imprensa. O chanceler identificava células pró-China mesmo no âmbito do governo. Acusava privadamente Tereza Cristina e Hamilton Mourão, entre outros, de serem sinófilos. A ministra, por ter a tal equipe dedicada a lidar com a China, e o vice-presidente, por ter feito uma viagem àquele país em 2019 e ter retornado com críticas a Ernesto. Em 2022, numa entrevista para o podcast do americano Steve Bannon, estrategista de Donald Trump na eleição de 2016 e hoje um misto de lobista e marqueteiro nos países governados pela direita populista, Ernesto diria que o domínio chinês se dava por meio do dinheiro e da corrupção.

A lista de conflitos com a China não era nova. Não bastassem os ataques de Abraham Weintraub, antes que a pandemia dominasse o noticiário, Eduardo Bolsonaro publicara um texto no Twitter em março de 2020, comparando a covid-19 ao acidente nuclear de Tchernóbil, na antiga União Soviética, em 1986, e afirmando que a China tinha responsabilidade pela disseminação da doença. "Substitua a usina nuclear pelo coronavírus e a ditadura soviética pela chinesa. Mais uma vez uma ditadura preferiu esconder algo grave a expor tendo desgaste, mas que salvaria inúmeras vidas", publicou. O embaixador da China em Brasília, Yang Wanming, respondeu no Twitter que era um "insulto maléfico" e acusou o deputado de ter contraído um "vírus mental" em sua viagem mais recente a Miami. Ernesto reagiu por meio de uma nota: embora as palavras de Eduardo não refletissem a posição do Brasil, a reação de Yang havia sido "desproporcional" e "feria a boa prática diplomática". Por fim, cobrou uma retratação do embaixador, que não veio. Não seria a única manifestação brasileira ignorada por Pequim.

Ernesto rompeu relações com Yang naquele episódio, tomando as dores de Eduardo, seu avalista junto a Bolsonaro sempre que chegavam a ele críticas à sua gestão. No fim de março de 2020, o chanceler convenceu o presidente a pedir à China a substituição do embaixador. E orientou Paulo Estivallet de Mesquita, chefe da missão em Pequim, a solicitar formalmente ao governo chinês a troca de Yang. O embaixador vinha tentando passar ao largo da crise nos dias anteriores, tanto que, no dia seguinte à troca de ofensas no Twitter entre Eduardo e o embaixador chinês, ele brincou na embaixada que naquela data não atenderia o telefone. Sabia que sobraria para ele. E sobrou. No começo de abril, ele foi pessoalmente, sozinho, à chancelaria levar o pedido para que a China trocasse o embaixador. Pequim o ignoraria solenemente, como também o fez em novembro, quando o brasileiro fez nova tentativa.

Embora, a rigor, as ações de Yang até pudessem ter consequências diplomáticas mais sérias, ele saiu fortalecido do imbróglio. Hamilton Mourão e Rodrigo Maia, então presidente da Câmara, divulgaram notas em seu apoio. O embaixador era um adepto da "diplomacia do lobo guerreiro", como ficou conhecido o estilo de alguns diplomatas que atuam sob o governo de Xi

Jinping. O termo faz referência ao filme de ação chinês *Lobo guerreiro 2*, um dos maiores sucessos de bilheteria da história do país, em que um soldado assume missões especiais no mundo todo para defender a pátria. Ao fim do filme, a capa do passaporte chinês é exibida com uma legenda que convoca os cidadãos chineses a serem resilientes no exterior: "Cidadãos da República Popular da China: quando você encontrar perigo em um país estrangeiro, não desista! Por favor, lembre-se, atrás de você está uma forte pátria-mãe". O slogan era mais fatalista: "Quem atacar a China será morto, não importa a que distância o alvo esteja". Na diplomacia, isso se refletia numa disposição em rejeitar críticas que, no passado, eram tratadas com condescendência. Yang era um lobo guerreiro. Confrontador, usava o Twitter como megafone para denunciar qualquer crítica à China e não temia embates. Sabia a dimensão que o país conquistara e tinha carta branca para atuar a seu modo, desde que angariasse resultados.

A relação de Bolsonaro com a China era conflituosa mesmo antes de ele se eleger presidente. Em março de 2018, quando ele, seus três filhos políticos, Onyx Lorenzoni e os irmãos Weintraub visitaram Taipei, capital de Taiwan, a China estrilou. As autoridades disseram que a visita era uma violação do "Princípio de uma só China", que afrontava a "soberania e integridade territorial" e causava turbulências na Parceria Estratégica Global China-Brasil. A chancelaria chinesa chamou o número dois da embaixada na época, João Marcos Senise Paes Leme, que respondia pelo posto, para dar explicações. O diplomata expôs a divisão de poderes no Brasil e lembrou que o deputado tinha autonomia para ter opinião própria. Também disse que enviaria ao Congresso um documento explicando a posição oficial do país de não reconhecimento de Taiwan como um Estado independente. Ainda assim, na campanha, Bolsonaro daria estocadas no país. "A China não está comprando no Brasil, está comprando o Brasil", disse, certa vez. Depois, já em 2019, quando fez uma visita de Estado ao país, o presidente teve em Ernesto uma espécie de guarda-costas para que sua presença lá não maculasse sua imagem de anticomunista. Em dado momento, quando a comitiva visitava a Muralha da China, Bolsonaro posou para uma foto, tendo atrás de si uma placa de mármore com o rosto de Mao Tsé-tung e a famosa frase atribuída a ele: "Quem nunca escalou a grande muralha não é homem de verdade". Ernesto orientou o fotógrafo a fazer o enquadramento fechado e evitar que o rosto do Grande Timoneiro aparecesse.

China era um assunto tenso para o bolsonarismo. Em janeiro de 2019, parlamentares da recém-eleita bancada do PSL foram convidados pelo governo chinês para visitar o país, com tudo pago. Além de conhecer um pouco da cultura local, iam ter contato com tecnologias como o sistema de reconhecimento facial empregado para segurança e controle social da população. Quando a viagem foi noticiada, Olavo de Carvalho achincalhou nas redes os deputados, a quem chamou de "palhaços", "analfabetos" e "caipiras", concluindo com a fineza habitual: "E eu sou guru dessa porcaria? Eu não sou guru de merda nenhuma". Em Pequim, a comitiva entrou em pânico ao tomar conhecimento dos comentários de Olavo. Uns defenderam que voltassem imediatamente, outros bateram pé em ficar. Carla Zambelli chorou: "O professor Olavo vai abandonar a gente". Daniel Silveira, o deputado fortão que durante a campanha ficou conhecido por quebrar a placa com o nome de Marielle Franco, gravou um vídeo em que mandava o polemista para "a puta que pariu". A senadora eleita (era janeiro, ninguém ali havia tomado posse ainda) Soraya Thronicke foi à embaixada e exigiu que Ernesto a atendesse no telefone. Queria que o chanceler emitisse uma nota em apoio ao bonde. O ministro enrolou, enrolou, e não a atendeu. Voltaram sem a nota.

Diplomatas brasileiros que serviam na embaixada na China temiam o estrago que Ernesto poderia causar para a relação bilateral, pois haviam lido seu artigo "Trump e o Ocidente", em que ele explicitava sua disposição em liderar uma política externa aliada ao presidente americano e, portanto, provavelmente de rivalidade com a China. Buscaram tranquilizar os chineses, garantindo que os militares, tradicionalmente pragmáticos, iriam moderar Bolsonaro e evitar qualquer extremismo. Mourão, que visitara o país em 2019, passou a mesma visão. Não conseguiram muito.

A China retaliou o Brasil. No início da vacinação, quando cada lote de vacina era disputado a tapa, o envio de insumo farmacêutico para a produção ou de imunizantes era um cálculo político por parte da China. Os países com quem os chineses tinham boa relação saíam na frente, os demais eram punidos. Esse era o entendimento dos diplomatas brasileiros na embaixada em Pequim, que se empenhou em driblar a má vontade do governo e conseguir despachar doses para o Brasil. Não foi só. Em setembro de 2021, a China embargou a compra de carne brasileira devido à identificação de casos atípicos de mal da vaca louca. Embora no mesmo mês a Organização Mundial da Saúde Animal tivesse concluído que os casos de "mal da vaca louca" no Brasil não representavam riscos à saúde animal e humana, a China manteve o embargo até 15 de dezembro, causando um tombo nas exportações da carne brasileira.

Um elemento que também pesara para a saída de Ernesto havia sido a derrota de Donald Trump à reeleição, em novembro de 2020. Desde a campanha do americano, o governo ficou explicitamente a favor dele. A preferência era natural, as semelhanças entre os dois políticos eram várias: populistas de direita, negacionistas (Bolsonaro bem mais) e adeptos de uma retórica agressiva. Mas a escolha, anunciada no boné que Eduardo Bolsonaro usava desde 2019 com o slogan da reeleição de Trump "Make America great again", era um erro estratégico, devido ao risco de prejudicar a relação com Biden, assim que esse saísse vitorioso — além de violar o princípio de não intervenção em assuntos de outros países, que sempre norteou a diplomacia brasileira. Bolsonaro já havia manifestado ter lado na eleição argentina e na israelense, e agora não seria diferente.

No dia da eleição dos EUA, o Itamaraty lançou o livro *A nova política externa brasileira*, de autoria do chanceler, com artigos elogiosos a Trump. Quando foi anunciada a vitória de Joe Biden, o Brasil não a reconheceu. Eduardo Bolsonaro postou uma fake news dizendo que o estado de Michigan registrara 138 mil votos consecutivos para Biden e nenhum para Trump. Bolsonaro, com o apoio do chanceler, chegou a dizer que a eleição tinha sido fraudada, emulando o discurso trumpista. "Tenho as minhas fontes de informação, não adianta falar para vocês, não vão divulgar, que realmente teve muitas fraudes lá. Teve e isso ninguém discute. Se elas foram suficientes para definir um ou outro eu não sei. Eu estou aguardando um pouco mais", disse, no dia 29 de novembro, 22 dias após a vitória de Biden já ter sido matematicamente confirmada. Paulo Guedes, que nunca foi próximo de Ernesto, debochava dos livros de Olavo de Carvalho e costumava dizer que o presidente gostava de "um toque de Olavo" no governo, tentou argumentar com o chanceler sobre o erro em não reconhecer o resultado. "Se tiver uma guerra, você puxa a espada e fala que tá do lado dos Estados Unidos. Se não tiver uma guerra, você guarda a espada e deixa eu negociar com a China, com a Índia, com a Rússia, que é quem nos interessa mais", disse o ministro a Ernesto, que respondeu dizendo concordar. Mas o presidente seguiria falando por semanas que a votação americana havia sido fraudada, ainda que não houvesse nenhuma prova, como Trump fazia. Bolsonaro só reconheceu a vitória de Biden 38 dias após a eleição. O Brasil foi o último país do G20 a fazê-lo.

A carta dos diplomatas contra a permanência de Ernesto no Itamaraty, divulgada dois dias antes de Bolsonaro demiti-lo, era reflexo de tudo isso e também do aparelhamento, da quebra de hierarquia e do desrespeito com colegas que o chanceler demonstrara naqueles dois anos e três meses. O apequenamento do Itamaraty se revelava em atitudes como a que ele teve com a Fundação Alexandre de Gusmão, o braço de estudos do ministério, transformado em palco de ativistas e influenciadores bolsonaristas. Ernesto nomeou um diplomata para organizar transmissões ao vivo com militantes olavistas, alguns até investigados no Supremo no inquérito das fake news e no dos ataques às instituições democráticas. Os participantes chegaram a fazer pregação contra as restrições sanitárias para combater a covid, em consonância com um chanceler que também não usava máscara nos eventos da pasta.

Ernesto se diminuía perante os colegas também com atitudes como a que tivera com seu antigo protetor, Mauro Vieira. Primeiro, designou-o para ser embaixador em Zagreb, um dos postos mais inexpressivos da Europa, a exemplo do que fizeram com os ex-ministros das Relações Exteriores de Dilma, Antonio Patriota, enviado para o Cairo, e Luiz Alberto Figueiredo, para Doha. Mas, como a aprovação dependia do Senado, que demorou meses para agendar a análise das indicações, Vieira seguiu durante a maior parte de 2019 como chefe da Missão do Brasil na ONU, cargo para o qual Aloysio Nunes Ferreira, o chanceler no governo Temer, o nomeara. Ernesto precisou dar um drible para evitar um encontro com Vieira quando acompanhou Bolsonaro em sua primeira participação na Assembleia Geral, em setembro. Primeiro, pediu que seu ex-chefe tirasse férias, mas a manobra não colou. Então convocou-o para Brasília, a serviço, o que obrigatoriamente o afastava de Nova York. Naquele dia, à fama de oportunista, que já vigorava em parte do ministério, seria acrescida a de covarde, por não ter tido coragem de encarar Mauro Vieira.

O ministro não compartilhava da percepção crítica de sua

gestão — para boa parte do país e do mundo, o Brasil havia se tornado um anão, um pária. O exato contrário do que prega a diplomacia. Ernesto via a nova condição com orgulho, conforme expressaria em 22 de outubro de 2020, cinco meses antes de ser demitido. Naquele dia, discursou para uma turma de novos diplomatas que se formava no Rio Branco e decidiu enfrentar o tema. "Nos discursos de abertura da Assembleia Geral da ONU, por exemplo, os presidentes Bolsonaro e Trump foram praticamente os únicos a falar em liberdade. Naquela organização que foi fundada no princípio da liberdade, mas que a esqueceu. Sim, o Brasil hoje fala em liberdade através do mundo. Se isso faz de nós um pária internacional, então que sejamos esse pária", disse, todo gabola.

Meses antes, em junho, em uma videoconferência com os diplomatas André Simas e Ricardo Canto, do Departamento Econômico do Itamaraty, cujo tema era o papel do ministério na retomada econômica pós-pandemia, o chanceler debochou: "Queria fazer uma pergunta para meus colegas. Diante de tudo isso que estamos conversando, o que vocês acham de alegações que existem por aí de que a nossa política externa prejudica nossos interesses comerciais e econômicos? Queria pedir a opinião de vocês, muito sincera e franca". Constrangidos, nenhum dos dois disse o que pensava. Era o tipo de liberdade em que Ernesto parecia acreditar.

"Biografia é o caralho"

No começo de outubro de 2021, Paulo Guedes estava nos Estados Unidos participando de uma reunião do Fundo Monetário Internacional e do Banco Mundial quando seu celular tocou. Era o presidente. Sem adiantar o assunto, ele disse que precisava ver o ministro tão logo ele retornasse a Brasília. Guedes imaginou do que se tratava: ficara sabendo que um grupo de colegas da Esplanada tinha aproveitado sua ausência para pedir sua cabeça. Rogério Marinho, do Desenvolvimento Regional; Onyx Lorenzoni, agora alocado no novo Ministério do Trabalho e Emprego, e Fábio Faria, das Comunicações, integravam o grupo. O economista-chefe do banco BTG, Mansueto Almeida, secretário do Tesouro na equipe de Guedes até julho de 2020, já havia sido sondado para substituí-lo. Os ministros sugeriram a Bolsonaro um nome que tivesse "mais sensibilidade" diante da urgência de aumentar os gastos públicos em ano eleitoral, de maneira a ajudar o presidente a reconquistar sua combalida popularidade. Àquela altura, o governo decidira lançar um novo programa de transferência de renda, o Auxílio Brasil, que sepultaria o Bolsa Família criado pelo PT e que, com um valor mensal de quatrocentos reais para cada família, tentaria fazer frente à crise econômica e social e, de quebra, atrair votos. O problema era o cofre: a solução encontrada para pagar o novo programa social era estourar o teto de gastos, mecanismo criado no governo Temer para limitar o crescimento das despesas públicas à inflação registrada no ano anterior. Para isso, teriam que se livrar de Guedes.

"Daqui o dinheiro não vai sair. Não vou furar o teto", disse Guedes, já de volta ao Brasil, quando, a sós com o presidente, ouviu-o dizer que queria mantê-lo em seu time, mas precisava do Auxílio Brasil. O ministro e dois de seus secretários, Bruno Funchal, do Tesouro e Orçamento, e Jeferson Bittencourt, do Tesouro Nacional, foram apresentados à manobra pensada no Planalto para mudar a regra fiscal. A ideia era abrir espaço no orçamento de 2022 por meio de dois artifícios. Primeiro, o cálculo do teto de gastos mudaria: seria adotada a correção da inflação de janeiro a dezembro, o que abria uma margem bem maior para a ampliação de gastos. Até então, o cálculo levava em conta a inflação de julho até junho do ano seguinte. O restante dos recursos viria do parcelamento de dívidas do governo por ações perdidas na Justiça, os precatórios, uma proposta que já tramitava no Congresso.

Guedes e os secretários ouviram tudo e voltaram ao ministério para se debruçar sobre os números. Mais tarde, em uma reunião no Planalto, também com a dupla, o ministro acabou dando o aval para flexibilizar o teto e abrir espaço para o Auxílio Brasil. Pesou em sua decisão que a mudança do período de cálculo da correção da inflação possibilitaria uma sincronização com a época de fazer o orçamento do ano. O ministro avaliou que a proposta de seus colegas "fura-teto", como ele se referia aos que queriam sua cabeça, era oportunismo político, mas não estava tecnicamente errada. Era, como diria depois, "defensável". Seus secretários, entretanto, pensavam de outra forma.

Após retornarem do palácio com Guedes, Funchal e Bittencourt pediram uma reunião com o ministro, que os recebeu nos sofás de couro preto que ficam em seu gabinete, atrás de uma grande televisão que divide sua mesa do ambiente para visitas. Os dois foram direto ao ponto: "Ministro, estamos pedindo para sair", disseram. "Vocês são os nossos negociadores. Vocês ficaram calados na reunião com o presidente, parecia que estava tudo o.k. Por que não brigaram lá? Vocês deviam ter brigado, porque aí até o presidente ia entender. Ele ia pensar 'Pô, os caras brigaram, o PG não atendeu os caras, os caras pediram para sair'. Como vocês fazem isso comigo?", Guedes respondeu, em tom irritadiço. Ainda tentou convencê-los, lembrando que haveria aumento de arrecadação, e no fundo o teto não seria estourado, ele tinha convicção. Os secretários estavam irredutíveis. Funchal prosseguiu: "Eles vão fazer coisa errada, estão querendo gastar mais do que pode, mexer no teto. Afinal de contas, sou jovem e tenho um nome a zelar". Guedes não respondeu. Funchal pegou um envelope e estendeu ao ministro. "Minha mãe mandou esta carta para o senhor. Ela é sua fã e vê seu sofrimento. Mandou esta carta desejando ao senhor muito boa sorte e orações." Guedes pegou a carta, olhou para o papel e respondeu: "Bruno, entrega para a sua mãe e diz o seguinte para ela: com o filho que ela arrumou para mim, não tem oração que dê jeito nisso. Eu tô fudido mesmo. Pode devolver isso para ela". Funchal abaixou a cabeça e se dirigia para a porta quando Guedes o chamou.

"Bruno, vem cá. Me dá a carta. Diz a ela que eu vou botar no meu oratório, que a minha mulher fez lá em casa. Desculpa eu ter falado isso pra você. É que eu tô muito aborrecido com a sua saída, mas você tem um nome a zelar. Eu não tenho, né? Só você que tem."

"Eu tenho todo um futuro, não quero ficar mal."

"Entendi, entendi. Eu tô todo fudido mesmo, vou morrer

daqui a pouco, não tenho futuro, né?", disse, franzindo a testa, encerrando a conversa.

A crise da vez no Ministério da Economia ainda teria novos capítulos ao longo daquela semana, tão logo corresse pela Esplanada — e, em especial, pelo mercado — que o teto de gastos, pilar da política fiscal, havia sido estourado. Somada ao parcelamento dos precatórios, a mudança na correção da inflação fez a equipe econômica que se regozijava de respeitar os limites fiscais ficar com a fama de "estouradores do teto". No começo de 2022, quando foi divulgado que as contas do setor público consolidado — que inclui governos federal e regionais e as estatais federais — tinham fechado no azul pela primeira vez desde 2013, Guedes chamaria quem o acusou de furar o teto de "negacionista da economia" e "intelectualmente desonesto". Mas, em outubro, o ministro sabia que se tratava de uma derrota interna, que provavelmente não seria a última. E estava longe de ser a primeira.

No fim de 2017, Paulo Guedes recebeu um telefonema da então ativista política Bia Kicis, futuramente eleita deputada federal, que, em nome do deputado Jair Bolsonaro, queria convidar o economista para uma conversa no Rio de Janeiro. O deputado havia lido um artigo dele no jornal *O Globo*, para o qual escrevia às segundas-feiras. "Vácuo ao centro", o tal artigo, publicado em setembro daquele ano, discorria sobre o cenário político que se apresentava para 2018. Guedes dizia que Ciro Gomes seria o nome da esquerda, Bolsonaro, o da direita, com 20%, e o restante, cerca de 60%, ficaria com um outsider ao centro. O outsider seria Luciano Huck — ele pensava, mas não escreveu —, com o qual vinha colaborando. Bolsonaro, por sua vez, se interessou pela visão do economista, mas acreditava que o outsider seria ele. E não de centro, claro.

Quando Guedes chegou ao hotel Windsor da Barra da Tijuca, Bolsonaro estava com Gustavo Bebianno e Bia Kicis. Antes de se sentar, Guedes fez um alerta. "Quero que o senhor saiba,

deputado, que estou ajudando outro candidato, o Luciano Huck."
Bebianno, então articulador do capitão, levantou-se e disse que
não adiantaria conversar com quem estava ajudando outro pos-
tulante. Bolsonaro segurou o braço de Bebianno. "Senta aí, porra.
Já gostei desse cara. Ele é franco, ele é sincero. Ele veio no quartel-
-general do inimigo e falou a verdade. Merece todo o respeito."
Guedes fez um movimento para se sentar, mas foi interrompido.

"Mas não senta ainda não, que eu quero te fazer duas perguntas. Esse Luciano é do bem?" Bolsonaro perguntou.

"Claro, ótima pessoa."

"Mas ele tem colhão?", perguntou o deputado, para surpresa
de Guedes, que ficou em silêncio. "Pode sentar, eu sei que ele vai
desistir e você vai me ajudar. Se for a esquerda contra a direita, PT
contra mim, você me ajuda?"

"Claro, o Brasil não resiste a um outro governo do PT", ele
respondeu, de pronto.

Foi naquela noite que Bolsonaro extraiu do economista o
compromisso de integrar o seu governo e de ser seu fiador econômico junto ao mercado, caso Huck recuasse. O apresentador
da TV Globo anunciaria a desistência dali a algumas semanas, e
Paulo Guedes embarcaria com tudo na canoa de Bolsonaro. A
aproximação teve a bênção também de Winston Ling, empresário
brasileiro radicado em Hong Kong que foi um dos primeiros en-
dinheirados a apostar no deputado, ao ver nele o nome da direita
capaz de derrotar o PT.

O convite de Bolsonaro permitiu que Paulo Guedes reali-
zasse o antigo sonho de participar do alto escalão de um governo. Tivera sua primeira chance em 1985, aos 36 anos, quando foi
convidado para ser diretor do Banco Central no futuro governo
de Tancredo Neves, mas recusou por incompatibilidade com a
equipe que seria liderada por Antônio Carlos Lemgruber. Na
época, ele era sócio do Banco Pactual, já tinha doutorado pela

Universidade de Chicago e lecionara na Universidade do Chile, no período de intervenção da ditadura de Pinochet. Só três décadas depois o sonho do Chicago Boy estava perto de se concretizar.

O grupo que Guedes montou misturava amigos da vida inteira, como os economistas Rubem Novaes e Roberto Castello Branco, que, como ele, haviam estudado na Universidade de Chicago, centro de formação de uma geração de liberais nos anos 1970 e 1980, e outros não tão antigos, como o economista Marcos Cintra, professor da FGV e ex-deputado federal, que Guedes conhecera alguns anos antes.

Caberia a esse time educar Bolsonaro a respeito do liberalismo. Não seria uma missão fácil. Um político que fez carreira defendendo aumentos salariais e benefícios para militares, policiais e bombeiros não parecia alguém exatamente aberto às ideias liberais. Mas Bolsonaro prometia fazer de tudo para aplicar a política econômica que o grupo sob o comando de Guedes viesse a formular. À medida que se avizinhava uma vitória, o grupo engordava, mesclando empresários antipetistas, como Salim Mattar, dono da locadora de carros Localiza, executivos como Roberto Campos Neto, então tesoureiro do Santander, e gente com experiências diversas, como o tributarista Paulo Uebel. A todos, Guedes afiançava que o deputado estava mudado e que vinha cada vez mais entendendo a importância da agenda liberal. Na Faria Lima, o economista fazia o mesmo. Ele levou Bolsonaro a cafés, almoços e jantares com conhecidos seus do mercado, para convencê-los da confiabilidade do ex-capitão, que agora se dizia um admirador do liberalismo. Aquela seria uma aliança entre liberais, como ele e os economistas que trazia para o governo, e conservadores, como o próprio Bolsonaro, os evangélicos, os militares. Garantia que o candidato era um democrata, respeitaria as instituições e, uma vez empossado, vestiria o figurino presidencial e deixaria a "verborragia" no passado.

A primeira intervenção no quintal de Guedes ocorreu em junho de 2019, quando, na porta do Alvorada, Bolsonaro disse a apoiadores que o então presidente do BNDES, Joaquim Levy, estava com a "cabeça a prêmio" por não conseguir revelar uma suposta caixa-preta de corrupção no banco, de esqueletos herdados da era PT e que nunca tinham sido devidamente desvendados. Levy já tinha virado o banco do avesso e nada daquela magnitude aparecera. Incomodado com a declaração do presidente, pediu demissão, para desapontamento de Guedes, que tentou segurá-lo. Seu substituto, Gustavo Montezano, também nunca apareceu com a tal caixa-preta, mas Bolsonaro seguiria falando dela por anos, brigando com os fatos.

A segunda decepção do ministro foi com a ação de Bolsonaro no Congresso, ao longo de 2019. O presidente, temendo que se repetissem no Brasil os protestos que ocorriam no Chile, pediu que se interrompesse a tramitação da reforma administrativa, que atingiria em cheio o funcionalismo público. Depois, na reforma da Previdência, agiu para garantir a militares e policiais condições bem melhores do que as dos civis. Em setembro, mais uma interferência, quando Bolsonaro se opôs publicamente à criação de um novo imposto nos moldes da antiga Contribuição Provisória sobre Movimentação Financeira (CPMF). Foi a vez de Marcos Cintra, o secretário da Receita, ser demitido. Em fevereiro de 2021, em meio à alta do diesel e à pressão de caminhoneiros, Bolsonaro demitiu pelas redes sociais o presidente da Petrobras, Roberto Castello Branco, no que pareceu o primeiro despertar do mercado financeiro para sua real falta de compromisso com a agenda que havia prometido respeitar na campanha. No dia da saída, a estatal perdeu 70 bilhões de reais em valor de mercado. E Guedes, mais um aliado no governo. Em seu lugar, assumiu o general Joaquim Silva e Luna, então diretor da estatal Itaipu Binacional, o que também significava uma derrota simbólica para Guedes.

O ministro, desde a transição, se esforçava para manter os militares longe da Petrobras. Sabia que a visão da caserna sobre a estatal era contrária à dele. Não só eram contra a privatização, como também não concordavam com a venda de ativos, principal marca do período do agora demitido Castello Branco. Guedes argumentava que, em que pesasse a seriedade dos fardados, havia um problema e um risco. "Tem um negócio, presidente, chamado especialidade. O cara tem que ser especialista. Botar militar na Petrobras é a mesma coisa que mandar um dentista pra guerra pra chefiar um Exército. Não vai dar certo, tem que ser um general. Não tem nada a ver uma função com a outra", disse, no mesmo dia em que soube pela imprensa quem seria o escolhido. Em outra ocasião, disse mais: "Existe o risco de os militares, desempenhando tantas funções que não são deles, se deixarem corromper, como aconteceu na Venezuela". Guedes também tentava mudar a mentalidade da caserna. "O Geisel e o Figueiredo foram um desastre. Vocês saíram pela porta dos fundos, sabe por quê? Vocês não acreditaram na sociedade aberta. Vocês querem um Brasil forte? Uma grande economia de mercado? São os americanos, com Forças Armadas fortes. Quem vocês acham que está mais defendido? Quem tem a Petrobras, a Eletrobras, a Cinebras, ou quem tem o segundo maior Exército das Américas?", provocava, em conversas com generais.

Guedes também contribuiu para a ebulição de alguns dos problemas políticos que enfrentou. O ministro incomodava colegas na Esplanada pela facilidade com que reconhecia seus feitos. Era capaz de, por horas, explicar quão transformadora vinha sendo sua gestão. "Ele é um apaixonando pela própria voz", dizia Rogério Marinho. Rodrigo Maia via na vaidade do ministro o gatilho para a deterioração na relação dos dois. Maia e Guedes viveram às turras durante o período em que o deputado foi presidente da Câmara, em especial 2020. Para Maia, a relação degringolou por ciúmes, uma vez aprovada a reforma da Previdência, em 2019. Guedes não teria sabido lidar com a mudança de foco dos holofotes, agora direcionados ao deputado, e não ao ministro. De fato, diante do pouco esforço de Bolsonaro para aprovar a reforma, o mérito pelo sucesso coube mais a Maia do que ao governo.

Mas foi o único momento em que os dois de fato trabalharam juntos. Dali em diante, só bateram cabeça. Um acusava o outro de dar prioridade aos próprios interesses. Maia era contra a criação de um imposto nos moldes da extinta CPMF (nomenclatura que Guedes rechaçava, preferindo chamar de "imposto digital"). A pior briga, entretanto, foi durante a discussão da reforma da Previdência, quando Maia, conforme admitiria depois a amigos, pensou em partir para as vias de fato em um almoço na casa de Davi Alcolumbre, na época presidente do Senado, entre o primeiro e o segundo turno da votação da reforma. Guedes disse a Maia que não deveria dar ouvidos ao economista Marcos Lisboa, doutor pela Universidade da Pensilvânia e que havia sido secretário de Política Econômica do Ministério da Fazenda no primeiro governo Lula, diretor no Itaú e então presidente do Insper. Na memória de Maia, Guedes teria ido além e dito: "Você está proibido de falar com o Marcos Lisboa".

"Parar de falar com o Marcos Lisboa? Você que deveria falar mais com o Marcos Lisboa para aprender alguma coisa. Esses caras me ajudaram para cacete, tudo que eu aprovei devo muito a ele e a tantos economistas que me ajudaram por espírito público, sem nenhuma agenda", respondeu Maia na ocasião.

"Rodrigo, estudei isso profundamente, não vou ficar conversando com economista de segunda, terceira linha. Se você vai começar a conversar com todo economista nessa altura, nós não vamos conseguir aprovar a reforma", respondeu Guedes num tom irritadiço.

Sua raiva pelo economista começou em junho de 2018, quando, numa entrevista, Lisboa disse que não aceitaria participar de uma conversa sobre o programa de governo de Bolsonaro. Guedes citara o nome de Lisboa ao elencar, para o jornalista José Fucs, vários economistas que procuraria com esse objetivo. Os dois tinham se conhecido brevemente na casa de Luciano Huck, em 2017, quando ajudavam o apresentador na preparação de uma eventual campanha, e até então nunca haviam tido nenhum atrito. "Eu converso com todo mundo, desde que a pessoa não ache que a Venezuela é uma democracia ou defenda fechar museu porque lá dentro tem peladão", disse Lisboa, que, talvez sem saber, tocara numa das feridas de Guedes. Devido às críticas por ter lecionado durante a ditadura de Pinochet na Universidade do Chile, detestava qualquer insinuação de que tinha pouco apreço pela democracia. Na discussão com Maia, insistiria nos ataques a Lisboa.

"Eu mal conheço o cara e tive uma péssima experiência. Deve ser um merda, pela forma como se referiu a mim de forma tão despropositada."

"Vou continuar conversando com o Marcos Lisboa", respondeu Maia, agora já acalmado por Alcolumbre, que tentava amainar o clima.

A relação dos dois azedaria de vez em 2021, quando souberam o que um vinha dizendo do outro. Guedes passou a contar em rodas de conversa detalhes de como teria sido a passagem de Maia pela iniciativa privada antes de se tornar político. "Me diziam que não era lá muito trabalhador, se acha importante porque circula em determinados ambientes, almoça com banqueiros em São Paulo semanalmente por ser filho do Cesar Maia", que fora prefeito do Rio de Janeiro por três mandatos. Já Maia dizia que Guedes era mais perigoso do que Bolsonaro. "Muito mais autoritário. Aprendeu no Chile", dizia. A referência tinha um aspecto simbólico: o deputado nascera no Chile, quando o pai vivia no exílio, perseguido pela ditadura brasileira. A família deixou o país depois do golpe contra Salvador Allende.

O tal apreço por falar, observado por Rogério Marinho, também lhe traria problemas. Fosse comentando fatos alheios à sua pasta, fosse quando discorria sobre os efeitos das medidas econômicas a respeito da população mais pobre, deixava transparecer ainda mais uma visão de mundo que, camuflada por um verniz intelectual, talvez explicasse por que ele se sentia à vontade no governo em que estava. Em setembro de 2019, quando Bolsonaro vinha atacando Macron pelas críticas do primeiro-ministro às queimadas na Amazônia, Guedes piorou uma ofensa que o brasileiro fizera à primeira-dama francesa: "Macron falou que tão botando fogo na floresta brasileira, e o presidente devolveu: 'Que a mulher dele é feia, por isso ele tá falando isso'. Presidente falou mesmo, e é verdade, a mulher é feia. Não existe mulher feia, existe mulher observada do ângulo errado".

Em fevereiro do ano seguinte, num evento em Brasília, foi questionado sobre a alta do dólar, que naquele dia havia batido o recorde de 4,35 reais (chegaria a 5,90 reais em maio daquele ano). Disse que era natural, já que a dinâmica do câmbio mudara. "Não tem negócio de câmbio a 1,80 real. Todo mundo indo para a Disneylândia, empregada doméstica indo para Disneylândia, uma festa danada. Pera aí. Vai passear ali em Foz do Iguaçu, vai passear ali no Nordeste, está cheio de praia bonita. Vai para Cachoeiro de Itapemirim, vai conhecer onde o Roberto Carlos nasceu, vai passear no Brasil, vai conhecer o Brasil. Está cheio de coisa bonita para ver", disse. Depois, diria que tinha se expressado mal e apenas quis dar um exemplo da oportunidade que o câmbio alto gerava para o turismo interno. Em outros momentos, chamaria funcionários públicos de "parasitas" e justificaria a inflação do arroz dizendo que a população estava comendo mais.

Dentro do Ministério da Economia, as dificuldades geradas

pela falta de apoio de Bolsonaro à agenda liberal também ressoavam. Guedes costumava dividir a cúpula da superestrutura nascida da fusão de diversos ministérios em dois grupos, os *preservers* (preservadores) e os *innovators* (inovadores). Os primeiros defendiam a responsabilidade fiscal, mas rechaçavam a ideia de Estado mínimo. Queriam o Estado forte, com estatais e orçamentos gordos para investir. Os *innovators* seriam o próprio Guedes e seu time original, gente que saiu da Faria Lima ou de Nova York e, supostamente de maneira abnegada, topou um emprego público para "lutar por um novo Brasil". Esses seriam os liberais-raiz, os verdadeiros interessados em modernizar o país, mas que não conseguiriam avançar sem os primeiros, que eram os que conheciam verdadeiramente a máquina e seriam capazes de produzir mudanças.

Foram os *innovators* que Guedes viu deixando, um a um, o Ministério da Economia, primeiro numa espécie de pedido de demissão em massa, batizado pelo próprio como uma "debandada", depois a conta-gotas. O grupo que deixara a iniciativa privada e abraçara o serviço público para tentar privatizar estatais e fazer reformas estava em um governo em que nada disso era prioridade. Um dos primeiros desertores foi Salim Mattar, que fora nomeado secretário de Desestatização, Desinvestimento e Mercados e coincidentemente era o único que se recusara a ter em sua equipe algum *preserver*. Também fora o único que não seguira a recomendação de Guedes a cada um dos que vinham de fora: ter ao seu lado alguém capaz de dizer quais ideias já haviam sido testadas e dado errado, e quais eram de fato novas. Sempre que falava em nomear alguém, Mattar dizia que traria um CEO de grande prestígio do setor privado, porque não queria trabalhar com a "máquina". Mas o fato é que ao longo de um ano e sete meses não conseguiu privatizar nada. Saiu do governo atribuindo o fracasso à "máquina", não a si mesmo. Já Guedes, sempre que lhe perguntavam sobre a trajetória do empresário no governo, fazia uma analogia com uma porta giratória. "Salim tentou entrar em um hotel chamado 'desestatização', mas ficou preso na porta giratória e acabou não entrando. Ficou quase dois anos rodando e rodando, até que decidiu sair do governo", disse a um interlocutor certa vez. Salim levou consigo Paulo Uebel, que havia sido nomeado secretário de Desburocratização, Gestão e Governo Digital. Quando os dois anunciaram a saída, Guedes pediu uma conversa:

"Porra, Salim. Você vai sair?"

"Não dá para fazer isso. O presidente não está apoiando, não apoia."

"Sabíamos disso, estamos na luta, pô. Você sair só vai enfraquecer a nossa causa", argumentou Guedes, na tentativa de convencê-los a ficar. Mattar, então, demonstrou preocupação com a imagem dos liberais brasileiros.

"Precisamos preservar o liberalismo. Se der errado para nós, não podemos queimar os liberais."

"Só vai dar certo se nós ficarmos, cara. Se nós sairmos, vai dar errado", rebateu Guedes.

"Não quero mais, prefiro sair."

Guedes se deu por vencido, e Uebel afirmou que também gostaria de sair, dizendo que não estavam conseguindo progredir em sua área.

"Porra, a gente o tempo todo falando 'tamo junto', 'tamo junto'. Eu achava que você estava junto comigo, junto do Brasil. Mas você está junto é do Salim", afirmou o ministro, claramente decepcionado, mas sem insistir.

Naquele mesmo dia, 11 de agosto de 2020, Guedes se reuniu com Rodrigo Maia e em seguida anunciou à imprensa que acabara de perder dois secretários. Na ocasião, o ministro afirmou que a reação à "debandada" seria avançar com as reformas defendidas por ele. Mas a realidade era outra. À medida que as ideias de Pau-

321

lo Guedes iam, uma a uma, para a gaveta, ele perdia aliados. No mês anterior já havia perdido Mansueto Almeida, um dos criadores do teto de gastos e um dos poucos que estava ali desde o governo de Michel Temer, mas que, segundo justificou ao sair, tinha combinado que ficaria apenas um ano e meio no cargo. O presidente do Banco do Brasil, Rubem Novaes, outro liberal formado na escola de Chicago, saiu também em julho, após Bolsonaro publicamente frustrar seu sonho de privatizar a instituição. E o diretor de programas da Secretaria Especial de Fazenda do Ministério da Economia, Caio Megale, dois dias depois.

O próprio ministro admitia a falta de entusiasmo de Bolsonaro pelas pautas liberais. O presidente, como conservador, se empenhava em pautas conservadoras e não ia a fundo nas liberais, da mesma maneira que, explicava o ministro, um liberal não ligava para pautas conservadoras. Guedes enxergou na debandada uma forma de dizer a Bolsonaro que, se não tivesse apoio para as reformas, o Ministério da Economia perderia todo o time formado pelo economista. Em nenhum desses momentos o titular da pasta considerou deixar o governo. Seguiu na maioria das vezes convencido de que um ministro não deveria ameaçar. "Ou anuncia a saída, ou fica calado", pensava.

O único momento em que ele cogitou seriamente deixar o governo, e chegou a verbalizar ao presidente a possibilidade, foi no dia 21 de maio de 2020, em que haveria uma grande reunião no Palácio do Planalto com Rodrigo Maia e Davi Alcolumbre, então presidentes da Câmara e do Senado, ministros e governadores para discutir um projeto de auxílio financeiro a estados e municípios.

Guedes apoiava o socorro, mas como contrapartida queria travar as despesas, com congelamento dos salários dos servidores durante a pandemia. Bolsonaro não apoiava a ideia, porém Guedes insistia e já planejava deixar o governo caso não acatassem sua proposta. "Presidente, não vou te dar a corda para o senhor se enforcar. O senhor se enforca sozinho", disse. O receio do ministro era que em 2021 chegasse a conta de todo o gasto de 2020, sem nenhuma medida de compensação, e a inflação no país explodisse. Em maio, o Congresso tinha aprovado o projeto que criava o Programa Federativo de Enfrentamento ao Coronavírus para auxílio financeiro aos estados e municípios, mas incluíra um trecho que permitiria reajuste salarial a servidores no período da pandemia, o que descumpria o que Guedes e o presidente haviam combinado. Guedes defendeu e conseguiu que Bolsonaro vetasse essa medida.

Naquele momento, o governo queria garantir um acordo com o Parlamento para a manutenção do veto de Bolsonaro e, dessa maneira, o cumprimento do acordo feito com Guedes. Antes da chegada dos governadores, o presidente, ministros, Maia e Alcolumbre conversavam quando o presidente do Senado pediu a palavra e disse que estava se sentindo mal. "Todos aqui traíram o ministro Paulo Guedes na aprovação da matéria sem levar em consideração a necessidade de travar as despesas do outro lado. Não foi o combinado antes", começou, para desconforto geral. O então presidente do Congresso admitiu que ele mesmo havia feito cálculos com o ministro da Economia e que, de última hora, "embarcou na traição". O senador não parou por aí: indicou nominalmente todos que furaram o acordo previamente feito. Mirou o dedo para o então ministro da Defesa, general Fernando Azevedo e Silva: "O senhor traiu o ministro quando pediu que os militares fossem exceção no congelamento de salário". Apontou para o então líder do governo na Câmara, o deputado bolsonarista Major Vitor Hugo: "O senhor traiu quando também pediu para que os policiais não fossem atingidos". Alcolumbre prosseguiu. "Depois, todo mundo foi pedindo que alguma categoria não fosse incluída no projeto que impediria aumento salarial durante a pandemia. Nós traímos miseravelmente o ministro no Senado. E depois, ele foi de novo traído na Câmara. Desta vez, a gente não pode trair", concluiu, pedindo que todos respeitassem o acordo.

Em agosto, o Congresso manteve o acordo e não derrubou o veto de Bolsonaro ao reajuste dos servidores na pandemia.

Ao longo dos anos, Guedes havia se tornado um admirador de Bolsonaro, a quem definia como "um político diferente, com ideais, honesto e correto". Dizia sentir respeito pelo homem. "Admiração faz parecer que sou cego", pontuava. Ao longo do governo, a quem lhe perguntava por que ele não fizera o mesmo que Levy, Mansueto, Novaes, Salim, Uebel e outros, respondia com elogios a Bolsonaro. Garantia que o presidente era um "homem puro", que não fora capturado pelo Centrão, de quem Guedes o vira desdenhar na campanha de 2018, e mantinha sua essência de um "torcedor do Palmeiras, como qualquer brasileiro".

Já Bolsonaro não era pródigo em elogios. O ministro admitia que o presidente se posicionava de forma neutra: não o atacava, tampouco o defendia. O máximo que fazia era, em alguns momentos, alertar que havia um "grupinho", cujos nomes ele nunca entregava, que queria Guedes fora da pasta, alegando que sua presença punha em risco sua reeleição. O ministro sempre se defendia dizendo que quem atrapalharia a reeleição seriam os políticos que não percebem o risco à popularidade do presidente que representam problemas como a inflação. Mas ele sabia que o próprio Bolsonaro incitava o desrespeito ao teto de gastos e a permanente postura dos colegas em tentar obter mais dinheiro para obras e despesas públicas. Em conversas informais, inclusive com Bolsonaro, Guedes costumava descrever com uma cena aflitiva a relação entre os dois. Diante de qualquer sufoco que o ministro estivesse sofrendo, o presidente sempre lavava as mãos e deixava Guedes se afogar. Mas quando ele estivesse quase completamente submerso, Bolsonaro o puxava pelos cabelos, tirava da água e o deixava respirar por alguns minutos. Depois de salvá-lo, era o próprio Bolsonaro quem o soltava e instruía: "Corre de novo, PG".

Nada disso abalava a autoestima do ministro. Costumava dizer que fora vítima de "ataques e injustiças", que contrastavam com sua personalidade "generosa e respeitosa". O que o ajudava a lidar com os momentos ruins, contou certa vez a um interlocutor, era "a demonstração de carinho da população". E como prova de tanto afeto, narrou um episódio que teria ocorrido no Rio de Janeiro, quando ele voltava de um seminário na Barra da Tijuca. Na ocasião chovia muito e os dois acessos que ligam o bairro de São Conrado à Zona Sul haviam sido fechados. O ministro decidiu então descer do carro e pegar o metrô, para chegar ao seu apartamento, no Leblon. Ao entrar na estação, teria sido reconhecido e cercado pelos populares. "As pessoas tiraram foto, abraçaram, me agradeceram, uma coisa linda", lembrou nessa conversa, completando que era nesses momentos que entendia Jesus Cristo, perseguido quando só estava tentando ajudar a humanidade.

No primeiro ano da pandemia, com o governo sendo metralhado, em especial pela postura de Bolsonaro de negação à ciência, muitos não entendiam a permanência do ministro. Quando Moro pediu demissão, em abril de 2020, as perguntas se acirraram. Por que Guedes, quase sempre o único a usar máscaras em eventos do governo, ainda estava ali? Amigos o aconselhavam a deixar o governo. Naquele mesmo mês, logo após a saída de Moro, o ministro recebeu uma ligação de João Doria, com quem se dava, a despeito das brigas do governador com o presidente. Doria lhe telefonara para aconselhá-lo a deixar o governo. "João, salva os paulistas. Concentra no seu negócio aí, cara. Você não tem ideia, cara. Se eu saísse daqui, você acha que você iria pegar qual país, se ganhasse as eleições? Você já ia pegar uma Argentina, a caminho da Venezuela", respondeu Guedes, irritado. Doria insistiu, falando da possibilidade de Bolsonaro sofrer um impeachment. Guedes rebateu:

"Você está todo dia na televisão falando de pessoas morrendo, que é preciso vacinar as pessoas, e ao mesmo tempo, por debaixo dos panos, você quer derrubar o presidente? No meio de uma pandemia? Porra, João, que loucura."

"Pensa na sua biografia, Paulo."

"Biografia é o caralho, tô cagando para a minha biografia. Tem 200 milhões de pessoas, não quero ficar bem no filme, não sou político, não preciso de voto. Porra, essas pessoas têm que contar com alguém, né? Elas não podem contar com você, que está pensando só em eleição. Todo mundo só pensa em porrada, confusão, o caralho. Eu sempre fui um cara de embate, mas tive que virar freira aqui, caralho, porque ninguém tem juízo. Vocês não têm juízo. Vai governar São Paulo e não enche o meu saco, porra."

"Estou dizendo isso pelo seu bem."

"Meu bem é o caralho, você está fazendo política, porra. Vai tomar no cu."

"Nós somos amigos, não precisa se exaltar assim", disse Doria, em tom conciliatório.

"Nós somos amigos, mas você não está entendendo o que está acontecendo, João? Quer criar uma confusão política no meio do caos? Você acha que você vai ser eleito o quê? Presidente da Venezuela, caralho. Quando você chegar aqui, já pegou fogo. Não dá tempo, cara. Espera a eleição, porra. Defende a democracia, porra. Você não gosta do cara? Foda-se, ganha a próxima eleição e não enche meu saco. Eu quero o julgamento da história, João. Não quero o julgamento de paixões políticas contemporâneas. Para falar a verdade, não estou nem preocupado com isso, estou preocupado em sair dessa merda. Estamos fodidos, porra."

Depois disso, Doria passou a se referir a Guedes como um ex-amigo. Guedes teria ainda diversos outros confrontos no governo. Um de seus primeiros antagonistas foi Rogério Marinho, que começou como secretário de Previdência e Trabalho e, após a aprovação da reforma, tornou-se ministro do Desenvolvimento Regional. Desde que assumiu a pasta e viu o orçamento de que dispunha, Marinho tentava fazer a cabeça do presidente para ampliar gastos e, assim, ter mais obras. Depois, foi Onyx Lorenzoni, que ao longo de 2021 integrou diferentes movimentos para tentar convencer Bolsonaro a demitir Guedes. Numa dessas ocasiões, não muito longe do momento em que se decidiu mudar a regra do teto de gastos, o ministro reagiu ao colega, no Planalto, na frente de Bolsonaro:

"Onyx, é simples. Senta aqui no meu lugar e faz isso."

"Não fala assim que algum dia alguém aceita", respondeu Onyx, de maneira debochada.

"O cargo tá à disposição, pra você fazer merda. Vocês vão fazer muita merda, não é pouca merda, não. Eu sou neurocirurgião, tô fazendo a cirurgia, aí entra um veterinário, um açougueiro, e começam a mexer na sala. Vocês têm sempre uma solução idiota que não vai funcionar. Eu não vou discutir mais com vocês, vocês aproveitam a intimidade que têm com o presidente, passam o tempo todo aqui conversando, em vez de fazer o que têm de fazer vêm aqui pra me dinamitar. Eu não debato mais com você, eu converso com ele, vocês conversam com ele. Eu não vou perder mais tempo com vocês."

"Não, PG, calma", tentou contemporizar Bolsonaro.

"Eu, não, presidente, não tem que ter calma, não. É fura-teto, é irresponsável, dando palpite. Eu não vou fazer é um plano que você segura a minha mão, eu assino e faço uma merda. Assina você, porra", Guedes gritava, olhando para Onyx.

A Bolsonaro, não interessava perder Paulo Guedes. Ainda havia uma parcela da Faria Lima que acreditava na palavra do ministro, de que, sem ele ali, seria pior. "Eu acho que fiz muita coisa, mas o que eu fiz de mais importante foi não deixar fazer. Pra cada coisa certa que eu fiz, eu impedi dez merdas", costumava dizer Guedes, em conversas com executivos e empresários. Era uma referência ao teto de gastos, o pilar da política fiscal e que Guedes dizia que nunca flexibilizaria. A tensão depois do pedido de demissão de Funchal e Bittencourt chegou ao máximo no dia 22 de outubro, uma sexta-feira, quando correu em Brasília que Guedes também teria se demitido após a saída de seus secretários.

Bolsonaro teve que ir ao Ministério da Economia. Conversaria com o ministro e depois falaria à imprensa. Era preciso tentar acalmar o mercado. O dólar batera 5,76 reais por volta do meio-dia e o Ibovespa, principal índice da Bolsa de Valores de São Paulo, a B3, despencava fazia dois dias. A conversa entre os dois foi no mesmo sofá em que os secretários demissionários haviam sentado. Bolsonaro ressaltou que não queria que o ministro saísse. "Quero deixar claro que você está forte", disse o presidente. Guedes aproveitou a oportunidade e reclamou da falta de apoio para a realização de reformas, além de questionar o movimento de outros ministros. "Os caras estão me fodendo e vão te foder. Eles vão me descredenciar, vou ser um economista que as pessoas não vão acreditar. Não sou mais avalista de porra nenhuma", disse ao presidente, mas deixando claro que permaneceria.

A imprensa foi, então, convocada para ir ao Ministério da Economia. Bolsonaro e Guedes desceram para o auditório, onde jornalistas já aguardavam. De braços cruzados e voz tensa, o presidente tentou passar calma: "É uma pessoa que eu conheço bem antes das eleições, nós nos entendemos muito bem. Tenho confiança absoluta nele", começou. Era pouco mais de três da tarde daquela sexta-feira, e o presidente discursava no auditório tendo ao seu lado um abatido Paulo Guedes. O rosto cansado e o nó torto na gravata do ministro (este nem tão incomum assim) contrastavam com quem outrora havia sido um dos mais empolgados integrantes da Esplanada. O presidente continuou. "Ele entende as aflições por que o governo passa", disse, dando a senha para o que seria anunciado na sequência. Guedes havia jogado a toalha e, antes que lhe fosse perguntado, o ministro passou a se explicar. "Trabalho para um presidente democraticamente eleito, bem-intencionado. Estou errado em não pedir demissão porque vão gastar 30 bilhões de reais a mais se eu fizer isso? Estou fazendo o que de errado? Peço compreensão. Vamos trabalhar até o fim do governo." Mais uma vez ele ficaria.

Batalhas perdidas

Em meio à demissão de Ernesto, de Azevedo e Silva e dos comandantes militares, o governo se via às voltas com um problema no chão de fábrica do bolsonarismo. Um dos deputados federais mais radicais da base, o ex-PM Daniel Silveira, tornara-se o pivô da mais nova crise com o Supremo. Silveira havia sido preso por ordem do STF em 17 de fevereiro de 2021, um dia após divulgar um vídeo em que atacava, acusava de crimes ou ameaçava nominalmente seis ministros: Moraes, Fachin, Barroso, Toffoli, Gilmar e Marco Aurélio Mello. Também defendia o fechamento do Supremo e fazia apologia ao AI-5. "Fachin, por várias e várias vezes já te imaginei tomando uma surra. Ô… quantas vezes eu imaginei você e todos os integrantes dessa Corte. Quantas vezes eu imaginei você, na rua, levando uma surra? O que você vai falar? Que eu tô fomentando a violência? Não. Eu só imaginei", disse, num dos trechos mais duros.

Investigado desde o ano anterior no inquérito das fake news, o deputado já fora alvo de busca e apreensão e tivera o sigilo bancário quebrado, por ordem de Alexandre de Moraes. Agora, além de decretar a prisão em flagrante, o ministro também havia determinado seu afastamento do mandato na Câmara. Era um soco nos bolsonaristas mais radicais. Silveira ficara conhecido ao quebrar uma placa de rua com o nome da vereadora Marielle Franco, assassinada em março de 2018. Uma vez eleito, tornou-se um dos primeiros soldados de Bolsonaro. Na pandemia, também criticou o isolamento e o uso de máscaras, e chegou a arrumar confusão no aeroporto por se recusar a usar o equipamento de proteção. Nas redes, Bolsonaro passou a ser cobrado a reagir à prisão. Preferiu, num primeiro momento, se calar.

O plenário do STF manteve a prisão no dia 17 e, no dia 19, a Câmara votou se mantinha ou não a medida. O primeiro a discursar foi Arthur Lira, que, embora cobrado pela base bolsonarista, ficou ao lado do Supremo. "Tenho certeza de que a grande maioria desta Casa, entre os quais me incluo, respeita a instituição máxima do Poder Judiciário brasileiro. Sou ferrenhamente defensor da inviolabilidade do exercício da atividade parlamentar, mas, acima de todas as inviolabilidades, está a inviolabilidade da democracia." Silveira defendeu-se por videoconferência e pediu desculpas, dizendo-se "movido pela raiva". Foi derrotado e o plenário decidiu mantê-lo preso, por 364 votos a 130.

Os dias no Batalhão Especial Prisional (BEP), a prisão para policiais militares no Rio de Janeiro, não foram fáceis para Silveira. Policiais que atuam na unidade relataram que no primeiro dia ele estava extremamente nervoso; ficou otimista quando pensou que poderia ser solto, mas aí a Câmara votou e ele foi derrotado. A partir daí, passou a chorar quase todos os dias. Só parou depois de algumas semanas.

Nas redes sociais, as cobranças por um posicionamento de Bolsonaro eram cada vez mais fortes. Carlos Bolsonaro, num aceno à militância, havia sido econômico, com uma única frase postada no dia da prisão: "Estômago embrulhado", e só. Fora isso, a prisão do aliado não era assunto nas redes de ninguém da família, apesar da pressão crescente dos apoiadores por um posicionamento do presidente. A cobrança só diminuiu um pouco quando, em 14 de março, Alexandre de Moraes concedeu prisão domiciliar ao deputado, com a condição de que usasse tornozeleira eletrônica. Seguiria afastado do mandato, mas em casa.

A prisão de Silveira acirrou em Bolsonaro o temor de que o próximo a ser preso seria Carlos, uma sombra ameaçadora que o acompanhava desde 2020, quando foi noticiado que a PF concluíra que o Zero Dois tinha ascendência sobre o gabinete do ódio e, portanto, um papel de comando na estrutura da milícia digital. Carluxo, apelido desde a adolescência, era o filho com quem Bolsonaro mais se preocupava e de quem era mais próximo. A relação entre Jair e Carlos sempre havia sido diferente. Irmão do meio do primeiro casamento do presidente com a dona de casa Rogéria Bolsonaro — dessa união, Flávio é o primogênito e Eduardo, o caçula —, Carlos sempre teve ciúmes do mais velho. Embora pequena, a diferença de idade, de um ano e sete meses, fez com que o Zero Um sempre estivesse à sua frente. Ao menos, era assim que ele percebia. Flávio fazia mais sucesso com as meninas e era o preferido por todos na família. Sedutor, com jogo de cintura, gostava de cativar as pessoas. Carlos, ao contrário, era mais introvertido e visto como rebelde. Tinha adoração pelo pai, que sempre viu como um herói, a ponto de tatuar seu rosto no braço. Não à toa, em 1997, quando Jair e Rogéria decidiram se separar, foi o único a ficar com o pai. Flávio e Eduardo seguiram com a mãe.

Em 2000, Jair decidiu retaliar Rogéria, que era vereadora, eleita com os votos do marido, e lançou um dos filhos contra a mãe, para derrotá-la nas urnas. O então deputado federal justificaria o movimento não como vingança contra uma ex, mas apenas a retomada de uma posição que pertencia aos Bolsonaro, e não a alguém que não tinha mais, ao menos oficialmente, seu sobrenome. A primeira opção foi Flávio, então com dezenove anos, que ainda não havia entrado para a política. Ele se recusou a ser usado pelo pai para atacar a mãe. Carlos topou. Teve 16 053 votos; Rogéria, 5109. A campanha e a vitória abriram uma crise. A mãe ficou inconsolável, e Carlos, aos poucos, foi se dando conta de que fora um joguete nas mãos de Jair. Pai e filho conversavam apenas o estritamente necessário.

Rogéria perdoou Carlos, que não gostava da nova mulher de Bolsonaro, a advogada Ana Cristina Siqueira Valle, assessora parlamentar de outro político quando conheceu o então deputado.

Ainda assim, Jair mandou que Carlos contratasse a madrasta como sua chefe de gabinete na Câmara de Vereadores. Começava ali o primeiro esquema de rachadinha de um dos filhos do presidente. A informação foi revelada por Marcelo Luiz Nogueira dos Santos, que trabalhou catorze anos com a família, em entrevista ao autor deste livro, em 2021. De acordo com ele, Valle comandava o esquema de devolução de salários no gabinete de Carlos, a mando de Jair. Depois, faria o mesmo no gabinete de Flávio, eleito para a Assembleia Legislativa do Rio em 2002. Ainda de acordo com o ex-empregado, ela lideraria esse repasse até 2007, quando Bolsonaro descobriu que a advogada tinha um caso com o segurança dele, o bombeiro militar Luiz Cláudio Teixeira, que fazia a escolta do clã no Rio de Janeiro.

Ao saber da traição, Bolsonaro ordenou que Carlos a demitisse e assumisse o comando da rachadinha. Na Assembleia, o esquema no gabinete de Flávio também passaria para outras mãos, as de Fabrício Queiroz. O esquema detalhado pelo funcionário provavelmente fora reproduzido do gabinete do próprio presidente, conforme indicariam áudios obtidos pela repórter Juliana Dal Piva em 2021. Num deles, a fisiculturista Andrea Siqueira Valle, irmã de Ana Cristina, afirmava que o ex-cunhado havia demitido o irmão dela (também cunhado do presidente, portanto) quando ele se recusou a devolver a maior parte do salário como assessor. O esquema no gabinete de Bolsonaro seria conhecido como "o negócio do Jair".

Carlos não se dedicava muito à vereança: passava o dia jogando video game. Cursava ciências aeronáuticas na faculdade Estácio, dizia que seria piloto e não queria seguir carreira política. Admitia que estava lá só para cumprir a vontade do pai, mas não tentaria uma reeleição. Pressionado por Jair, acabou cedendo e continuou na política. Nunca sentiu ter talento, entretanto. Não gostava de fazer campanha de rua, evitava o contato com os eleitores e preferia não ter que falar em público. Naqueles anos, o rapaz começou a ter suas primeiras crises de ansiedade e foi medicado, necessidade que se estenderia por anos. A saúde mental do filho era uma preocupação constante na família, em especial do pai. Na campanha de 2018, o então braço direito de Bolsonaro, Gustavo Bebianno, contava ter ouvido de Flávio que seu maior medo, após a vitória do pai, era que, numa das crises, Carlos se trancasse no gabinete presidencial, atirasse no pai e se matasse na sequência.

O temperamento explosivo de Carlos, que se manifestava sobretudo nas redes sociais, gerou algumas crises para o presidente, especialmente no primeiro ano de governo. Para o vereador, muitas pessoas se aproximavam do pai para se aproveitar de sua popularidade, e algumas estariam sempre à espreita para traí-lo. Suas atitudes causaram a demissão de Bebianno no segundo mês de governo, acarretaram uma das primeiras crises de Rodrigo Maia com Bolsonaro e levaram Hamilton Mourão a quase romper com o presidente. Atacado por Carlos, que o chamava de traidor por defender publicamente posturas diferentes das adotadas pelo Planalto, o vice chegou a considerar, nos momentos de mais raiva, agir para derrubar o clã. "Se ele não acalmar, nós juntamos uma turma aqui e tiramos ele, o pai, todo mundo", disse Mourão, em uma conversa em março de 2019 na Vice-Presidência, o que foi interpretado por seu interlocutor como uma bravata. Na época, relatos de frases e reuniões nesse sentido também chegaram ao ministro Dias Toffoli, presidente do STF, que, por sua vez, não entendeu a manifestação do vice como um momento impensado.

Carlos e Mourão nunca chegaram a ter uma relação. Depois das tensões de 2019, quando se encontravam em eventos e reuniões do governo — Carlos frequentava muitas delas, principalmente as fechadas ao público —, os dois evitavam se cumprimentar. O vereador fiscalizava as agendas do vice-presidente e denunciava nas redes sociais quando Mourão se encontrava com alguém que ele julgava não ser apropriado, como jornalistas. Um elogio de Flávio Dino, governador do Maranhão e então filiado ao PCdoB, em 2020, também foi usado por Carlos junto ao pai para mostrar como o vice não era confiável. E Mourão aos poucos foi submergindo, passando a contrapor-se menos a Bolsonaro em público. No Palácio do Planalto, atribuiu-se a nova posição do vice à falta de apoio, mesmo entre os militares, para uma eventual articulação visando à tomada da Presidência. No Congresso, uma das razões que deixaram o processo de impeachment em banho-maria foi a falta de confiança em um eventual governo Mourão, general que defendia a legitimidade de "autogolpes" e que parecia um estrategista mais capaz do que o presidente. Por tudo isso, Carlos encontrava terreno fértil quando semeava a desconfiança no general gaúcho.

Mas Mourão não foi o único a recolher as armas. Carlos precisou se mostrar mais dócil de maneira geral, em especial nas redes sociais, à medida que as investigações sobre a milícia digital avançavam e ele se tornava mais vulnerável. Passou a atacar bem menos os militares e o Congresso. Descarregava seu ódio nos prováveis opositores do pai em 2022, sobretudo João Doria, Lula e Sergio Moro. A mudança de postura foi uma imposição do pai: assessores e advogados o advertiam cada vez mais amiúde sobre a possibilidade concreta de Carlos ser preso por ordem de Alexandre de Moraes. Uns diziam ter ouvido a ameaça da boca do próprio Moraes num jantar, outros teriam sido confidentes de colegas do ministro no Supremo, mas todos os relatos convergiam num clima de terror no Alvorada que fazia lembrar os tempos da Lava Jato, em que meia Brasília amanhecia de segunda a sexta-feira às três da manhã para descobrir se naquele dia haveria viaturas da Polícia Federal circulando pela cidade.

Temeroso, Bolsonaro perguntava a Gilmar Mendes e Dias Toffoli, os ministros do STF com quem tinha alguma interlocução, se as histórias procediam. Pedia que sondassem Moraes. Os dois garantiam que tudo não passava de boato. O presidente não se tranquilizava, ficava cada dia mais preocupado com o que poderia acontecer se o filho fosse preso. Temia que Carlos não suportasse a experiência do cárcere, mesmo que por uma noite. O vereador tampouco estava tranquilo. Em maio, o presidente tomou uma decisão extremada: determinou que Carlos fosse morar no Palácio do Alvorada. Entendia que ninguém ousaria entrar lá para cumprir um mandado de prisão contra Carlos. "Aqui dentro, ninguém vai prender ele. Quem vai entrar aqui?", disse a um ministro do STF a quem revelou o plano.

Carlos morou no Alvorada ao longo de seis meses de 2021, período em que costumava trabalhar durante o dia do Palácio do Planalto, de onde fazia as sessões remotas da Câmara de Vereadores do Rio. Devido à pandemia, a Câmara funcionou ao longo do ano de forma híbrida, ou seja, os parlamentares poderiam optar por participar presencial ou remotamente. Carlos na época defendia que as pessoas saíssem de casa para trabalhar, mas optou pelo trabalho remoto. Entrava na sessão on-line e ficava com o microfone e a câmera desligados. Vez ou outra, falava. O cruzamento de seus dados de entrada e saída do Planalto permite ver que, em diversas ocasiões em que estava conectado na Câmara, Carlos encontrava-se no palácio. A atuação dupla face não era uma novidade. Certa vez, em 2020, o vereador, que havia anos era quem administrava as redes sociais do pai, confundiu-se e, identificando-se como Carlos, usou o perfil de Jair Bolsonaro para atacar um jornalista.

A presença permanente de Carlos no Palácio da Alvorada, agora como morador, abriu uma crise no casamento de Michelle e Jair. A primeira-dama reclamava, o marido dizia que não tinha jeito, o filho corria o risco de ser preso. Ela e o enteado mal se falavam. O afastamento do casal passou a ser público e só melhorou depois que, em julho, o presidente foi internado no Hospital Vila Nova Star, em São Paulo, devido a uma obstrução intestinal. Michelle cedeu e engoliu a presença do vereador, que só saiu do palácio em novembro, quando Bolsonaro, após mais um momento de forte tensão com o STF, se sentiu seguro de que nada aconteceria com o filho. Passaria a ficar entre sua casa no mesmo condomínio do pai na Barra da Tijuca, no Rio, e um apartamento no Noroeste, bairro nobre de Brasília.

Antes disso, foi a vez de outro rosto também simbólico do governo pedir o boné. No dia 23 de junho, o ministro do Meio Ambiente, Ricardo Salles, que vinha sendo queimado nas páginas policiais havia um mês, solicitou uma audiência com Bolsonaro no Planalto. Foi recebido logo de manhã. O ministro era alvo de um inquérito na Polícia Federal, autorizado pelo Supremo a pedido da PGR, que apurava suas operações financeiras a partir de um escritório de advocacia do qual ele era sócio com a mãe, em São Paulo. A suspeita era de que ele atuava para favorecer madeireiros ilegais que operam na Amazônia, facilitando o contrabando de madeira ilegal. Salles tinha sofrido uma busca e apreensão e tivera o sigilo quebrado. Negava havia semanas qualquer envolvimento com aquelas transações, mas agora a coisa tinha mudado de figura. Chegara a ele a informação de que Moraes, relator desse inquérito, planejava prendê-lo. O ministro também tinha medo de que sua mãe fosse alvo de alguma medida.

Ministros da Esplanada pressionavam o presidente pela saída do colega. Paulo Guedes e Roberto Campos Neto, presidente do Banco Central, haviam dito abertamente a Bolsonaro que o melhor era Salles pedir pra sair, para que assim a imagem do Brasil no exterior melhorasse e, consequentemente, atraísse investimentos. Guedes entendia que o ministro fora útil para criar uma confrontação interna com adversários políticos do presidente, como os ambientalistas, e manter a base de apoio do governo mobilizada. Mas, ele dizia, o discurso não era útil no exterior. "Quando se pega uma camada civilizatória mais sofisticada, que é nossa interação lá fora, esse discurso rapidamente se torna disfuncional", explicava ao presidente, que no entanto não estava disposto a demiti-lo. A saída de Salles incomodava Bolsonaro, assim como o incomodara a saída de Ernesto, três meses antes. "São os que me defendem com as vísceras, não posso demiti-los", dizia. Ao ouvir o pedido de demissão, tentou insistir na permanência de Salles, prometeu que reagiria ao Supremo e não cederia à pressão. O ministro argumentou que, ao ficar, deixaria aberta mais uma crise no governo e reforçou o temor pela mãe. Bolsonaro consentiu.

A investigação da PF demonstrara existir um esquema de exportação ilegal de madeira, fortalecido com as mudanças de regras da legislação para o setor. A pedido dos madeireiros, entre fim de 2019 e início de 2020, o Ibama passou a receber uma série de demandas da categoria para que fosse flexibilizada a exigência de uma autorização específica para exportação. Naquele momento, cargas de madeira não podiam ser enviadas para fora, principalmente aos Estados Unidos, pela falta desse documento, e por isso os madeireiros recorreram à cúpula do Meio Ambiente. No relatório da operação, batizada de Akuanduba (divindade da mitologia dos índios Araras, do Pará, que soava uma pequena flauta sempre que alguém cometesse algum excesso, violando normas), a PF mencionou uma reunião, no começo de fevereiro, entre Salles, a diretoria do Ibama e representantes de associações do setor que reclamaram de apreensões de produtos florestais sem a papelada em dia. Três semanas depois do encontro, o presidente do Ibama editou um despacho que anulava a necessidade dessa autorização específica para exportar madeira. A PF também observou que, após a edição da norma, Salles promoveu os servidores que haviam atuado a favor das exportadoras e exonerou os que haviam se oposto.

Aquele não era o único inquérito que tirava o sono do ministro quando ele foi demitido. Salles também era alvo de uma investigação, esta sob relatoria de Cármen Lúcia, em que era suspeito de atrapalhar investigações de outra operação da PF, a Handroanthus (nome científico do ipê, uma das árvores mais cobiçadas por organizações criminosas de tráfico de madeira), que apreendera 226 mil metros cúbicos de madeira em tora em dezembro de 2020, na divisa do Amazonas com o Pará. Pouco mais de três meses após a operação, o então superintendente da PF no Amazonas, delegado Alexandre Saraiva, enviou ao Supremo uma notícia-crime contra o ministro, acusando-o de obstruir diligências. Segundo o delegado, uma série de atitudes de Salles levava a crer que, entre a floresta e os madeireiros, o coração do ministro nem balançava...

Salles vinha criticando a operação desde dezembro, achava o fim da picada que a madeira continuasse apreendida. Em abril, entrou publicamente em choque com a Polícia Federal e chegou a impor um prazo de uma semana para que a investigação fosse concluída — talvez se esquecendo de que nem a investigação nem os peritos da PF fossem subordinados a ele. O ministro recebeu empresários e dois políticos bolsonaristas, o senador Jorginho Mello, do PL de Santa Catarina, e a deputada federal Caroline de Toni, do PSL do mesmo estado, que se diziam preocupados com o prejuízo para o setor madeireiro de Santa Catarina, que atuava na região amazônica. Ele chegou a dar entrevistas defendendo os empresários e acusando a PF de retardar a investigação de propósito, para prejudicar o setor.

A PGR concordou com os pontos levantados pelo delegado e pediu que Cármen Lúcia autorizasse o inquérito, no sentido de que possivelmente o ministro cometera o crime de advocacia administrativa, ou seja, "patrocinar, direta ou indiretamente, interesse privado perante a administração pública, valendo-se da qualidade de funcionário". O Ministério Público afirmou ainda que Salles não dera explicações sobre as acusações da PF de interferência na investigação nem sobre as falas públicas em defesa das madeireiras autuadas. Cármen Lúcia autorizou o inquérito e, dias após o pedido de demissão de Salles, atendeu a uma nova solicitação da PGR e mandou que o agora ex-ministro entregasse o passaporte à Justiça. Na decisão, a ministra foi explícita: pedia o passaporte para não ter que mandar prendê-lo.

A saída de Salles era, ao menos simbolicamente, um revés de um dos maiores emblemas de Bolsonaro. Embora ele tenha sido substituído por um integrante de sua equipe, o secretário da Amazônia e Serviços Ambientais, Joaquim Álvaro Pereira Leite, e as diretrizes da política ambiental não tenham mudado, sua queda não deixava de ser uma derrota para o núcleo ideológico e para o governo, num ano em que ainda viriam algumas outras. O cenário externo, com a vitória de Joe Biden e um empenho dos Estados Unidos em liderar o debate climático no mundo, também vinha pressionando Salles e o Brasil a apresentar resultados concretos na preservação ambiental, o que não vinha ocorrendo. Naquele momento, os dados mais recentes do Instituto Nacional de Pesquisas Espaciais (Inpe) mostravam recordes de desmatamento na Amazônia Legal nos meses de março, abril e maio, considerando a série histórica iniciada em agosto de 2015. Em abril de 2021, por exemplo, foi desmatada uma área de 580,55 quilômetros quadrados, equivalente a 58 mil campos de futebol, um crescimento de 42% em relação a abril de 2020, quando haviam sido detectados alertas numa área de 407 quilômetros quadrados. Não que isso abalasse Bolsonaro. Dois dias depois do pedido de demissão, o presidente foi todo elogios para Salles num discurso a empresários em Chapecó, no interior catarinense: "Um excelente ministro do Meio Ambiente".

Os primeiros meses de Arthur Lira e Rodrigo Pacheco na presidência da Câmara e do Senado, respectivamente, acenavam com um céu de brigadeiro para Bolsonaro no Congresso. De largada, as duas Casas aprovaram o projeto que dava autonomia ao Banco Central, criando um mandato fixo de quatro anos para o presidente e os diretores, com o objetivo de blindar o órgão de pressões político-partidárias e aumentar a chance de as decisões serem técnicas. A aprovação era um troféu para Bolsonaro e anunciava que ao longo daquele ano, agora sem Rodrigo Maia no meio do caminho, o presidente teria uma vida menos pedregosa no Parlamento. Ao menos era isso que Paulo Guedes e a equipe econômica esperavam, vibrando com a possibilidade de aprovar em 2021 as reformas administrativa e tributária, além de conseguir passar diversas outras boiadas legislativas que julgavam emperradas por Maia. Os bolsonaristas só tinham a comemorar. A deputada extremista Bia Kicis, investigada por participar de atos antidemocráticos, foi eleita presidente da Comissão de Constituição e Justiça, a mais importante da Casa. Outra radical, Carla Zambelli, presidiria a Comissão de Meio Ambiente. Havia a expectativa de que finalmente seria aprovada a legislação que daria uma guinada radical em direção ao conservadorismo nos costumes. A aliança com o Centrão parecia ter valido a pena. A celebração mal tinha completado dois meses quando o STF foi o responsável por uma notícia que estragaria a festa.

"Defiro o pedido liminar para determinar ao presidente do Senado Federal a adoção das providências necessárias à criação e instalação de comissão parlamentar de inquérito." Com essa frase, em 8 de abril, Luís Roberto Barroso atendeu a um pedido liminar dos senadores Alessandro Vieira e Jorge Kajuru, ambos do Cidadania, para que o STF obrigasse o Senado a instalar a CPI da covid. Quase três meses antes, em 15 de janeiro, os dois haviam apresentado o requerimento de instalação da CPI, com todas as exigências para a abertura da comissão cumpridas, com a assinatura de trinta senadores favoráveis. Rodrigo Pacheco ignorou o pedido por semanas: não só não tomou nenhuma medida para abri-la, como nem leu no plenário da Casa o pedido de criação. Luiz Eduardo Ramos era o principal governista a pressionar a imobilidade de Pacheco, e a percepção da oposição era de que o presidente do Senado estava atendendo a esses apelos. Pacheco, por seu lado, dizia entender que a CPI naquele momento poderia atrapalhar o combate à pandemia e até a contratação de vacinas, no momento em que as empresas fornecedoras se vissem envolvidas na disputa política na comissão. Quando o assunto chegou ao STF, Barroso telefonou a Pacheco para perguntar por que ele não abria a CPI. Na conversa, o ministro não adiantou a decisão, mas disse que era um direito da minoria pedir uma CPI. O presidente do Senado expôs seu argumento, porém ficou com a impressão de que Barroso não se convencera. No Senado, pairou a sensação de que Pacheco até gostou da possibilidade de instalação da CPI por determinação do Supremo, o que o poupava desse ônus junto ao governo.

No outro vértice da Praça dos Três Poderes, Barroso informou a cada um dos ministros que decidira liminarmente pela instalação da CPI. De todos, ouviu sinalizações positivas. Gilmar Mendes e outros passaram a discutir se não seria o caso de acrescentar na decisão que caberia ao Senado definir o melhor momento para instalá-la. Barroso discordou. A medida desidrataria sua decisão e não garantiria a instalação da CPI. Na decisão, o ministro explicou que, segundo a Constituição, as comissões de inquérito devem ser instaladas sempre que três requisitos são cumpridos: a assinatura de um terço dos integrantes da Casa, a indicação de fato determinado a ser investigado e a definição de prazo para duração. Não caberia a Pacheco analisar se a CPI seria conveniente ou não, sob pena de colocar em risco o direito da minoria de atuar no Senado.

Diante da ordem de Barroso, Pacheco instalou a CPI em cinco dias, quando o governo teve uma nova derrota. Dos onze integrantes da comissão, só quatro seriam do governo: Jorginho Mello, do PL de Santa Catarina; Eduardo Girão, do Podemos do Ceará; Marcos Rogério, do DEM de Roraima, e Ciro Nogueira, do PP do Piauí. Desses, só o último tinha cancha para enfrentar o que estava por vir. Os outros eram senadores não só de primeiro mandato, como de atuação inexpressiva. Para a presidência da CPI, foi escolhido Omar Aziz, do PSD do Amazonas, um senador crítico ao governo, mas que, esperava o Planalto, poderia ser cooptado com emendas no decorrer dos trabalhos. Para a vice-presidência, Randolfe Rodrigues, líder da oposição. E Renan Calheiros, cada vez mais próximo de Lula e crítico de Bolsonaro, seria o relator. Os outros quatro integrantes eram da oposição ou, embora chamados de independentes, críticos a Bolsonaro: Humberto Costa, do PT de Pernambuco; Otto Alencar, do PSD da Bahia; Tasso Jereissati, do PSDB do Ceará, e Eduardo Braga, do MDB do Amazonas. Aziz, Rodrigues, Calheiros, Costa, Alencar, Jereissati e Braga formariam o que ficaria conhecido como G7, que seria, na prática, o grupo que mandava na CPI. Os depoimentos, os rumos das investigações e as conclusões do relatório final seriam acordados pelos sete, que tinham maiorias confortáveis para vencer os quatro governistas.

A percepção de Pacheco sobre a necessidade da CPI mudou quando Bolsonaro, depois de um ano pregando contra máscaras e o isolamento social, e incentivando o uso de remédios ineficazes, passou a vilipendiar as vacinas. A primeira batalha do presidente foi contra a obrigatoriedade da imunização. No começo de janeiro, numa conversa com seus apoiadores no cercadinho do Alvorada, perguntou quem ali iria tomar a vacina. Poucos responderam positivamente, e o presidente aproveitou: "Ninguém pode obrigar ninguém a tomar algo que não se tem certeza das consequências. Alguém sabe quantos por cento da população vai tomar vacina? Pelo que eu sei, menos da metade vai tomar vacina. E essa pesquisa que eu faço, eu faço na praia, faço na rua, faço em tudo quanto é lugar". E "tudo quanto era lugar" passou a servir para Bolsonaro atacar a vacina. Em fevereiro, em sua live semanal, chamou de "idiota útil" quem "entra na pilha da vacina". Em julho, em entrevista a uma rádio de Curitiba, disse que a Corona-Vac, sem nada que embasasse sua declaração, vinha sendo rejeitada no Chile e em São Paulo: "O pessoal pergunta qual é. Se é CoronaVac, a tendência é não aceitar". Semanas depois, também em julho, em uma conversa na porta do Alvorada com motoristas de *motorhomes*, afirmou que "97% do povo japonês não [queria] se vacinar contra a covid", informação sabe-se lá de onde ele tirou. Naquele momento, o Japão já tinha vacinado 35% da população.

Nesse meio-tempo, a mãe de Bolsonaro, dona Olinda, então com 93 anos (ela morreria em 2022, aos 94, após duas paradas cardiorrespiratórias), vacinou-se na cidade de Eldorado, no interior de São Paulo. O presidente apresentou o cartão de vacinação da mãe em sua live semanal, destacando que ela havia tomado uma dose de Pfizer. Mas o número da dose aplicada correspondia a um lote compatível com a CoronaVac, e não com a vacina americana. O enfermeiro que aplicou a vacina teria errado ao preencher o comprovante, disse o filho Jair, e teria voltado à casa da mãe dele duas horas depois com o correto, nele constando o nome Corona-Vac. Ou seja, a mãe do principal adversário da vacina produzida no Butantan também havia recebido a "vacina chinesa".

Dentro do governo, era grande a insistência para que Bolsonaro se vacinasse. Diversos ministros já vinham se vacinando, bem como todos os ex-presidentes e líderes mundiais, como Joe Biden, Boris Johnson e Angela Merkel, que divulgavam as fotos do momento em que eram imunizados como forma de encorajar a população a fazer o mesmo. Em abril, Luiz Eduardo Ramos tornou público, sem querer, seu esforço para convencer Bolsonaro. Em uma conversa com Paulo Guedes no Conselho de Saúde Suplementar, Ramos, sem saber que o diálogo estava sendo transmitido ao vivo, confessou ao ministro da Economia que havia tomado a vacina escondido. "Tomei, foi em Brasília, ali no Shopping Iguatemi. Tomei escondido porque a orientação era para todo mundo ir para casa, mas vazou. Mas tomei mesmo, não tenho vergonha não. Eu tomei e vou ser sincero porque, como qualquer ser humano, eu quero viver. Tenho dois netos maravilhosos, uma mulher linda, sonhos ainda. Então, eu quero viver, pô. E se a ciência, a medicina, fala que é a vacina, né, Guedes, quem sou eu para me contrapor?", disse. E acrescentou "Estou envolvido pessoalmente, tentando convencer o nosso presidente, independentemente de todos os posicionamentos. E nós não podemos perder o presidente para um vírus desse".

Em meados de março, os ministros chegaram a convencer a chefia a se vacinar. Em Brasília, a data em que as pessoas de 66 anos, idade do presidente, passariam a poder se imunizar era 3 de abril, um sábado. Na véspera, o Planalto comunicou ao Ministério da Saúde a decisão do mandatário de tomar a vacina, a ser aplicada por Marcelo Queiroga. O clima no palácio era de festa. Flávio Bolsonaro também ficou feliz, intuía que a rejeição ao pai crescia à medida que ele se recusava a se vacinar. No fim da tarde, quando o repórter Murillo Camarotto noticiou a intenção do presidente e começaram a circular comentários de que ele havia se rendido à vacina, Bolsonaro se irritou e mandou cancelar tudo.

No sábado, enquanto outros idosos de sua idade entravam na fila da vacina, Bolsonaro visitou uma entidade beneficente próxima a Brasília e afirmou à imprensa que poderia se vacinar no futuro, mas defendia que a prioridade fossem as pessoas que não tinham sido infectadas — ele, que já fora infectado, provavelmente ainda estava imunizado. Datava de julho de 2020 o único diagnóstico de que se tinha conhecimento de que o presidente testara positivo para a covid, portanto era improvável que ele ainda tivesse anticorpos. O discurso, porém, aos poucos foi mudando. Em meados de abril, o presidente disse que só se vacinaria quando o "último brasileiro" tivesse tomando a sua dose. Numa noite do fim de agosto, Bolsonaro respondeu a uma fã na frente do Planalto que "ninguém pode obrigar ninguém a tomar a vacina", raciocínio que seria reproduzido pela Secom nas redes sociais e publicado com uma peça de propaganda que exaltava o direito de não se vacinar: "O governo do Brasil preza pelas liberdades dos brasileiros". Era esse o argumento central que apresentava a quem vinha lhe pedir que se vacinasse. Certa vez, teve uma discussão com Flávio Bolsonaro.

"Você passa a imagem de que é contra a vacina, porra. Custa se vacinar? É fundamental pra sua imagem!", cobrou o filho.

"Não sou contra, só quero ter o direito de não me vacinar. Sou livre, porra. Eu não quero, tenho anticorpo pra cacete."

Só no fim de 2021 Bolsonaro passaria a ser explícito: não se vacinaria. "Muita gente, de esquerda em especial, querendo a minha morte. Se quer a minha morte, por que fica querendo exigir que eu tome a vacina? Deixa eu morrer, o problema é meu", disse, no começo de dezembro. Paulo Guedes tentou convencê-lo mais uma vez.

"O senhor vai ganhar milhões de votos se se vacinar", insistiu o ministro.

"As pessoas têm que entender a diferença. Eu não vou enganar ninguém. Todo mundo que quiser vacinar vai vacinar. E quem não quiser vacinar, não precisa. Ponto. Chama-se liberdade, PG. Ponto."

Mas, enquanto falava em não enganar ninguém, Bolsonaro sacava todo o tipo de factoide para desestimular a vacinação. Em outubro, também numa transmissão ao vivo, disse que pessoas vacinadas estavam desenvolvendo aids. "Vamos lá: relatórios oficiais do governo do Reino Unido sugerem que os totalmente vacinados estão desenvolvendo Síndrome da Imunodeficiência Adquirida (aids) muito mais rápido do que o previsto. Portanto, leiam a matéria, não vou ler aqui porque posso ter problema com a minha live." A publicação por ele mencionada havia saído num site em inglês de fake news e lhe fora repassada pelos assessores de gabinete que sempre preparam o que ele vai ler nas lives, chefiados pelo tenente-coronel Mauro César Barbosa Cid, chefe da Ajudância de Ordens da Presidência. Por causa dessa fala, o presidente da Anvisa, Antonio Barra Torres, começou a reunião seguinte da diretoria da agência esclarecendo sobre a segurança das vacinas. "Nenhuma das vacinas está relacionada à geração de outras doenças. Nenhuma delas está relacionada ao aumento da propensão de ter outras doenças, doenças infectocontagiosas, por exemplo", disse, sem citar Bolsonaro.

O ex-capitão também abriria outra frente na guerra contra a imunização, dessa vez para desestimular os pais a vacinar adolescentes e crianças. "Por que obrigar criança a tomar vacina? Qual a chance de uma criança, por exemplo, contrair o vírus e ir a óbito?

[…] Parece, não quero afirmar, que é o lobby da vacina. Os interesses das indústrias farmacêuticas que estão faturando bilhões com a vacina. […] Será?", lançou, em 14 de outubro. Até então, 1355 crianças já haviam morrido de covid no Brasil, segundo as estatísticas de síndrome respiratória aguda grave do Ministério da Saúde. No fim de 2021, Bolsonaro anunciou que sua caçula, Laura, não seria vacinada.

Em meados de dezembro, em sua habitual live das quintas-feiras, o presidente partiu para a intimidação e ameaçou divulgar os nomes dos técnicos da Anvisa que tinham aprovado a vacina para crianças entre cinco e onze anos. "Não sei se são os diretores e o presidente que chegaram a essa conclusão ou o tal do corpo técnico. Mas, seja qual for, você tem direito a saber o nome das pessoas que aprovaram a vacina a partir de cinco anos para seu filho. […] Pedi extraoficialmente o nome das pessoas que aprovaram a vacina para crianças a partir de cinco anos. Nós queremos divulgar o nome dessas pessoas para que todo mundo tome conhecimento de quem são essas pessoas e forme o seu juízo", ameaçou. Três semanas depois, em outra live, insinuou que a agência estaria agindo de má-fé: "Qual o interesse da Anvisa por trás disso aí? Qual o interesse daquelas pessoas taradas por vacina?". Até meados de fevereiro de 2022, em decorrência dessa atitude de Bolsonaro, a Anvisa e seus servidores tinham recebido 458 ameaças por e-mail, até de morte.

Mas a maioria da população não deu ouvidos ao presidente. Até 30 de março de 2022, 85,2% das pessoas tinham recebido ao menos uma dose de alguma vacina e 75,5% haviam completado o primeiro ciclo vacinal, ou seja, as duas doses. Mais de um terço, 36,7%, já haviam tido a dose de reforço, e idosos e pessoas com doenças crônicas já tinham começado a tomar a quarta dose em diversos estados. O brasileiro, ao contrário do presidente, parecia tarado por vacina.

Inicialmente, os objetivos da CPI eram analisar em que medida esse tipo de discurso e atitude negacionista de Bolsonaro tinha prejudicado o combate à pandemia, investigar os efeitos da distribuição em massa de cloroquina e outros remédios sem eficácia, apurar os erros por trás do atraso na compra de vacinas e escrutinar se omissões do governo haviam contribuído para o caos no Amazonas. Como forma de sinalizar que não haveria perseguição ao governo federal, também foi acordado que, na medida do possível, seriam investigados gastos estaduais do dinheiro federal enviado para o combate.

A CPI logo atraiu para si todos os holofotes. Como as sessões eram transmitidas ao vivo pela tevê por assinatura, mas em diversos dias também nos principais canais de notícia, virou um hábito de quem acompanhava o noticiário político assistir aos senadores se digladiando ou aos depoentes oscilando entre o sarcasmo e a tensão de serem presos, quando pegos em alguma mentira. Bolsonaro e aliados tentavam colar a narrativa de que a CPI era um "circo" sem embasamento, feito exclusivamente para atacar o governo. Não conseguiram. Ao longo dos trabalhos, a comissão teve aprovação muito superior à reprovação, de acordo com pesquisas de diferentes institutos. O "embasamento" não demoraria a se fazer visto.

O principal caso investigado pela CPI chegou ao conhecimento dos senadores no começo de junho. A Procuradoria da República no Distrito Federal compartilhou um inquérito aberto meses antes para investigar os desvios do governo na gestão da pandemia. Nesse inquérito, havia menção ao depoimento sigiloso de um servidor do Ministério da Saúde colhido em 31 de março, e a procuradora responsável pelo caso no MPF avisava: "Mantenha sigiloso. Tema: Bharat Biotech". O depoimento não fora anexado, e o senador Randolfe Rodrigues, um dos senadores com melhores relações com integrantes do MP, precisou entrar em campo para

349

consegui-lo. O áudio enviado chocou os senadores que haviam se reunido no gabinete de Omar Aziz para ouvi-lo. Nele, o coordenador da área de importação do Departamento de Logística do ministério, Luis Ricardo Miranda, contava que vinha sendo pressionado por superiores para autorizar a compra da Covaxin, uma vacina indiana produzida pelo laboratório Bharat Biotech, a ponto de ser procurado durante a noite e nos fins de semana, num comportamento que, para ele, não parecia normal. Só que o rolo da Covaxin tivera início bem antes daquele depoimento. E envolvia Jair Bolsonaro.

Em outubro de 2020, quando a Bharat Biotech anunciou ao mercado que estava pronta para vender suas vacinas para governos e clientes particulares, o laboratório brasileiro Precisa Medicamentos, especializado em intermediar importação de remédios para clientes nacionais, enxergou uma oportunidade. Francisco Maximiano, dono da Precisa, conhecera Eduardo Pazuello em maio de 2020, logo depois que o ministro assumira a pasta, num jantar em São Paulo em que também estava o deputado federal Ricardo Barros, ex-ministro da Saúde. O jantar ocorreu no apartamento de Marcos Tolentino, um advogado e empresário que já havia sido fornecedor do Ministério da Saúde, inclusive na gestão de Barros. A então mulher de Pazuello, Andrea Barbosa, confirmou à CPI que esteve no jantar. Estranhamente, os demais participantes garantiram que ele nunca existiu.

Conhecer o ministro facilitou o acesso de Maximiano ao coronel Elcio Franco, o secretário-executivo que criara dificuldades para a vacina da Pfizer e a adesão ao Covax Facility. Assim, em 20 de novembro Franco recebia o dono da farmacêutica no ministério. Na conversa, o empresário afirmou que a vacina custaria dez dólares a dose. O secretário achou um ótimo negócio, ainda que fosse bem mais alto do que a produzida no Brasil, e disse que o governo teria interesse na compra. Diante desse aceno, era hora de a Precisa negociar com os indianos. Semanas depois, em 6 de janeiro, Maximiano e outros três executivos da empresa brasileira estavam sentados com o embaixador brasileiro na Índia, André Corrêa do Lago, para falar do negócio. No dia 8 de janeiro, portanto enquanto o grupo ainda estava lá, Bolsonaro enviou uma carta ao primeiro-ministro indiano, Narendra Modi, informando que a Covaxin já fora incluída no Programa Nacional de Imunizações. Tal agilidade era uma mudança da água para o vinho de um governo que se recusou até o último momento a participar do Covax Facility, que submetia a Pfizer a uma gincana de dificuldades e cujo presidente relutara em comprar a CoronaVac. O empenho pessoal de Bolsonaro contrastava com o fato de o governo ainda nem ter comprado a Covaxin, cujo uso até então não havia sido aprovado nem na Índia.

De volta ao Brasil, no dia 12 de janeiro Maximiano foi mais uma vez recebido no Ministério da Saúde, numa facilidade de acesso que também contrastava com o dispensado à Pfizer, ignorada durante meses. Foi uma conversa com técnicos; ao contrário do primeiro contato com Elcio Franco, Maximiano não declarou o valor da dose. O preço, coincidentemente, seria informado no mesmo dia a Franco por meio de um ofício enviado pela Bharat Biotech: quinze dólares a dose. A diferença de preço, 50% maior do que o comunicado previamente, não foi um problema para que o ministério seguisse adiante com a negociação. Também não causou estranheza que o ofício da Bharat Biotech não citasse a Precisa. Tampouco surpreendeu que a empresa brasileira nunca tivesse comercializado vacinas antes. E, portanto, nada disso impactou a benevolência do Ministério da Saúde em relação à vacina, a mais cara então ofertada para o governo brasileiro (as doses da AstraZeneca saíam por 5,25 dólares a importada e 3,16 dólares a produzida no Brasil, e a da Pfizer por dez dólares no primeiro contrato e doze dólares no segundo). Mesmo sem menção à Precisa no documento, a pasta respondeu à farmacêutica brasileira e não à Bharat Biotech. Compraria a vacina ao preço de quinze dólares por dose, num total de 1,6 bilhão de reais. O empenho do valor foi feito em 22 de fevereiro pelo Ministério da Saúde, garantindo-se assim que haveria recurso para o pagamento, e três dias depois a pasta e a Precisa assinavam o contrato bilionário.

Enquanto isso, na Câmara, Ricardo Barros já havia trabalhado em prol do negócio. O deputado fez uma emenda a uma medida provisória que o governo enviara ao Congresso, autorizando que a Anvisa permitisse a importação de qualquer imunizante que houvesse sido registrado nas agências sanitárias de Estados Unidos, China, Japão, Reino Unido ou União Europeia. O adendo proposto por Barros incluía a agência sanitária da Índia. Enquanto isso, a aprovação da Covaxin na Anvisa andava a passos lentos. A Bharat Biotech e a Precisa não conseguiam entregar à agência os documentos pedidos. Provas obtidas pela CPI mostraram que técnicos do Ministério da Saúde, nesse meio-tempo, atuavam junto à Anvisa repassando à Precisa os e-mails que recebiam da agência. E a agência seguia sem dados que comprovassem a eficácia da vacina.

A Precisa passou a fazer novos pedidos incomuns ao ministério, como solicitar sigilo a respeito do contrato da venda das vacinas, verdadeiro absurdo, considerando se tratar de uma compra pública. Solicitou também que um pagamento de 45 milhões de dólares fosse antecipado, o que não estava previsto originalmente. Os dois pedidos foram autorizados pelo diretor de Logística em Saúde, Roberto Ferreira Dias, responsável pelas compras da pasta desde o período de Mandetta, agora reapadrinhado por seu conterrâneo paranaense Ricardo Barros.

Ferreira Dias seria acusado, também durante a CPI, de envolvimento em outro caso suspeito. Em 29 de junho, o cabo Luiz Paulo Dominguetti, um policial militar de Minas Gerais que atuava como representante da empresa Davati Medical Supply em Brasília, afirmou em uma entrevista para a repórter Constança Rezende que o chefe do Departamento de Logística havia lhe cobrado uma propina de um dólar por dose de AstraZeneca — ele estava tentando vender para o governo 200 milhões de doses. Um dólar acrescido a cada dose totalizaria cerca de 1 bilhão de reais para um grupo que, segundo Ferreira Dias teria dito a Dominguetti, operaria dentro do ministério. O pedido de propina teria ocorrido em um jantar no dia 25 de fevereiro — na véspera, o Brasil completara 250 mil mortes por covid — no Vasto, um restaurante de Brasília que emula casas de carne nova-iorquinas, com jazz e luz intimista. "Pensa direitinho, se você quiser vender vacina no ministério tem que ser dessa forma", teria dito Ferreira Dias, pouco depois de pedir um chope. No dia 29, momentos após ser publicada a reportagem, Ferreira Dias foi exonerado. A cpi colheria depoimentos dele, de Dominguetti e de outros envolvidos no episódio, e todos teriam seus indiciamentos pedidos no relatório final de Renan Calheiros.

O pagamento para a Precisa também seria feito de maneira abstrusa. O 1,6 bilhão de reais não seria transferido para uma conta no Brasil ou na Índia, mas para a conta de uma empresa chamada Madison Biotech pl, em Cingapura, um dos mais quentes paraísos fiscais do Sudeste Asiático, em nome de Krishna Murthy Ella, sócio fundador da Bharat Biotech. O Ministério da Saúde concordou. Aceitou ainda que a garantia do negócio apresentada pela Precisa fosse uma carta de fiança fornecida pelo fib Bank, empresa de Marcos Tolentino, o advogado amigo de Ricardo Barros que havia sido o anfitrião do jantar em que Maximiano fora apresentado a Pazuello, em maio de 2020. Essa última liberalidade era especialmente benevolente. O governo federal só aceita como garantia de negócios dinheiro, títulos de dívida pública, seguros-garantia emitidos por seguradoras ou fiança bancária emitida por um banco. O FIB Bank não era nem banco nem seguradora, portanto sua carta de fiança jamais poderia ter sido aceita. Mas a coisa não parava por aí. A empresa tinha adulterado uma carta do laboratório indiano, acrescentando que era "distribuidora exclusiva" da Bharat no Brasil. E pior: a CPI descobriu durante as investigações que a Precisa não tinha sequer um contrato com a Bharat Biotech. Uma busca e apreensão no escritório da empresa não encontrou nada que provasse alguma formalização das conversas com os indianos. Tigrões com a Pfizer, Pazuello, Franco e Ferreira Dias haviam sido tchutchucas com a Precisa.

A antecipação dos 45 milhões para a Precisa, autorizada por Ferreira Dias, foi impedida pela resistência de Luis Ricardo Miranda, o coordenador da área de importação do Departamento de Logística, cujo depoimento ao MPF jogara luz sobre o caso Covaxin. O servidor, quando pressionado, não tinha relatado o assédio que sofrera no Ministério da Saúde apenas a uma procuradora. Contou também a seu irmão, o deputado federal Luis Miranda, do DEM do Distrito Federal, então um aliado do governo, entusiasmado bolsonarista. Em 20 de março, o deputado pediu para ser recebido no Palácio da Alvorada, fora da agenda oficial. Levou o irmão e, juntos, relataram a Bolsonaro tudo o que vinha se passando dentro do Ministério da Saúde para que o contrato com a Covaxin fosse firmado. "Isso é coisa do Ricardo Barros", teria respondido Bolsonaro, ao ouvir os detalhes. Os dois afirmaram à CPI terem saído naquele dia do Alvorada com a promessa do presidente de que pediria à PF que investigasse tudo. O presidente que batia no peito não ter corrupção em seu governo nunca fez nada.

Quando os detalhes do caso vieram à luz, o governo tentou emplacar a desculpa de que Bolsonaro mandara Pazuello investigar e o ministro teria passado a missão a Elcio Franco. Além da falta de qualquer prova de que o ministério tenha aberto uma mínima sindicância, a versão era uma mentira deslavada, sem a menor preocupação em ser verossímil. Tanto Pazuello quanto Franco foram demitidos do ministério poucos dias após os Miranda levarem a denúncia ao presidente. Não teria havido tempo hábil para se investigar nada a sério.

As redes sociais bolsonaristas passaram a disseminar a versão de que tudo não passava de uma narrativa criada pela oposição para prejudicar Bolsonaro, já que "nenhum centavo" chegara a ser desembolsado pelo governo, ou seja, o caso Covaxin não teria causado prejuízo aos cofres públicos. Mas o contrato de compra da vacina indiana, cancelado em 26 de agosto, só foi abortado depois que a CPI descobriu todos os indícios de corrupção. A promessa de pagamento de vantagens indevidas a algum agente público mediante benefício já é crime, bem como um servidor aceitar isso. A assinatura do contrato já era, em si, o indício de que ocorrera um crime. A CPI terminaria propondo em seu relatório final o indiciamento de Maximiano, por suspeita de falsidade ideológica, uso de documento falso e fraude em contrato, bem como o indiciamento de diversos executivos, advogados e lobistas envolvidos.

O caso Covaxin não foi o único momento em que a CPI encostou na família Bolsonaro. Em junho, a revista *Veja* mostrou que Francisco Maximiano contara com a ajuda de Flávio Bolsonaro em outubro de 2020 para ter uma videoconferência com o presidente do BNDES, Gustavo Montezano. Flávio pediu a audiência virtual e se conectou com o dono da Precisa para apresentá-lo a Montezano. O assunto era a Xis Internet Fibra, empresa de telecomunicações também de propriedade de Maximiano e que buscava um empréstimo no BNDES. Embora tenha providenciado o encontro, Flávio afirmou que não tinha relação com o dono da Precisa e que só estava "ajudando um empresário brasileiro em busca de apoio para empreender". Mas, quando saiu a reportagem, a CPI já estava atenta a Flávio Bolsonaro.

O gabinete de Renan Calheiros recebera a informação de que o senador e dois advogados próximos a ele teriam atuado de maneira ilegal na compra da Covaxin. Segundo o relato que chegou ao gabinete do relator da CPI, Flávio, Frederick Wassef, que a essa altura já voltara a advogar para o senador, e o advogado Willer Tomaz também se beneficiariam com o esquema. Tomaz era um advogado conhecido de Brasília, defensor de diversos políticos do Centrão, entre eles o presidente da Câmara, Arthur Lira. Em 2017, chegou a ser preso pela Polícia Federal, por três meses, após ser acusado de intermediar propinas a um procurador que seria um agente infiltrado no Ministério Público Federal, encarregado de repassar informações sobre investigações aos irmãos Joesley e Wesley Batista.

Willer, Wassef e Flávio haviam se tornado um trio tão próximo em Brasília que ganharam o apelido de "WWF". O senador frequentava o sítio de Tomaz no município de Planaltina de Goiás, próximo de Brasília, conhecido como Rancho do Tomaz. Em abril de 2020, quando a *Veja* perguntou a Tomaz sobre sua relação com Flávio, o advogado disse conhecê-lo superficialmente. Dali a dois meses, porém, o panorama era outro. No dia 25 de junho, quando Renan Calheiros, interrogando o deputado Luis Miranda sobre o caso Covaxin, perguntou se ele conhecia Willer Tomaz e Frederick Wassef, Flávio Bolsonaro explodiu. Conectado virtualmente, o senador pediu a palavra e acusou Calheiros de persegui-lo usando os poderes de relator: "Eu não acho justo ser citado. Assim como eu e meu amigo e advogado Frederick Wassef e meu amigo Willer Tomaz".

A razão da raiva tinha outro motivo. Calheiros fizera um requerimento à Receita Federal pedindo que fossem listadas empresas e relações societárias de uma série de alvos, entre eles Tomaz e Wassef. O pedido era sigiloso, mas a informação vazou para Flávio. "O Fred é meu amigo. O Willer é meu amigo. Daí a fazer negócio e operar por trás, esquece. Não tem nada." Prosseguiu: "Ele [Renan] está quebrando [o sigilo] de todo mundo que ele acredite que transite em torno de mim. Ele está usando a CPI, fazendo uma coisa famosa e abominada no meio jurídico, a *fishing expedition*", acusou Flávio, que mais tarde provocaria o senador, chamando-o de "Renan Dallagnol". No mesmo dia, quando os senadores já varavam a noite na CPI, o advogado Fred Wassef apareceu cheio de pompa no Senado, dizendo que queria ir à sala da CPI para, segundo ele, denunciar em frente às câmeras a ofensiva de Calheiros. Impedido pelos seguranças, Wassef refugiou-se no banheiro feminino. Depois, disse que entrou por estar apertado e não reparou que era a porta errada.

Aquele não era o primeiro embate entre Calheiros e Flávio na CPI. Nas primeiras semanas, durante o depoimento do ex-secretário de Comunicação Fabio Wajngarten, o relator ameaçou dar voz de prisão ao depoente, e Flávio surgiu em defesa do aliado. Chamou o senador de "vagabundo" e foi chamado de "miliciano". Era uma mudança no comportamento que até então Flávio havia adotado em relação a Calheiros. Quando assumiu seu mandato no Senado, enfraquecido pelo recém-revelado caso Queiroz e ainda descobrindo o que significava ser filho do presidente da República, Flávio pediu para ser recebido por Calheiros. No dia do encontro, ele subiu ao gabinete do ex-presidente do Senado por um elevador discreto, privativo de senadores, que dá direto na porta da sala de Calheiros, de modo que só seria visto pelos funcionários. Na conversa, pediu ajuda para que seu pedido de cassação não avançasse no Conselho de Ética do Senado, onde havia uma acusação de quebra de decoro parlamentar pelo caso Queiroz, e também ajuda no Supremo, para que pudesse se aproximar de alguns ministros. O senador prometeu ajudar, mas nunca o fez.

Ao longo da CPI, os apelos do governo a Calheiros seriam ainda mais frequentes. Nas primeiras semanas da comissão, Jair

Bolsonaro visitou José Sarney em sua casa em Brasília. Na conversa, pediu ajuda para controlar o relator e evitar que ele partisse com fúria para cima do governo. "Presidente, eu posso ajudar, mas ninguém segura o Renan", respondeu Sarney, que depois telefonou para seu sucessor na presidência do Senado e riu do pedido de Bolsonaro. "Ele não te conhece, ninguém te segura", brincou. À medida que a CPI avançava, a cada estocada de Calheiros, o Planalto partia para uma nova estratégia.

Em 28 de julho, saiu a nomeação do novo chefe da Casa Civil, o senador Ciro Nogueira, o presidente do PP que naquele momento era o principal aliado do governo no Senado e, na CPI, o mais experiente. Nogueira dizia a Bolsonaro que, uma vez no Planalto, saberia como domar o relator e apaziguar seus ânimos. Ambos eram amigos havia muitos anos, tendo pertencido às mesmas bases aliadas, de Lula, Dilma e Temer. Só agora atuavam em trincheiras opostas. A ida para o governo era um pinote na carreira de Nogueira, que em 2018 se elegera com a imagem de Lula, dizendo que ele fora "o maior presidente da história". Em 2017, em uma entrevista, chamara Bolsonaro de fascista. Em 2018, apoiou Haddad, e, diante da vitória do presidente, disse a um embaixador brasileiro que havia sido eleita "a pior de todas as opções". Mas, assim que o novo governo tomou posse, ele já tratou de ir cavando um canto para se acomodar.

Nogueira chegou com a promessa de ser o "amortecedor" de Bolsonaro e, assim, diminuir as tensões do presidente com o Congresso e o Supremo. Mas o objetivo mais imediato do novo chefe da Casa Civil era pôr uma coleira em Calheiros. "Renan, aqui é seu amigo Ciro", escreveu, via WhatsApp, para o algoz de Bolsonaro na CPI, sem receber resposta. Calheiros havia decidido que, durante a CPI, não conversaria nem com Nogueira nem com Lula. Ironicamente, justificava: "Para não parecer parcial". Mas estava claro que o senador tinha lado, e esse era o oposto ao governo.

Para Flávio, a situação também não era das melhores. Em março, o repórter Claudio Dantas revelou que o senador e sua mulher, Fernanda, haviam comprado uma mansão de quase 6 milhões de reais num bairro nobre de Brasília, o Setor de Mansões Dom Bosco, no Lago Sul. Os dois estavam insatisfeitos havia tempos com o apartamento que tinham alugado na Asa Sul, com o dinheiro do auxílio moradia do Senado. Embora amplo, o imóvel não dispunha dos confortos a que o casal estava acostumado em seu apartamento na Barra da Tijuca. Flávio incomodava-se com a falta de água quente na pia de seu banheiro, que o obrigava a fazer a barba com água fria. Fernanda sempre reclamava do chuveiro: era elétrico e não tinha a pressão e a temperatura de que gostava. A gota d'água para o casal caiu quando, numa noite, já deitados, os dois sentiram pingar uma goteira do teto do quarto. Em instantes, a goteira se transformou num cano estourado. No dia seguinte começaram a procurar um apartamento. Assustaram-se com o estado dos que visitaram na Asa Sul, conhecida por seus imóveis antigos, que precisam de reforma. Quando soube da casa no Setor de Mansões, por meio de um amigo, levou Fernanda para visitar. Foi amor à primeira vista.

Com 1,1 mil metros quadrados de área construída, num terreno de 2,5 mil metros quadrados, a casa tinha dois andares, piso em mármore de carrara nos banheiros e crema marfil nas salas e nas quatro suítes. A suíte principal contava com uma banheira de hidromassagem, closet e academia para Flávio e Fernanda. O imóvel tinha ainda brinquedoteca, escritório, *home theater*, piscina, área gourmet e até um spa, com academia de ginástica e uma hidromassagem anexa à piscina. Ao todo, eram oito vagas para carros e dependências para duas empregadas e um motorista. Custou, segundo a escritura, 5,97 milhões de reais, dos quais 3,1 milhões foram financiados no BRB, banco estatal do governo do Distrito Federal. A entrada teria vindo da venda do apartamento no Rio de Janeiro e da loja de chocolates que ele tinha num shopping, também do Rio. Estranhamente, o senador preferira lavrar a escritura de compra não no cartório de imóveis do bairro, mas em Brazlândia, região administrativa distante 63 quilômetros do endereço, quase na divisa com Goiás.

Era uma compra no mínimo pouco convencional. Na campanha de 2018, em que se elegeu senador, Flávio tinha declarado um patrimônio de 1,7 milhão de reais. Como senador, ganhava 25 mil líquidos por mês. A renda conjunta do casal seria de 36 mil reais. Só nas parcelas da casa, os dois teriam de pagar 18,7 mil por mês. A notícia desagradou seus irmãos e seu pai, que silenciaram e não saíram em sua defesa, como, aliás, não o fizeram sobre o caso Queiroz. O presidente ordenou que assessores não falassem a esse respeito, para assim manter o assunto longe do Planalto. Em privado, a avaliação era de que aquela compra tinha sido desnecessária e inoportuna. Nas redes sociais, a oposição não perdeu a chance de explorar o indício de enriquecimento do senador.

Ainda assim, a força de ser filho do presidente quase deixou Flávio de fora do relatório final da CPI. Omar Aziz insistiu com Calheiros que o Zero Um não fosse incluído, sob a justificativa de que nenhum senador deveria constar do relatório final. Arthur Lira também entrou em campo e tentou impedir o pedido de indiciamento dos deputados que espalharam fake news sobre a pandemia. Mas Flávio, Eduardo, Carlos Bolsonaro e outros deputados bolsonaristas foram afinal indiciados por "incitação ao crime", porque, na visão da CPI, ao espalhar conteúdo falso sobre a pandemia, contra as medidas de proteção, incitavam o crime de descumprimento de norma sanitária.

Foi proposto o indiciamento de Jair Bolsonaro por crimes comuns (prevaricação, charlatanismo, epidemia com resultado de morte, infração a medidas sanitárias preventivas, emprego irregular de verba pública, incitação ao crime, falsificação de documentos particulares), crimes de responsabilidade (violação de direito social e incompatibilidade com dignidade, honra e decoro do cargo) e crimes contra a humanidade (nas modalidades extermínio, perseguição e outros atos desumanos). Inicialmente, Renan Calheiros também queria arrolar, entre os crimes do presidente, homicídio e genocídio contra grupos indígenas, mas foi demovido da ideia pelo senador Alessandro Vieira. Eduardo Pazuello foi alvo do pedido de indiciamento pelo crime de epidemia com resultado de morte, emprego irregular de verbas públicas, prevaricação, comunicação falsa de crime e crimes contra a humanidade nas modalidades extermínio, perseguição e outros atos desumanos. Também foram alvos de pedidos de indiciamento Marcelo Queiroga (epidemia com resultado de morte e prevaricação), Onyx Lorenzoni (incitação ao crime e crimes contra a humanidade nas modalidades extermínio, perseguição e outros atos desumanos), Ernesto Araújo (epidemia com resultado de morte e incitação ao crime), Wagner Rosário (prevaricação) e o general Braga Netto (epidemia com resultado de morte).

O indiciamento do general foi o que de mais forte houve contra os militares numa CPI marcada pela relação tensa com a caserna. A coisa tinha explodido durante o depoimento de Roberto Ferreira Dias, o chefe do Departamento de Logística em Saúde suspeito de corrupção na compra da Covaxin. Naquele dia, o presidente da CPI, Omar Aziz, disse que "os bons das Forças Armadas devem estar muito envergonhados com algumas pessoas que hoje estão na mídia", acrescentando: "Fazia muitos anos que o Brasil não via membros do lado podre das Forças Armadas envolvidos com falcatrua dentro do governo". Os comandantes das três Forças e Braga Netto divulgaram uma nota em tom ameaçador contra o presidente da CPI. "As Forças Armadas não aceitarão qualquer ataque leviano às instituições que defendem a democracia e a liberdade do povo brasileiro", acrescentando que Aziz havia falado "de forma generalizada". O senador respondeu sem baixar a cabeça, sublinhando a tentativa de intimidação. "Pode fazer cinquenta notas contra mim, só não me intimida." Rodrigo Pacheco agiu como bombeiro. Quando Braga Netto lhe telefonou para dizer que a nota era dirigida exclusivamente a Aziz e que as Forças Armadas respeitavam o Senado, Pacheco disse ter interpretado como um mal-entendido, mas lembrou que os senadores têm prerrogativas, que incluem a imunidade para fazer críticas. Dali a alguns dias, os dois almoçaram no Ministério da Defesa. Braga Netto passou boa parte do tempo falando mal do STF. "A culpa de tudo que está acontecendo é deles", acusou. Pacheco, advogado, tentava apaziguar a situação, explicando algumas das decisões do tribunal.

Dias depois, entretanto, Carlos de Almeida Baptista Júnior, o comandante da Aeronáutica, aumentou o tom em uma entrevista à repórter Tânia Monteiro. Quando lhe perguntaram quais os mecanismos legais de resposta às declarações do presidente da CPI, o tenente-brigadeiro afirmou que "homem armado não ameaça", enfatizando que a nota foi pelo respeito às instituições, e não um recado a Aziz, mas, novamente, usando um tom que soava ameaçador. "Nós precisamos entender que o ataque pessoal do senador à instituição militar não é cabível a alguém que deseje ser tratado como Vossa Excelência. Porque nós somos autoridades", disse, defendendo que todas as condutas sob suspeita fossem investigadas e que se punissem os culpados.

O chefe da Aeronáutica era, dos três novos no cargo, o que mais gostava de palpitar na política. Antes de se tornar comandante, ele já tinha conta no Twitter e não viu mal em manter sua postura de sempre agora que estava à frente da Força Aérea. Já no cargo, curtiu um post de Jair Bolsonaro na rede social exaltando um protesto a favor dele. "Que desistam todos os que querem ver o povo distante de mim, ou que esperam me ver distante do povo. Estou e estarei com ele até o fim. Boa noite a todos!", escrevera Bolsonaro, em 9 de maio, provocando mais uma aglomeração de pessoas sem máscara. O comandante da Aeronáutica gostou. Também deu like na postagem de um internauta que comparou medidas sanitárias contra a covid ao comunismo e acusou a esquerda de permitir incestos e pedofilia. Sérgio Camargo, o presidente da Fundação Palmares de posturas abertamente racistas, recebeu curtidas de Baptista em diversas ocasiões: em 23 de abril, quando citou "pretos que se vitimizam, choram por bobagem e sempre culpam os brancos"; e em 9 de junho, quando acusou a esquerda de infligir aos negros um "loop infinito do sofrimento". Também havia sobrado para o STF. Em 4 de junho, o brigadeiro gostou de um post em que a deputada estadual paulista Janaina Paschoal dizia que o inquérito dos atos antidemocráticos "nem deveria ter sido instaurado". Já em 9 de junho, ele curtiu uma publicação de Salim Mattar, ex-secretário das privatizações, que criticara uma declaração de Luís Roberto Barroso sobre o voto impresso. "Agora o STF tem que validar as leis aprovadas pelo Parlamento?", ironizou. O comandante manteve o hábito pelo menos até abril de 2022, quando passou a curtir até postagens pedindo a vitória do presidente nas eleições daquele ano.

Na CPI, Randolfe Rodrigues, Alessandro Vieira, Humberto Costa e Renan Calheiros insistiram que Braga Netto deveria ter sido chamado para depor. Afinal, ele havia sido chefe da Casa Civil e coordenador do enfrentamento da covid. Nada mais natural que depusesse sobre os erros que tinham sido cometidos. Braga Netto acionou o líder do governo no Senado, Fernando Bezerra Coelho, que conversou com integrantes do G7 e conseguiu impedir a convocação por meio de Eduardo Braga, Otto Alencar e Tasso Jereissati, que achavam politicamente equivocado alimentar ainda mais a tensão com os militares. Somados aos votos dos quatro governistas, formou-se maioria. A mensagem que ficava era o que de fato ocorrera: ameaçada pela nota do general, a CPI havia se acovardado.

Em 19 de junho de 2021, o Brasil ultrapassou as 500 mil mortes por covid-19. Naquele momento, a média móvel de óbitos pela doença estava tendo um repique. Depois do pico em 11 de abril, ela caiu até 1638 em 6 de junho de 2021. Em seguida, voltou a crescer até alcançar 2075 naquele dia. Apesar de ter finalmente chegado a e mantido o ritmo de 1 milhão de doses aplicadas por dia, o número era muito menor do que o 1,7 milhão calculado pela Fiocruz para que toda a população adulta fosse vacinada até o fim de 2021. Na época, 11% da população estava totalmente vacinada, e Bolsonaro tinha como principal preocupação acabar com o uso da máscara.

A parte do relatório final da CPI que falava de Jair Bolsonaro e de todas as autoridades com foro no Supremo foi encaminhada para o procurador-geral, que seria obrigado por lei a decidir se arquivava o conteúdo, pedia abertura de inquérito ou já denunciava. Augusto Aras, que havia sido reconduzido à PGR, apegou-se ao excesso de provas enviadas pela CPI e a uma suposta falta de clareza a respeito do endereçamento de cada uma para adiar por meses sua decisão. Até o fim de março de 2022, ele ainda não havia decidido por nenhum dos três caminhos e insistia que não recebera provas definidas sobre os crimes pelos quais os senadores pediam os indiciamentos.

O conteúdo referente aos crimes de responsabilidade de Bolsonaro, encaminhado a Arthur Lira, foi para a mesma gaveta onde mofavam os pedidos de impeachment contra o presidente — até outubro de 2021, quando a CPI foi encerrada, a Câmara havia recebido 142 requerimentos pelo impedimento do presidente, e 136 não tinham sido analisados. Nada diferente do esperado. Lira enfrentava naquele momento o maior desafio ao modelo de negócio de sucesso que ele e o Palácio do Planalto lideravam para comprar apoio político na Câmara.

O mecanismo ficou conhecido como "orçamento secreto" e fora gestado em 2019, quando o Congresso aprovou a criação de um novo tipo de emenda parlamentar, a de relator. O objetivo da nova emenda seria permitir que o relator do orçamento, ao perceber áreas da administração que não tinham sido contempladas ou a necessidade de pequenos ajustes na hora de fechar o orçamento, destinasse emendas para corrigir essas falhas. A princípio, Bolsonaro ia vetar na Lei de Diretrizes Orçamentárias a autorização para a criação das emendas de relator, mas, diante da insistência do Centrão, o governo percebeu uma oportunidade inédita para arregimentar apoio. Como essa emenda ficava associada ao nome do relator, o governo e o Congresso passaram a usá-la como um instrumento para destinar recursos sem que se identificasse o beneficiado, ou seja, como um orçamento "secreto". Em 2021, o montante reservado para emendas de relator foi de 16,8 bilhões de reais, muito mais dinheiro do que qualquer parlamentar já sonhara ter para enviar para as bases.

A falta de um sistema que permitisse rastrear o padrinho de cada emenda era uma brecha única para quem quisesse fazer mal uso do dinheiro. O repórter Breno Pires, o primeiro a chamar atenção para a gravidade daquela nova engrenagem de compra de apoio político, mostrara em maio que as emendas de relator vinham permitindo a compra de equipamentos agrícolas com superfaturamento de até 259%. O esquema beneficiava deputados e senadores. O ex-presidente do Senado Davi Alcolumbre, por exemplo, decidira como deveria ser a aplicação de 277 milhões de reais do Ministério do Desenvolvimento Regional, dando preferência a estatais sob o comando de indicados seus. Arthur Lira também era um dos grandes favorecidos, não só no repasse para suas bases, mas sobretudo para ser eleito. Uma reportagem do *Estadão* revelou que, às vésperas da eleição para as presidências da Câmara e do Senado, o governo havia liberado 3 bilhões de reais em emendas para 285 deputados e senadores, sendo que só 4% do valor foi para parlamentares da oposição.

Mas agora a mamata estava em risco. Atendendo a um pedido do PSOL, Rosa Weber suspendeu no começo de novembro o pagamento de todas as emendas de relator do Orçamento de 2021. A ministra concordou com os argumentos do partido de que elas violavam os princípios da legalidade, da transparência e do controle social das finanças públicas, e punham em xeque todo o regime de emendas parlamentares. Weber também ordenou que a indicação de emendas pelos congressistas passasse a ter ampla publicidade, inclusive as já pagas, com a publicação dos documentos que orientaram a distribuição de recursos dos orçamentos de 2020 e 2021. As demandas passariam a ter que ser registradas em uma plataforma eletrônica. Ou seja: toda a farra que deputados e senadores haviam feito nos últimos dois anos, apostando na opacidade, deveria se tornar pública. O Congresso entrou em convulsão.

Inicialmente, Pacheco e Lira foram a público dizer que não seria possível dar transparência aos nomes dos parlamentares que tinham pedido cada emenda porque não haveria registros. Pacheco procurou ministros do STF para dar essa versão, no esforço de modular a decisão de Weber. Não deu certo. Por oito a dois, os integrantes do STF mantiveram a decisão. Em dezembro, a relatora atendeu ao pedido dos presidentes da Câmara e do Senado e autorizou que voltassem a ser feitos os pagamentos, para que não houvesse prejuízo às obras e serviços em andamento com base nas emendas. Reforçou, entretanto, que fossem seguidos os procedimentos de transparência que o Congresso aprovara naquele meio-tempo. Pelas novas regras, as emendas passariam a ser publicadas individualmente num relatório a ser divulgado no site da Comissão Mista de Orçamento. Até março de 2022, Senado e Câmara ainda relutavam em cumprir a determinação do Supremo, e o nome de nenhum parlamentar que recebera emenda de relator em 2020 ou 2021 havia sido divulgado.

O limite dado pelo Supremo ao orçamento secreto (ou a tentativa de fazê-lo) e a conclusão da CPI da Pandemia eram derrotas doídas para o governo, mas foram batalhas em que Bolsonaro não empregou nem um décimo da energia que despenderia em outra frente, essa sim uma guerra de vida ou morte.

O bafo do povo

Pouco depois das dez da noite de 9 de agosto de 2021, o celular de Jair Bolsonaro tocou. Era o presidente do Senado, Rodrigo Pacheco, num raro telefonema, ainda mais àquela hora. Se comparado a Davi Alcolumbre, seu antecessor, Pacheco era muito mais parcimonioso no quesito "telefonemas a Bolsonaro". Aliás, a relação entre eles, como um todo, era bem diferente. O presidente do Senado não frequentava o Alvorada, pouco participava de solenidades palacianas e, desde que passara a ser lembrado como um possível candidato ao Planalto em 2022, percebera um crescente distanciamento por parte do mandatário. O telefonema, porém, não era o primeiro daquela segunda-feira.

De manhã fora Bolsonaro quem havia telefonado, convidando Pacheco para um desfile de blindados e tanques na Esplanada dos Ministérios no dia seguinte. Os militares passariam pela Praça dos Três Poderes, em frente ao Planalto, ao Supremo e ao Congresso, para entregar a Bolsonaro um convite para acompanhar um treinamento militar em Formosa, no interior de Goiás, no mês seguinte. O evento era uma tradição da Marinha desde 1988, com foco no preparo do Corpo de Fuzileiros Navais. Em 2021, seria a primeira vez que Exército e Aeronáutica participariam e, também de maneira inédita, passariam por Brasília a caminho de Formosa. Não havia logística que explicasse aquele percurso. O comboio com 2500 militares saíra do Rio de Janeiro e, para chegar a Formosa, não precisaria passar pela capital, muito menos pela Zona Central. A ordem para a mudança de trajeto partira, ao menos oficialmente, do Ministério da Defesa, sem justificativa. O convite a Pacheco já fora enviado à presidência do Senado, mas o senador optou por não responder. Não pretendia ir ao evento. Sabia que o objetivo do presidente com a exibição de força nada tinha a ver com o treinamento em Formosa.

Desde maio Bolsonaro dera início a uma forte campanha pela aprovação de uma proposta de emenda à Constituição que tornaria obrigatória a impressão do voto após a escolha do eleitor na urna eletrônica. Seria uma forma de garantir que o pleito fosse auditável e, assim, diminuir a chance de fraudes na apuração dos resultados. Suspeitava-se que Bolsonaro quisesse apenas criar um artifício que lhe permitisse, em caso de derrota em 2022, pedir uma recontagem manual, voto a voto, papel a papel, abrindo milhares de brechas e especulações sobre a legitimidade das eleições, e assim criar condições para um caos institucional inédito desde a redemocratização. Agora, embora o governo alegasse coincidência, toda Brasília sabia que o desfile militar pela Esplanada havia sido marcado para aquela terça-feira, 10 de agosto, porque para aquele dia estava prevista a votação final na Câmara dos Deputados da proposta de emenda à Constituição (PEC) que propunha a criação do voto impresso. Os tanques estariam ali, portanto, para intimidar.

No telefonema da manhã do dia 9, Bolsonaro insistiu que Pacheco fosse ao Planalto no dia seguinte e recebesse a seu lado o convite para ir ao treinamento de Formosa.

"Não acho apropriado, presidente. A mensagem que esse desfile passa é de que o Congresso está sendo intimidado."

"Nada! Já tava programado há muito tempo, é um desfile. Eles vão todo ano lá para Formosa, é uma coisa normal, vão passar na frente do palácio para me entregar um convite. Não tem nada a ver", justificou Bolsonaro.

"Perfeitamente, presidente. Só acho que não é o momento, tem que avaliar. Infelizmente, não vou poder ir", disse, encerrando a conversa.

A segunda-feira de Pacheco foi agitada. Ao longo do dia, senadores da oposição e mesmo governistas o procuraram preocupados com o que ocorreria no dia seguinte. Fernando Bezerra Coelho, líder do governo no Senado, e Davi Alcolumbre, agora presidindo a Comissão de Constituição e Justiça, eram os mais eloquentes. Defendiam que Pacheco deveria perseverar em fazer Bolsonaro desistir. Às dez da noite, depois de pensar em diversas maneiras de amenizar a situação e evitar que a imagem de tanques nas ruas da capital corresse o mundo como símbolo da corrosão da democracia brasileira, o senador decidiu fazer uma última tentativa.

"Presidente, boa noite. Como eu disse ao senhor mais cedo, não vou poder ir à cerimônia amanhã. Gostaria de pedir que o senhor avaliasse se não é possível mudar o local do desfile para um lugar mais afastado, de forma que os tanques não passem em frente ao Congresso Nacional, que não parem em frente ao Congresso Nacional. É possível?", pediu, no telefonema.

"Não, Pacheco, tá tranquilo, já tá tudo combinado. Eles não vão parar em frente ao Congresso Nacional. Vão só passar no palácio e me entregar o convite. Vai lá, pô, vai ser um evento bonito."

Bolsonaro havia começado a defender o voto impresso muito antes daquele "evento bonito". Em 2015, quando já planejava se candidatar à Presidência, o então deputado abraçou a causa influenciado pela desconfiança que Aécio Neves e o PSDB semeavam contra o sistema eleitoral brasileiro, após a apertada derrota tucana para Dilma Rousseff, no segundo turno de 2014. Dias depois do resultado, o PSDB questionou formalmente o TSE, pedindo que se verificasse a lisura do pleito. Aécio aparecera à frente de Dilma durante certo tempo na apuração dos votos, o que o levou a acreditar que venceria. Mas, à medida que chegavam ao TSE os votos de regiões que demoravam para completar a totalização, a dianteira sumiu e ele foi ultrapassado. Não se encontrou nenhuma irregularidade, e Aécio foi obrigado a engolir a derrota. Mas o cenário de descrédito estava montado, e Bolsonaro saberia explorá-lo em seu proveito nos anos seguintes. Passando por cima dos fatos, o ex-capitão ainda usaria muitas vezes o exemplo da suposta fraude aventada por Aécio.

Em 2015, ainda deputado, Jair Bolsonaro apresentou uma emenda na proposta de reforma eleitoral que tramitava na Câmara, exigindo a impressão do voto após a confirmação na urna eletrônica. Ao confirmar que de fato os nomes impressos correspondiam aos escolhidos, o eleitor depositaria o recibo impresso em uma urna de lona. "Como aquela do passado", explicou Bolsonaro, ao defender a ideia no púlpito do plenário da Câmara. A emenda não prosperaria, porém a campanha para achincalhar o sistema eletrônico seguiria firme e forte.

Após ser o mais votado no primeiro turno de 2018, mas não por margem suficiente para liquidar a fatura, Bolsonaro começou a alimentar uma teoria da conspiração nos moldes da de Aécio. "Se tivéssemos confiança no voto eletrônico, já teríamos o nome do futuro presidente da República decidido no dia de hoje", disse, horas depois do primeiro turno, sem apresentar qual teria sido a fraude que o impedira de ganhar no primeiro turno — a título de registro, no mesmo discurso Bolsonaro afirmou que sua vitória garantiria a manutenção da Lava Jato e a venda ou extinção de cinquenta estatais no primeiro ano, duas promessas que nunca foram cumpridas.

Com a vitória em mãos, a atuação contra o sistema eleitoral se fortaleceu e passou a ser feita de dentro das instituições. A tropa de choque bolsonarista seguiu o comando do chefe, e a deputada Bia Kicis apresentou em setembro de 2019 a PEC do Voto Impresso, que propunha a expedição de "cédulas físicas conferíveis pelo eleitor". Em dezembro, o projeto teve a primeira vitória, e 33 deputados da Comissão de Constituição e Justiça (CCJ) concordaram que ele preenchia os requisitos formais para tramitar, contra apenas cinco votos. Vencida a barreira da CCJ, Bolsonaro passou a fazer pressão para que o texto fosse aprovado na Câmara. Em março de 2020, durante a viagem a Miami para encontrar Trump, aquela em que boa parte de sua comitiva voltou contaminada, aproveitou, num discurso em um evento destinado a apoiadores, para levantar o assunto. "Pelas provas que tenho em minhas mãos, que vou mostrar brevemente, eu fui eleito no primeiro turno, mas, no meu entender, teve fraude", acusou. Disse ainda que não eram apenas palavras, que havia "comprovado" a fraude, e propôs a solução: "Precisamos aprovar no Brasil um sistema seguro de apuração de votos. Caso contrário, é passível de manipulação e de fraudes". O presidente não apresentaria nada em 2020, mas também não esqueceria o assunto.

Em novembro daquele ano, voltou à carga no cercadinho do Alvorada, dias depois da eleição municipal, quando atrasos na contabilização dos votos fizeram bolsonaristas ressurgir com teorias conspiratórias. Era uma maneira também de explicar o fracasso dos nomes que o governo apoiara na disputa. No domingo da eleição, em que a apuração mostrou que praticamente todos os candidatos de Bolsonaro tinham sido fragorosamente rejeitados pelos eleitores, a deputada Carla Zambelli deu voz ao sentimento bolsonarista: "O que houve com os conservadores? Erramos, nos pulverizamos ou sofremos uma fraude monumental?", declarou, também sem base para lançar a suspeita.

O projeto de Bia Kicis, entretanto, ficou parado em 2020, por decisão de Rodrigo Maia, que era contra a medida e desconfiava de que Bolsonaro queria criar um artifício que melasse todo o processo eleitoral e, consequentemente, a sucessão em 2022. A pregação a favor do voto impresso ganharia força em 2021, no embalo das acusações que Donald Trump fez nos Estados Unidos, e da troca de comando na Câmara. Em janeiro, Bolsonaro disse ter recebido relatos de que a urna eletrônica mostrava o "13" para qualquer pessoa que já digitasse "1". De novo, nada concreto que embasasse a história. Em maio de 2021, Arthur Lira criou uma comissão para analisar a PEC de Kicis, conforme mandava o regimento da Câmara. Se fosse aprovada ali, a proposta seguiria para o plenário votar.

Com a comissão criada, Bolsonaro aumentou o tom das bravatas e passou a fazer ameaças à sucessão presidencial. "Vai ter voto impresso em 2022 e ponto final. Não vou nem falar mais nada. [...] Se não tiver voto impresso, sinal de que não vai ter a eleição. Acho que o recado está dado", ameaçou. Era a primeira vez, desde o restabelecimento da democracia, que um presidente punha em risco as eleições. A princípio, Arthur Lira pareceu apoiar a proposta. Durante uma viagem de Bolsonaro a Alagoas, estado do presidente da Câmara, ele defendeu uma suposta necessidade da medida. "Nós queremos votar e ter a certeza de que esse voto é confirmado da maneira com que a gente colocou", disse, para deleite de Bolsonaro. "O voto impresso tem nome, né? A mãe é a deputada Bia Kicis, lá de Brasília, e pai é o Arthur Lira, que instalou a comissão no dia de ontem. Parabéns, Arthur!", disse o presidente, sob aplausos.

Ao longo do primeiro semestre de 2021, Bolsonaro tentou emplacar o discurso de que a oposição ao voto impresso pelos ministros do TSE e do STF era parte de uma conspiração para permitir que Lula voltasse ao poder. A decisão de março, devolvendo os direitos políticos do ex-presidente, seria o primeiro tempo dessa manobra. E impedir a aprovação de mecanismos que aumentassem a confiança no processo, como o voto impresso, era a maneira pela qual a eleição seria roubada. "Um bandido foi posto em liberdade e tornado elegível. [...] Ele só ganha na fraude ano que vem", disse, também em maio, ao entregar títulos rurais em Mato Grosso do Sul.

Num esforço para esclarecer por que o voto eletrônico era confiável e o impresso traria insegurança para o processo, Luís Roberto Barroso, que havia tomado posse como presidente do TSE em maio de 2020, topou participar de um debate na Câmara sobre as diversas propostas em tramitação envolvendo urnas eletrônicas. Foi uma resposta do ministro a um convite de Arthur Lira, para participar na chamada Comissão Geral, sessão que ocorre no plenário da Casa, com todos os deputados presentes. Bia Kicis também tinha feito um desafio público a Barroso nas redes sociais. Afinal, o principal projeto em discussão era dela. Num jogo sujo com as palavras, Kicis vinha chamando o voto impresso de "auditável", como se o processo de votação eletrônica não o fosse. Se o objetivo da implementação do voto impresso era aumentar a confiabilidade na eleição, tentava-se solucionar um problema que não existia.

Na sessão, no começo de junho, Barroso explicou que as propostas em tramitação na Câmara abririam margem para fraudes numa eventual recontagem dos votos impressos ou no transporte das urnas com os papéis. O ministro explicou o passo a passo de todo o processo, como são feitas as auditorias no equipamento e em seu código-fonte, além de como funciona o esquema de segurança da eleição. Kicis era a deputada mais contundente nas críticas à urna eletrônica, e não agia sozinha. Barroso percebeu, atrás de Kicis, que um deputado lhe soprava algumas perguntas, como um *coach*. Era Aécio Neves. "Tem que convocá-lo lá na nossa comissão, que aqui no plenário não está bom, não. Lá a gente pode bater nele", incitava Aécio, referindo-se a Barroso e à comissão especial onde tramitava a proposta da deputada. Sete anos depois de sua derrota para Dilma, Aécio ainda seguia a cantilena, só que agora em surdina.

O assunto também já havia sido tema de uma conversa recente de Gilmar Mendes e o presidente, que usou o exemplo da reeleição de Dilma para justificar por que acreditava ter havido fraude. Gilmar era vice-presidente do TSE em 2014. "Eu estava lá, presidente. Eu vi a apuração. Sei que não houve fraude", afirmou. "Presidente, de vez em quando eu tenho até vontade de acreditar que houve fraude nessa eleição de 2018, porque foram eleitos Hélio Negão, Bia Kicis e tal, mas o senhor sabe que o senhor foi o puxador de votos, então…" Bolsonaro riu.

Nos bastidores, outros ministros do Supremo também moviam as peças do tabuleiro. Alexandre de Moraes, que presidiria o TSE nas eleições de 2022, ofereceu um jantar em 21 de junho em seu apartamento, na Asa Sul, para alguns presidentes de partidos, como Bruno Araújo, do PSDB, Paulinho da Força, do Solidariedade, e Baleia Rossi, do MDB. Moraes e outros ministros do TSE e do STF sabiam que se o Congresso aprovasse a PEC, em algum momento o tema chegaria ao Supremo, e caberia a eles decidir ou não pela constitucionalidade da proposta. A narrativa de uma suposta perseguição do Supremo ao presidente ganharia força se ficasse para o tribunal o ônus de determinar a inconstitucionalidade de uma emenda à Constituição aprovada pelo Congresso. No jantar, o ministro expôs os riscos de fraude que o voto impresso traria para o processo eleitoral, e nem precisou argumentar muito acerca da importância de derrotar a medida na Câmara, porque todos ali pensavam da mesma maneira. Dar o voto impresso a Bolsonaro equivalia a lhe entregar uma arma para golpear as eleições.

Dessa primeira conversa, o grupo saiu com a missão de buscar os demais presidentes dos partidos de direita e de centro para explicar a gravidade do momento e fazer um acordo contra a PEC — toda a esquerda já tinha essa posição, com exceção do PDT, que historicamente, desde as tentativas de fraude contra Brizola no RJ, sempre olhou torto para o processo eleitoral. Gilmar Mendes também participou dessa costura. Em 26 de junho, os presidentes de onze partidos fizeram uma reunião virtual anunciando uma aliança contra o voto impresso. PP, PL, Republicanos, DEM, Solidariedade, PSL, Cidadania, MDB, PSD, PSDB e Avante se manifestaram contra a proposta. Agora, era quase unânime a posição dos partidos. Oficialmente, ao menos. Dois dias depois, o relator da PEC na comissão especial, Filipe Barros, apresentou o parecer a favor da aprovação. A despeito do compromisso das cúpulas dos partidos, era sabido que o governo também vinha pressionando deputados que integravam a comissão a aprovar a proposta de Kicis.

No último dia de junho, Moraes organizou um café da manhã em seu apartamento com os colegas Gilmar Mendes e Dias Toffoli, além de mais líderes partidários. Dessa vez, o grupo era bem mais amplo que o do jantar: também estavam Valdemar Costa Neto, do PL; Gilberto Kassab, do PSD; Luciano Bivar, do PSL, e Luís Tibé, do Avante. Por telefone, participaram ACM Neto, do DEM, e Bruno Araújo, do PSDB. Os ministros foram muito mais diretos nesse dia. Sabiam que o clima na comissão especial era pela aprovação do texto. Uma enquete feita pelo *O Estado de S. Paulo* com cada um dos integrantes do colegiado havia apontado que 21 dos 32 deputados que compunham a comissão eram a favor do texto. Se nada fosse feito, o voto impresso passaria.

Os presidentes dos partidos ficaram incumbidos de trocar seus deputados na comissão, retirando os nomes favoráveis ao voto impresso e os substituindo por parlamentares contrários. Naquele mesmo 30 de junho, de tarde, Barroso recebeu-os no TSE. Gilberto Kassab ajudou a organizar o encontro. Em outra leva, o ministro fez um encontro com integrantes da bancada evangélica e recebeu o apoio de vários. Mesmo aliados próximos a Bolsonaro, como o deputado Otoni de Paula e o senador Mecias de Jesus, elogiaram a segurança do processo eleitoral eletrônico. De encontros reservados, como os que tiveram com Moraes e Gilmar, ou públicos, como os feitos por Barroso, os políticos que ainda estavam em dúvida saíam dizendo-se convencidos de que havia mais risco do que legitimidade no tal "voto auditável".

Já no dia seguinte as peças começaram a se mover. O PL tirou o deputado Giacobo e indicou Júnior Mano; no PSD, Darci de Matos saiu e entrou Charles Fernandes; Paula Belmonte, do Cidadania, foi substituída pelo Professor Israel, do PV. O Solidariedade, que não tinha ninguém na comissão, indicou Bosco Saraiva; no PSB, saiu Julio Delgado e entrou Milton Coelho. Também integraram a comissão Marreca Filho, do Patriota; Professora Dorinha, do DEM, e João Marcelo Souza, do MDB, e saíram Herculano Passos, do MDB, e Leur Lomanto Júnior, do DEM.

A movimentação para melar o voto impresso não foi ignorada por Bolsonaro. Ao sair do Alvorada no mesmo 1º de julho, o presidente fez nova ameaça às eleições: "Tem uma articulação de três ministros do Supremo para não ter o voto auditável. Se não tiver, eles vão ter que apresentar uma maneira de termos eleições limpas, com a contagem pública de votos. Se não tiver, vão ter problemas ano que vem no Brasil". Ele não teve coragem de nomear quem eram os três, pois o terceiro, além de Moraes e Barroso, era Gilmar Mendes, um dos ministros com quem ele tinha mais interlocução, pelo menos até a chegada de Kassio Nunes Marques, no fim de 2020.

Em 2 de julho, depois das trocas na comissão, o relator da

PEC de Kicis, o deputado bolsonarista Filipe Barros, admitiu que o texto não seria aprovado. Daí em diante, com a proximidade da votação, Bolsonaro passou a fazer mais ameaças. "Ou fazemos eleições limpas no Brasil ou não temos eleições", afirmou a apoiadores, na entrada do Alvorada. E dias depois subiu o tom contra o STF. Na fala em que anunciou a intenção de indicar o ministro da AGU André Mendonça para o Supremo, na vaga aberta com a aposentadoria de Marco Aurélio Mello, o alvo foi o presidente do TSE: "Quando você olha para o Barroso, dado o que ele defende, coisa que não encontra amparo nenhum no nosso livro preto, que é a nossa Bíblia, esse cara não acredita em Deus. Ele acredita que é o próprio Deus. Defende legalização das drogas, aborto. Barroso é péssimo ministro", atacou. Dias depois ele sugeriu, também na porta do Alvorada, que Barroso defendia a pedofilia: "Uma vergonha um cara desses estar lá. Não é porque ele defende aborto, não. Não é porque ele quer defender redução da maioridade por estupro de vulnerável. Com doze anos de idade, tenho uma de dez em casa, isso não é estupro, pode ser consentindo, segundo a cabeça dele. Um cara que quer liberar as drogas, um cara que defendeu um terrorista assassino italiano, Cesare Battisti, esse é o perfil de Barroso que está à frente das eleições".

Barroso, antes de ser ministro, havia de fato advogado para o italiano Battisti; de fato via o problema do aborto sob o prisma da saúde pública, e de fato tinha uma visão liberal sobre drogas, mas, em 2017, ao julgar um caso de estupro de vulnerável, votara de maneira inversa à que Bolsonaro agora o acusava. Na ocasião, o ministro dissera que, apesar de haver no caso em análise indícios de que a relação sexual entre um jovem de dezoito anos e uma menina de treze havia sido consentida, isso não mudava em nada o enquadramento no estupro de vulnerável, porque a lei dizia que era irrelevante se houve ou não consentimento, considerando que a vítima tinha menos de catorze anos.

No dia seguinte, Bolsonaro repetiu a mentira numa "motociata" em Porto Alegre, a quinta que o presidente fazia, desfilando em cada edição por uma cidade diferente. Era uma nova maneira de mobilizar seus eleitores e criar imagens que sugerissem um apoio maciço a ele, contrapondo-se às pesquisas de popularidade que o mostravam cada vez pior. O presidente sabia plasmar cenas como essa havia tempos. Nos anos que antecederam sua eleição, o então deputado se articulava com apoiadores país afora, sobretudo policiais, para que, sempre que chegasse a uma cidade, fosse recebido por uma multidão no aeroporto local, em cenas propositalmente filmadas para fazer parecer que ele era muito mais popular do que as pesquisas ou a imprensa reconheciam. Agora, com centenas, às vezes milhares de motoqueiros ao seu lado, usava os eventos para atacar o Supremo e mobilizar seus seguidores pela defesa do voto impresso.

Os ataques ao sistema eleitoral não vinham só do presidente: a cúpula militar que assumira em março também estava empenhada. Em diferentes almoços que teve com os comandantes das três Forças e com o ministro da Defesa, Braga Netto, Rodrigo Pacheco ouviu críticas às urnas eletrônicas. Em privado, os militares defendiam a mesma pauta do presidente. Pacheco explicava por que a urna era confiável e lembrava que todo o Congresso, o presidente inclusive, havia sido eleito por meio daquele sistema. Mas, ao fim de cada conversa, não tinha certeza se de fato convencera seus interlocutores.

Em 22 de julho, as repórteres Andreza Matais e Vera Rosa noticiaram em *O Estado de S. Paulo* que Braga Netto, por meio de um "importante interlocutor político", tinha feito uma ameaça a Arthur Lira no dia 8 de julho, o mesmo em que Bolsonaro jogou com a possibilidade de não haver eleições. "O general pediu para comunicar, a quem interessasse, que não haveria eleições em 2022, se não houvesse voto impresso e auditável. Ao dar o aviso, o ministro estava acompanhado de chefes militares do Exército, da Marinha e da Aeronáutica", escreveram Matais e Rosa. Depois da reportagem, o Ministério da Defesa divulgou uma nota assinada negando que Braga Netto se comunicasse com Lira por meio de interlocutores. Não negava, porém, que a ameaça tivesse sido feita.

Arthur Lira também soltou uma nota que tampouco negava a ocorrência da ameaça. "A despeito do que sai ou não na imprensa, o fato é: o brasileiro quer vacina, quer trabalho e vai julgar seus representantes em outubro do ano que vem através do voto popular, secreto e soberano. As últimas decisões do governo foram pelo reconhecimento da política e da articulação como único meio de fazer o país avançar."

Braga Netto só negaria a ameaça em agosto, quando foi convidado a depor sobre o episódio na Câmara. Mas a ameaça de fato ocorreu. O "interlocutor político" que levou o recado ao presidente da Câmara foi Ciro Nogueira, chefe da Casa Civil e presidente do PP de Lira, que, uma vez publicada a reportagem, submergiu, a exemplo de outros que sabiam da veracidade dos fatos. Na ocasião, ao receber a mensagem, Lira procurou Bolsonaro e foi direto. Disse que estaria com o presidente "até o fim", mesmo que o fim significasse ser derrotado em 2022. Mas que ele não contasse com seu apoio para nenhuma ruptura institucional. O presidente respondeu que não havia esse risco e repetiu que jogava "dentro das quatro linhas da Constituição", expressão que ele repetia com a mesma frequência com que ameaçava golpes contra a democracia. Lira relatou o episódio a poucos interlocutores, e o assunto chegou a um círculo muito restrito de autoridades.

O ápice dos ataques às urnas viria em 29 de julho de 2021, quando Bolsonaro fez uma live de pouco mais de duas horas dedicada a desacreditar o sistema eleitoral, com mentiras disparadas em cadeia. A transmissão foi feita nas redes sociais e na TV

Brasil, ao vivo. O Planalto convidou 25 jornalistas para assistirem à apresentação, numa espécie de plateia, já que estavam proibidos de fazer perguntas. A live foi anunciada com estardalhaço ao longo da semana. Nela, anunciou o presidente, seriam apresentadas as provas irrefutáveis que ele dizia possuir desde 2020.

Sem declarar de onde tirara a informação, Bolsonaro disse que, em 2018, quando eleitores apertavam seu número de urna, o 17, aparecia 13 na tela, o número de Haddad, ou nulo. Alegou que as urnas usadas eram as mesmas desde 1999 e que nada havia evoluído nelas, o que é mentira, já que os equipamentos são regularmente atualizados, apesar de seu aspecto exterior não mudar. E reafirmou que tinha vencido no primeiro turno de 2018, repetindo a lógica da desconfiança de Aécio Neves em 2014.

O conteúdo da live fora selecionado nas semanas anteriores e era um apanhado de fake news que havia anos circulava em redes de desinformação impulsionadas pela ultradireita. A transmissão também teve a participação do ministro da Justiça, Anderson Torres, e sua produção foi comandada pelo então chefe da Casa Civil, Luiz Eduardo Ramos. O general delegou a organização da coleta e produção dos slides a um assessor especial da Casa Civil, o coronel da reserva Eduardo Gomes da Silva, que chegou a apresentar parte da live e foi introduzido por Bolsonaro como o "analista de inteligência Eduardo". Gomes da Silva era amigo de Ramos dos tempos da caserna. Servira no Centro de Inteligência do Exército quando o comandante da Força era Villas Bôas e vinha sendo um defensor de Bolsonaro dentro da tropa desde 2018, quando ainda estava na ativa. Apesar da suposta expertise em investigação, só reproduziu na live factoides que apareciam em qualquer pesquisa do Google ao falar sobre os supostos riscos das urnas.

Na live, Bolsonaro também convocou seus apoiadores para irem às ruas em 1º de agosto, em manifestações a favor do voto auditável. Então, obedientemente, no domingo, apoiadores vestidos em sua maioria de verde e amarelo ou com camisas em defesa do voto impresso protestaram em pelo menos 54 cidades do país, sendo 25 capitais. Em meio à temática eleitoral, havia faixas pedindo a destituição de ministros do STF. Bolsonaro discursou nos protestos de Brasília e São Paulo por meio de uma videochamada de celular, tendo sua fala transmitida por carros de som, e voltou a dizer que sem voto impresso não haveria eleições. Começou também naquele dia a mobilização para o protesto seguinte, aproveitando o gancho do feriado cívico de Sete de Setembro, que seria o recado final aos que queriam "golpear a nossa democracia".

A live e as falas nos protestos levaram os ministros do STF a planejar uma nova reação. Barroso, Fachin e Moraes, os três ministros do Supremo que compunham o TSE e se sucederiam dali até outubro de 2022 no comando do tribunal, se reuniram na segunda-feira, 2 de agosto, logo após a cerimônia de reabertura do semestre do Judiciário, no STF. Também participou da conversa Gilmar Mendes, que já havia presidido a Justiça eleitoral e defendia a urgência de uma reação forte. Depois dessa conversa, os três ministros do STF com assento no TSE se reuniram com os outros quatro que compunham a corte eleitoral e determinaram os rumos a tomar. Primeiro, foi decidido que um pedido de explicações que o corregedor eleitoral, ministro Luis Felipe Salomão, fizera em julho a Bolsonaro sobre ameaças de que não haveria eleições seria convertido num inquérito administrativo no próprio tribunal, para investigar a possível prática de uma série de crimes eleitorais na live e nas falas transmitidas pelo celular na véspera. Além dessa investigação, o TSE requisitou ao STF, por proposta de Barroso, a investigação da live no âmbito do inquérito das fake news, e o relator Alexandre de Moraes a aceitou. Devido à participação na transmissão, o "analista de inteligência Eduardo" e o ministro Torres tiveram que depor a Salomão.

A instauração dos inquéritos foi a senha para Bolsonaro catalisar a guerra aos ministros e a convocação para o protesto no Sete de Setembro. A cada dia daquela primeira semana de agosto, a crise entre Executivo e Judiciário ganhava nova camada, sempre mais escaldante que a anterior. Agora, o objetivo dos deputados bolsonaristas na comissão especial do voto impresso seria atrasar a votação da PEC de Bia Kicis para depois do feriado da Independência, de maneira que a pressão popular influenciasse os deputados.

Quase todo dia naquela semana haveria um ataque a Barroso e Moraes, ou uma ameaça às eleições. Bolsonaro disse que, se Barroso permanecesse "insensível" a seus apelos e se o povo assim desejasse, haveria uma manifestação na avenida Paulista para "dar o último recado". Acusou o ministro de ter ido ao Congresso "fazer lobby" pela urna eletrônica, em provável referência à ida de Barroso em junho ao plenário da Câmara para responder aos deputados sobre o sistema eleitoral, e de "dever favores a Lula", provavelmente numa alusão ao fato de o ministro ter sido indicado para o Supremo por Dilma Rousseff. Também naquela semana, quando Moraes atendeu ao pedido que o TSE havia feito e incluiu Bolsonaro no inquérito das fake news, o presidente reagiu mais uma vez de maneira irada. Ao vivo, nas redes, retomou a metáfora das quatro linhas, mas dessa feita para ameaçar jogá-las fora. "O meu jogo é dentro das quatro linhas. Se começar a chegar algo fora, eu sou obrigado a sair das quatro linhas. É coisa que eu não quero. É como esse inquérito do sr. Alexandre de Moraes. Ele abre inquérito. Não é adequado para mim isso. Ele investiga, ele pune e ele prende", acusou.

Nessa noite, mais tarde, o presidente publicou nas redes sociais um inquérito da PF e um relatório do TSE sobre um ataque hacker contra o sistema eleitoral brasileiro ocorrido em 2018, o que, na visão de Bolsonaro, comprovaria a sua violabilidade. Ao todo, foram divulgadas 224 páginas da investigação, em um link para download. O material fora obtido, e repassado ao presidente, pelo deputado Filipe Barros durante o trabalho de relatoria da PEC do voto impresso. A atitude faria Bolsonaro ser alvo de um novo inquérito no STF, a pedido do TSE, pela divulgação de documentos sigilosos.

O episódio também respingou no ministro da Justiça Anderson Torres, que chegou a ser apontado como o responsável pela possível entrega do documento ao presidente. Preocupado com o risco de ser investigado, Torres pediu a Onyx Lorenzoni que conseguisse um encontro dele com Gilmar Mendes, então o mais antigo integrante do tribunal. Foi uma conversa tensa. Gilmar ouviu a explicação do ministro, que jurava não ter nada a ver com a divulgação do relatório da PF. O ministro do STF disse acreditar nele, não sem antes lhe passar uma descompostura: "Se você não tem a dimensão do cargo que ocupa, lembre-se que por lá passaram nomes como Nelson Jobim e Paulo Brossard".

Bolsonaro esticou tanto a corda ao longo daqueles primeiros dias de agosto que, antes mesmo de terminar a semana, na quinta--feira, 5, Luiz Fux anunciou que estava cancelando o encontro que ocorreria entre os chefes dos Três Poderes dali a alguns dias, devido aos repetidos ataques do presidente aos ministros. "Quando se atinge um dos integrantes [do STF], se atinge a Corte por inteiro. Além disso, sua excelência mantém a divulgação de interpretações equivocadas de decisões do plenário, bem como insiste em colocar sob suspeição a higidez do processo eleitoral brasileiro", disse, referindo-se a Bolsonaro. O encontro fora combinado numa reunião de Fux com Bolsonaro em 12 de julho, numa tentativa de fazer uma concertação que abrandasse o caos permanente que Bolsonaro havia instalado.

O presidente ignorou a reprimenda. No dia seguinte, circulou nas redes sociais um vídeo em que, conversando com apoiadores em Joinville, ele chamava Barroso de "filho da puta". Mais tarde, no mesmo dia, ao se reunir com empresários, negou que tivesse ofendido o ministro, dobrando a aposta e repetindo a mentira sobre o voto do ministro no caso de estupro de vulnerável: "Apenas falei da ficha do sr. Barroso. Ele quer que nossas filhas e netas com doze anos tenham relações sexuais por aí, sem problema nenhum".

A escalada de ataques a Barroso era tamanha que a diretora da Kennedy School, da Universidade Harvard, instituição com a qual o ministro tem ligação e onde todo julho faz uma residência de estudos, o procurou. Pedindo informações sobre a situação política brasileira, ela perguntou se ele não precisava de um convite formal para sair momentaneamente do país e, por sua segurança, passar um tempo na universidade. Barroso agradeceu, mas disse que não era para tanto.

Bolsonaro tinha uma razão a mais para se exaltar. No mesmo 5 de agosto em que Fux cancelou a reunião, a comissão especial da PEC do Voto Impresso lhe impôs uma derrota e, por 22 votos a onze, rejeitou o relatório do bolsonarista Filipe Barros. O cenário já era esperado pelo Planalto desde que as cúpulas partidárias haviam trocado os deputados. O presidente vinha cobrando de Arthur Lira um compromisso firmado ainda em 2020: ao negociar seu apoio à candidatura do deputado para a presidência da Câmara, Bolsonaro combinou que Lira pautaria em plenário a PEC do Voto Impresso. Lira tinha, portanto, que levar o assunto para a deliberação de todos os deputados.

No mesmo dia em que ela foi rejeitada, Lira disse que as comissões "tinham caráter opinativo, e não terminativo", e indicou que a palavra final deveria ser do plenário. A ministros do Supremo, explicou que derrotar o tema abrindo a possibilidade de os 513 deputados opinarem era uma maneira também de enterrar o assunto de vez. A essa altura, ele já tinha mudado o discurso publicamente e dava sinais de que era contra a medida. "Para que possamos trabalhar em paz até janeiro de 2023, vamos levar o voto impresso para o plenário para que todos os parlamentares possam decidir, estes que foram eleitos pelo voto eletrônico, diga-se de passagem", declarou, cutucando Bolsonaro. Dias depois, na véspera da votação, Lira disse em entrevista que Bolsonaro havia lhe garantido que respeitaria o resultado do plenário. "Eu confio na palavra do presidente da República ao presidente da Câmara", continuou, também meio que dando um recado.

Era um dia em que recados dessa natureza ao presidente eram ainda mais necessários. A tensão em Brasília aumentara em função da proximidade do dia do desfile de blindados na Esplanada e de a Câmara votar a PEC. Ninguém sabia o que Bolsonaro poderia fazer de fato, nem o efeito que a exibição de força teria sobre o Congresso e o STF. A exemplo de Rodrigo Pacheco, outras autoridades convidadas por Bolsonaro, como Arthur Lira e Luiz Fux, também se recusaram a participar da solenidade no Planalto.

O presidente do STF, que recebera o convite por uma mensagem de WhatsApp, teve a impressão de que Bolsonaro apenas tentava criar fatos para permanecer em evidência, pautar a imprensa e evitar que os problemas de seu governo fossem discutidos. Mas já fazia algum tempo que o ministro se preocupava com sinais estranhos que percebia na caserna. Em abril, um mês depois da troca da cúpula militar, Fux fez contato com o comandante da Marinha, Almir Garnier Santos, na expectativa de marcar um almoço e construir a mesma boa relação que tinha com seu antecessor, Ilques Barbosa Júnior. O almirante respondeu que o convite deveria primeiro ser endereçado a Braga Netto. Embora tenha estranhado a postura, Fux telefonou ao ministro da Defesa e fez o convite. "Creio que esse não é o melhor momento, ministro. Uma agenda pública dessas pode passar um sinal trocado", respondeu Braga Netto. A preocupação de Fux aumentou nos meses seguintes, quando passou a ouvir que entre os comandantes militares era forte a resistência em aceitar uma possível vitória de Lula em 2022.

Luís Roberto Barroso também estava receoso e decidiu aceitar um convite que o jornalista Roberto D'Ávila, seu amigo, havia lhe feito alguns dias antes. D'Ávila marcara um almoço com Hamilton Mourão em Brasília e perguntou se o ministro não queria participar, para conhecer o vice-presidente. Em geral avesso a contatos particulares com políticos, Barroso de início rejeitou, mas mudou de ideia diante da crescente incerteza a respeito do significado dos tanques na Esplanada. Barroso e Mourão já haviam tido uma breve interação, também intermediada por D'Ávila, quando o ministro pediu o contato do vice para lhe explicar que, ao contrário do que Mourão dissera à imprensa, ele não tinha feito ativismo judicial contra o voto impresso quando foi à Câmara. Havia atendido a um convite de Arthur Lira e do relator da PEC na comissão especial. O general respondeu de maneira educada. Agora, a principal razão para o ministro querer aquele almoço, coincidentemente no mesmo dia em que o comboio passara pela Esplanada, era mais premente, e foi sem rodeios que ele a expôs, tão logo Mourão chegou à casa de Barroso, no Lago Sul, e os três se sentaram à mesa de jantar.

"Estou preocupado. O que significa tudo isso? As Forças Armadas pretendem apoiar alguma aventura golpista?"

"De jeito nenhum. As Forças Armadas não apoiam golpe algum. O senhor fique tranquilo. Não tem chance disso nem de ninguém impedir as eleições de 2022. A chance de acontecer é zero", respondeu Mourão.

Barroso acreditou, mas nem por isso ficou de todo tranquilo. O Supremo tomara conhecimento, em meados de 2020, de que Bolsonaro cogitara mandar a Aeronáutica sobrevoar a Praça dos Três Poderes com jatos supersônicos, com o objetivo de estourar os vidros do tribunal e intimidar os ministros. Ninguém sabia até onde o presidente iria. Dali a alguns dias, Barroso ainda se reuniria com o general Carlos Alberto dos Santos Cruz, que tinha rompido com Bolsonaro ao ser demitido no primeiro ano de governo. Fez ao general a mesma pergunta e ouviu resposta semelhante. A preocupação entre os ministros do STF era com o risco de envolvimento dos generais com a política. Para Barroso e muitos no tribunal, general que vai para a política deixava de ser general e se tornava político (parêntese breve: certa vez, ao saber dessa máxima, um general disse que ministros do Supremo que gostam de se meter na política poderiam ouvir a mesma coisa). E, naquele 10 de agosto, o Planalto estava cheio de militares que haviam feito essa travessia.

Do alto da rampa, onde recebeu o convite para Formosa, Bolsonaro estava cercado de sua matilha de generais raivosos: Heleno, Luiz Eduardo Ramos e Braga Netto, além dos três comandantes militares. Uma das poucas autoridades de outro poder era o ministro do Tribunal Superior do Trabalho Ives Gandra Martins Filho, cujo pai era o ideólogo da leitura golpista do artigo 142 da Constituição, que daria aval para uma intervenção militar. O comboio passou em frente à Praça dos Três Poderes num dia típico do período de seca de Brasília: sol a pino e nenhuma nuvem no horizonte. O céu limpo acabou sendo péssimo para quem pretendia exibir força, porque realçou ainda mais a imagem que ficaria na lembrança do que foi aquele desfile. Um tanque da Marinha inundou o ar com fuligem e uma grossa fumaça preta, de óleo diesel queimado, ofuscou aquela celebração, passando a imagem de Forças Armadas obsoletas e mambembes. Era um SK-105 Kürassier, um tanque aposentado pelas Forças Armadas havia décadas, fabricado pela empresa austríaca Saurer-Werk entre 1970, quando começou a sua produção, e 1982, quando a marca quebrou. A Marinha comprara alguns em 2001, de um estoque

que havia sobrado. O fumacê fez o tiro de intimidação de Bolsonaro sair pela culatra. O único resultado do tour de force foi uma chuva de memes pelas redes sociais ainda durante o desfile. Um brincava que o Suriname estava considerando seriamente anexar o Brasil, tamanha a força de defesa nacional. Outro dizia que era mais uma edição do quadro "Lata Velha", do programa de Luciano Huck, de reforma de carros antigos.

À tarde, quando o plenário da Câmara votou a PEC de Bia Kicis, o projeto foi rejeitado por não atingir o mínimo de 308 votos favoráveis. Porém o esforço do governo em distribuir emendas e pressionar deputados tinha surtido efeito: foram 229 votos favoráveis, 218 contrários e uma abstenção. O governo perdera, mas não de lavada. Lira fez um discurso dando o assunto por encerrado e, sem citar as ameaças de Bolsonaro e Braga Netto, disse que o "esticar das cordas" havia passado "de todos os limites". Agora era tempo de baixar a temperatura. Não foi, a propósito, a única derrota do governo naquele dia. À noite, o Senado revogou a Lei de Segurança Nacional criada em 1983, ainda durante a ditadura militar, e que vinha sendo usada por Bolsonaro para perseguir críticos da sua gestão, como o youtuber Felipe Neto e o jornalista Ruy Castro. Em 2018, último ano antes de Bolsonaro chegar ao poder, tinham sido abertos dezoito inquéritos com base na lei. Esse número saltou para 26 em 2019 e 51 em 2020. Para quem, de manhã, quisera mostrar força, o dia foi de batalhas perdidas.

O enterro do voto impresso não baixou temperatura alguma. Três dias depois, em 13 de agosto, Alexandre de Moraes determinou a prisão do presidente do PTB, o ex-deputado Roberto Jefferson, pivô da revelação do esquema do mensalão, que vinha esgrimindo ameaças aos ministros do Supremo e ataques às instituições democráticas. Jefferson havia começado a se aproximar de Bolsonaro depois do encolhimento do partido em 2018 — de 25 deputados eleitos em 2014, a bancada passara para apenas dez nas eleições seguintes. A legenda foi totalmente reformulada: abandonou o vermelho e o preto, as cores da sigla, substituindo-as pelo verde e amarelo, e adotou um discurso tão ou mais extremista que o do presidente.

Em maio de 2020, Jefferson postou em seu Twitter uma foto armado. "Estou me preparando para combater o bom combate. Contra o comunismo, contra a ditadura, contra a tirania, contra os traidores, contra os vendilhões da Pátria. Brasil acima de tudo. Deus acima de todos", dizia a postagem. Em outra publicação, no mesmo dia, sugeriu que Bolsonaro demitisse todos os ministros do STF. Em julho, deu entrevista a um canal bolsonarista no YouTube e ofendeu Fachin, Barroso, Gilmar e Fux. Misturou ofensas com a insinuação de que haveria ministros gays. "Tem [sic] ministros de rabo preso e dois de rabo solto. Você imagina uma cena, um ministro do Supremo de quatro, e um negão pa, puf, puf nele", continuou.

Dias antes de ser preso, enquanto defendia o voto impresso, atacava o Supremo e convocava para o Sete de Setembro, pediu o fechamento do Supremo. No dia da prisão, antes de ser levado pela polícia, Jefferson gravou um áudio que foi enviado para grupos do partido. Nele, citava a advogada Viviane Barci de Moraes, casada com Moraes, no que foi interpretado no STF como uma ameaça velada a ela. "Eu quero falar aos meus amigos e minhas amigas do PTB, aos nossos leões e leoas conservadores, que eu acabei de receber esse mandado do 'Maridão de Dona Vivi', o 'Cachorro do Supremo', o 'Xandão'. Pior caráter que tem no Supremo", disse, propondo na sequência que ele e o ministro resolvessem "pessoalmente" a "conta" dos dois. O áudio causou uma combustão no bolsonarismo.

No dia seguinte à prisão, o presidente anunciou em suas redes sociais que pediria ao Senado o impeachment de Moraes e Barroso por extrapolarem "com atos os limites constitucionais".

No mesmo dia, Bolsonaro enviou para uma lista de transmissão de WhatsApp que tinha com ministros e amigos a mensagem de um grupo de direita na internet, "Ativistas direitas volver", que defendia a necessidade de um "contragolpe" e convocava para o ato no dia Sete de Setembro. O texto, encaminhado por um assessor de Bolsonaro ao autor deste livro, era dirigido a outras pessoas de direita e pedia que o leitor não criticasse o presidente por ele não radicalizar o suficiente. Apresentava um contexto que justificaria as atitudes do mandatário, explicando que 2021 não era 1964 e, dessa vez, não havia as mesmas condições para uma intervenção militar. No trecho mais forte da mensagem, o grupo extremista pedia que o "contingente" da manifestação em Sete de Setembro fosse "absurdamente gigante", "o maior já visto na história", capaz de apoiar o presidente e as Forças Armadas a dar um "bastante provável e necessário contragolpe". Em outro trecho, a mensagem dizia que esse Sete de Setembro gigantesco autorizaria o "nosso presidente Jair Bolsonaro juntamente com as nossas honrosas FFAA" a tomar "as decisões cabíveis para que o Estado democrático de direito" — que os autores do texto defendiam estar violado pelo suposto excesso de interferências do Supremo no governo — fosse "reestabelecido", "o equilíbrio entre os poderes salvaguardado", "a transparência das eleições [...] cumprida" e "[ocorresse] o resgate do STF hoje sequestrado por apátridas".

A mobilização do governo e da milícia digital a seu serviço vinha fazendo efeito. Em diferentes setores do bolsonarismo, os discursos estavam cada vez mais inflamados e ameaçadores. Caminhoneiros, policiais, pastores evangélicos, ativistas de internet, ruralistas e até políticos abraçaram a missão de fazer o maior de todos os atos em defesa do governo e, ao lado de Bolsonaro, dar o tal "último recado". Vídeos com ameaças e ultimatos proliferaram na internet e nos zaps. O cantor Sérgio Reis, que havia sido deputado com Bolsonaro anos antes e se convertera num fervoroso defensor do presidente, gravou um vídeo dizendo que estaria na manifestação e se preparava "judicialmente" para fazer uma coisa séria "para que o governo e o Exército tomem posição". E fazia uma ameaça em que não ficava claro se o destinatário era só o STF ou também o Exército, por leniência em relação ao Supremo. "Se vocês não cumprirem em 72 horas, nós vamos dar mais 72 horas, só que nós vamos parar o país. Já está tudo armado. O país vai parar. [...] Se em trinta dias eles [o Exército] não tirarem aqueles caras [os ministros do STF], nós vamos invadir, quebrar tudo e tirar os caras na marra", disse. Em outra gravação, o cantor convocou uma paralisação de caminhoneiros no Sete de Setembro e dizia que a "cobra [ia] fumar" se o STF não atendesse às reivindicações de Bolsonaro.

A incitação a entrar no STF e tirar seus integrantes "na marra" fez os ministros discutirem a possibilidade de prender Reis, cogitação compartilhada por Augusto Aras. Fux ligou para Moraes: "Ele está querendo incendiar o país e causar desabastecimento. Eu apoio o que você decidir", disse. Moraes também recebeu sinais semelhantes de outros ministros, e, em 20 de agosto, Reis foi alvo de uma ação de busca e apreensão no âmbito do inquérito que apurava ataques às instituições democráticas. O sertanejo foi proibido de se aproximar da Praça dos Três Poderes num raio de um quilômetro.

O movimento entre os caminhoneiros também estava grande. Desde 2018, quando uma greve do setor interditou rodovias, causando o desabastecimento de diversas cidades e pondo o governo Temer de joelhos na negociação das pautas da categoria, algumas lideranças volta e meia ameaçavam repetir a dose, caso suas reivindicações contra o preço dos combustíveis não fossem atendidas. Mas nunca nada nem perto daquilo se repetira. Agora, motoristas bolsonaristas vinham instrumentalizando colegas para fazer pressão por Bolsonaro. No começo de julho, o caminhoneiro Marcos Antônio Pereira Gomes, conhecido como Zé Trovão, que liderava um grupo da categoria em Santa Catarina, fez uma transmissão ao vivo nas redes sociais intitulada "Vamos fechar Brasília", em que exortava a população a ir a Brasília, acampar na cidade e exigir a renúncia dos onze ministros do STF. Também afirmava que convocaria nova paralisação de caminhões nas rodovias brasileiras. Em outra gravação, Zé Trovão passou a defender a destituição dos ministros do Supremo e, de maneira quase teatral, disse que aquilo era uma ordem para o presidente do Senado. "A empresa chamada Brasil tem dono, os brasileiros, e quando um dono dá uma ordem, a obrigação dos gerentes e funcionários é cumprir", cobrou, em tom raivoso, com seu chapéu e longa barba preta. Os vídeos de Trovão viralizaram na mesma época em que Sérgio Reis tumultuou o cenário, o que foi percebido no STF como uma ação coordenada da milícia digital para passar a mensagem de que se avizinhava de novo o caos de 2018. Só que, dessa vez, contra o Supremo.

No mesmo 20 de agosto em que mandou a PF bater à porta de Sérgio Reis, Moraes determinou que idêntica ação ocorresse contra Zé Trovão, que também estava proibido de se aproximar da Praça dos Três Poderes. O ministro determinou o mesmo ao deputado Otoni de Paula e outras oito pessoas que defendiam um levante no Sete de Setembro. O caminhoneiro seguiu com os ataques, agora dizendo que o Congresso também deveria ser invadido e o presidente da CPI da Pandemia, Omar Aziz, a exemplo dos ministros do STF, deveria ser retirado à força, como uma maneira de "acabar com a alta dos combustíveis". Em 3 de setembro, Moraes mandou prender Zé Trovão por ter continuado com as postagens ofensivas mesmo depois da sua primeira decisão. A PF não conseguiu encontrar Zé Trovão, que seguiu desafiando as autoridades, prometendo estar na Paulista no dia 7.

O STF também agiu para tentar conter o financiamento do

protesto, suspendendo uma chave PIX que vinha sendo usada para receber doações. Antonio Galvan, o presidente da Associação dos Produtores de Soja (Aprosoja), rica entidade patronal que representa produtores de soja de todo o Brasil, passou a ser investigado: o STF soubera que ele estava colaborando com doações particulares para financiar a paralisação de caminhoneiros. Galvan havia participado de um dos vídeos em que Sérgio Reis pedia uma intervenção no Supremo. A entidade negou qualquer envolvimento com as manifestações.

Bolsonaro partiu para cima de Alexandre de Moraes no mesmo dia em que a PF, por ordem do ministro, foi às ruas investigar seus apoiadores. Ainda naquele 20 de agosto, cumpriu a promessa feita dias antes. Era pouco mais de seis da tarde quando um funcionário do Planalto chegou ao Senado para dar entrada em um pedido de impeachment contra Moraes. Com dezenove páginas, o documento pedia sua destituição e sua inabilitação por oito anos para exercer qualquer função pública.

Rodrigo Pacheco estava em São Paulo quando soube, pela imprensa, da notícia. O presidente do Senado deu na mesma noite uma entrevista em que sinalizou que não aceitaria aquele pedido. Seu objetivo, conforme relatou em conversas posteriores com Alexandre de Moraes, Gilmar Mendes e Dias Toffoli, era resolver a questão em pouco tempo, de maneira que o pedido não estivesse ainda em aberto durante as manifestações previstas para o Sete de Setembro. O pedido, de fato, foi recusado por Pacheco antes disso.

A categoria que mais preocupava os ministros do STF, porém, não eram os caminhoneiros. Policiais militares da reserva estavam convocando outros integrantes das forças de segurança para participar dos atos. Cerca de três semanas antes do Sete de Setembro, um vídeo do coronel da reserva da PM de São Paulo Ricardo Augusto Nascimento de Mello Araújo, então diretor-presidente da estatal federal Companhia de Entrepostos e Armazéns Gerais de São Paulo (Ceagesp), viralizou entre policiais do estado. Vestido com a camiseta preta da Rota, o grupo de elite da polícia paulista, o policial conclamava veteranos da força a participar da manifestação, apelando para uma suposta responsabilidade histórica. "A Polícia Militar do Estado de São Paulo participou dos principais movimentos do nosso país. Já lutamos em Canudos, as revoluções, 1932 e 1964, sempre estivemos presentes. Não podemos nesse momento em que o país passa por essa crise, em que percebemos o comunismo querendo entrar", disse.

A adesão dos policiais entrou num terreno perigoso quando o repórter Marcelo Godoy revelou que o chefe dos batalhões da PM no interior paulista, coronel Aleksander Lacerda, vinha, em sua página no Facebook, convocando policiais para a manifestação. "Liberdade não se ganha, se toma. Dia 7/9 eu vou", escreveu num post. A presença de policiais da ativa no protesto representaria insubordinação ao governador João Doria e crime militar, já que policiais e militares são proibidos de participar de atos políticos. A despeito disso, em 24 de agosto, o deputado Coronel Tadeu, do PSL de SP, disse em uma entrevista que policiais do interior de São Paulo haviam alugado cinquenta ônibus para participar dos atos na avenida Paulista. Para o deputado, policiais poderiam participar das manifestações mesmo sendo proibidos "porque têm certidão de nascimento e o direito de serem patriotas". Disse ainda que os policiais estariam à paisana e não portariam armas. Doria afastou Aleksander Lacerda, o coronel que chefiava os batalhões do interior.

Os policiais eram o maior temor dos ministros do Supremo. O receio era que Bolsonaro se valesse da conexão direta que tinha com forças de segurança estaduais, notadamente as PMs, para dar início a alguma ruptura institucional a partir do Sete de Setembro. O raciocínio no STF era que, se houvesse a presença maciça de policiais da ativa nos protestos país afora, apesar da proibição legal, estaria aberta a porta para uma insubordinação em massa contra governadores, ou contra o próprio Supremo. Se estivessem armados, poderia ser ainda pior.

Moraes e Toffoli vinham conversando havia algumas semanas com Augusto Aras sobre esse risco. O procurador-geral também estava preocupado e prometeu ajudar. Por ordem sua, o vice-procurador-geral Humberto Jacques de Medeiros abordou o tema na reunião do Conselho Nacional de Procuradores-Gerais, com o objetivo de mobilizar os chefes dos Ministérios Públicos estaduais para exercer o controle da atividade policial e alertar as polícias sobre as consequências de uma eventual participação nos protestos.

A dobradinha de Aras com Toffoli e Moraes vinha ocorrendo no âmbito dos inquéritos dos atos antidemocráticos e das fake news com bem mais frequência do que era divulgado. Na visão de Toffoli, Moraes e outros ministros do Supremo, todos críticos da omissão do PGR em relação a possíveis crimes cometidos por Bolsonaro, Aras não tergiversava da mesma maneira quando o assunto era democracia. Para eles, aquele era um momento que indicava isso. Ao procurador-geral, porém, não interessava dar publicidade a essa sua agenda, sob o risco de contaminar sua ótima relação com Bolsonaro. Com a escolha de André Mendonça para uma vaga no Supremo, Aras havia acabado de ser preterido mais uma vez, mas ainda se mexia para chegar lá. Quem sabe uma futura indicação em um eventual segundo mandato do presidente, conforme Bolsonaro chegou a cogitar em público certa vez, quem sabe para a vaga aberta com a aposentadoria de Marco Aurélio. O senador Davi Alcolumbre, presidente da Comissão de Constituição e Justiça do Senado, onde deveria ocorrer a primeira apreciação do nome de Mendonça, estava empenhado em trabalhar contra o indicado, fazê-lo desistir ou ser derrotado e, assim, levar Bolsonaro a indicar Aras já naquele momento.

A articulação feita pelo vice-PGR, sob a orientação de Aras, Moraes e Toffoli, deu resultados. Os MPS de diversos estados do país passaram a oficiar os comandos das polícias militares mostrando que estariam atentos à participação de policiais no Sete de Setembro. Havia forte preocupação com Florianópolis, onde um segmento da PM se preparava para integrar as manifestações, e o MP catarinense sinalizou que agiria com rigor para punir os policiais que estivessem nos protestos. Em Brasília, o caso também era grave. O comandante-geral da PM do Distrito Federal (PMDF), coronel Márcio Cavalcante de Vasconcelos, dava sinais públicos de alinhamento com Bolsonaro. Em junho de 2021, o coronel concluíra com um "Brasil acima de tudo, Deus acima de todos" o discurso que fez numa formatura da corporação. Em agosto, a PMDF havia circulado uma nota informando que oficiais da ativa que participassem dos atos em apoio a Bolsonaro não seriam punidos. O problema era que cabia exatamente à PM do DF coibir qualquer ato violento ou ameaça ao Congresso ou ao Supremo durante os protestos. A Promotoria de Justiça Militar do DF também oficiou o comandante, perguntando sobre quem tinha produzido a nota e sobre quais eram as medidas que vinham sendo tomadas para evitar a participação de policiais, e, em 2 de setembro, recomendou que a participação deles fosse expressamente proibida. No Ceará, no Pará, em Pernambuco, no Mato Grosso e em São Paulo, após o episódio do chefe dos batalhões do interior, foram tomadas medidas semelhantes.

No Palácio do Planalto, embora a pandemia houvesse cruzado a marca dos 580 mil mortos, a mobilização para o Sete de Setembro era o principal assunto. Havia um misto de expectativa de promover a maior de todas as manifestações a favor do governo e do que fazer no dia seguinte. Na verdade, ninguém sabia ao certo o que seria o dia seguinte, ou seja, o que de fato Bolsonaro pretendia. Para onde seria canalizada toda aquela energia que ele arregimentava? Em que pesasse maior disposição da atual cúpula militar de participar das mise-en-scènes de Bolsonaro, não havia nenhuma sinalização concreta por parte dos militares de participar de alguma aventura. Os altos-comandos das Três Forças seguiam, talvez para frustração do presidente, legalistas.

O STF tampouco dava sinais de que se intimidaria. Desde os primeiros embates com o presidente, o tribunal só fazia dobrar a aposta, tendo Moraes como primeiro soldado. As decisões do relator dos inquéritos que mais amedrontavam o governo não eram unânimes entre os ministros — Fux, por exemplo, considerava um exagero a prisão alongada de Roberto Jefferson —, mas nenhuma crítica era feita em público e, em plenário, as decisões seguiam chanceladas por ampla maioria. O tribunal, no fundo cheio de fissuras internas, conseguia chegar unido contra as investidas do governante.

Alguns aliados de Bolsonaro entendiam que havia um componente eleitoral e outro familiar que o levavam a querer demonstrar mais uma vez sua força, agora pela capacidade de mobilização popular. Afinal, encher as ruas do país era uma forma de mostrar que ele não estava morto para 2022. Se conseguisse lotar a Paulista, a Esplanada, a praia de Copacabana, seria capaz de entrar competitivo na campanha. E havia a razão pessoal, familiar: Bolsonaro continuava certo de que Alexandre de Moraes ainda poderia prender Carlos, o mais frágil de seus filhos, que seguia morando no Alvorada. Nada que Gilmar, Toffoli ou qualquer outro interlocutor de Moraes dissesse podia demovê-lo. Tinha convicção de que ele e, consequentemente, Carlos sairiam mais fortalecidos e protegidos se o Supremo visse a multidão que estava disposta a defendê-lo.

À medida que Bolsonaro se inflamava cada vez mais em público, nos bastidores Dias Toffoli, Arthur Lira e ministros do Centrão, como Ciro Nogueira e Flávia Arruda, tentavam acalmá-

-lo, aconselhando-o a recuar. Aras engrossava o coro. Bolsonaro dava ouvidos ao grupo por vê-los como aliados. Não via no esforço de Toffoli ou de Aras, como não vira, no passado, no de Alcolumbre, o objetivo de enfraquecê-lo. Foi se fiando nesse espírito que, no dia 5 de setembro, Toffoli telefonou a Michel Temer e perguntou se o ex-presidente poderia conversar com Bolsonaro e, com sua experiência de ter governado também sob forte crise política, recomendar que ele não seguisse pelo caminho do tensionamento. Se o presidente quisesse, Temer aceitava conversar. O ministro do STF propôs o mesmo a Bolsonaro, lembrando que o ex-presidente poderia construir uma ponte importante, pois fora ele quem, em 2017, escolhera seu então ministro da Justiça Alexandre de Moraes para ocupar a vaga aberta com a morte de Teori Zavascki. Bolsonaro consentiu, e os dois, já no dia 5, começaram a dialogar. O presidente, a exemplo do que passou a fazer em público, prometia que o Sete de Setembro seria de manifestações tranquilas e ordeiras, diferentes das feitas pelo "outro lado", que "quebra agências bancárias e põe fogo em pneu".

Os outros chefes de poderes também tentavam agir como forças dissuasivas. Em 2 de setembro, após se reunir com governadores, Pacheco falou em defesa da democracia: "Democracia é uma realidade, o estado de direito é uma realidade". No mesmo dia, Arthur Lira foi ainda mais direto: "O presidente sabe da responsabilidade dele em relação às manifestações. E se por acaso houver qualquer tipo de tumulto, ele será o único a perder". No dia seguinte foi a vez de Fux, que ressaltou que o STF seguiria "atento e vigilante, neste Sete de Setembro, pela manutenção da plenitude democrática", emendando que "liberdade de expressão não comporta violências e ameaças".

Longe dos microfones, o planejamento da segurança do STF havia começado semanas antes. Fux sabia que o principal alvo dos manifestantes mais agressivos era o Supremo. Se houvesse algum tipo de violência, fosse por parte de policiais, fosse pelos caminhoneiros, seria contra o prédio do STF e os ministros. Era contra eles, contra a instituição, que havia quase dois anos Bolsonaro açulava seus seguidores. Nos dias que antecederam o Sete de Setembro, Fux e Rodrigo Pacheco, também preocupado com a segurança do Supremo, conversaram diversas vezes a respeito do assunto.

A Secretaria de Segurança do STF, a Polícia Judicial e o governo do Distrito Federal se encontraram para discutir o esquema de proteção do STF. A Polícia Militar do DF faria três barreiras de contenção para impedir o acesso dos caminhões que queriam ocupar a Esplanada: a primeira na altura do Museu Nacional; a segunda na catedral, cerca de duzentos metros adiante, e a última no trecho entre o gramado do Congresso e o Itamaraty. Quem passa desse ponto chega à Praça dos Três Poderes e, portanto, ao STF.

Naquela noite, enquanto monitorava a atuação do forte aparato de segurança em torno do tribunal e a situação na Esplanada, Fux também fez um último apelo a Bolsonaro: que ele não instigasse os caminhoneiros contra o Supremo. O presidente prometeu que não o faria. O ministro também telefonou para Braga Netto, queria saber qual era o clima nos quartéis, se o ministro da Defesa sentia que estava tudo em ordem. O general o tranquilizou. "Tudo bem, presidente. Situação de ordem e paz, e assim seguirá", afirmou. E completou: "As manifestações não nos preocupam, presidente. O que realmente preocupa hoje as Forças Armadas em relação ao Supremo Tribunal é essa votação do marco temporal dos índios. Estamos muito preocupados com isso".

A questão indígena era um dos temas de maior discordância entre STF e militares. O tribunal votaria dali a alguns dias uma ação que defendia que povos indígenas só poderiam reivindicar terras onde já estavam no dia 5 de outubro de 1988, quando entrou em vigor a Constituição de 1988. A corte teria que decidir se as demarcações posteriores eram válidas ou não. Os militares, a exemplo do governo e do agronegócio, defendiam que só deveria ser reconhecida como terra indígena aquela que havia sido demarcada até 1988. Fux não perceberia na pergunta um recado de como os militares esperavam que o STF votasse, nem uma ameaça ou coisa parecida. Não deu importância, e um tempo depois nem lembraria mais que, em meio ao temor de invasão do Supremo, o general tinha aproveitado para comunicar a ele a visão das Forças Armadas sobre o tema.

Pouco depois de falar com o ministro da Defesa, Fux recebeu dos agentes que estavam em campo a informação de que o clima entre os caminhoneiros manifestantes e os policiais do Distrito Federal era, estranhamente, de camaradagem. "Estão dando tapinha nas costas uns dos outros", relatou um dos agentes. Poucas horas depois, relatos alarmantes começaram a chegar. Os manifestantes haviam passado a primeira barreira de contenção sem grande esforço. A PM não reagiu como de costume em outras situações como aquela, com armas não letais ou barreiras humanas e da cavalaria. Algumas horas depois, a segunda barreira foi ultrapassada, mais uma vez sem resistência. Os caminhões agora se aproximavam do Itamaraty. A invasão foi comemorada por ministros de Bolsonaro. Wagner do Rosário, da Controladoria-Geral da União, postou um vídeo da invasão no Twitter e celebrou: "Lindo ver Brasília ser tomada por pessoas de bem. Pessoas ordeiras, que só querem viver num país mais justo, mais livre e mais democrático. Tá bonito de ver!!! Viva o Sete de Setembro!!!". Fux decidiu que era hora de escalar a gestão da crise e ligar para o comandante da tropa de choque da PMDF e para o chefe do Comando Militar do Planalto, que não o tranquilizaram. Sua tensão e a dos homens de prontidão dentro do tribunal só terminaria no avançado da madrugada, quando estava claro que os caminhoneiros haviam sido contidos na terceira e última barreira, e o Supremo estava resguardado. Mas o Sete de Setembro mal começara.

O dia da manifestação foi de muito calor no DF. Os termômetros marcavam 33 graus às onze horas, a umidade do ar era de 12%. A partir das quatro da manhã, alguns bolsonaristas começaram a chegar a pé na Esplanada e a se aglomerar diante das barreiras policiais. A primeira aparição de Bolsonaro não foi ali, mas no Palácio do Alvorada, às oito e meia, para a cerimônia do hasteamento da bandeira. Estava calmo e repetiu o discurso habitual de que respeitaria as quatro linhas, mas que "a partir de agora" não admitiria que "outras pessoas joguem fora das quatro linhas". A seu lado, Paulo Guedes, Tarcísio de Freitas, Damares Alves, Augusto Heleno, Onyx Lorenzoni, Hamilton Mourão e Fernando Collor, que se convertera num apoiador do presidente, sob pena de desaparecer eleitoralmente em 2022. Bolsonaro fez o percurso entre o Palácio da Alvorada e a bandeira, que fica na frente do espelho d'água, no Rolls-Royce presidencial, o mesmo usado na posse, dirigido pelo ex-piloto Nelson Piquet, outro que se convertera ao bolsonarismo.

Às nove e meia da manhã, Bolsonaro sobrevoou a Esplanada em um helicóptero militar em companhia de Eduardo Bolsonaro e de Braga Netto. Chegou à Esplanada uma hora depois. Desfilou em uma caminhonete e, em frente ao Planalto, fez um rápido discurso, interrompido por aplausos e palavras de apoio. "A partir desse momento, o Poder Executivo federal juntamente com seus 23 ministros não mais aceitaremos que qualquer autoridade, usando a força do poder, passe por cima da nossa Constituição." Suas falas eram pausadas, com intervalos entre as frases de efeito para dar tempo ao público de gritar em apoio. Era um estilo antigo, semelhante ao que ele adotara um ano e quatro meses antes, ao discursar no Dia do Exército, 19 de abril, em frente ao quartel-general do Exército. Falava alto, mas sem passar raiva ou irritação. "Juramos respeitar a nossa Constituição. Quem age fora dela se enquadra ou pede para sair. Esse ministro específico do Supremo Tribunal Federal perdeu as condições mínimas de continuar dentro daquele tribunal", disse. Nesse momento, ao falar em "um ministro específico", a multidão começou a gritar "Fora, Alexandre! Fora, Alexandre!". O presidente continuou: "Não queremos ruptura, não queremos brigar com poder nenhum, mas não podemos admitir que uma pessoa curve a nossa democracia". Bolsonaro se referiu a Fux, sem citar seu nome, e disse que caberia a ele "enquadrar" o Supremo. "Ou o chefe desse poder enquadra o seu, ou esse poder pode sofrer aquilo que nós não queremos", ameaçou. No fim do discurso, disse que a presença das pessoas era um "ultimato para todos na Praça dos Três Poderes".

E então prometeu que no dia seguinte convocaria o "Conselho da República", deixando intrigados aqueles que o ouviam. Formado pelo presidente, o vice-presidente, os presidentes da Câmara e do Senado, os líderes da maioria e da minoria na Câmara e no Senado, o ministro da Justiça e seis cidadãos brasileiros com idade superior a 35 anos, o Conselho da República é um órgão consultivo, ou seja, não tem poder de deliberar nada, e se pronuncia sobre pedidos de intervenção federal, estado de defesa, estado de sítio e questões relevantes para a estabilidade das instituições democráticas. "Amanhã estarei no Conselho da República, juntamente com os ministros, juntamente com presidente da Câmara, do Senado e do STF, com esta fotografia de vocês, vou mostrar pra onde nós todos devemos ir", ele disse. Num primeiro momento, essas palavras assustaram meia Brasília, que não sabia por que o presidente recorreria ao conselho. Logo depois do discurso, Pacheco e Lira disseram que não tinham recebido nenhum convite para nenhum conselho. E esse seria um ponto que ainda ficaria mais nebuloso ao longo do dia.

Com o fim da manifestação em Brasília, que reuniu 105 mil pessoas, número grande para os padrões locais, as atenções se voltariam para São Paulo. A Paulista era a grande aposta: Bolsonaro e seus aliados falavam em reunir até 1,5 milhão de manifestantes. O presidente chegou à capital à uma e meia da tarde e, num helicóptero, sobrevoou a manifestação. Sozinho, acenava do alto para a multidão, enquanto os carros de som anunciavam sua presença. Apoiadores como Carla Zambelli, Ricardo Salles e Onyx Lorenzoni revezaram-se discursando, meio que num aquecimento para a chegada do protagonista. Às três e quarenta, Bolsonaro começou a discursar em cima de um carro de som cercado por aliados e pela família, quase todos de amarelo: os filhos Flávio e Eduardo Bolsonaro, os deputados Carla Zambelli e Marco Feliciano, o pastor Silas Malafaia e outros aliados evangélicos, o ativista Tomé Abduch, do movimento Nas Ruas, o ex-senador e seu quase vice-presidente Magno Malta, além de onze ministros.

Bolsonaro começou calmo, como em Brasília, com o mesmo estilo pausado, de frases sem conectivos, com referências bíblicas e divagações sobre a importância que agora, com ele, se dava à família, aos militares, à liberdade. O tom seguiria ameno até o momento em que começou a falar do Supremo. Tal como ele antecipara a Fux na véspera, o foco era Moraes. "Ou esse ministro se enquadra ou ele pede para sair! Não se pode admitir que uma pessoa apenas, um homem apenas, turve a nossa liberdade. [Temos que] dizer a esse ministro que ele tem tempo ainda para se redimir, tem tempo ainda de arquivar seus inquéritos", disse Bolsonaro, já com o rosto avermelhado, inflamado. Prosseguiu, usando suas habituais pausas para engolir em seco. O povo gritava "Eu autorizo! Eu autorizo!", repetindo um mote que havia sido criado por bolsonaristas nas ruas com o sentido de autorizar um golpe ou uma ruptura. No fundo do carro de som, naquele momento Flávio Bolsonaro se preocupou com o tom do pai.

Flávio havia sido o único da família a tentar de fato construir uma ponte com Alexandre de Moraes ao longo do governo. Estivera em duas ocasiões com o ministro: uma por acaso, num jantar, em Brasília, em 2019, na casa de um conhecido em comum; a outra em 2020, a sós, numa conversa em que Moraes afirmou não ter nada contra Bolsonaro nem contra nenhum integrante da família. Flávio disse que a recíproca era verdadeira e que o pai e o ministro ainda teriam uma oportunidade de conversar, estreitar laços e "zerar as diferenças". Era o Flávio conciliador em ação. Mas a oportunidade nunca chegou, e agora o presidente subiria mais um degrau na escalada contra o ministro.

"Sai, Alexandre de Moraes! Deixa de ser canalha! Deixa de oprimir o povo brasileiro, deixe de censurar o seu povo. Mais do que isso, nós devemos, sim, porque eu falo em nome de vocês, determinar que todos os presos políticos sejam postos em liberdade", continuou, agora já com os olhos esbugalhados pela tensão. Traindo o acerto que fizera menos de um mês antes com Arthur Lira, voltou a atacar as eleições e defendeu o voto auditável e uma apuração pública, a única forma, disse, de se ter eleições confiáveis e limpas. Ainda engolindo em seco, concluiu em tom fatalista: "E [quero] dizer àqueles que querem me tornar inelegível em Brasília: só Deus me tira de lá. Só vou sair preso, morto ou com a vitória. Dizer aos canalhas que eu nunca serei preso. A minha vida pertence a Deus, mas a vitória pertence a todos nós".

Às 18h40, ministros informaram que tinham sido convocados para uma reunião do "conselho de governo" no dia seguinte. "Conselho de governo" foi o nome pomposo que Bolsonaro deu para a regular reunião que ele fazia com os ministros. Ao longo da noite, seus assessores disseminaram à imprensa que, de manhã, em Brasília, quando Bolsonaro falara em Conselho da República, na verdade quisera se referir a esse "conselho de governo". A versão não fazia sentido, porque, ao falar no Conselho da República, o presidente citara autoridades que não frequentam a reunião ministerial, como os presidentes da Câmara e do Senado. O mais provável é que em algum momento Bolsonaro tenha de fato cogitado convocar o Conselho da República e depois tenha recuado.

Terminado o evento na Paulista, o presidente e seu entorno estavam divididos. Os mais radicais estavam eufóricos com os aplausos e a veemência do presidente. Silas Malafaia e Abduch o cumprimentaram. Zambelli vibrava, Eduardo Bolsonaro também. Outro grupo, porém, tivera leitura diferente. No voo de volta para Brasília, o clima não parecia em nada com o da ida para São Paulo. A sensação de Flávio e de alguns ministros era que o presidente havia passado do ponto. Bolsonaro também estava estranho, com ar cansado, e pouco conversou.

A maioria dos ministros do STF acompanhou os dois discursos de Bolsonaro. Perto do fim da tarde, os dez — a vaga aberta com a aposentadoria de Marco Aurélio seguia em aberto — reuniram-se numa videoconferência para trocar impressões sobre o ocorrido e como o tribunal deveria reagir. Todos se solidarizaram com Moraes, que agradeceu e observou, aliviado, que o Sete de Setembro havia sido maior do que o que os ministros gostariam, porém menor do que eles achariam que seria. Fux informou que falaria em público sobre o assunto, mas apenas no dia seguinte e no plenário da corte. O ministro era avesso à divulgação de notas de repúdio, julgava um instrumento já banalizado. Ninguém se opôs à ideia, mas todos sugeriram que a resposta fosse forte e dura. Ou melhor: quase todos. Kassio Nunes Marques discordou dos colegas e disse que o momento pedia "inteligência emocional para não responder muito acima do tom".

No dia 8, de manhã, na reunião para a qual convocara seus ministros na véspera, o presidente não se mostrou disposto a recuar. Estava exaltado, e seus ministros, divididos. Augusto Heleno, Braga Netto, Onyx Lorenzoni e Damares celebravam a força que o presidente demonstrara. Paulo Guedes defendeu que a energia do apoio popular demonstrado na véspera fosse canalizada para aprovar as reformas. Ciro Nogueira e Flávia Arruda destoaram, sinalizando preocupação. Lira havia antecipado seu retorno de Alagoas e passara a noite do dia 7 conversando com presidentes de partidos aliados e seus líderes na Câmara. Todos tinham a mesma leitura: Bolsonaro acertara na Esplanada, discursara no tom certo, mas nos limites democráticos, e errara na Paulista. Nogueira e Arruda disseram isso ao presidente, ela de modo mais contundente: "Presidente, temos que aprovar um novo auxílio e enfrentar a inflação. Essas pautas são as mais urgentes, na minha opinião. A briga não vai nos ajudar em nada". Fábio Faria concordou. Bolsonaro prestava atenção. "Eu senti o bafo do povo, Flávia. Eu senti que eu precisava falar o que eu falei. O povo queria", justificou-se. O presidente repetiria a expressão em conversas com outros interlocutores, quando explicou que não pretendia ser tão agressivo contra Moraes, mas que teria se descontrolado diante do calor da multidão.

O mercado reagiu mal ao rompante do presidente. A B3, a Bolsa de Valores de São Paulo, caiu; o dólar subiu. Nenhum empresário relevante manifestou apoio. As reações institucionais não tardariam. Arthur Lira foi o primeiro a se manifestar, no começo da tarde. "Diante dos acontecimentos de ontem, quando abrimos as comemorações de duzentos anos como nação livre e independente, não vejo como possamos ter ainda mais espaço para radicalismo e excessos. [...] É hora de dar um basta a esta escalada, em um infinito looping negativo. Bravatas em redes sociais, vídeos e um eterno palanque deixaram de ser um elemento virtual e passaram a impactar o dia a dia do Brasil de verdade", analisou, dizendo que a Câmara se predispunha a ser um "motor de pacificação". "Por fim, vale lembrar que temos a nossa Constituição, que jamais será rasgada. O único compromisso inadiável e inquestionável que temos em nosso calendário está marcado para 3 de outubro de 2022 com as urnas eletrônicas" — Lira confundiu a data do primeiro turno de 2022, que seria em 2 de outubro. "É nas cabines eleitorais, com sigilo e segurança, que o povo expressa sua soberania", disse, respaldando o que o plenário decidira havia menos de um mês.

Cerca de meia hora depois, Fux falou do plenário do STF, como prometera. Estava em companhia de Rosa Weber, Barroso, Toffoli e Gilmar Mendes, além do procurador-geral Augusto Aras. Os demais ministros participavam virtualmente. Em seu discurso, Fux disse que o STF estivera atento ao que ocorrera na véspera, com os ataques do presidente contra o Supremo e os ministros. Não demonstrava irritação, mas nos trechos em que queria ser enfático, como essa referência aos ataques, subia o tom de voz. "Ofender a honra dos ministros, incitar a população a propagar discursos de ódio contra a instituição do Supremo Tribunal Federal e incentivar o descumprimento de decisões judiciais são práticas antidemocráticas, ilícitas e intoleráveis, em respeito ao juramento constitucional que todos nós fizemos ao assumirmos uma cadeira nesta Corte. Infelizmente, tem sido cada vez mais comum que alguns movimentos invoquem a democracia como pretexto para a promoção de ideias antidemocráticas", prosseguiu, até então num tom de análise do que acontecera.

O ministro falou da necessidade de se permanecer atento a "falsos profetas do patriotismo", que ignoram que "democracias verdadeiras não admitem que se coloque o povo contra o povo, ou o povo contra as suas próprias instituições". "Todos sabemos que quem promove o discurso do 'nós contra eles' não propaga democracia, mas a política do caos. Em verdade, a democracia é o discurso do 'um por todos e todos por um', respeitadas as nossas diferenças e complexidades", continuou, passando então para uma cadência mais lenta, como a preparar que se escutasse a parte seguinte com atenção: "Povo brasileiro, não caia na tentação das narrativas fáceis e messiânicas, que criam falsos inimigos da nação [...]. Este STF jamais aceitará ameaças à sua independência nem intimidações ao exercício regular de suas funções".

Em referência à declaração de Bolsonaro, de que ele não obedeceria mais às decisões de Moraes, Fux disse que o STF não toleraria ameaças à autoridade de suas decisões. E mandou um recado: "Se o desprezo às decisões judiciais ocorre por iniciativa do chefe de qualquer dos poderes, essa atitude, além de representar um atentado à democracia, configura crime de responsabilidade, a ser analisado pelo Congresso Nacional". E, perto do fim, em tom firme, balançando a cabeça para a frente, disse que "ninguém, ninguém" fecharia a Corte.

Bolsonaro ouviu os discursos de Lira e de Fux do Palácio do Planalto, ao vivo. Gostou da fala de Lira, que achou respeitosa com ele. Sabia, porém, que o presidente da Câmara não aprovara o que ele havia dito de Moraes nem o ataque ao sistema eleitoral. Com Fux, porém, Bolsonaro surpreendeu-se. Não esperava o tom incisivo que o presidente do STF tinha adotado. Do Congresso, continuavam a chegar críticas semelhantes às de Flávia Arruda. Como dissera a ministra, a impressão entre os deputados e senadores do Centrão era que Bolsonaro havia vitimizado Alexandre de Moraes.

O presidente também buscou saber o que se passava no STF. Pediu ajuda a André Mendonça, seu ex-AGU, que tinha boa relação com diversos ministros e agora estava fora do governo, à espera da votação da indicação de seu nome ao Supremo. Recorreu ainda a Nunes Marques, Dias Toffoli, Augusto Aras e Ciro Nogueira, o qual estivera ao longo do dia com Gilmar Mendes no STF e Lira na Câmara. As diferentes fontes levavam ao presidente um diagnóstico semelhante: se ele não fizesse um gesto, não recuasse, nos próximos dias poderia ver uma reação "sem precedentes" por parte de Moraes e de um STF mais unido do que nunca. Bolsonaro havia mostrado que não estava morto, ainda tinha muito apoio, mas o discurso da Paulista fizera seu Sete de Setembro ter o efeito inverso do desejado. Embriagado pelo tal bafo do povo, tinha dado um tiro no pé.

Toffoli insistiu que ele desse um passo atrás e usasse o canal construído com Michel Temer para chegar a Moraes e estabelecer um grau mínimo de civilidade e harmonia. Aras, Nunes Marques, Mendonça e Ciro Nogueira também aconselharam no sentido da moderação. Ainda no dia 8 de setembro, perto de oito da noite, Bolsonaro telefonou para Michel Temer e quis saber suas impressões a respeito do episódio. Bolsonaro corria um grande risco agora, disse o ex-presidente, em especial com alguns líderes caminhoneiros, que, a despeito do fim da mobilização do governo, seguiam dispostos a manter os protestos e travar algumas rodovias. Temer levou a Bolsonaro, então, a memória da greve de 2018, que ele considerava um dos mais graves momentos de seu governo, e fez um alerta: "Se não houver controle da situação, e isso atingir a estabilidade do país, com desabastecimento e quebra da ordem pública, não há governo que se sustente, presidente". Bolsonaro escutava com atenção, calado. Temer se ofereceu para interceder junto a Moraes, pois percebia que era isso que Bolsonaro queria ouvir.

"O senhor está querendo que eu fale com o Alexandre, com o STF?"

"É, o senhor tem muito prestígio com o Supremo, eu não quero briga com o Supremo, nem com o Alexandre, e não poderia imaginar isso, é importante para o país."

"Posso dizer ao Alexandre que o senhor pediu para eu fazer isso?"

"Claro."

Na mesma noite, Temer e Moraes se falaram. O ex-presidente perguntou se o ministro aceitaria conversar com Bolsonaro caso este divulgasse um documento recuando do que dissera no Sete de Setembro e se comprometendo com a democracia e o respeito às leis. Moraes deu sinal verde.

"Eu não tenho nenhum problema com ele, com a família, com amigos. São questões jurídicas", disse Moraes.

"Eu sei. Ele me ligou para ver se busca uma pacificação. Eu acho, Alexandre, que não é ruim pro país. A situação tá muito conturbada, tem os caminhoneiros", argumentou Temer.

"O que o senhor sugere?"

"Olha, se ele divulgasse um documento com esses pontos de compromisso com a democracia, as leis e a harmonia, talvez fosse uma forma. Eventualmente, se você achar que deve, pode falar com ele pelo telefone. Ele é presidente da República, você é ministro do Supremo. Não há razão para as pessoas não conversarem. E falar não quer dizer que vai resolver assim ou assado. Você não tem que se comprometer com nada", argumentou.

"Se ele fizer uma coisa dessa, eu falo, mas ele não vai fazer isso", duvidou Moraes.

"Tudo bem, mas aí eu terei cumprido meu papel. Eu digo isso; se ele aceitar, aceitou. Se não aceitar, ponto final", concluiu Temer.

No dia 9 de setembro, Bolsonaro telefonou às seis e meia para Temer. Ambos já haviam se falado cedo em outras ocasiões, e o presidente sabia que seu interlocutor estaria acordado. "Olha, queria que você almoçasse aqui comigo, para nós trocarmos umas ideias", ele propôs. "Vou mandar pegá-lo aí em São Paulo." Temer viu a chance de falar do documento. "Eu ir aí só pra conversarmos não é bom nem para o senhor nem pra mim. Agora, em face da conversa que tivemos ontem, eu elenquei uns pontos. Se o senhor topar esses pontos, para fazer uma declaração pública ao país, seria positivo. O Alexandre é um pretexto. É uma declaração pública do presidente da República para a nação, para pacificar o país, ou pelo menos para tirar esses grandes embaraços que estão pela frente. O senhor deve ter muito cuidado com os caminhoneiros, presidente, como eu falei", respondeu Temer, que em seguida leu os pontos.

"Eu estou de acordo, venha; nós vamos ver isso daí, redigir em definitivo, posso fazer uma ou outra observação e redigimos."

Temer partiu para Brasília ainda de manhã e chegou ao Planalto perto de 12h30. Na sala do presidente também estava Bruno Bianco, o advogado-geral da União, que, na véspera, havia telefonado para Temer e conversado sobre os riscos de o presidente não cumprir uma decisão judicial. Temer não sabia se Bianco tinha ligado a mando de Bolsonaro ou prevendo o que o chefe poderia vir a fazer.

Temer apresentou os pontos. "O senhor veja aí se está de acordo, e fazemos uma redação definitiva." Bolsonaro perguntou se o ex-presidente poderia ficar mais umas duas horas; ele queria pensar sobre alguns pontos do documento. "Claro, sim, eu espero", respondeu Temer, que aproveitou o tempo e foi encontrar o governador do DF, Ibaneis Rocha, seu correligionário. Na volta, após as trocas de algumas palavras na carta, Bolsonaro já estava pronto para divulgá-la. O presidente havia discutido o texto com Bianco, Augusto Heleno e Pedro Cesar Nunes, que fora seu chefe de gabinete e naquele momento respondia pela Subchefia para Assuntos Jurídicos do Planalto.

"O senhor vai divulgar já?", perguntou Temer.

"Pode passar para a imprensa", disse Bolsonaro a um assessor.

O ex-presidente então telefonou a Alexandre de Moraes. Agora, se daria a segunda e não menos importante parte do que havia planejado.

"Alexandre, eu tô aqui ao lado do presidente. Ele fez uma declaração naqueles termos que te falei, vou pedir para você falar com ele", disse Temer.

"Falo sim", aceitou Moraes.

Em seguida Temer passou o telefone para Bolsonaro e se afastou, ouvindo a conversa a certa distância. O ministro e o presidente conversaram em tom cordial por cerca de três minutos. Bolsonaro não se desculpou, mas disse que não pretendera ofender o ministro. O telefone voltou para Temer e a ligação se encerrou.

"Muito obrigado, presidente", agradeceu Bolsonaro.

"Parabéns ao senhor, valeu a pena, o senhor vai ver que vai dar bom resultado", respondeu Temer, entusiasmado.

Depois conversaram mais detidamente sobre a situação dos caminhoneiros. "Presidente, vou lhe dizer uma coisa. Não tenha ilusão. Se ficar três dias aí e tiver desabastecimento, vai cair no seu colo. Não pense que vai cair no colo do Alexandre, do Supremo. Eu já passei por isso, eu sei como é", alertou Temer.

"O senhor tem razão", respondeu Bolsonaro.

"Quando divulgar esse documento, como está todo mundo aí, são seus fãs, o senhor manda um recado, para desmobilizar", sugeriu Temer.

Depois de publicada a carta, Temer telefonou a Fux e explicou o teor do texto. O presidente do STF já havia lido o documento, estava satisfeito com a boa repercussão. Eis a carta:

No instante em que o país se encontra dividido entre instituições é meu dever, como presidente da República, vir a público para dizer:

1. Nunca tive nenhuma intenção de agredir quaisquer dos Poderes. A harmonia entre eles não é vontade minha, mas determinação constitucional que todos, sem exceção, devem respeitar.

2. Sei que boa parte dessas divergências decorrem [sic] de conflitos de entendimento acerca das decisões adotadas pelo ministro Alexandre de Moraes no âmbito do inquérito das fake news.

3. Mas na vida pública as pessoas que exercem o poder não têm o direito de "esticar a corda", a ponto de prejudicar a vida dos brasileiros e sua economia.

4. Por isso quero declarar que minhas palavras, por vezes contundentes, decorreram do calor do momento e dos embates que sempre visaram o bem comum.

5. Em que pesem suas qualidades como jurista e professor, existem naturais divergências em algumas decisões do ministro Alexandre de Moraes.

6. Sendo assim, essas questões devem ser resolvidas por medidas judiciais que serão tomadas de forma a assegurar a observância dos direitos e garantias fundamentais previsto [sic] no art. 5º da Constituição Federal.

7. Reitero meu respeito pelas instituições da República, forças motoras que ajudam a governar o país.

8. Democracia é isso: Executivo, Legislativo e Judiciário trabalhando juntos em favor do povo e todos respeitando a Constituição.

9. Sempre estive disposto a manter diálogo permanente com os demais Poderes pela manutenção da harmonia e independência entre eles.

10. Finalmente, quero registrar e agradecer o extraordinário apoio do povo brasileiro, com quem alinho meus princípios e valores, e conduzo os destinos do nosso Brasil.

DEUS, PÁTRIA, FAMÍLIA

Temer e Bolsonaro voltaram a conversar no dia seguinte à divulgação da carta. O presidente ressaltou a importância do gesto do dia anterior, mas observou que havia "um pessoal insatisfeito" com o texto, embora ele soubesse que fora um movimento importante. Temer percebera na véspera que sua entrada em cena havia despertado ciúmes no Planalto. Observou, por exemplo, que os ministros generais não tinham passado no gabinete de Bolsonaro para cumprimentá-lo, como haviam feito, por exemplo, Ciro Nogueira e Flávia Arruda. A impressão do ex-presidente era de que uma solução pacificadora como aquela estava longe de ser consenso. No fundo, sabiam os mais próximos do presidente, qualquer pacificação como aquela estava longe de ser consenso também dentro da cabeça de Jair Messias Bolsonaro.

Epílogo

Na habitual live de quinta-feira, poucas horas depois de divulgar o texto elaborado por Temer, Bolsonaro voltou a ofender Luís Roberto Barroso e pôr em xeque as urnas eletrônicas. O tom era de deboche. Os ataques voltariam com força em fevereiro de 2022, quando Edson Fachin assumiu a presidência do TSE e o tema eleitoral retornou à pauta.

As Forças Armadas haviam enviado ao TSE uma série de perguntas técnicas sobre o funcionamento das urnas e da apuração. Em setembro, Barroso pediu que os militares indicassem um nome para a recém-criada Comissão de Transparência do TSE, formada por integrantes de diferentes órgãos com o objetivo de acompanhar a lisura de todo o processo. Bolsonaro chegara a dizer que, com as Forças Armadas, não havia mais razão para duvidar do voto eletrônico — o que era a intenção de Barroso —, mas depois aproveitou o questionamento feito pelos militares sobre o funcionamento do processo eleitoral para voltar a declarar que havia "vulnerabilidades". Agora ele propagava que os militares seriam "fiadores" da eleição, o que não estava previsto na Constituição. A ideia de oferecer às Forças Armadas um posto na comissão foi vista, com o passar dos meses, como um equívoco, pois deu a elas um poder que não tinham e não teriam por que ter.

Bolsonaro experimentou alguns de seus piores indicadores de popularidade e de intenção de voto para o pleito seguinte nos meses que se seguiram ao Sete de Setembro. O noticiário até lhe havia trazido algumas boas notícias. De maneira unânime, os ministros do TSE julgaram improcedentes as denúncias contra sua chapa com Mourão em 2018, sobre o suposto abuso de poder econômico e o uso indevido de meios de comunicação na campanha eleitoral a partir do impulsionamento ilegal de mensagens em massa via WhatsApp, bem como a apropriação fraudulenta de nome e CPF de idosos para registrar chips de celular usados para fazer os disparos. Ele não foi o único da família a obter vitórias na Justiça. O STJ mudou de ideia e decidiu que a alteração do foro do processo em que Flávio Bolsonaro era acusado da prática de rachadinha, decidida pelo TJ do Rio de Janeiro, invalidava automaticamente as decisões tomadas no caso pelo juiz Flávio Itabaiana, o titular da ação na 27ª Vara Criminal do Rio de Janeiro. Praticamente tudo investigado até então pelo Ministério Público iria por água abaixo, e o caso retrocederia à estaca zero. Só que o noticiário negativo era bem mais robusto.

O Brasil completou 600 mil mortes por covid-19 em outubro de 2021, mesmo mês em que Bolsonaro disse que a vacina contra o coronavírus causava aids. Até abril de 2022, o presidente seguiria sem se vacinar, mas tinha moderado, à medida que se aproximava a eleição, o discurso antivacina. Não à toa. Até abril, na contramão do presidente, 75% da população havia completado o esquema vacinal, com duas doses ou dose única. Pesquisas apontavam que sua postura contra a vacina era uma das principais razões de sua rejeição.

A economia seguiu enfrentando dificuldades, com desemprego e inflação altos. O Auxílio Brasil, programa que havia substituído o Bolsa Família, começou a ser pago em dezembro de 2021, com os quatrocentos reais prometidos pelo presidente. Não seria a única medida econômica para tentar atender ao bolso do eleitor. Já no ano eleitoral, Bolsonaro anunciou um pacote com quatro medidas: saque extraordinário de mil reais do FGTS, um microcrédito com condições vantajosas da Caixa que poderia ser feito até para pessoas endividadas, a antecipação do 13º das aposentadorias e pensões pagas pelo INSS e a liberação de empréstimos consignados para quem recebesse o Auxílio Brasil e o Benefício de Prestação Continuada, pago a pessoas com deficiência e idosos sem renda. Mas nada que mudasse significativamente o cenário ruim.

No fim de novembro de 2021, Bolsonaro se filiou ao Partido Liberal, o PL, presidido pelo ex-deputado federal Valdemar Costa Neto, um dos protagonistas do mensalão, que lhe valera uma prisão. A entrada no partido deu norte e profissionalização à sua campanha. Os resultados nas pesquisas logo apareceriam. Entre dezembro de 2021 e março de 2022, Bolsonaro passou de 21% para 26% das intenções de voto na pesquisa Datafolha. Lula caiu de 47% para 43%, e as chances de vencer no primeiro turno estavam mais distantes. Apesar de as duas pesquisas não serem diretamente comparáveis por não terem exatamente os mesmos candidatos nas simulações de primeiro turno, a alta mostrava seu fôlego. Mas o presidente não parecia disposto a fazer uma campanha restrita só à política.

Em 31 de março de 2022, Braga Netto deixou o Ministério da Defesa para ocupar um cargo de assessor no Palácio do Planalto. A mudança era obrigatória para que o general da reserva se desincompatibilizasse e estivesse apto a disputar as eleições de 2022. Seu nome era o mais cotado para ser vice de Bolsonaro, com o defenestramento de Hamilton Mourão. Para o lugar de Braga Netto, o presidente nomeara o então comandante do Exército, Paulo Sérgio Nogueira. E, à frente da força, ficaria o general Marco Antônio Freire Gomes, o nome que ele queria ter escolhido um ano antes, quando demitiu Edson Pujol. A imprensa não teve acesso à cerimônia de posse de Nogueira, no dia seguinte, no Ministério da Defesa. Bolsonaro, calmo, se dirigiu a generais e ministros na plateia: "Jamais podemos nós ousar imaginar dois, três anos à frente, voltar seus olhos para o passado e se perguntar: o que eu não fiz para que chegássemos a esse ponto? Certas coisas não se conquistam para sempre", disse, sem ser claro a que se referia. E, como se fizesse um convite aos generais, disse que aquele era um tempo de decisões do "campo militar": "Vivemos um momento onde há decisões e em última análise fogem do campo político e vêm pro campo militar".

Na véspera, no aniversário de 58 anos do golpe de 1964, Bolsonaro havia defendido a ditadura e mandado ministros do STF calarem a boca. "E nós aqui temos tudo para sermos uma grande nação. Temos tudo, o que falta? Que alguns poucos não nos atrapalhem. Se não tem ideias, cala a boca. Bota a tua toga e fica aí. Não vem encher o saco dos outros." A eleição seria dali a seis meses. A aposta estava às claras, para quem quisesse ver.

Brasília, 2 de abril de 2022

Lista de siglas

Abin	Agência Brasileira de Inteligência
AFP	Agence France-Presse
AGU	Advocacia-Geral da União
AI-5	Ato Institucional n. 5
aids	Síndrome da Imunodeficiência Adquirida
Alerj	Assembleia Legislativa do Estado do Rio de Janeiro
Aman	Academia Militar das Agulhas Negras
AMB	Associação Médica Brasileira
ANS	Agência Nacional de Saúde Suplementar
Anvisa	Agência Nacional de Vigilância Sanitária
Aprosoja	Associação Brasileira dos Produtores de Soja
B3	Bolsa de Valores de São Paulo
BBC	British Broadcasting Corporation
BC	Banco Central
BEP	Batalhão Especial Prisional

BNDES	Banco Nacional de Desenvolvimento Econômico e Social
Bope	Batalhão de Operações Policiais Especiais
BRB	Banco de Brasília
BRF	Brazil Foods S.A.
Brics	Brazil, Russia, India, China and South Africa
CCJ	Comissão de Constituição e Justiça
CCOMSEX	Centro de Comunicação Social do Exército
Ceagesp	Companhia de Entrepostos e Armazéns Gerais de São Paulo
Celac	Comunidade de Estados Latino-Americanos e Caribenhos
CEO	Chief Executive Officer
Cepi	Coalition for Epidemic Preparedness Inovation
CMPF	Contribuição Provisória sobre Movimentação Financeira
CNN	Cable News Network
Coaf	Conselho de Controle de Atividades Financeiras
COI	Clínicas Oncológicas Integradas
covid	Coronavirus Disease
CPF	Cadastro de Pessoas Físicas
CPI	Comissão Parlamentar de Inquérito
Datasus	Departamento de Informática do Sistema Único de Saúde
DEM	Democratas
DF	Distrito Federal
DG	Direção-Geral da Polícia Federal
DOC	Documento de Crédito
EBC	Empresa Brasil de Comunicação
Eletrobras	Centrais Elétricas Brasileiras S.A.

Enem	Exame Nacional do Ensino Médio
Esao	Escola de Aperfeiçoamento de Oficiais
FAB	Força Aérea Brasileira
FFAA	Forças Armadas
FGTS	Fundo de Garantia do Tempo de Serviço
FGV	Fundação Getulio Vargas
Fiocruz	Fundação Oswaldo Cruz
FNDE	Fundo Nacional de Desenvolvimento da Educação
G7	Grupo dos Sete
G77	Grupo dos 77
Gavi	Global Alliance for Vaccines and Immunization
GLO	Garantia da Lei e da Ordem
GSI	Gabinete de Segurança Institucional
Ibovespa	Índice da Bolsa de Valores de São Paulo
Inca	Instituto Nacional do Câncer
Inpe	Instituto Nacional de Pesquisas Espaciais
INSS	Instituto Nacional do Seguro Social
Ipespe	Instituto de Pesquisas Sociais, Políticas e Econômicas
MDB	Movimento Democrático Brasileiro
MEC	Ministério da Educação
Mercosul	Mercado Comum do Sul
MP	Ministério Público
MPF	Ministério Público Federal
MRE	Ministério das Relações Exteriores
OAB	Ordem dos Advogados do Brasil
OMS	Organização Mundial da Saúde
ONU	Organização das Nações Unidas
Opas	Organização Pan-Americana da Saúde
PCdoB	Partido Comunista do Brasil

PDT	Partido Democrático Trabalhista
PEC	Proposta de Emenda à Constituição
Petrobras	Petróleo Brasileiro S.A.
PF	Polícia Federal
PFL	Partido da Frente Liberal
PGR	Procuradoria-Geral da República
PIB	Produto Interno Bruto
PL	Partido Liberal
PM	Polícia Militar
PMDF	Polícia Militar do Distrito Federal
PP	Partido Progressista
PR	Partido da República
PR	Presidente da República
Pros	Partido Republicano da Ordem Social
PRP	Partido Republicano Progressista
PSB	Partido Socialista Brasileiro
PSC	Partido Social Cristão
PSD	Partido Social Democrático
PSDB	Partido da Social Democracia Brasileira
PSL	Partido Social Liberal
PSOL	Partido Socialismo e Liberdade
PT	Partido dos Trabalhadores
PTB	Partido Trabalhista Brasileiro
PV	Partido Verde
QG	Quartel-General
RJ	Rio de Janeiro
SBT	Sistema Brasileiro de Televisão
Secom	Secretaria Especial de Comunicação Social
Serpro	Serviço Federal de Processamento de Dados

STF	Supremo Tribunal Federal
STJ	Superior Tribunal de Justiça
STM	Superior Tribunal Militar
SUS	Sistema Único de Saúde
TED	Transferência Eletrônica Disponível
TRF	Tribunal Regional Federal
TSE	Tribunal Superior Eleitoral
Uerj	Universidade Estadual do Rio de Janeiro
Unasul	União das Nações Sul-Americanas
UnB	Universidade de Brasília
Unesco	Organização das Nações Unidas para a Educação, a Ciência e a Cultura
Unicef	Fundo das Nações Unidas para a Infância
UTI	Unidade de Tratamento Intensivo

Agradecimentos

A Nuvem, por tudo. A Dé, por sempre estar comigo.

A Bia, pelo amor, incentivo e compreensão das horas de convívio que essa reportagem nos tomou.

A Otávio Marques da Costa, Maria Emília Bender, Érico Mello, Fabio Bonillo, Adriane Piscitelli, Lucila Lombardi, Lara Salgado e Alceu Chiesorin Nunes, e a toda a equipe da Companhia das Letras, pelo profissionalismo e cuidado com esta obra.

A todos que tornaram, por razões diversas, este trabalho possível, nas pessoas de Alana Rizzo, Ana Clara Costa, Ana Maria Ramalho, Bárbara Lobato, Bibiana Maia, Bruna Lima, Carlos Carone, Carolina Casaes, Clara Becker, Eduardo Barretto, Edoardo Ghirotto, Igor Gadelha, Fábio Serapião, Julio Villanueva Chang, Lilian Tahan, Luciano Ferreira, Lucas Abreu, Lucas Marchesini, Luis Gustavo Ferraz, Lucas Cortez, Pedro Dias Leite, Pedro Leite, Roberto Zani, Sandro Valério, Sandy Mendes, Sarah Teófilo, Sérgio Luz e Tânia Monteiro.

Sobre esta obra

Este livro é resultado de entrevistas com 47 pessoas, entre ministros e ex-ministros do governo Bolsonaro, secretários e assessores do Palácio do Planalto e de toda a Esplanada, familiares do presidente, ministros do STF, deputados, senadores, governadores, advogados, procuradores, diplomatas, militares e empresários. A grande maioria dos entrevistados, mesmo os que já deixaram o governo, só aceitou falar sob a condição do anonimato.

As informações prestadas foram checadas, sempre que possível, com pelo menos outras duas fontes, e os diálogos até agora inéditos foram reconstituídos com base nesse trabalho.

O livro também não seria possível sem o trabalho de todos os jornalistas que durante anos cobriram os mandatos de Jair Bolsonaro, primeiro como deputado e depois como presidente.

Referências bibliográficas

PRÓLOGO [pp. 9-13]

DA EMPOLI, Giuliano. *Os engenheiros do caos: Como as fake news, as teorias da conspiração e os algoritmos estão sendo utilizados para disseminar ódio, medo e influenciar eleições.* São Paulo: Vestígio, 2019.

NOBRE, Marcos. "O caos como método". *piauí*, abr. 2019. Disponível em: <https://piaui.folha.uol.com.br/materia/o-caos-como-metodo/>. Acesso em: 11 abr. 2022.

MANDETTA E O PACATO MINISTÉRIO DA SAÚDE [pp. 14-34]

BENITES, Afonso. "Mandetta, o conservador que vestiu o colete do SUS e entrincheirou Bolsonaro". *El País*, 3 abr. 2020. Disponível em: <https://brasil.elpais.com/brasil/2020-04-04/mandetta-o-conservador-que-vestiu-o-colete-do-sus-e-entrincheirou-bolsonaro.html>. Acesso em: 11 abr. 2022.

BILENKY, Thais. "Separados pelo coronavírus". *piauí*, 31 mar. 2020. Disponível em: <https://piaui.folha.uol.com.br/separados-pelo-coronavirus/>. Acesso em: 11 abr. 2022.

FERREIRA, Paula; MARIZ, Renata. "'A gente se preparou para um vírus lento', diz ex-ministro Mandetta". *O Globo*, 26 dez. 2020. Disponível em: <https://

oglobo.globo.com/sociedade/coronavirus/a-gente-se-preparou-para-um-virus-lento-diz-ex-ministro-mandetta-24812581>. Acesso em: 11 abr. 2022.

GASPAR, Malu. "Um governo contaminado". *piauí*, 25 set. 2020. Disponível em: <https://piaui.folha.uol.com.br/um-governo-contaminado/>. Acesso em: 11 abr. 2022.

JIMÉNEZ, Carla. "Aprovação de Mandetta dispara durante pandemia e já é o dobro da de Bolsonaro, mostra Datafolha". *El País*, 3 abr. 2020. Disponível em: <https://brasil.elpais.com/brasil/2020-04-03/aprovacao-de-mandetta-dispara-durante-pandemia-e-ja-e-o-dobro-da-de-bolsonaro-mostra-datafolha.html>. Acesso em: 11 abr. 2022.

LIMA, Bruna. "Perfil: Deputado federal, Mandetta ganhou os holofotes como ministro". *Correio Braziliense*, 16 abr. 2020. Disponível em: <https://www.correiobraziliense.com.br/app/noticia/politica/2020/04/16/interna_politica,845361/perfil-deputado-federal-mandetta-ganhou-os-holofotes-como-ministro.shtml>. Acesso em: 11 abr. 2022.

MANDETTA, Luiz Henrique. *Um paciente chamado Brasil: Os bastidores da luta contra o coronavírus*. Rio de Janeiro: Objetiva, 2020.

PADUAN, Roberta. "Mandetta e seu desabafo a *Veja*: '60 dias de batalha, já chega, né?'". *Veja*, 18 mar. 2021. Disponível em: <https://veja.abril.com.br/politica/o-desabafo-de-mandetta-a-veja-60-dias-de-batalha-ja-chega-ne/>. Acesso em: 11 abr. 2022.

SHALDERS, André. "Governo Bolsonaro: Quem é Luiz Henrique Mandetta, que será ministro da Saúde". BBC News, 20 nov. 2018. Disponível em: <https://www.bbc.com/portuguese/brasil-46282841>. Acesso em: 11 abr. 2022.

ZANINI, Fábio. "Imagem técnica de Mandetta não condiz com seu passado político". *Folha de S.Paulo*, 26 mar. 2020. Disponível em: <https://www1.folha.uol.com.br/poder/2020/03/imagem-tecnica-de-mandetta-nao-condiz-com-seu-passado-politico.shtml>. Acesso em: 11 abr. 2022.

A COMITIVA DA COVID [pp. 35-53]

BULLA, Beatriz. "Em Miami, Bolsonaro diz que governo é leal a políticas econômicas de Guedes". *O Estado de S. Paulo*, 9 mar. 2020. Disponível em: <https://economia.estadao.com.br/noticias/geral,em-miami-bolsonaro-diz-que-governo-e-leal-a-politicas-economicas-de-guedes,70003225777>. Acesso em: 11 abr. 2022.

BULLA, Beatriz. "Evento para Bolsonaro em Miami tem mesas vazias e menos de 100 empresários". *Estadão Conteúdo*, 10 mar. 2020. Disponível em: <https://economia.uol.com.br/noticias/estadao-conteudo/2020/03/10/evento-para-bolsonaro-em-miami-tem-mesas-vazias-e-menos-de-100-empresarios.htm>. Acesso em: 11 abr. 2022.

MOURA, Rafael Moraes; RODRIGUES, Lorenna. "'Estado' garante na Justiça direito de obter laudos de exame de Bolsonaro". *O Estado de S. Paulo*, 27 abr. 2020. Disponível em: <https://politica.estadao.com.br/noticias/geral,estado-garante-na-justica-direito-de-obter-laudos-de-exame-de-bolsonaro,70003285042>. Acesso em: 11 abr. 2022.

PERSIO, Sofia Lotto. "Trump Didn't Just Buy Mar-a-Lago, He Demanded a Bargain". *Newsweek*, 18 abr. 2018. Disponível em: <https://www.newsweek.com/trump-bought-mar-lago-crucial-detail-bargain-891498>. Acesso em: 11 abr. 2022.

PETERSON-WITHORN, Chase. "Donald Trump Has Gained More Than 100 Million on Mar-a-Lago". *Forbes*, 23 abr. 2018. Disponível em: <https://www.forbes.com/sites/chasewithorn/2018/04/23/donald-trump-has-gained-more-than-100-million-on-mar-a-lago/?sh=52b1d09b5adc>. Acesso em: 11 abr. 2022.

SANCHES, Mariana. "Questionado sobre provas, Bolsonaro diz que brasileiros não confiam no sistema eleitoral". BBC News, 10 mar. 2020. Disponível em: <https://www.bbc.com/portuguese/brasil-51822918>. Acesso em: 11 abr. 2022.

O MÉDICO E O MONSTRO [pp. 54-84]

BRAGA, Ugo. *Guerra à saúde: Como o Palácio do Planalto transformou o Ministério da Saúde em inimigo público no meio da maior pandemia do século XXI*. São Paulo: LeYa Brasil, 2020.

CANTANHÊDE, Eliane. "Mandetta a Bolsonaro: 'Estamos preparados para ver caminhões do Exército transportando corpos?'". *O Estado de S. Paulo*, 28 mar. 2020. Disponível em: <https://politica.estadao.com.br/noticias/geral,mandetta-a-bolsonaro-estamos-preparados-para-ver-caminhoes-do-exercito-transportando-corpos,70003252107>. Acesso em: 11 abr. 2022.

FARIA, Tales. "'De saco cheio de Mandetta', Bolsonaro estuda demiti-lo a qualquer momento". UOL, 30 mar. 2020. Disponível em: <https://noticias.uol.com.br/colunas/tales-faria/2020/03/30/de-saco-cheio-de-man-

detta-bolsonaro-pode-demiti-lo-a-qualquer-momento.htm>. Acesso em: 11 abr. 2022.

JUCÁ, Beatriz. "Mandetta expõe presidente difícil de moderar e um excesso de cálculo político nas decisões da pandemia". *El País*, 3 out. 2020. Disponível em: <https://brasil.elpais.com/brasil/2020-10-03/mandetta-expoe-presidente-dificil-de-moderar-e-um-excesso-de-calculo-politico-nas-decisoes-da-pandemia.html>. Acesso em: 11 abr. 2022.

MARINS, Carolina; ADORNO, Luís; LOPES, Nathan. "Isolamento, cloroquina, popularidade: as crises entre Bolsonaro e Mandetta". UOL, 16 abr. 2020. Disponível em: <https://noticias.uol.com.br/politica/ultimas-noticias/2020/04/16/bolsonaro-mandetta-coronavirus-cloroquina-isolamento.htm>. Acesso em: 11 abr. 2022.

TCHAU, QUERIDO [pp. 85-108]

ALEGRETTI, Laís; CAMARA, Eric. "Governo Bolsonaro: forçado a recuar no caso de Ilona Szabó, Moro perde seus 'superpoderes'". BBC News, 1 mar. 2019. Disponível em: <https://www.bbc.com/portuguese/brasil-47419559>. Acesso em: 11 abr. 2022.

AMADO, Guilherme; HERDY, Thiago; BRÍGIDO, Carolina. "Gilmar Mendes: Moro era 'chefe da Lava Jato', e Dallagnol 'um bobinho'". *Época*, 13 jun. 2019. Disponível em: <https://oglobo.globo.com/epoca/gilmar-mendes-moro-era-chefe-da-lava-jato-dallagnol-um-bobinho-23736182>. Acesso em: 11 abr. 2022.

BALTHAZAR, Ricardo; MARTINS, Rafael Moro. "Moro achava fraca delação de Palocci que divulgou às vésperas de eleição, sugerem mensagens". *Folha de S.Paulo*, 29 jul. 2019. Disponível em: <https://www1.folha.uol.com.br/poder/2019/07/moro-achava-fraca-delacao-de-palocci-que-divulgou-as-vesperas-de-eleicao-sugerem-mensagens.shtml>. Acesso em: 11 abr. 2022.

BARBIÉRI, Luiz Felipe. "Bolsonaro diz que vai indicar Sergio Moro para vaga no STF". G1, 12 maio 2019. Disponível em: <https://g1.globo.com/politica/noticia/2019/05/12/bolsonaro-diz-que-vai-indicar-sergio-moro-para-vaga-no-stf.ghtml>. Acesso em: 11 abr. 2022.

BETIM, Felipe. "Moro é mais popular que Bolsonaro em Governo que segue perdendo aprovação". *El País*, 3 abr. 2019. Disponível em: <https://brasil.elpais.com/brasil/2019/04/03/politica/1554324591_827255.html>. Acesso em: 11 abr. 2022.

BORGES, Laryssa; VIEGAS, Nonato. "A desconstrução do herói". *Veja*, 26 jun. 2019. Disponível em: <https://veja.abril.com.br/politica/a-desconstrucao-do-heroi/>. Acesso em: 11 abr. 2022.

BRANDT, Ricardo; SERAPIÃO, Fábio. "Moro montou 'República de Curitiba' no governo Bolsonaro". *Estadão*, 3 jan. 2019. Disponível em: <https://politica.estadao.com.br/blogs/fausto-macedo/sergio-moro-montou-republica-de-curitiba-no-governo-bolsonaro/>. Acesso em: 11 abr. 2022.

COLON, Leandro. "Sergio Moro, o juiz da Lava Jato, anuncia sua demissão do governo Bolsonaro". *Folha de S.Paulo*, 24 abr. 2020. Disponível em: <https://www1.folha.uol.com.br/poder/2020/04/sergio-moro-o-juiz-da-lava-jato-anuncia-sua-demissao-do-governo-bolsonaro.shtml>. Acesso em: 11 abr. 2022.

_____. "PF identifica Carlos Bolsonaro como articulador em esquema criminoso de fake News". *Folha de S.Paulo*, 25 abr. 2020. Disponível em: <https://www1.folha.uol.com.br/poder/2020/04/pf-identifica-carlos-bolsonaro-como-articulador-em-esquema-criminoso-de-fake-news.shtml>. Acesso em: 11 abr. 2022.

CORTÁZAR, Naiara Galarraga. "Manifestantes saem às ruas em defesa de Moro em dia de novos vazamentos". *El País*, 30 jun. 2019. Disponível em: <https://brasil.elpais.com/brasil/2019/07/01/politica/1561933679_383538.html>. Acesso em: 11 abr. 2022.

COSTA, Ana Clara. "Moro evita falar sobre Queiroz e elogia governo Bolsonaro em Davos". *Veja*, 22 jan. 2019. Disponível em: <https://veja.abril.com.br/politica/moro-evita-falar-sobre-queiroz-e-elogia-governo-bolsonaro-em-davos/>. Acesso em: 11 abr. 2022.

DAL PIVA, Juliana. "Pela 9ª vez, Flávio Bolsonaro apresenta recurso para trancar investigações sobre 'rachadinha'". *O Globo*, 4 mar. 2020. Disponível em: <https://oglobo.globo.com/brasil/pela-9-vez-flavio-bolsonaro-apresenta-recurso-para-trancar-investigacoes-sobre-rachadinha-1-24285609>. Acesso em: 11 abr. 2022.

JUNIOR, Policarpo; MATTOS, Marcela. "Bolsonaro confirma plano de 'chapa imbatível' com Sergio Moro". *Veja*, 20 dez. 2019. Disponível em: <https://veja.abril.com.br/politica/bolsonaro-confirma-plano-de-chapa-imbatível-com-sergio-moro/>. Acesso em: 11 abr. 2022.

LELLIS, Leonardo. "Com ironia, Sergio Moro volta a atacar divulgação de diálogos da Lava Jato". *Veja*, 16 jul. 2019. Disponível em: <https://veja.abril.com.br/politica/com-ironia-sergio-moro-volta-a-atacar-divulgacao-de-dialogos-da-lava-jato/>. Acesso em: 11 abr. 2022.

MARREIRO, Flávia. "Próxima vaga do STF é de Sérgio Moro, o 'compromisso' público de Bolsonaro". *El País*, 13 maio 2019. Disponível em: <https://brasil.elpais.com/brasil/2019/05/12/politica/1557677235_562717.html>. Acesso em: 11 abr. 2022.

MOURA, Rafael Moraes. "'Moro e Bolsonaro: vejo uma coisa só', diz mulher do ministro". *O Estado de S. Paulo*, 16 fev. 2020. Disponível em: <https://politica.estadao.com.br/noticias/geral,moro-e-bolsonaro-vejo-uma-coisa-so-diz-mulher-do-ministro,70003199209>. Acesso em: 11 abr. 2022.

TEMÓTEO, Antônio. "Estrela do governo, Moro mantém discrição em dia de posse de Bolsonaro". UOL, 1 jan. 2019. Disponível em: <https://noticias.uol.com.br/politica/ultimas-noticias/2019/01/01/sergio-moro-posse-governo-bolsonaro-discreto.htm>. Acesso em: 11 abr. 2022.

THE INTERCEPT BRASIL. "As mensagens secretas da Lava Jato". Disponível em: <https://theintercept.com/series/mensagens-lava-jato/>. Acesso em: 11 abr. 2022.

VALENTE, Fernanda. "Leia a decisão de Toffoli que suspendeu processos com dados do Coaf". *Consultor Jurídico*, 19 jul. 2019. Disponível em: <https://www.conjur.com.br/2019-jul-19/leia-decisao-toffoli-suspendeu-processos-dados-coaf>. Acesso em: 11 abr. 2022.

ONZE HORAS, NA RAMPA [pp. 109-33]

ALBUQUERQUE, Manoela. "Teich promete diretriz baseada em dados para estados definirem isolamento". *Jota*, 22 abr. 2020. Disponível em: <https://www.jota.info/tributos-e-empresas/saude/teich-diretriz-estados-isolamento-22042020>. Acesso em: 11 abr. 2022.

LORRAN, Tácio. "Nelson Teich pede demissão do Ministério da Saúde". *Metrópoles*, 15 maio 2020. Disponível em: <https://www.metropoles.com/brasil/politica-brasil/nelson-teich-pede-demissao-do-ministerio-da-saude>. Acesso em: 11 abr. 2022.

MAZUI, Guilherme; MATOSO, Felipe; KRÜGER, Ana. "Bolsonaro anuncia oncologista Nelson Teich como novo ministro da Saúde". G1, 16 abr. 2020. Disponível em: <https://g1.globo.com/politica/noticia/2020/04/16/bolsonaro-anuncia-nelson-teich-como-novo-ministro-da-saude.ghtml>. Acesso em: 11 abr. 2022.

TRINDADE, Naira. "Heleno sugere a Bolsonaro enfrentar 'chantagem' do Congresso, mas presidente pede cautela; ouça áudio". *O Globo*, 19 fev. 2020. Disponível em: <https://oglobo.globo.com/brasil/heleno-sugere-

bolsonaro-enfrentar-chantagem-do-congresso-mas-presidente-pede-cautela-ouca-audio-24257438>. Acesso em: 11 abr. 2022.

ZYLBERKAN, Mariana. "O começo enrolado de Nelson Teich no Ministério da Saúde". *Veja*, 8 maio 2020. Disponível em: <https://veja.abril.com.br/politica/o-comeco-enrolado-de-nelson-teich-no-ministerio-da-saude/>. Acesso em: 11 abr. 2022.

SEM MÁSCARA [pp. 134-65]

"'Acabou, porra': as reações de Bolsonaro e aliados um dia após operação contra fake news". *Época*, 28 maio 2020. Disponível em: <https://oglobo.globo.com/epoca/brasil/acabou-porra-as-reacoes-de-bolsonaro-a-liados-um-dia-apos-operacao-contra-fake-news-24450852>. Acesso em: 11 abr. 2022.

ALVIM, Mariana. "Bolsonaro ataca própria base e arrisca reeleição ao demitir militares, diz especialista em Forças Armadas". BBC News, 31 mar. 2021. Disponível em: <https://www.bbc.com/portuguese/brasil-56587234>. Acesso em: 11 abr. 2022.

CASTRO, Celso (Org.). *General Villas Bôas: Conversa com o comandante*. São Paulo: Editora FGV, 2021.

GUGLIANO, Monica; MONTEIRO, Tânia. "O general, o tuíte e a promessa". *piauí*, 12 mar. 2021. Disponível em: <https://piaui.folha.uol.com.br/o-general-o-tuite-e-promessa/>. Acesso em: 11 abr. 2022.

MONTEIRO, Tânia. "Bastidores: Governo monta um 'quartel general' no Palácio do Planalto". *O Estado de S. Paulo*, 12 fev. 2020. Disponível em: <https://politica.estadao.com.br/noticias/geral,bastidores-governo-monta-um-quartel-general-no-palacio-do-planalto,70003195221>. Acesso em: 11 abr. 2022.

RESENDE, Thiago; FERNANDES, Talita; GIELOW, Igor. "Bolsonaro usa helicóptero e anda a cavalo para prestigiar ato na Esplanada contra STF e Congresso". *Folha de S.Paulo*, 31 maio 2020. Disponível em: <https://www1.folha.uol.com.br/poder/2020/05/bolsonaro-usa-helicoptero-para-sobrevoar-manifestacao-na-esplanada-contra-stf-e-congresso.shtml>. Acesso em: 11 abr. 2022.

VEJA. "O artigo em *Veja* e a prisão do Bolsonaro nos anos 1980". 30 jul. 2020. Disponível em: <https://veja.abril.com.br/coluna/reveja/o-artigo-em-veja-e-a-prisao-de-bolsonaro-nos-anos-1980/>. Acesso em: 11 abr. 2022.

OS ENCRENCADOS AMIGOS DO ZERO UM [pp. 166-98]

"Fabrício Queiroz estava na casa do advogado Wassef havia cerca de um ano, disse caseiro a delegado". G1, 18 jun. 2020. Disponível em: <https://g1.globo.com/sp/sao-paulo/noticia/2020/06/18/caseiro-informou-a-policia-de-sp-que-queiroz-estava-na-casa-ha-um-ano-diz-delegado.ghtml>. Acesso em: 11 abr. 2022.

"Quem é Frederick Wassef, ex-advogado da família Bolsonaro". G1, 18 jun. 2020. Disponível em: <https://g1.globo.com/politica/noticia/2020/06/18/quem-e-o-advogado-frederick-wassef.ghtml>. Acesso em: 11 abr. 2022.

ABBUD, Bruno. "Frederick Wassef, o homem que sempre soube onde estava Queiroz". *Época*, 26 jun. 2020. Disponível em: <https://oglobo.globo.com/epoca/brasil/frederick-wassef-homem-que-sempre-soube-onde-estava-queiroz-24500771>. Acesso em: 11 abr. 2022.

_____. "Quem é Frederick Wassef, o advogado de Flávio Bolsonaro". *Época*, 25 jul. 2019. Disponível em: <https://oglobo.globo.com/epoca/quem-frederick-wassef-advogado-de-flavio-bolsonaro-23831177>. Acesso em: 11 abr. 2022.

ALESSI, Gil. "A trajetória do chefe miliciano que recebia parte da 'rachadinha' de Flávio Bolsonaro, segundo o MP". *El País*, 20 dez. 2019. Disponível em: <https://brasil.elpais.com/brasil/2019-12-20/a-trajetoria-do-chefe-miliciano-que-recebia-parte-da-rachadinha-de-flavio-bolsonaro-segundo-o-mp.html>. Acesso em: 11 abr. 2022.

AMADO, Guilherme. "A proximidade entre os advogados de Flávio Bolsonaro e do miliciano Adriano Nóbrega". *Época*, 6 set. 2019. Disponível em: <https://oglobo.globo.com/epoca/guilherme-amado/a-proximidade-entre-os-advogados-de-flavio-bolsonaro-do-miliciano-adriano-nobrega-23930117>. Acesso em: 11 abr. 2022.

BERGAMASCO, Débora. "Se eu não tivesse atuado, Queiroz estaria morto, diz Wassef". SBT News, 23 fev. 2021. Disponível em: <https://www.sbtnews.com.br/noticia/governo/161808-se-eu-nao-tivesse-atuado-queiroz-estaria-morto-diz-wassef>. Acesso em: 11 abr. 2022.

BERGAMO, Mônica. "PF antecipou a Flávio Bolsonaro que Queiroz seria alvo de operação, diz suplente do senador". *Folha de S.Paulo*, 16 maio 2020. Disponível em: <https://www1.folha.uol.com.br/poder/2020/05/pf-antecipou-a-flavio-bolsonaro-que-queiroz-seria-alvo-de-operacao-diz-suplente-do-senador.shtml>. Acesso em: 11 abr. 2022.

BRANDT, Ricardo. "Capitão Adriano: Foragido e 'intocável'". *Estadão*, 11 ago. 2020. Disponível em: <https://www.estadao.com.br/infograficos/po-

litica,capitao-adriano-foragido-e-intocavel,1111300>. Acesso em: 11 abr. 2022.

BRITO, Carlos. "Flávio Bolsonaro não comparece ao MP-RJ para depor sobre relatório do Coaf". G1, 10 jan. 2019. Disponível em: <https://g1.globo.com/rj/rio-de-janeiro/noticia/2019/01/10/aguardado-flavio-bolsonaro-nao-comparece-ao-mp-rj.ghtml>. Acesso em: 11 abr. 2022.

COELHO, Henrique. "Ex-assessor de Flávio Bolsonaro não comparece a depoimento no MP". G1, 19 dez. 2018. Disponível em: <https://g1.globo.com/rj/rio-de-janeiro/noticia/2018/12/19/ex-assessor-de-flavio-bolsonaro-nao-comparece-a-interrogatorio-no-mp.ghtml>. Acesso em: 11 abr. 2022.

GOMES, Marcelo. "Filha de Fabrício Queiroz é nomeada para cargo no RJ e exonerada 2 dias depois". G1, 20 abr. 2021. Disponível em: <https://g1.globo.com/rj/rio-de-janeiro/noticia/2021/04/20/filha-de-fabricio-queiroz-e-nomeada-para-cargo-no-rj-e-exonerada-2-dias-depois.ghtml>. Acesso em: 11 abr. 2022.

HERINGER, Carolina. "Chefe de grupo de matadores foi segurança da filha de Maninho". *Extra*, 9 out. 2019. Disponível em: <https://extra.globo.com/casos-de-policia/chefe-de-grupo-de-matadores-foi-seguranca-da-filha-de-maninho-24006183.html>. Acesso em: 11 abr. 2022.

JORNAL NACIONAL. "Depois de ser desmentido por testemunhas sobre Queiroz, Wassef confessa que deu abrigo ao ex-assessor". 26 jun. 2020. Disponível em: <https://g1.globo.com/jornal-nacional/noticia/2020/06/26/depois-de-mentir-que-nao-conhecia-queiroz-wassef-confessa-que-deu-abrigo-ao-ex-assessor.ghtml>. Acesso em: 11 abr. 2022.

_____. "Testemunhas e mensagens indicam que Wassef manteve controle rígido sobre Queiroz". 2 jul. 2020. Disponível em: <https://g1.globo.com/jornal-nacional/noticia/2020/07/02/testemunhas-e-mensagens-indicam-que-wassef-manteve-controle-rigido-sobre-queiroz.ghtml>. Acesso em: 11 abr. 2022.

LANG, Marina; FERRAZ, Ricardo. "Investigação revela segredos da quadrilha de matadores Escritório do Crime". *Veja*, 11 dez. 2020. Disponível em: <https://veja.abril.com.br/brasil/investigacao-revela-segredos-da-quadrilha-de-matadores-escritorio-do-crime/>. Acesso em: 11 abr. 2022.

LEITÃO, Leslie; MARTINS, Marco Antônio. "Escritório do Crime: Como grupo de matadores colecionou execuções no Rio por uma década". G1, 5 jul. 2020. Disponível em: <https://g1.globo.com/rj/rio-de-janeiro/noticia/2020/07/05/escritorio-do-crime-como-grupo-de-matadores-co-

lecionou-execucoes-no-rio-por-uma-decada.ghtml>. Acesso em: 11 abr. 2022.

LORRAN, Tácio. "Capitão Adriano reagiu à prisão com sete tiros, conclui inquérito". *Metrópoles*, 26 ago. 2020. Disponível em: <https://www.metropoles.com/brasil/policia-br/capitao-adriano-reagiu-a-prisao-com-sete-tiros-conclui-inquerito>. Acesso em: 11 abr. 2022.

MAZZA, Luigi. "Flávio, os condenados e os condecorados". *piauí*, 22 fev. 2019. Disponível em: <https://piaui.folha.uol.com.br/flavio-os-condenados-e-os-condecorados/>. Acesso em: 11 abr. 2022.

PODCAST "A vida secreta de Jair". Disponível em: <https://open.spotify.com/show/7aB2gOf6UuzHlzRxdr2TQ1>. Acesso em: 11 abr. 2022.

PODCAST "Pistoleiros". Disponível em: <https://globoplay.globo.com/podcasts/pistoleiros/aede641a-599a-454d-8f92-7e3b65ccd7b7/>. Acesso em: 11 abr. 2022.

PONTES, Camilla; LEAL, Arthur. "Ex-caveira, Adriano da Nóbrega foi morto em confronto com o Bope da Bahia, criado há cinco anos". *O Globo*, 9 fev. 2020. Disponível em: <https://oglobo.globo.com/rio/ex-caveira-adriano-da-nobrega-foi-morto-em-confronto-com-bope-da-bahia-criado-ha-cinco-anos-24238975?utm_source=Twitter&utm_medium=-Social&utm_campaign=O%20Globo>. Acesso em: 11 abr. 2022.

SBT NEWS. "Exclusivo! Assista entrevista com Fabrício Queiroz, ex-assessor de Flávio Bolsonaro". 26 dez. 2018. Disponível em: <https://www.sbtnews.com.br/noticia/sbt-brasil/119197-exclusivo-assista-entrevista-com-fabricio-queiroz-ex-assessor-de-flavio-bolsonaro>. Acesso em: 11 abr. 2022.

SERAPIÃO, Fábio. "Coaf relata conta de ex-assessor de Flávio Bolsonaro". *Estadão*, 6 dez. 2018. Disponível em: <https://politica.estadao.com.br/blogs/fausto-macedo/coaf-relata-conta-de-ex-assessor-de-flavio-bolsonaro/>. Acesso em: 11 abr. 2022.

SILVA, Yuri; DE ABREU, Allan. "Laudos, versões e milícia". *piauí*, 14 fev. 2020. Disponível em: <https://piaui.folha.uol.com.br/laudos-versoes-e-milicia/>. Acesso em: 11 abr. 2022.

SOARES, Rafael. "A vida e a morte de Adriano da Nóbrega". *Época*, 14 fev. 2020. Disponível em: <https://oglobo.globo.com/epoca/rio/a-vida-a-morte-de-adriano-da-nobrega-24247527>. Acesso em: 11 abr. 2022.

_____. "Plano de fuga, fotos de fuzis e ameaças: O que foi encontrado nos nove celulares de Adriano da Nóbrega". *Extra*, 23 mar. 2021. Disponível em: <https://extra.globo.com/casos-de-policia/plano-de-fuga-fotos-de-fuzis-ameacas-que-foi-encontrado-nos-nove-celulares-de-adriano-da-nobrega-24937426.html>. Acesso em: 11 abr. 2022.

SOUZA, Felipe. "'Ele ficou bem assustado': os bastidores da operação que prendeu Queiroz em Atibaia". BBC News, 18 jun. 2020. Disponível em: <https://www.bbc.com/portuguese/brasil-53102103>. Acesso em: 11 abr. 2022.

AQUELE ABRAÇO [pp. 199-226]

AMADO, Guilherme. "Bolsonaro grava vídeo com líder do PP e um dos chefes do centrão". *Época*, 22 abr. 2020. Disponível em: <https://oglobo.globo.com/epoca/guilherme-amado/bolsonaro-grava-video-com-lider-do-pp-um-dos-chefes-do-centrao-24388455>. Acesso em: 11 abr. 2022.

_____. "A Abin e a operação 'Defender FB' e enterrar o caso Queiroz". *Época*, 11 dez. 2020. Disponível em: <https://oglobo.globo.com/epoca/guilherme-amado/a-abin-a-operacao-para-defender-fb-enterrar-caso-queiroz-24791200>. Acesso em: 11 abr. 2022.

JUNQUEIRA, Caio. "Após aproximação, Centrão já atua por Bolsonaro no Congresso". CNN Brasil, 22 abr. 2020. Disponível em: <https://www.cnnbrasil.com.br/politica/apos-aproximacao-centrao-ja-atua-por-bolsonaro-no-congresso/>. Acesso em: 11 abr. 2022.

MEGALE, Bela. "Contra Maia, Bolsonaro alimenta candidatura de líder do PP à presidência da Câmara. *O Globo*, 20 abr. 2020. Disponível em: <https://blogs.oglobo.globo.com/bela-megale/post/contra-maia-bolsonaro-alimenta-candidatura-de-lider-do-pp-presidencia-da-camara.html>. Acesso em: 11 abr. 2022.

MONTEIRO, Tânia. "Protagonistas do governo, militares silenciam sobre aliança de Bolsonaro com Centrão". *O Estado de S. Paulo*, 24 out. 2020. Disponível em: <https://politica.estadao.com.br/noticias/geral,guinada-ao-centrao-reduz-protagonismo-das-forcas-armadas-no-governo,70003487954>. Acesso em: 11 abr. 2022.

POMPEU, Lauriberto. "Bolsonaro oferece cargos na Caixa e no FNDE para atrair o Centrão". *Congresso em Foco*, 20 abr. 2020. Disponível em: <https://congressoemfoco.uol.com.br/area/governo/bolsonaro-oferece-cargos-na-caixa-e-no-fnde-para-atrair-o-centrao/>. Acesso em: 11 abr. 2022.

VIEGAS, Nonato. "Centrão intensifica conversas em busca de um candidato ao Planalto". *Época*, 11 jun. 2018. Disponível em <https://epoca.oglobo.globo.com/politica/expresso/noticia/2018/05/centrao-intensifica-conversas-em-busca-de-um-candidato-ao-planalto.html>. Acesso em: 11 abr. 2022.

PAZUELLO, PESADELO [pp. 227-65]

AMADO, Guilherme. "Procurador do AM diz que Ministério da Saúde foi alertado quatro dias antes sobre falta de oxigênio". *Época*, 15 jan. 2021. Disponível em: <https://oglobo.globo.com/epoca/guilherme-amado/procurador-do-am-diz-que-ministerio-da-saude-foi-alertado-quatro-dias-antes-sobre-falta-de-oxigenio-24839277>. Acesso em: 11 abr. 2022.

CANCIAN, Natália; PUPO, Fábio. "Empresário Carlos Wizard deixa governo após polêmica sobre contagem de mortos do coronavírus". *Folha de S.Paulo*, 7 jun. 2020. Disponível em: <https://www1.folha.uol.com.br/cotidiano/2020/06/empresario-carlos-wizard-deixa-governo-apos-polemica-sobre-contagem-de-mortos-do-coronavirus.shtml>. Acesso em: 11 abr. 2022.

CARVALHO, Daniel; DELLA COLLETA, Ricardo; LOPES, Raquel. "Pazuello admite que sabia de problemas com oxigênio em Manaus desde 8 de janeiro". *Folha de S.Paulo*, 18 jan. 2021. Disponível em: <https://www1.folha.uol.com.br/equilibrioesaude/2021/01/pazuello-admite-que-sabia-de-problemas-com-oxigenio-em-manaus-desde-8-de-janeiro.shtml>. Acesso em: 11 abr. 2022.

CHAIB, Julia. "Governo ignorou dez e-mails da Pfizer sobre vacinas em um mês, mostram documentos da CPI da Covid". *Folha de S.Paulo*, 21 maio 2021. Disponível em: <https://www1.folha.uol.com.br/poder/2021/05/governo-ignorou-10-emails-da-pfizer-sobre-vacinas-em-1-mes-mostram-documentos-da-cpi.shtml>. Acesso em: 11 abr. 2022.

DIAS, Roger. "Manaus sem oxigênio: Pazuello visitou cidade para divulgar kit cloroquina". *Estado de Minas*, 14 jan. 2021. Disponível em: <https://www.em.com.br/app/noticia/nacional/2021/01/14/interna_nacional,1229144/manaus-sem-oxigenio-pazuello-visitou-cidade-para-divulgar-kit-cloroquina.shtml>. Acesso em: 11 abr. 2022.

GARCIA, Gustavo. "Pazuello reconhece 'colapso' na saúde de Manaus e diz que fila por um leito é de quase 500 pacientes". G1, 14 jan. 2021. Disponível em: <https://g1.globo.com/politica/noticia/2021/01/14/pazuello-reconhece-colapso-na-saude-de-manaus-e-diz-que-fila-por-um-leito-e-de-quase-500-pacientes.ghtml>. Acesso em: 11 abr. 2022.

GASPAR, Malu. "O sabotador". *piauí*, ed. 173, fev. 2021. Disponível em: <https://piaui.folha.uol.com.br/materia/o-sabotador/>. Acesso em: 11 abr. 2022.

JORNAL NACIONAL. "Ministério da Saúde atrasa divulgação do número de mortes por coronavírus e gera críticas". 5 jun. 2020. Disponível em: <https://g1.globo.com/jornal-nacional/noticia/2020/06/05/ministerio-da-sau-

de-atrasa-divulgacao-de-numero-de-mortes-por-coronavirus-e-gera-criticas.ghtml>. Acesso em: 11 abr. 2022.

JORNAL NACIONAL. "Ministério da Saúde gastou menos de um terço da verba de combate ao coronavírus, diz TCU". 22 jul. 2020. Disponível em: <https://g1.globo.com/jornal-nacional/noticia/2020/07/22/ministerio-da-saude-gastou-menos-de-um-terco-da-verba-de-combate-ao-coronavirus-diz-tcu.ghtml>. Acesso em: 11 abr. 2022.

JUCÁ, Beatriz. "'Máscara ideológica' e outras contradições de um Ministério da Saúde militarizado". *El País*, 13 jul. 2020. Disponível em: <https://brasil.elpaìs.com/brasil/2020-07-13/mascara-ideologica-e-outras-contradicoes-de-um-ministerio-da-saude-militarizado.html>. Acesso em: 11 abr. 2022.

MAIA, Gustavo. "Após governo anunciar compra da CoronaVac, Bolsonaro questiona 'vacina da China'". *O Globo*, 17 dez. 2020. Disponível em: <https://oglobo.globo.com/brasil/apos-governo-anunciar-compra-da-coronavac-bolsonaro-questiona-vacina-da-china-1-24801796>. Acesso em: 11 abr. 2022.

MARIZ, Renata. "Quem é Mayra Pinheiro, conhecida no Ministério da Saúde como 'Capitã Cloroquina'". *Época*, 29 jan. 2021. Disponível em: <https://oglobo.globo.com/epoca/brasil/quem-mayra-pinheiro-conhecida-no-ministerio-da-saude-como-capita-cloroquina-24860151>. Acesso em: 11 abr. 2022.

NITAHARA, Akemi. "Risco de morte cai drasticamente com tratamento precoce, diz Pazuello". *Agência Brasil*, 24 ago. 2020. Disponível em: <https://agenciabrasil.ebc.com.br/saude/noticia/2020-08/risco-de-morte-cai-drasticamente-com-tratamento-precoce-diz-Pazuello>. Acesso em: 11 abr. 2022.

RANGEL, Ricardo. "Pazuello: o homem errado no lugar errado". *Veja*, 25 maio 2020. Disponível em: <https://veja.abril.com.br/coluna/ricardo-rangel/pazuello-o-homem-errado-no-lugar-errado/>. Acesso em: 11 abr. 2022.

SCHUQUEL, Thayná. "Saúde tira do ar Tratecov e diz que plataforma foi ativada 'indevidamente'". *Metrópoles*, 21 jan. 2021. Disponível em: <https://www.metropoles.com/brasil/saude-tira-do-ar-tratecov-e-diz-que-plataforma-foi-ativada-indevidamente>. Acesso em: 11 abr. 2022.

SHALDERS, André. "Quem é Eduardo Pazuello, o general que assume interinamente o Ministério da Saúde". BBC News, 16 maio 2020. Disponível em: <https://www.bbc.com/portuguese/brasil-52686114>. Acesso em: 11 abr. 2022.

SPIGARIOL, André. "EXCLUSIVO — Vídeos comprovam que Pazuello mentiu sobre a oferta das vacinas da OMS". *Crusoé*, 24 jul. 2021. Disponível em: <https://crusoe.uol.com.br/diario/exclusivo-videos-comprovam-resistencia-do-governo-a-consorcio-de-vacinas-da-oms/>. Acesso em: 11 abr. 2022.

VARGAS, Mateus. "Bolsonaro impõe e Ministério da Saúde libera cloroquina para todos pacientes com covid-19". *O Estado de S. Paulo*, 20 maio 2020. Disponível em: <https://saude.estadao.com.br/noticias/geral, ministerio-da-saude-libera-cloroquina-para-todos-pacientes-de-covid-19,70003308705>. Acesso em: 11 abr. 2022.

ZAIA, Cristino. "Bolsonaro diz que vacina emergencial contra covid-19 não é segura, mas garante 2 milhões de doses em janeiro". *Valor Econômico*, 7 jan. 2021. Disponível em: <https://valor.globo.com/politica/noticia/ 2021/01/07/bolsonaro-diz-que-vacina-emergencial-contra-covid-19-no-segura-mas-garante-2-milhes-de-dose-em-janeiro.ghtml>. Acesso em: 11 abr. 2022.

"ESTADO DE EMERGÊNCIA DO BEM" [pp. 266-88]

GIELOW, Igor. "Bolsonaro demitiu ministro da Defesa porque também quer mais apoio militar". *Folha de S.Paulo*, 29 abr. 2021. Disponível em: <https:// www1.folha.uol.com.br/poder/2021/03/bolsonaro-demitiu-ministro-da-defesa-porque-quer-mais-apoio-militar.shtml>. Acesso em: 11 abr. 2022.

_____. SASSINE, Vinicius; URIBE, Gustavo. "Atrito com Bolsonaro derruba comandantes das Forças Armadas, na maior crise militar desde 1977". *Folha de S.Paulo,* 30 mar. 2021. Disponível em: <https://www1.folha. uol.com.br/poder/2021/03/comandantes-das-forcas-armadas-pedem-demissao-em-protesto-contra-bolsonaro.shtml>. Acesso em: 11 abr. 2022.

MONTEIRO, Tânia. "Os bastidores da maior crise militar no Brasil em 40 anos". *Época*, 2 abr. 2021. Disponível em: <https://oglobo.globo.com/epoca/ brasil/os-bastidores-da-maior-crise-militar-no-brasil-em-40-anos-1-24952523>. Acesso em: 11 abr. 2022.

_____. "Isolamento militar". *piauí*, 9 abr. 2021. Disponível em: <https://piaui. folha.uol.com.br/isolamento-militar/>. Acesso em: 11 abr. 2022.

PÁRIA COM ORGULHO [pp. 289-308]

"De 'comunavírus' a pária internacional; veja polêmicas de Ernesto à frente do Itamaraty". *Folha de S.Paulo*, 29 mar. 2021. Disponível em: <https://www1.folha.uol.com.br/mundo/2021/03/de-comunavirus-a-paria-internacional-veja-polemicas-de-ernesto-a-frente-do-itamaraty.shtml>. Acesso em: 11 abr. 2022.

"Discurso do Ministro Ernesto Araújo na Heritage Foundation", 8 nov. 2021. Disponível em: <https://www.gov.br/funag/pt-br/centrais-de-conteudo/politica-externa-brasileira/discurso-do-ministro-ernesto-araujo-na-heritage-foundation>. Acesso em: 11 abr. 2022.

"Ernesto Araújo nega aquecimento global em discurso nos EUA". Terra, 11 set. 2019. Disponível em: <https://www.terra.com.br/noticias/ciencia/sustentabilidade/meio-ambiente/ernesto-araujo-nega-aquecimento-global-em-discurso-nos-eua,66172f007894f76aa6c987a907da6ed0ohrnxqa0.html>. Acesso em: 11 abr. 2022.

AMADO, Guilherme. "No dia da eleição americana, Itamaraty publicou livro de Ernesto com elogios a Trump". *Época*, 4 nov. 2020. Disponível em: <https://oglobo.globo.com/epoca/guilherme-amado/no-dia-da-eleicao-americana-itamaraty-publicou-livro-de-ernesto-com-elogios-trump-24727438>. Acesso em: 11 abr. 2022.

BENITES, Afonso. "Enquanto Bolsonaro privilegia Trump, exportações brasileiras aos EUA caem 32% e déficit dispara". *El País*, 25 set. 2020. Disponível em: <https://brasil.elpais.com/brasil/2020-09-25/enquanto-bolsonaro-privilegia-trump-exportacoes-brasileiras-aos-eua-caem-32-e-deficit-dispara.html>. Acesso em: 11 abr. 2022.

DAL PIVA, Juliana. "Ernesto Araújo, em 2011, exaltou Dilma e sua luta contra a ditadura". *Época*, 27 mar. 2019. Disponível em: <https://oglobo.globo.com/epoca/ernesto-araujo-em-2011-exaltou-dilma-sua-luta-contra-ditadura-23554629>. Acesso em: 11 abr. 2022.

SPERB, Paula. "Procurador-geral, pai do chanceler Ernesto Araújo dificultou extradição de nazista". *Folha de S.Paulo*, 12 fev. 2019. Disponível em: <https://www1.folha.uol.com.br/mundo/2019/02/procurador-geral-pai-do-chanceler-ernesto-araujo-dificultou-extradicao-de-nazista.shtml>. Acesso em: 11 abr. 2022.

"BIOGRAFIA É O CARALHO" [pp. 309-29]

"Bolsonaro sobre futuro de Paulo Guedes: A gente vai sair junto". *Veja,* 24 out.

2021. Disponível em: <https://veja.abril.com.br/politica/bolsonaro-sobre-futuro-de-paulo-guedes-a-gente-vai-sair-junto/>. Acesso em: 11 abr. 2022.

COSTA, Ana Clara. "'Sou eu aqui'". *piauí*, ed. 177, jun. 2021. Disponível em: <https://piaui.folha.uol.com.br/materia/sou-eu-aqui/>. Acesso em: 11 abr. 2022.

GASPAR, Malu. "O fiador". *piauí*, ed. 144, set. 2018. Disponível em: <https://piaui.folha.uol.com.br/materia/o-fiador/>. Acesso em: 11 abr. 2022.

BATALHAS PERDIDAS [pp. 330-67]

AMADO, Guilherme. "Vídeo: Wassef se tranca no banheiro feminino do Senado e é retirado por segurança". *Metrópoles*, 25 jun. 2021. Disponível em: <https://www.metropoles.com/colunas/guilherme-amado/wassef-se-tranca-no-banheiro-feminino-do-senado-e-e-retirado-por-seguranca>. Acesso em: 11 abr. 2022.

_____. MATSUI, Naomi. "Wassef diz que entrou em banheiro feminino porque estava 'apertado'". *Metrópoles*, 26 jun. 2021. Disponível em: <https://www.metropoles.com/colunas/guilherme-amado/wassef-diz-que-entrou-em-banheiro-feminino-porque-estava-apertado-2>. Acesso em: 11 abr. 2022.

CHAIB, Julia; MACHADO, Renato; SASSINE, Vinicius. "Servidor aponta pressão atípica por contrato de vacina na gestão Pazuello, e CPI investiga favorecimento". *Folha de S.Paulo*, 18 jun. 2021. Disponível em: <https://www1.folha.uol.com.br/poder/2021/06/servidor-aponta-pressao-atipica-por-contrato-de-vacina-na-gestao-pazuello-e-cpi-investiga-favorecimento.shtml>. Acesso em: 11 abr. 2022.

COSTA, Ana Clara. "O avalista oculto da Covaxin". *piauí*, 27 jul. 2021. Disponível em: <https://piaui.folha.uol.com.br/o-avalista-oculto-da-covaxin/>. Acesso em: 11 abr. 2022.

_____. "A escolhida". *piauí*, ed. 181, out. 2021. Disponível em: <https://piaui.folha.uol.com.br/materia/a-escolhida/>. Acesso em: 11 abr. 2022.

DAL PIVA, Juliana. "Ex-cunhada implica Jair". *UOL*, 5 jul. 2021. Disponível em: <https://noticias.uol.com.br/reportagens-especiais/ex-cunhada-implica-jair-bolsonaro>. Acesso em: 11 abr. 2022.

ELLER, Johanns. "Ministério da Saúde se reuniu com representantes da Covaxin após denúncias de irmãos Miranda" *O Globo*, 25 jun. 2021. Disponível em: <https://blogs.oglobo.globo.com/malu-gaspar/post/governo-

bolsonaro-recebeu-precisa-medicamentos-apos-denuncias-dos-ir-maos-miranda.html>. Acesso em: 11 abr. 2022.

FRAZÃO, Felipe; VALFRÉ, Vinícius. "'Vamos enquadrar a Anvisa', ameaça líder do governo Bolsonaro". *O Estado de S. Paulo*, 4 fev. 2021. Disponível em: <https://brasil.estadao.com.br/noticias/geral,vamos-enquadrar-a-an-visa-ameaca-lider-do-governo-bolsonaro,70003605115>. Acesso em: 11 abr. 2022.

LINDNER, Julia; PORTINARI, Natália. "Emenda de líder do governo Bolsonaro possibilitou importação da Covaxin". *O Globo*, 22 jun. 2021. Disponível em: <https://oglobo.globo.com/brasil/emenda-de-lider-do-go-verno-bolsonaro-possibilitou-importacao-da-covaxin-25072643>. Acesso em: 11 abr. 2022.

OYAMA, Thaís. *Tormenta: O governo Bolsonaro: crises, intrigas e segredos*. São Paulo: Companhia das Letras, 2020.

REZENDE, Constança. "EXCLUSIVO: Governo Bolsonaro pediu propina de US$ 1 por dose, diz vendedor de vacina". *Folha de S.Paulo*, 29 jun. 2021. Disponível em: <https://www1.folha.uol.com.br/poder/2021/06/exclusi-vo-governo-bolsonaro-pediu-propina-de-us-1-por-dose-diz-vende-dor-de-vacina.shtml>. Acesso em: 11 abr. 2022.

SALOMON, Marta. "Antes da Covaxin, milhões em preservativos". *piauí*, 24 jun. 2021. Disponível em: <https://piaui.folha.uol.com.br/antes-da-co-vaxin-milhoes-em-preservativos/>. Acesso em: 11 abr. 2022.

VIDON, Filipe. "Propina e pressão: entenda as questões a serem esclarecidas por Roberto Dias na CPI da Covid". *O Globo*, 7 jul. 2021. Disponível em: <https://oglobo.globo.com/politica/propina-pressao-enten-da-as-questoes-serem-esclarecidas-por-roberto-dias-na-cpi-da-co-vid-1-25092303>. Acesso em: 11 abr. 2022.

O BAFO DO POVO [pp. 368-414]

"'Aviso aos canalhas: não serei preso', diz Bolsonaro a apoiadores". CNN Brasil, 7 set. 2021. Disponível em: <https://www.cnnbrasil.com.br/politica/bolsonaro-discurso-manifestacao-avenida-paulista/>. Acesso em: 11 abr. 2022.

"Desfile de tanques em Brasília vira meme nas redes sociais: 'Fumacê'". UOL, 10 ago. 2021. Disponível em: <https://noticias.uol.com.br/politica/ultimas-noticias/2021/08/10/memes-desfile-tanques-forcas-armadas-bolsonaro-brasilia.htm>. Acesso em: 11 abr. 2022.

"Leia a íntegra do pronunciamento de Fux sobre as manifestações antidemocráticas". G1, 8 set. 2021. Disponível em: <https://g1.globo.com/politica/noticia/2021/09/08/veja-a-integra-do-pronunciamento-de-fux-sobre-as-manifestacoes-antidemocraticas.ghtml>. Acesso em: 11 abr. 2022.

BENITES, Afonso. "Bolsonaro faz 10 minutos de cena com tanques na Esplanada para atiçar militância". *El País*, 10 ago. 2021. Disponível em: <https://brasil.elpais.com/brasil/2021-08-10/bolsonaro-faz-10-minutos-de-cena-com-tanques-na-esplanada-para-aticar-militancia.html>. Acesso em: 11 abr. 2022.

_____. "Bolsonaro faz discurso messiânico diante de Esplanada cheia e ameaça enquadrar Supremo". *El País*, 7 set. 2021. Disponível em: <https://brasil.elpais.com/brasil/2021-09-07/bolsonaro-faz-discurso-messianico-diante-de-esplanada-lotada-e-ameaca-enquadrar-o-supremo.html>. Acesso em: 11 abr. 2022.

DIEGUEZ, Consuelo. "Na encruzilhada". *piauí*, dez. 2021. Disponível em: <https://piaui.folha.uol.com.br/materia/na-encruzilhada/>. Acesso em: 11 abr. 2022.

GIELOW, Igor. "Único modelo de tanque em desfile de Bolsonaro chama atenção com fumaça preta". *Folha de S.Paulo*, 10 ago. 2021. Disponível em: <https://www1.folha.uol.com.br/poder/2021/08/unico-tanque-do-desfile-de-bolsonaro-chama-atencao-com-fumaca-preta.shtml>. Acesso em: 11 abr. 2022.

GUGLIANO, Monica. "A foto". *piauí*, fev. 2022. Disponível em: <https://piaui.folha.uol.com.br/materia/a-foto/>. Acesso em: 11 abr. 2022.

MATAIS, Andreza; ROSA, Vera. "Ministro da Defesa faz ameaça e condiciona eleições de 2022 ao voto impresso". *O Estado de S. Paulo*, 22 jul. 2021. Disponível em: <https://politica.estadao.com.br/noticias/geral,ministro-da-defesa-faz-ameaca-e-condiciona-eleicoes-de-2022-ao-voto-impresso,70003785916>. Acesso em: 11 abr. 2022.

_____, _____. "Receio de ruptura gera conversa entre Mourão e Barroso". *O Estado de S. Paulo*, 14 ago. 2021. Disponível em: <https://politica.estadao.com.br/noticias/geral,receio-de-ruptura-gera-conversa-entre-mourao-e-barroso,70003810733>. Acesso em: 11 abr. 2022.

MONTEIRO, Tânia. "'Não temos intenção de proteger ninguém à margem da lei', diz chefe da Aeronáutica sobre corrupção entre militares". *O Globo*, 9 jul. 2021. Disponível em: <https://oglobo.globo.com/politica/nao-temos-intencao-de-proteger-ninguem-margem-da-lei-diz-chefe-da-aeronautica-sobre-corrupcao-entre-militares-1-25099232>. Acesso em: 11 abr. 2022.

ORTIZ, Delis. "Bolsonaro manda avião buscar Temer em SP para conversa sobre crise institucional". G1, 9 set. 2021. Disponível em: <https://g1.globo.com/politica/noticia/2021/09/09/bolsonaro-almoca-com-ex-presidente-michel-temer-em-brasilia.ghtml>. Acesso em: 11 abr. 2022.

ESTA OBRA FOI COMPOSTA PELA SPRESS EM MINION E IMPRESSA EM OFSETE
PELA LIS GRÁFICA SOBRE PAPEL PÓLEN SOFT DA SUZANO S.A.
PARA A EDITORA SCHWARCZ EM MAIO DE 2022

A marca FSC® é a garantia de que a madeira utilizada na fabricação do papel deste livro provém de florestas que foram gerenciadas de maneira ambientalmente correta, socialmente justa e economicamente viável, além de outras fontes de origem controlada.